Rudolf Steiner Taschenbücher
aus dem Gesamtwerk

Übersicht über die Vorträge für die Arbeiter am Goetheanumbau

Band I. – *Die Erkenntnis des Menschenwesens nach Leib, Seele und Geist. Über frühe Erdzustände* – 10 Vorträge, Dornach 2. August bis 30. September 1922, GA 347 (TB 7210)

Band II. – *Über Gesundheit und Krankheit – Grundlagen einer geisteswissenschaftlichen Sinneslehre* – 18 Vorträge, Dornach 19. Oktober 1922 bis 10. Februar 1923, GA 348 (TB 7220)

Band III. – *Vom Leben des Menschen und der Erde. Über das Wesen des Christentums* – 13 Vorträge, Dornach 17. Februar bis 9. Mai 1923, GA 349 (TB 7230)

Band IV. – *Rhythmen im Kosmos und im Menschenwesen. Wie kommt man zum Schauen der geistigen Welt?* – 16 Vorträge, Dornach 30. Mai bis 22. September 1923, GA 350 (TB 7240)

Band V. – *Mensch und Welt. Das Wirken des Geistes in der Natur. Über das Wesen der Bienen* – 15 Vorträge, Dornach 8. Oktober bis 22. Dezember 1923, GA 351 (TB 7250)

Band VI. – *Natur und Mensch in geisteswissenschaftlicher Betrachtung* – 10 Vorträge, Dornach 7. Januar bis 27. Februar 1924, GA 352 (TB 7260)

Band VII. – *Die Geschichte der Menschheit und die Weltanschauungen der Kulturvölker* – 17 Vorträge, Dornach 1. März bis 25. Juni 1924, GA 353 (TB 7270)

Band VIII. – *Die Schöpfung der Welt und des Menschen. Erdenleben und Sternenwirken* – 14 Vorträge, Dornach 30. Juni bis 24. September 1924, GA 354 (TB 7280)

Das Werk Rudolf Steiners, wie es in der «Rudolf Steiner Gesamtausgabe» vorliegt, ist gegliedert in die Abteilungen: *Schriften – Vorträge – Künstlerisches Werk*. Seine stets frei gehaltenen Vorträge, insgesamt mehrere tausend, waren ursprünglich als «mündliche, nicht zum Druck bestimmte Mitteilungen» gedacht. Die anfänglich ohne, später mit seinem Einverständnis entstandenen Nachschriften, vor allem von den für Mitglieder der Anthroposophischen Gesellschaft gehaltenen Vorträgen, waren zunächst nur als interne Manuskriptdrucke zugänglich, da Rudolf Steiner aus Zeitmangel die Texte, mit wenigen Ausnahmen, nicht selbst korrigieren konnte. Kurz vor seinem Tod hat er die Einschränkung «Nur für Mitglieder» aufgehoben; die von ihm gemachten *Urteils-Voraussetzungen* bleiben weiterhin gültig. – Heute sind die Vortragstexte nach den vorhandenen Unterlagen geprüft und weitgehend veröffentlicht. Dennoch können Hör- und Übertragungsfehler nicht völlig ausgeschlossen werden.

Rudolf Steiner

Über Gesundheit und Krankheit

Grundlagen einer geisteswissenschaftlichen Sinneslehre

Achtzehn Vorträge,
gehalten für die Arbeiter am Goetheanumbau in Dornach
vom 19. Oktober 1922 bis 10. Februar 1923

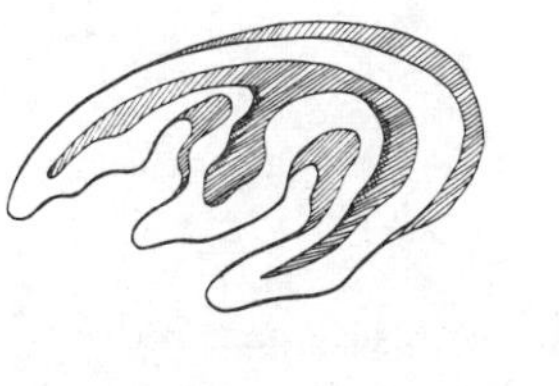

RUDOLF STEINER VERLAG
DORNACH / SCHWEIZ

Nach vom Vortragenden nicht durchgesehenen Nachschriften
herausgegeben von der Rudolf Steiner-Nachlaßverwaltung

Ungekürzte Ausgabe nach dem gleichnamigen Band
der Rudolf Steiner Gesamtausgabe
(herausgegeben von Paul G. Bellmann)
Bibliographie-Nr. 348, ISBN 3-7274-3480-5
4. Auflage, Dornach 1997

Taschenbuchausgabe

1.– 7. Tsd. Dornach 1994
8.–12. Tds. Dornach 2003

Zeichen auf dem Umschlag und Titelblatt von Rudolf Steiner

Printed in Germany by Clausen & Bosse, Leck

ISBN 3-7274-7220-0

ZU DIESER AUSGABE

Eine Besonderheit im Werk Rudolf Steiners (1861–1925) sind die mehr als hundertvierzig Vorträge, die er in Dornach für die am Bau des ersten Goetheanum beteiligten Arbeiter während seiner letzten Lebensjahre gehalten hat (siehe die Übersicht auf Seite 2).

Er geht in ihnen spontan auf die Fragen und Themen ein, die ihm aus dem Teilnehmerkreis entgegengebracht wurden. Sie umfassen ein breites Spektrum, das von den persönlichen Lebensfragen wie z. B. der Ernährung und der Hygiene, von den Naturvorgängen bis hin zu den großen Themen der kosmischen und menschlichen Evolution, zu geistes- und kulturgeschichtlichen Betrachtungen sich erstreckt.

Durch die Art der Darstellung, die ganz den Bedürfnissen und dem Verständnis des Teilnehmerkreises Rechnung trägt, sind die Ausführungen von einer besonderen Frische und Unmittelbarkeit. Diese sogenannten «Arbeiter-Vorträge» dürfen deshalb berechtigterweise als eine – im besten Sinne des Wortes – «populäre» Einführung in die Anschauungsweise und die Forschungsergebnisse der Anthroposophie bezeichnet werden. Durch eine die eingefahrenen Denkgewohnheiten verlassende und damit oftmals überraschende Betrachtungsweise werden auch die heutigen Leser entscheidende Anregungen und Denkanstöße darin finden.

Die Wiedergaben der Original-Wandtafelzeichnungen
Rudolf Steiners zu den Vorträgen in diesem Band
(vgl. die Randvermerke und den Text am Beginn der Hinweise)
sind innerhalb der Gesamtausgabe erschienen in der Reihe:
«Rudolf Steiner – Wandtafelzeichnungen zum Vortragswerk»
Band XXV

INHALT

GELEITWORT
zum Erscheinen von Veröffentlichungen aus den Vorträgen Rudolf Steiners für die Arbeiter am Goetheanumbau vom August 1922 bis September 1924

Marie Steiner

Man kann diese Vorträge auch Zwiegespräche nennen, denn ihr Inhalt wurde immer, auf Rudolf Steiners Aufforderung hin, von den Arbeitern selbst bestimmt. Sie durften ihre Themen selber wählen; er regte sie zu Fragen und Mitteilungen an, munterte sie auf, sich zu äußern, ihre Einwendungen zu machen. Fern- und Naheliegendes wurde berührt. Ein besonderes Interesse zeigte sich für die therapeutische und hygienische Seite des Lebens; man sah daraus, wie stark diese Dinge zu den täglichen Sorgen des Arbeiters gehören. Aber auch alle Erscheinungen der Natur, des mineralischen, pflanzlichen und tierischen Daseins wurden berührt, und dieses führte wieder in den Kosmos hinaus, zum Ursprung der Dinge und Wesen. Zuletzt erbaten sich die Arbeiter eine Einführung in die Geisteswissenschaft und Erkenntnisgrundlagen für das Verständnis der Mysterien des Christentums.

Diese gemeinsame geistige Arbeit hatte sich herausgebildet aus einigen Kursen, die zunächst Dr. Roman Boos für die an solchen Fragen Interessierten, nach absolvierter Arbeit auf dem Bauplatz, gehalten hat; sie wurden später auch von andern Mitgliedern der Anthroposophischen Gesellschaft weitergeführt. Doch erging nun die Bitte von seiten der Arbeiter an Rudolf Steiner, ob er nicht selbst sich ihrer annehmen und ihren Wissensdurst stillen würde – und ob es möglich wäre, eine Stunde der üblichen Arbeitszeit dazu zu verwenden, in der sie noch frischer und aufnahmefähiger wären. Das geschah dann in der Morgenstunde nach der Vesperpause. Auch einige Angestellte des Baubüros hatten Zutritt und zwei bis drei aus dem engeren Mitarbeiterkreise Dr. Steiners. Es wurden auch praktische Dinge besprochen, so zum Beispiel die Bienenzucht, für die sich Imker interessierten. Die Nachschrift jener Vorträge über Bienen wurde später, als Dr. Steiner nicht mehr unter uns weilte, zunächst vom Landwirtschaftlichen Versuchsring am Goetheanum als Broschüre für seine Mitglieder herausgebracht.

Nun regte sich bei manchen andern immer mehr der Wunsch, diese Vorträge kennenzulernen. Sie waren aber für ein besonderes Publikum gedacht gewesen und in einer besonderen Situation ganz aus dem Stegreif gesprochen, wie es die Umstände und die Stimmung der zuhörenden Arbeiter eingaben – durchaus nicht im Hinblick auf Veröffentlichung und Druck. Aber gerade die Art, wie sie gesprochen wurden, hat einen Ton der Frische und Unmittelbarkeit, den man nicht vermissen möchte. Man würde ihnen die besondere Atmosphäre nehmen, die auf dem Zusammenwirken dessen beruht, was in den Seelen der Fragenden und des Antwortenden lebte. Die Farbe, das Kolorit möchte man nicht durch pedantische Umstellung der Satzbildung wegwischen. Es wird deshalb der Versuch gewagt, sie möglichst wenig anzutasten. Wenn auch nicht alles darin den Gepflogenheiten literarischer Stilbildung entspricht, so hat es dafür das unmittelbare Leben.

ERSTER VORTRAG

Dornach, 19. Oktober 1922

Guten Morgen, meine Herren! Haben Sie sich noch etwas zu fragen ausgedacht?

Es wird gefragt in bezug auf die politische Lage: ob es der Engländer wohl ehrlich mit Deutschland meine, oder ob der nur vorgeschoben werde, und der Franzose doch mit dem Engländer Hand in Hand gehe, um Deutschland zu vernichten; auf der einen Seite wird von den Franzosen Deutschland zu bekämpfen versucht durch die Reparationen, und auf der anderen Seite stehen die Großkapitalisten. Und ebenso jetzt in Rußland. Von der einen Seite ist doch bekannt, daß Deutschland mit Rußland ein Wirtschaftsabkommen getroffen hat; jetzt liest man aber wieder, daß der Franzose ebenfalls mit Rußland ein Wirtschaftsabkommen getroffen haben soll, um eventuell das deutsche Abkommen zu hintertreiben? – und was sonst deutsche Angelegenheiten sind. Wenn Herr Doktor vielleicht in der Lage wäre, einige Andeutungen zu geben?

Ja, wissen Sie, das ist ja vielleicht der Grund, warum wir in der letzten Zeit, ich möchte sagen, aus einer gewissen Übereinstimmung heraus, mehr über wissenschaftliche Angelegenheiten gesprochen haben, was in der gegenwärtigen Zeit nämlich viel gescheiter ist, als über politische Angelegenheiten zu sprechen, aus dem Grunde, weil alle diese Verhältnisse, alle diese Angelegenheiten, die Sie berührt haben, eigentlich zu nichts führen. Aus allen diesen Dingen kommt in Wirklichkeit doch gar nichts heraus. Sie müssen nur bedenken, daß die Sachen ja so liegen, daß gegenwärtig im Grunde genommen alle miteinander eigentlich nicht wissen, was sie in der Zukunft machen sollen. Und alle diese Dinge, die geschehen, sind eigentlich nur Angstprodukte, richtige Angstprodukte. Viel wichtiger als alle diese Dinge, die ja zum Beispiel einfach darauf beruhen, daß England augenblicklich nicht weiß, was es tun soll – denn auf der einen Seite kann es noch nicht recht von Frankreich sich trennen, nachdem in England immer die Meinung vertreten wird, man muß Versprechen einhalten –, viel wichtiger sind ja den Leuten ganz andere Dinge. Das ist eine allgemeine Meinung dort: Man muß Versprechen einhalten. Nicht wahr, inwiefern darinnen Aufrichtigkeit oder nicht Aufrichtigkeit ist, das ist ja etwas, was also eigentlich die wirklichen Verhältnisse nicht viel angeht; das geht die einzelnen Menschen an, ob sie wahre oder unwahre Menschen sind. Aber im öffentlichen Leben kann man eben nur sagen: Es herrscht so der Grundsatz, man muß Versprechen einhalten, man muß fair play machen, daß heißt, man muß anständiges Spiel machen. So also steht natürlich England auf dem Boden, man kann sich von der alten Entente nicht trennen. Auf der andern Seite widerspricht das ja im Grunde genommen wiederum dem ganzen Sinn, der vom Anfange an mit dieser Kriegsunternehmung verbunden war. Denn diese Kriegsunternehmung war ja darauf berechnet, die Produktion allmählich ganz nach dem Westen zu ziehen und die europäischen, die östlichen und mitteleuropäischen Produktionen zu unterdrücken, um diese mehr als Absatzgebiete zu haben. Das war ja eigentlich die ursprüngliche Absicht. Die Produktion ist einfach in Mitteleuropa – und das wäre auch in Osteuropa gekommen – den Leuten im Westen zu üppig geworden. Sie wollten sie nicht so haben.

Nun, jetzt besteht auch in England die Meinung: Wenn man Deutschland ganz unterdrückt, dann hat man kein Absatzland. Man will es aufrecht erhalten. Die Franzosen aber, die spüren vor allen Dingen ihren Mangel an Geld, an Finanzen, überhaupt ihren Mangel an finanzieller Kraft. Die wollen ja vor allen Dingen auf einem Gewaltwege aus Deutschland nun wieder etwas herausschlagen. Nun, nicht wahr, setzt man sich in England zwischen zwei Stühle. Und so pendelt man halt hin und her. Dabei kommt nichts Besonderes heraus. Wenn man einmal glaubt, man tut Deutschland zu weh, so macht man da und dort etwas, das ein bißchen bessere Stimmung machen soll. Dazu kommen die orientalischen Angelegenheiten, wo Frankreich und England einander schroff gegenüberstehen, weil England im gegenwärtigen Zeitpunkt die Türken zurückdrängen muß, weil es ja mit einem Schlag die Welt beherrschen will. Daß es die Christen in Schutz nimmt – nicht wahr, das tut es ja in Wirklichkeit wiederum auch; inwieweit das aufrichtig ist, braucht man wiederum nicht zu untersuchen. Aber Frankreich, das legt gegenwärtig darauf keinen Wert, da es vor allen Dingen sein Geld hereinbekommen will, und unterstützt also die Türken. So stehen sich im Orient die beiden Mächte schroff gegenüber. So ist im Grunde genommen alles in der Welt heute in der großen Politik ein Chaos.

Dazu kommt etwas anderes. Gerade in England zeigt sich das gegenwärtig. Da kommt man auf den Punkt, worauf es eigentlich ankommt. Das ist nun sehr wichtig, daß viele Leute sehen, worauf es eigentlich ankommt. Alle die Dinge, die so besprochen werden, auf die kommt es eigentlich gar nicht an. Sehen Sie, was *Lloyd George* postuliert, oder irgendeiner spricht, darauf kommt es gar nicht an, denn das redet alles an den Tatsachen vorbei – nicht bewußt, denn die Leute glauben, daß sie von den Tatsachen reden, aber sie reden eben gar nicht von den Tatsachen, sondern sie reden vorbei an den Tatsachen.

Aber eine andere Sache ist viel wichtiger. Sehen Sie, jetzt ist ja in England der große Kampf um Lloyd George, ob er überhaupt bleiben soll oder gehen soll. Warum kann sich denn dieser Mensch, der immerhin die schönsten Worte der Welt gegenwärtig machen kann, nicht halten? Er kann sich nicht halten aus dem Grunde, weil er keine genügend große Partei mehr hat. Das sind lauter kleine Parteien, die er hat. Er kann sich nicht mehr halten, weil er nicht mehr genügend große Parteien hat. Wenn man Lloyd George jetzt ersetzen wollte, so könnte man es nicht recht. Man kann weiterhin einen Minister obenauf bringen, aber der würde sehr bald auch wieder abgesetzt. Und so ist es unmöglich, an die Stelle von Lloyd George jemand andern zu bringen. Also muß man ihn behalten! Und darauf beruht das Ganze. Es ist gegenwärtig kein Nachwuchs. Man muß überall diejenigen Leute nehmen, von denen man noch weiß: Ja, der ist einmal etwas gewesen. Aber irgend jemand darauf anzuschauen, ob er etwas versteht, ob er etwas kann, ob er die Verhältnisse überschaut, das ist bei niemandem mehr vorhanden.

Das ist auch nicht mehr bei der Sozialdemokratischen Partei vorhanden. Die hält auch nur ihre alten Bonzen aufrecht, läßt nicht die neuen heran. Also überall haben die Menschen die Möglichkeit verloren, noch irgendwie zu sehen, ob einer etwas versteht oder nicht. Und daher ist man gezwungen, die alten Leute, die gar nichts mehr von der Gegenwart wissen, überall in den Stellungen zu haben. Dadurch kann natürlich nirgends etwas herauskommen! So daß es heute ganz gleich ist, ob einer der oder jener Partei angehört, der dann irgendwie in eine Stellung hineinkommt; sondern darauf kommt es an, daß wir wiederum die Zeit herbeiführen, wo es Leute gibt, die von den Verhältnissen etwas verstehen, die also tatsächlich aus den Tatsachen heraus reden, nicht immer an den Tatsachen vorbeireden und -handeln. Das wird mit jedem Tag weniger, daß die Leute erkennen, was eigentlich geschehen soll. Das wird mit jedem Tag schlechter. Und daher ist es im Grunde genommen auch heute ein ganz unnützes Reden, wenn man sagt: Ja, wäre es nun gescheiter, wenn die Engländer das täten, oder die Franzosen das täten, oder die Deutschen oder die Türken das und das täten. – Nicht wahr, was auch geschieht von alten Standpunkten aus, das ist eine Sache, die gar keine Erfolge hat.

Nehmen Sie irgendeine Tatsache in den allerletzten Tagen. Eine Tatsache: Nicht wahr, Deutschland leidet in der letzten Zeit ungeheuer unter den sogenannten Devisenspekulationen. Die Schulbuben kauften schon Devisen, «machten in Devisen». Es war ja so: Wenn irgendeiner 50 Mark hatte, so kaufte er sich Devisen, und am nächsten Tage hatte er 75 Mark. Man konnte durch die Devisenspekulationen ungeheuer viel verdienen. Was tut also die deutsche Regierung? Sie macht ein Gesetz – Sie wissen ja, ein Notgesetz ist gemacht worden gegen diese Devisenspekulationen –, also die Regierung macht ein Gesetz: Die Devisenspekulation soll kontrolliert werden. Nehmen wir an, die Regierung ist so gescheit in ihren Organen – was ich ja noch nicht glaube –, aber nehmen wir an, sie kann wirklich mit Devisen spekulieren: sie hat dann günstige Erfolge. Nehmen wir das an. Dann wird also in den nächsten Wochen in Deutschland weniger mit Devisen gehandelt. Wie gesagt, es ist nicht übertrieben, daß dreizehn-, vierzehnjährige Schulbuben in Devisen Spekulationen gemacht haben. Nehmen wir also an, das wird für einige Wochen untergraben. Was wird kommen? Es wird eine riesige Differenz eintreten zwischen dem, was Nahrungsmittel und andere lebensnotwendige Dinge kosten, und demjenigen, was man haben wird zum Bezahlen. Also nehmen Sie zum Beispiel an, eine Zigarette kostet heute in Deutschland 7 Mark. Nun, sie wird gekauft. Warum? Weil die Devisenspekulation da war. Nicht wahr, ein alter Mann kann ja heute keine Zigarette kaufen; die jungen Leute kaufen sie sich, diejenigen, die unter allen möglichen Devisenspekulationen viel Geld verdienen. Nun nehmen wir an, sie verdienen nicht mehr. Ja, jetzt, in den nächsten Tagen und Wochen kauft keiner eine gute Zigarette. Dies nur als Beispiel. Noch ein anderer Punkt: Dann ist es ganz selbstverständlich, daß die Zigarettenfabrikation in die Notwendigkeit kommt, wiederum die Arbeitslöhne zu drücken. Und dann haben Sie das: Die Dinge haben noch ihren Preis von früher; keiner kann sie kaufen. Eine neue Krisis ist da. Das ist die nächste Krisis, die kommen wird.

Alles dasjenige, was kommen wird, wird nur aus dem allernächsten Augenblick gemacht. Die Leute sehen nur das nächste, und das ist, daß immer dafür gesorgt wird auf diese Weise, daß die eine Krise in die nächste hinüberläuft. Auf diese Weise kann man ja nicht zu einem Resultat kommen. Das ist ganz unmöglich, daß man aus diesen Verhältnissen, die ein Chaos sind, heute anders herauskommt als dadurch, daß man wieder tüchtige Kerle hat, die zu irgendeinem Resultat kommen. Das allerwichtigste ist, daß wieder tüchtige Kerle da sind. Und da ist es eben doch so – das zeigt die gegenwärtige Zeit –: es werden keine wirklich tüchtigen Menschen herangezogen. Also müssen wir sehen, daß wir wieder eine Zeit haben, die tüchtige Menschen heranzieht. Mit den alten Phrasen geht es nicht weiter. Die alten Phrasen sprechen alle Leute aus. Daher hat es gar keinen Wert. Wenn Sie heute irgendeine Zeitung in die Hand nehmen, welcher Partei sie auch angehört, da lesen Sie allerlei – es kann Ihnen gerade gefallen, daß die Zeitung aus einer Partei heraus spricht, der Sie selber angehören –, aber dasjenige, was Ihnen da an Tatsachen aufgetischt wird, hat ja nicht den allergeringsten Wert. Es kommt dabei gar nichts heraus. So daß man sagen kann: Es ist heute fast eine verlorene Zeit, wenn man sich mit all diesen Dingen beschäftigt, die da in der Welt als politische herumgehen. Es kommt nichts dabei heraus! Und wenn irgend etwas behandelt werden soll, ist es nur das, daß wiederum tüchtige Kerle erzogen werden. Das ist das einzige, was man anstreben kann; denn es weiß eben niemand heute etwas.

Am meisten wissen schließlich diejenigen, die den Europäern gegenüberstehen. Die Türken zum Beispiel wissen ganz genau, was sie wollen. Die Japaner wissen auch, was sie wollen. Die wollen aber alle ihre eigene Kultur fördern – ihre eigene Kultur! Und just dem Europäer ist *seine* Kultur ganz einerlei! Und das ist dasjenige, was es heute macht, daß man eigentlich nichts mehr sagen kann zur Politik. Es ist so, nicht wahr, wie wenn Sie sich in eine Gesellschaft setzen und Sie hören eine Zeitlang zu, und Sie kommen darauf, daß die Leute eigentlich bloß leere Phrasen dreschen. Da werden Sie sagen: Da rede ich nicht mit. – So ist es nämlich fast mit der Politik der Gegenwart.

Sehen Sie, der Lloyd George hat vor ein paar Tagen eine Rede gehalten. Wenn Sie diese Rede bildlich ausdrücken wollen und Sie nehmen Strohhalme, in denen man einzelne Weizenkörner noch drinnengelassen hat, trifft das Bild nicht mehr zu; es muß ganz ausgedroschenes Stroh sein, es muß das letzte Weizenkorn herausgedroschen sein, dann ist das ein Bild der Rede, die der Lloyd George vor einigen Tagen gehalten hat. Aber trotzdem stehe ich keinen Augenblick an zu sagen, daß es die bedeutendste Rede ist, die ein Staatsmann in den letzten Wochen gehalten hat. Denn, nicht wahr, wenn schon gar nichts mehr drinnen ist, so ist doch das einzige, was drinnen ist, die Faust. Man spürt, wenn er es auch nicht wirklich tut, wie er alle Augenblicke auf den Tisch geschlagen hat. Das kann er. In der Faust ist etwas drinnen. Aber in den Worten ist nichts drinnen.

Und so ist es überall. Wirthsche Reden lese ich nicht mehr, weil ich genug habe aus den paar Zeilen, die vorne in den «Basler Nachrichten» stehen. Da hat man schon genug ungefähr über den Inhalt, und daß, was er geredet hat, nichts ist, kann man ja sehen. Also es ist absolut trostlos, das ganze Treiben. Und so ist es so, daß es eigentlich vollständig überflüssig ist, sich nach irgendeiner Seite hin zu begeistern oder zu entgeistern. Das ist eben die Sache. Also wer es heute ehrlich und aufrichtig mit der Menschheit meint, der muß eigentlich sich sagen: Es kommt alles darauf an, daß man tüchtige Kerle kriegt, die wiederum etwas von der Welt verstehen, die überhaupt denken können, wirklich denken können.

Denn nicht wahr, wenn man Lloyd George betrachtet, vielleicht ist er eben durchaus der tüchtigste Mensch von allen diesen, aber er hat niemals einen Gedanken gehabt. Und gerade dadurch hält er sich, daß er keine Gedanken hat. Da kann er fortwährend nach dieser Richtung und nach jener Richtung hinüber schwimmeln, und er redet eigentlich dummes Zeug. Aber nicht wahr, sobald er einen Gedanken äußern würde, da kann die Unionistische Partei, oder die Konservative Partei, oder die Labour Party sehen, wie sie dran ist. Sowie er irgendeinen Gedanken äußert, dann weiß man, wie man dran ist mit ihm. Dann sägt man ihn ab selbstverständlich, wenn man weiß, wie man dran ist mit ihm. Seine ganze Kunst besteht darin, daß man nicht wissen kann, wie man dran ist mit ihm. Aber wenn einer immerfort inhaltloses Zeug redet, weiß niemand, wie man dran ist mit ihm – kein Mensch weiß es. Und seine große Kunst besteht darinnen, daß er eigentlich keine Gedanken hat. Die Kunst kann er nämlich ausüben, weil er selber auch nicht weiß, wie er dran ist.

So sind eben die Dinge heute. Aber das war noch nicht der Fall vor einigen Jahren. Vor zwei, drei Jahren mußte man immer sagen: Es muß etwas geschehen, ehe es zu spät ist. Heute ist es nach dieser Richtung zu spät. Es ist gar nichts zu sagen. Es ist zu spät – es ist zu spät. Heute kommt es darauf an, daß tüchtige Leute wiederum an die Oberfläche der Dinge kommen. Das ist alles, was ich Ihnen sagen kann. Denn, nicht wahr, Sie können ja Verträge schließen, so viel Sie wollen, zwischen Deutschland und Rußland; heraus kommt dabei nichts. Es kommt ja nicht darauf an, daß man Verträge schließt, sondern wirtschaftliches Leben entfaltet.

Nehmen Sie den Stinnes-Konzern. Dieser ist ein Beispiel dafür. Glauben Sie einen einzigen Augenblick, daß der *Stinnes* irgendwie mit, sagen wir zum Beispiel der deutschen Arbeiterschaft etwas machen könnte? Das werden Sie doch nicht glauben! Das ist ja ausgeschlossen. Also er ist wirtschaftlicher Großunternehmer, der sich dadurch, daß er lange Zeit geschickt gewirtschaftet hat mit seinen reinen Devisen, heraufgebracht hat. Er weiß sonst nichts, als wie man sich auf diese Weise heraufbringt. Er weiß sonst nichts. Nicht wahr, jetzt sehen einfach sehr viele Leute, daß mit der Regierung nichts zu machen ist. Die kann so viele Verträge schließen, als nur irgend möglich sind, es kommt nichts dabei heraus im wirtschaftlichen Leben. Nun sagen diese Leute: Wenn das der Stinnes ohne die Regierung macht, wird es vielleicht gescheiter sein. Aber sie haben keinen anderen Grund, als daß der Stinnes sowohl in Deutschland wie in Frankreich geschickt arbeitet. Das ist der einzige Grund. Aber, meine Herren, wenn Sie die Stinnes-Abkommen studieren, dann müssen Sie sehen, daß, wenn sie realisiert werden sollen, sie finanziert werden müssen. Dasjenige, was der Stinnes beabsichtigt, muß ja finanziert werden. Nun ist es heute schon ungefähr so, daß, wenn man diese Dinge finanzieren sollte, man wirklich fast alle Wälder in Österreich abrasieren müßte! Nicht wahr, man kann sagen, man wird das tun, aber man kann es nie eigentlich ausführen. Es geht nicht. Sobald man die Dinge daraufhin ansieht, wie man sie ausführen soll, da geht es nicht mehr. Nun, die Leute haben gesehen: Mit den Regierungsverträgen geht es nicht; da kommt kein wirtschaftliches Leben heraus. Der Stinnes macht es ohne die Regierung; so wird es auf diese Weise gehen. – Es wird auf diese Weise auch nicht gehen. Der Stinnes macht es natürlich mit Großkapitalisten. Aber es kommt auch da nichts weiter heraus. Es gibt keine Möglichkeit, das zu realisieren, denn selbst der Stinnes kann nicht die Finanzkräfte finden, um da irgend etwas zu realisieren. Also ist es auch nichts.

Es ist ja für denjenigen, der bloß ein Feuilleton oder einen Zeitungsartikel überhaupt schreiben will, ganz interessant, dieses ungeheuer interessante Treiben zu beobachten, wie der da mit allerlei Zahlenreihen aufspielt. Ja, meine Herren, Leitartikel oder Feuilletons schreiben, das legt heute keine Verpflichtung, keine Verantwortung auf. Das kann man ganz nett machen, denn, ich bitte Sie, lesen Sie jetzt einmal – Sie heben sich vielleicht die Zeitungen nicht auf –, aber lesen Sie jetzt einmal die Artikel, die im Jahre 1912 geschrieben sind, und vergleichen Sie sie mit den Artikeln derselben Zeitung von heute, so werden Sie ein kurioses Bild finden. Nicht wahr, Zeitungsartikel, die verfliegen; um die kümmert sich später kein Mensch. Daher kann man natürlich da allerlei interessante Betrachtungen anstellen. Aber wer unter Verantwortlichkeit redet, wer nicht Zeitungsartikel in den Tag hinein fabriziert, sondern unter Verantwortung reden will, kann natürlich nicht in den Tag hinein reden. Der weiß, daß das alles Wischiwaschi ist. So sind eben die Dinge einmal, und so kann man über alle Dinge reden. Es ist eben trostlos, wenn die Leute keine neuen Gedanken haben. Und was wir vor allen Dingen brauchen, das sind neue Gedanken. Wenn wir nicht neue Gedanken kriegen, so geht alles in die Binsen – ich weiß nicht, ob man hier auch so sagt –, alles geht in die Binsen. Eine Zahnbürste kostet jetzt in Deutschland 215 Mark. Nun ja, aber was sind

215 Mark? Das ist ja kein Franken; also ist das eine billige Zahnbürste. Aber, nicht wahr, woher soll man schließlich die 215 Mark nehmen? Und entsprechend teurer sind ja alle anderen Dinge. Einen Regenschirm kann sich ja heute überhaupt kein Mensch mehr leisten. Also da ist nichts zu machen.

Sehen Sie, als ich in Wien war, bin ich einmal in einem Auto gefahren, weil ich recht rasch wohin fahren mußte. Es war an einem Feiertag, und ich mußte rasch noch wohin fahren. Es war ungefähr so weit, als wenn ich von hier nach Dornach hinüber fahre, nur nach Dornach, Oberdornach, nicht weiter. Ja, meine Herren, als ich fragte, was es kostet, waren es 3600 Kronen! Das ist heute das Zehnfache; heute würde es 36 000 Kronen kosten für dieselbe Fahrt. An diesen Dingen sehen Sie das Kopflose, weil es einem ja jeden Tag entgegentritt. Aber dieses Kopflose ist in allen übrigen Dingen auch drinnen; da sehen es die Leute nur nicht. Was machen denn die Leute? Schließlich, wenn ein Auto für eine kurze Strecke 36 000 Kronen kostet, so müßten eben die Leute 500 000-Kronen-Noten drucken, und wenn es 360 000 Kronen kostet, so würde man halt 1-Million-Kronen-Noten drucken! Aber damit ändert man die Verhältnisse doch gar nicht! Es ändert sich doch gar nichts, als daß immer wieder diejenigen Leute, die heute etwas Geld in der Tasche haben, morgen nichts mehr haben, und diejenigen, die geschickt spekuliert haben, die haben morgen das Doppelte. Aber damit hat man doch wirklich nichts getan, daß man in Geld spekuliert. Damit ist nichts in der Welt getan. Es wird eigentlich mit dem Devisenhandel in der Valuta nichts erreicht, als daß jeder ohne Gedanken Geld erreichen kann, ohne Arbeit Geld erreichen kann. Wenn natürlich die Arbeit aufhört in der Welt und überwuchert wird von der Devisenspekulation, dann geht alles eben in die Brüche. Es ist also auf diese Weise nichts zu wollen. Es kommt ganz und gar darauf an, daß man endlich darauf kommt, daß wiederum Menschen da sein müssen, die etwas von der Welt verstehen, die wirklich etwas von der Welt verstehen. Anders geht es nicht.

Aber dazu muß man eben in der Schule anfangen. Das ist dringend notwendig, daß man in der Schule schon anfängt. Denn da ist notwendig, daß man wirklich etwas von den Dingen versteht. Ich habe neulich in einem Schulbuch gelesen; da wird eine Rechnungsaufgabe empfohlen für die Lehrer. Diese Rechnungsaufgabe will ich Ihnen einmal angeben, und Sie werden sagen: Das ist eine Lappalie. Aber es ist eine allerwichtigste Sache von der Welt, diese Rechnungsaufgabe, die in diesem Schulbuch angegeben wird. Es ist diese:

Tafel 1* Es gibt einen Menschen von $85\,^{2}/_{12}$ Jahren
einen anderen Menschen von $18\,^{7}/_{12}$ Jahren
einen anderen Menschen von $36\,^{4}/_{12}$ Jahren
einen anderen Menschen von $33\,^{5}/_{12}$ Jahren.

Wieviel Jahre haben diese vier Menschen zusammen?

Das sollen nun die Kinder ausrechnen! Das wird in dem Schulbuch empfohlen. Nun frage ich Sie, meine Herren: Wenn die Kinder das ausrechnen – die Kinder rechnen brav das aus, das sind dann im ganzen $173\,^{6}/_{12}$ Jahre –, was bedeuten diese $173\,^{6}/_{12}$ Jahre? Was sind die in der Welt? Wer kommt jemals in die Lage, das ausrechnen zu müssen? Wenn Sie sich überlegen, daß das irgend die geringste Bedeutung haben sollte, so muß das so sein, daß die erste Persönlichkeit gerade stirbt, wenn die zweite in dem Momente geboren wird, und die zweite hier stirbt, wenn die dritte geboren wird und so weiter; dann weiß man wenigstens, wieviel Jahre verflossen sind von der Geburt des ersten bis zum Tode des letzten. Aber das wird niemals vorkommen in der Welt, daß man das überhaupt ausrechnet. Also denken Sie sich, wenn das Kindern geboten wird, so ist das doch die wesenloseste Rechnerei, die man den Kindern vormachen kann. Das ist ja ganz wesenlose Rechnerei! Und die Kinder müssen ihren Verstand dazu verwenden, unwirkliches Zeug zu rechnen.

Also der Kerl, der das ausgedacht hat, der hat einmal gehört, daß man zusammenrechnen kann. Aber nehmen wir einen an, der zu einer
Tafel 1 bestimmten Zeit geboren wird, bis $14\,^{1}/_{2}$ Jahre in die Schule ging; dann hat er eine Lehrzeit von $5\,^{1}/_{2}$ Jahren; dann geht er noch 3 Jahre auf Wanderschaft; dann heiratet er, hat nach 4 Jahren einen Sohn, und als er stirbt, ist sein Sohn 22 Jahre alt. Wenn man diese Dinge zusammenzählt, kriegt man das Lebensalter des Menschen heraus: 49 Jahre. Das ist eine Realität, eine Wirklichkeit. Solche Rechnungsaufgaben soll man den Kindern geben. Das führt sie ins Leben hinein, wenn man ihnen

* Zu den Tafeln siehe S. 338.

diese Rechnung gibt aus dem Leben heraus. Und das überträgt sich auf alle Verhältnisse.

Sonst sitzen die Kinder eine Stunde lang über einer Rechnung, die eigentlich gar nicht auszuführen ist im Leben. Aber wenn Sie das heute einem Menschen sagen – ja, den schockiert das nicht! Der sagt: Das kommt ja nicht darauf an, daß die Kinder an dem oder jenem das Rechnen lernen. Der findet das gar nicht furchtbar wichtig. Aber das ist in erster Linie wichtig! Denn wenn ein solches Strohzeug in den Schulbüchern steht, reden die Leute, die aus solchen Schulbüchern unterrichtet werden, später in der Welt nur Unsinn, unwichtiges Zeug. Daraus ersehen Sie, daß es gar nicht irgendein Wischiwaschi ist, wenn man heute von einer Erneuerung des Erziehungswesens spricht. In dem Erziehungswesen, von dem ich rede, versucht man alles aus der Wirklichkeit heraus zu machen, von dem untersten Anfang an, so daß die Menschen in die Wirklichkeit hineinwachsen. Auf diese Dinge kommt es halt an. Und deshalb kann man sagen: Man kann ganz überzeugt sein, daß, wenn die Leute so fortmachen, wie sie es jetzt machen, so wird eben die alte Geschichte weitergehen; da können sie machen, was sie wollen. Da können sie noch so viel neue Zeitungen gründen – wenn sie aus demselben Geist heraus geschrieben werden, ist alles nur einfach Chaos. Deshalb ist es so wichtig, sich heute mit dem zu beschäftigen, was wiederum denkende Menschen macht, damit es nicht solche Schulbücher und solche Lehrer in der Schule gibt, die das (die erste Aufgabe aus dem Schulbuch) zusammenrechnen.

Und so ist es auch im andern Unterricht. So lernen die Leute Sprachunterricht, so lernen die Leute Naturunterricht, und so zuletzt sozialen Unterricht. Alles, alles außerhalb der Wirklichkeit!

Ich habe Ihnen erzählt: In England erhält man, wenn man «Master of Arts» wird, von der Universität dort ein mittelalterliches Gewand – das ist eine mittelalterliche Gewohnheit. Das war wenigstens vor Jahrhunderten eine Realität, hat etwas bedeutet. Aber heute bedeutet es nichts, wenn einer Regierungsrat oder so etwas ist; es bedeutet nichts. Das ist der Unterschied. In den Ländern, die eine Revolution durchgemacht haben, ist es auch nicht besser geworden, gar nicht besser geworden.

Sie müssen sich klar machen, es kommt alles darauf an, daß einmal Erziehung und Unterricht von Grund auf geändert wird. Das ist das, was notwendig ist.

Hat vielleicht sonst noch jemand eine Frage, die Sie sozial interessiert?

Frage: In bezug auf Blinddarmoperationen: Es wird behauptet, daß es gar nicht schädlich sei für die Gesundheit des Menschen, wenn Organe herausoperiert werden, einfach fortgenommen werden. Es ist auffallend, daß heute so oft Organe herausgeschnitten werden bei den Operationen, und da von der Wichtigkeit der inneren Organe gesprochen worden sei, möchte der Fragesteller wissen, wie es damit sei, wenn diese Organe dann fehlen.

Dr. Steiner: Diese Frage kann ich Ihnen erst beantworten, wenn wir noch etwas anderes besprochen haben. Das will ich nun ganz gern tun.

Weitere Frage: In den letzten Vorträgen wurde über die Einwirkung der Planeten auf den Menschen gesprochen; kann darüber noch etwas mehr gehört werden?

Dr. Steiner: Das führt uns alles darauf. Ich werde also heute anfangen, diese Fragen zu beantworten und sehen, wie weit wir kommen. Ich will Ihnen zunächst eine Geschichte erzählen, die Sie aufmerksam machen kann auf dasjenige, was wir jetzt weiter als Wissen, als Erkenntnis verfolgen wollen. Es war Anfang der neunziger Jahre des vorigen Jahrhunderts – also es ist jetzt vielleicht dreißig oder einunddreißig Jahre her –, da hat eine nordamerikanische Handels- und Transportgesellschaft, eine amtliche Handels- und Transportgesellschaft einen Kongreß abgehalten, und zu diesem Kongreß war auch eine Finanzgröße eingeladen: *William Windom* hat der Mann geheißen. Der war tatsächlich ein recht gescheiter Mensch im Sinne der Leute, die eben da zusammengekommen sind, also jemand, dem man geradezu ansah, daß er eine Kapazität war. Und man hat erwartet, daß er auf diesem Handels- und Transportkongreß eine Rede hält. Die hat er auch gehalten. Diese Rede begann so, daß er sagte: Wir brauchen eine Reform unserer gesamten Handels- und Transportverhältnisse, denn innerhalb dieser Handels- und Transportverhältnisse, wie wir sie heute haben, da ist etwas Ungesundes. Und nun ging er dazu über, den Leuten in einer kurzen Rede zu erörtern, was das Geld ist, was das Geld bedeutet – es waren natürlich nur so kurze Andeutungen, was das Geld bedeute. Er sagte: Ja, meine Herren, ich habe Ihnen jetzt auseinandergesetzt volkswirtschaftliche Sachen. Aber es kommt darauf an, daß man auch einsieht, daß das Ganze nicht geht. Mag das Geld noch so durch die Verkehrswege dahinrollen, von Hand zu Hand gehen, das macht nicht dasjenige aus, was eigentlich eine Volkswirtschaft gesund macht. Denn dasjenige, was eine Volkswirtschaft gesund macht, das sind die moralischen Begriffe, die die Leute haben. Und ohne daß die moralischen Begriffe durch die Verkehrswege gehen und das Geld so zirkuliert, daß auch moralische Begriffe damit verbunden sind, ohne das kommen wir nicht weiter. – So sagte er. Und er sagte weiter: Wenn unmoralische Begriffe im Verkehrsleben und im Wirtschaftsleben drinnen sind, da ist es geradeso, wie wenn Gift durch die menschlichen Adern rollt und das Blut ungesund macht. Alles dasjenige, was an Geld durch die Verkehrswege und durch das Wirtschaftsleben geht, wenn nicht zugleich moralische Begriffe, sondern unmoralische Begriffe durchgehen, ist geradeso, wie wenn Gift durch die Adern geht und der Mensch durch dieses Gift zur Erkrankung getrieben wird, denn das rächt sich. So wird der Wirtschaftskörper krank, wenn Gift, das heißt unmoralische Begriffe, durch seine Adern getrieben wird.

Nun fiel den Leuten auf, die bei seiner Rede waren, daß er etwas grau wurde, als er dieses Bild brauchte von seinen Adern und das auf das Wirtschaftsleben anwendete. Und außerdem, man wunderte sich darüber, daß der Mensch, der früher immer bloß davon geredet hatte, was im Wirtschaftsleben ist und was Finanzen sind – so hat er ja auch angefangen –, nun plötzlich dieses eigentlich ganz schöne Bild brauchte, das er noch im einzelnen ausgeführt hat. Er hat es so beschrieben, wie das durch das ganze Blut geht. Dieses plötzliche Beschreiben der moralischen Begriffe, das war wie ein Abspringen vom Thema. Und wie er den Satz ausgesprochen hat: Das ist im Wirtschaftsleben so, daß dann ein Gift durch die Adern des wirtschaftlichen Verkehrs geht – fällt er um. Der Schlag hat ihn getroffen! Und er ist tot.

Nun, sehen Sie, das ist eines von jenen Naturexperimenten, von denen ich Ihnen oftmals gesprochen habe, an denen man viel lernen kann; denn da ist es nämlich mit Händen zu greifen, was vorgegangen ist. Der Mensch ist natürlich nicht von der Rede getötet worden, denn da hat er sich nicht so furchtbar aufgeregt. Der Mensch wäre selbstverständlich in dem Momente, in welchem er irgendwo etwas anderes getan hätte, auch vom Schlage getroffen worden. Die Bedingungen lagen in ihm. Also ich werde keinen Moment behaupten, daß er vom Schlag getroffen worden wäre, weil er die Rede gehalten hat. Das ist ganz gewiß nicht der Fall. Vielleicht ist es durch die Aufregung eine Stunde früher eingetreten. Das kann ja kommen. Aber jedenfalls ist das längst veranlagt gewesen in ihm. Es lag in ihm. Er wäre vom Schlag auch anderswo getroffen worden. Aber das andere, was der Fall ist, das ist, daß er plötzlich von seinem Thema abspringt, aber noch auf eine ganz logische Weise, und seinen eigenen Zustand, der dazumal in ihm vorgegangen ist, schildert, mitten aus seinem Thema heraus. Also denken Sie sich, der Mensch steht vor seinen Zuhörern und redet ihnen pflichtgemäß über ein ganz wirtschaftliches Thema. Plötzlich springt er ab, in dem Momente, wo er etwas grau wird, und schildert, was in ihm vor sich geht! Nur, daß er Rücksicht nimmt auf seine wirtschaftliche Rede. Denn das, was er da geschildert hat, das war sein eigener Zustand vor dem Tod, und zu dem ist er abgesprungen. Daß er so seine Rede eingerichtet hat, das war eine Folge seines Zustandes. Und aus einer solchen Sache kann man ungeheuer viel lernen. Denn sie kommt sonst auch vor, wenn auch nicht in dieser krassen Weise.

Und jetzt nehmen wir einmal an, es wäre passiert, daß dem Manne der Faden ausgegangen wäre. Nun, ich habe mehr als einmal Redner erlebt, denen der Faden einer Rede ausgegangen ist. Die haben dann gewöhnlich, während sie vorher stolz dagestanden waren, eine Bewegung gemacht, und hinuntergeschielt – sie hatten vorher ihren Zylinder vor sich hingetan: da war die Rede drunter! Da haben sie dann den Faden wieder gefunden. So etwas kommt ja vor. Ich habe einen Bürgermeister gesehen, der nach den ersten zehn Worten stecken blieb; da hat er seinen Klapphut genommen und hat dann die Rede wacker abgelesen! Nun, lesen hat er können. Wenn er das weiter geredet hätte, was ihm dazumal noch eingefallen wäre – nun ja, nicht wahr, dann wäre nichts herausgekommen; nur Kohl wäre herausgekommen.

Nun, dem William Windom, wie war es dem gegangen? Nicht wahr, der Schlag saß in ihm, war in ihm. Und ob einen nun gerade der Schlag trifft, und die Zustände, die dem Schlag vorangehen, da sind, oder ob man so ist, wie der betreffende Bürgermeister dazumal, der eben fortwährend von der Intelligenz ist, wo einen ein Schlag treffen kann, das macht schon keinen großen Unterschied in bezug auf die ganze Verfassung des Menschen. Nun, lesen konnte der Bürgermeister noch. Und der, den gleich nachher der Schlag traf, der konnte auch noch lesen, aber wo las der? Der las in seinem eigenen Körper. Der las das ab, was in seinem eigenen Körper vor sich ging.

Daraus können Sie aber sehen, daß das richtig ist, was man durch anthroposophische Geisteswissenschaft herauskriegt: daß wir eigentlich immer, wenn wir reden, etwas ablesen von unserem eigenen Körper. Natürlich, wir reden nach unseren äußeren Erfahrungen. Aber in das mischen wir dasjenige hinein, was wir in uns selber ablesen. Es ist nur nicht immer etwas so Trauriges, wie es vor sich geht, wenn uns gleich nachher der Schlag trifft. Aber eigentlich lesen wir das, was wir aussprechen, von unseren eigenen inneren Vorgängen im Körper ab. Jedesmal, und wenn Sie fünf Worte sagen, so ist das abgelesen, abgelesen von Ihren eigenen Körpervorgängen. Wenn Sie sich vor fünf Tagen etwas aufgeschrieben haben, und Sie nehmen Ihr Notizbuch heute heraus und lesen es ab, so lesen Sie es äußerlich ab. Wenn Sie es gedächtnismäßig aufschreiben, so ist es in Ihnen aufgeschrieben durch diejenige Schrift, die da innen ist – wir werden das jetzt nach und nach kennenlernen –, aber Sie lesen es von innen ab. Es ist ganz dasselbe, ob Sie von einem Buch oder von innen ablesen; da ist nur die Richtung, in der Sie hineinschauen, verschieden. Also es kommt tatsächlich nicht darauf an, ob Sie da in Ihrem Notizbuch sich notiert haben, sagen wir: 5 Nägel, 7 Heftel –, oder ob Sie sich das in Ihrem Gehirn notieren. Wenn Sie sich das im Buch notiert haben, so lesen Sie das ab von der Seite, wo Sie es notiert haben. Wenn in Ihnen aber dadurch, daß Sie vor fünf Tagen das notiert haben in Ihrem Gehirnkasten, sich da so eine Zelle, die das fünf bewirkt hat, verschlungen hat mit einer anderen Zelle, und das wieder mit einer anderen Zelle und dadurch das sieben bewirkt hat, und das wiederum sich verschlungen hat mit dem anderen: Heftel, so ist da eine ganze Schlingelei in

Ihnen entstanden durch das, was Sie erlebt haben. Und unbewußt, ohne daß Sie es wissen, gucken Sie hin auf diese Schlingelei, die da in Ihnen entstanden ist und lesen das ab.

Das ist also das, worauf Sie geradezu geführt werden, wenn Sie ein solches eklatantes Beispiel haben wie dasjenige von diesem William Windom.

Ein anderes Beispiel habe ich Ihnen schon erzählt. Wir wollen es kurz noch einmal ins Gedächtnis zurückrufen, was der Arzt *Ludwig Schleich* erzählt, der das selber einmal erlebt hat. Zu ihm kam eines Tages furchtbar schnell ein Mensch gelaufen und sagte: Ich habe mich jetzt gerade mit der Feder in die Hand gestochen. Sehen Sie, es ist noch Tinte drin. Sie müssen mir die Hand mit dem ganzen Arm wegnehmen, denn ich müßte sonst an Blutvergiftung sterben. – Schleich, den ich gut kannte – er ist erst vor kurzem gestorben –, hat es mir selber erzählt. Er sagte zu dem Mann: Was fällt Ihnen denn ein? Ich kann doch als Chirurg nicht die Verantwortung übernehmen, Ihnen jetzt den Arm wegzunehmen! Das brauchen wir ja nur auszusaugen, das ist eine ganz unbedeutende Sache. Das ist ja ein Unsinn, daß ich Ihnen den Arm wegnehmen soll! – Der Mann erwiderte: Ja, aber dann sterbe ich! Sie müssen mir den Arm wegnehmen, ich sterbe sonst! – Da sagte Schleich: Ich kann es nicht machen, ich kann doch nicht für nichts und wieder nichts den Arm wegnehmen! – Ja nun, sagte der Patient, dann sterbe ich. – Schleich ließ ihn weggehen. Der Mann aber lief zu einem zweiten Arzt und wollte haben, daß der ihm den Arm abnehme. Der tat es natürlich, selbstverständlich, wiederum nicht, und der Mensch lief den ganzen Abend noch herum und sagte, er stirbt in der Nacht. Das hatte er dem Schleich ja auch gesagt.

Schleich war natürlich sehr besorgt um den Menschen; den Arm konnte er ihm natürlich nicht abnehmen, da gar kein Grund dazu vorlag, aber er hat sich gleich am nächsten Morgen erkundigt nach dem Manne, dem er die kleine Wunde ausgesaugt hatte. Das ist ja natürlich eine Kleinigkeit, wenn sich einer mit der Feder sticht; das ist durch Aussaugen bald draußen. Aber als der Schleich am nächsten Morgen hinkommt, da war der Mann tot, war gestorben! Nun, was sagte der Schleich? Der Mann ist an Autosuggestion gestorben, er hat sich den

Tod eingeredet und ist an seinem eigenen Gedanken gestorben. Nicht wahr, man sagt da: Autosuggestion, Selbstsuggestion.

Ich sagte zu Schleich: Es kommt ja manches vor in der Autosuggestion, aber ein solcher Tod tritt nicht durch bloße Autosuggestion ein; das ist ein Unsinn. Aber der Schleich hat es nicht geglaubt.

Was ist aber in Wirklichkeit vorgegangen? Sehen Sie, nur derjenige, der den Menschen ganz durchschaut, kann in diesem Falle sehen, was wirklich vorgegangen ist. Nicht wahr, die Ärzte haben dann natürlich eine Sektion ausgeführt, haben gefunden, daß nicht im geringsten eine Blutvergiftung vorlag, und waren damit zufrieden: Tod durch Autosuggestion, weil gar nichts da war. Aber was geschehen ist, war, daß der Mann in Wirklichkeit auch von einem sehr schwer konstatierbaren Schlag getroffen worden war. Der Schlag hat sich aber schon tagelang vorbereitet, wie Sie sehen, denn das geschieht natürlich auch nicht auf einmal; der Schlag hat sich in den feineren Organen tagelang vorbereitet. Da hat er in seinem Innern gesehen – geradeso wie der Windom im letzten Momente sieht, wie das Gift durch seine Adern geht, das durch irgendwelche Nahrungsmittel hereingekommen ist –, da hat er gesehen: mein Körper ist im Absterben. Man kann äußerlich natürlich lange herumgehen, gar nicht verändert, im Innern bereitet sich der Tod schon vor. Das hat er gesehen, und dadurch ist er nervös geworden. Daß er sich in die Hand gestochen hat, war bloß die Nervosität. Er hätte sich gar nicht gestochen, wenn er nicht im Innern so nervös gewesen wäre. Weil er sich das nicht im Innern klar gemacht hat, hat er es vorher nicht gewußt. Jetzt, wo er sich gestochen hat, hat er gesagt, was er natürlich vorher nicht sagen konnte – es sagt auch keiner: ich fühle es in meinem Innern, daß der Tod herankommt, wenn er sich sonst als ein gesunder Mensch fühlt –, aber das hat er jetzt gesagt, was er eigentlich ganz falschen Ursachen zugeschrieben hat: Von dem Federstich sterbe ich! – Das war nicht eine Autosuggestion, denn er wäre in der nächsten Nacht auf jeden Fall gestorben. Nur ist er nervös geworden und hat sich die Feder in die Hand gestochen, und dadurch ist der Gedanke in einer ganz falschen Form bewußt geworden. Er hat die Ärzte konsultiert; aber selbst Schleich, der ein ganz gescheiter Mann war, glaubte nicht daran, glaubte, daß eine Autosuggestion vorliege.

Er glaubte also, daß der Mann sich den Tod selber eingeredet hätte. Das ist aber ein Unsinn. Die Todesursache war da, und dieser Federstich war erst die Folge der Nervosität.

Daraus sehen Sie aber, daß viel im Innern vorgeht. Und wenn man diese Dinge nicht ordentlich studiert, so kommt man einfach nicht zur Klarheit über den Menschenursprung und über die Art und Weise, wie der Mensch schon gelebt hat in der uralten Zeit, wo die Ichthyosaurier und die Plesiosaurier und die Megatherien in einer dicklichen Sauce herumgeschwommen sind. Man kommt gar nicht darauf, wie das alles zusammenhängt, wenn man nicht wiederum zurückgeht und den Menschen ordentlich studiert. Man muß den Menschen ordentlich studieren.

Da aber muß man wieder viel zu Hilfe nehmen. In welchem Lebensalter sterben die allermeisten Menschen? Nun weiß man, daß die Säuglinge am häufigsten sterben in den allerersten Monaten, und allmählich nimmt die Sterblichkeit ab. Die Kinder bekommen noch ihre Kinderkrankheiten bis ungefähr zum Zahnwechsel. Und dann, wenn die Menschen mehr vernünftig wären, würden während der Schulzeit die wenigsten Krankheiten kommen – manche sind aber auch durch falsches Sitzen und so weiter gekommen. Zwischen dem siebenten und vierzehnten Jahre kommen die allerwenigsten Krankheiten. Dann fängt es wieder an. Aber es ist ein großer Unterschied zwischen den Krankheiten, die im allerersten Kindesalter auftreten und denen, die dann in der Geschlechtsreifezeit auftreten. Wenn wir die Krankheiten nehmen, die die Kinder ruinieren im allerersten Lebensalter, so ist es erstens immer eine ganz bestimmte Art von Bluteiterung. Das Blut wird eiterig. Das Kind, das zarte Lebensverhältnisse hat, stirbt eben sehr bald, und daher wird das nicht konstatiert, was aus jeder solchen Eiterung würde. Das Kind würde eben die Gelbsucht bekommen. Wenn ein erwachsener Mensch die Sache kriegt, die das Kind kriegt, so kommt es eben bis zu der Gelbsucht, die man sogar in den meisten Fällen glattweg heilen kann. Aber das Kind bringt es gar nicht bis zur Gelbsucht, sondern stirbt schon vorher.

Eine Krankheit, die sehr viele Kinder bekommen, ist Durchfall. Und da stellt sich das Wichtige heraus: Wenn man einen solchen Durchfall beim Kind ebenso kurieren will wie beim erwachsenen Menschen, erreicht man dadurch nichts. Man muß durch ein Klistier behandeln, nur durch äußere Eingriffe, höchstens noch durch Umschläge, jedenfalls nicht durch Eingeben von Arzneimitteln. Da erreicht man nichts beim Kinde. Und so ist es, daß die Kinder die bekannten Schwämmchen kriegen, die Blasen, die aufsprießen, namentlich auf der Zunge, später die bekannten Kinderkrankheiten, die aus dem Inneren heraufsprießen, wie wenn das ganze Innere blühen würde, Scharlach, Masern und so weiter. Gewiß, diese Dinge können die alten Leute auch bekommen, aber vorwiegend sind sie doch Kinderkrankheiten. Und die Neigung zu diesen Kinderkrankheiten hört auf, wenn der Mensch die Zähne bekommen hat. Da kommen diese Krankheiten, die also vorzugsweise auch von außen behandelt werden müssen und bei denen man den Kindern sorgfältigste Diät geben muß, in dieser Art nicht mehr vor.

Wenn das Kind eiteriges Blut hat, so kann man eigentlich niemals so recht sagen, woher das kommt. Es kommt eben aus dem tiefsten Inneren des Kindes heraus. – Eine oftmals vorkommende Kinderkrankheit sind ja die Krämpfe, die sogenannten Kinderkrämpfe.

Ganz anders geartet sind die Krankheiten, welche die Menschen bekommen, wenn sie geschlechtsreif geworden sind. Sie brauchen sich ja nur an die Krankheiten zu erinnern, die die Mädchen bekommen, wenn sie geschlechtsreif werden: Bleichsucht zum Beispiel. Da geht die Geschichte direkt vom Blut aus; da weiß man, daß der Körper das Blut nicht ordentlich ernährt. Wenn das Kind Bluteiterung kriegt, wird das Blut eben schlecht gemacht von etwas anderem im Innern. Wenn das Mädchen bleichsüchtig wird, wird direkt das Blut krank. Das ist etwas anderes, ob im Innern etwas sitzt, das das Blut krank macht, oder ob direkt das Blut krank wird, wenn das Blut beim Mädchen oder Knaben dick wird und sie nachher Hämorrhoiden bekommen.

Das sind also Tatsachen, daß der Mensch zweimal in seinem Leben vorzugsweise Krankheitsursachen ausgesetzt ist: zuerst in seinen ersten sieben Jahren, und dann in seinen dritten sieben Lebensjahren. Zwischendrinnen ist der Mensch zur Gesundheit veranlagt. Das ist eine wichtige Sache, daß der Mensch nicht immer in gleicher Weise zu Krankheit und Gesundheit veranlagt ist, sondern sehr unterschiedlich zu den verschiedenen Zeiten, und diese Krankheiten haben auch zu diesen verschiedenen Zeiten ganz verschiedenen Charakter. Das kann uns eben noch tiefer hineinweisen in das menschliche Innere, als uns dasjenige hineinweist, was wir schon besprochen haben. Dadurch, daß man es so betrachtet, lernt man die Organe kennen.

Sehen Sie, auf der einen Seite haben Sie den Mr. William Windom, der plötzlich anfängt, als es zum Tode geht, von seinen Organen zu sprechen. Auf der anderen Seite verraten uns die Krankheiten, wenn wir sie im ersten Kindheitsalter und im späteren Kindheitsalter betrachten, daß da verschiedenes vorgeht in den aufeinanderfolgenden Lebensaltern. Aber wir müssen lesen lernen, was im Menschen vorgeht. Wir müssen lernen zu lesen. Wenn zum Beispiel das Kind Schwämmchen im Munde kriegt, oder wenn das Kind rote Stellen an verschiedenen Stellen des Körpers kriegt, müssen wir lernen zu lesen, was da im Innern vorgeht. Und dann erst kann man eine wirkliche Menschenkenntnis entwickeln, wenn man lernt zu lesen. Und so ist es schon einmal: Wenn Sie einfach den Menschen, wenn er tot ist, auf den Seziertisch legen und nun das einzelne Organ sich anschauen, was, wenn man es herausschneidet, keinen besonderen Einfluß hat, zum Beispiel die Milz – das ist solch ein Organ, das herausoperiert werden kann, wenn es krank wird, und der Mensch kann ja wirklich etwas von der Operation haben, er wird dann eine Zeitlang gesünder sein, als wenn er seine kranke Milz drinnen hat –, ja, meine Herren, wenn Sie sich einfach die Milz anschauen, nachdem sie herausoperiert worden ist, dann finden Sie eben nicht den Unterschied heraus zwischen der Milz und, sagen wir, dem Magen. Wenn man natürlich dem Menschen den ganzen Magen ausschneidet, so hat er es sehr schwer. Es geht ja auch fast nicht. Auf sehr lange Zeit wird ein solcher Mensch mit künstlichem Magen nicht mehr geheilt sein. Aber es gibt eben Organe, die nicht entfernt werden können, zum Beispiel die Lunge und so weiter, und am wenigsten das Gehirn – da gibt es einen Punkt, wenn Sie da nur mit einer Nadel hineinstechen und Sie treffen gerade diesen Punkt, dann fällt der Mensch sofort tot hin.

Dieses Organ hat zum Beispiel auch der Elefant. Wenn Sie da hineinstechen und gerade dieses Organ treffen – man braucht es gar nicht

herauszuschneiden –, fällt dieses ganze große Tier tot hin. Sie können natürlich einem Elefanten, wenn Sie wollen, die Milz herausschneiden: er lebt noch Jahre. Da bekommen Sie den Unterschied. Es ist eben nicht so einerlei, ob Sie dem Menschen die Milz oder den Blinddarm herausschneiden, oder etwas anderes. Um das einzusehen, dazu ist aber notwendig, daß man den Menschen richtig studiert. Nun erinnern Sie sich, daß ich Ihnen gesagt habe: Diese Gehirnviecherchen, diese Zellen, die ich Ihnen da hingemalt habe für die Erinnerung, die sind beim Kind Tafel 1
noch weich, lebendig, und erst allmählich verhärten sie, so daß diese Gehirnzellen erst in den ersten Kindesjahren, bis zum siebenten Jahre, verhärten müssen. Sie sind nämlich erst in der richtigen Verhärtung, wenn der Mensch durch den Zahnwechsel durchgegangen ist. Wenn nun der Mensch geschlechtsreif wird, dann werden nämlich die anderen Zellen, von denen ich Ihnen gesagt habe, daß sie sich durch das ganze Blut bewegen, später durch die Geschlechtsreife viel beweglicher – sie sind bis dahin wenigstens träge, und gehen träge durchs Blut bis zur Geschlechtsreife. Man hat zweimal Gelegenheit, krank zu werden: das eine Mal, wenn der Körper, eigentlich die Seele im Körper, sich Mühe geben muß, um die Gehirnzellen ordentlich steif zu machen bis zum siebenten Jahre hin. Auf der anderen Seite, wenn sie sich bei der Geschlechtsreife Mühe geben muß, um diese Tiere, die da herumschwimmen im Blute, beweglich zu machen.

Wenn man das äußerlich beschreiben wollte, könnte man sagen: Denken Sie sich, Sie bauen ein Haus und Sie verwenden einen Mörtel, der nicht richtig hart wird – es geht nicht. So ist es, wenn die Gehirnzellen nicht in der richtigen Weise erhärtet werden. Und das ist bei jenen Kindern der Fall, die diese oder jene Krankheit kriegen. Wir wollen diese Krankheitsursachen das nächste Mal noch weiter beschreiben. Nach der Geschlechtsreife hat man es zu tun mit einer ganzen Herde, riesigen Herde von Millionen solcher weißen Blutkörperchen. Die sind bis dahin träge, und wenn es eine richtige Herde wäre, eine Millionenherde, müßten schon sehr viele Hirten dahinter sein, die antreiben, damit sie fleißiger werden. Ja, dieses Antreiben muß da sein. Wenn es nicht da ist, kommt Bleichsucht heraus. Und so hängt es von diesen Dingen ab, daß im ersten Kindesalter der eine Ausgangspunkt ist für eine gewisse Art von Krankheiten, und im letzten Kindesalter, im Geschlechtsreifwerden, der andere Ausgangspunkt.

Aber so muß man den Menschen studieren, dann kommt man allmählich darauf, wie die Dinge zusammenhängen. Überhaupt, Sie können auch im sozialen Leben nichts machen, wenn Sie nicht diese Tatsachen der Naturwissenschaft kennen.

ZWEITER VORTRAG

Dornach, 24. Oktober 1922

Nun, meine Herren, ist gewünscht worden, daß wir etwas sprechen über die inneren menschlichen Organe, und ich habe damit das letzte Mal angefangen. Solch eine Sache kann man natürlich nur, ich möchte sagen, von weit her besprechen. Man kann sie nur so besprechen, daß man wirklich auf die Sache von Anfang an eingeht. Und ich habe Ihnen gesagt, nicht nur, daß das vorkommen kann, daß der Mensch gewissermaßen, wie ich Ihnen das an dem Beispiel von William Windom erklärt habe und noch an einem andern Beispiel, aus sich heraus redet wie dieser Windom, der während einer Rede gestorben ist und fast ganz seinen eigenen Zustand in Worten geschildert hat – ich habe Ihnen nicht nur das gesagt, sondern ich habe Ihnen gewisse Dinge gesagt über den Verlauf des menschlichen Lebens so, daß wir finden, daß in den allerersten Lebenszeiten, also während der Mensch Säugling ist, in den ersten Kinderjahren ist, die Sterblichkeit am allergrößten ist. Da sterben die Menschen am häufigsten. Und wenn das auch später mit dem dritten, vierten, fünften Jahre abnimmt, so kann man trotzdem sagen: Die größte Sterblichkeit ist bis zum Zahnwechsel, so um das siebente Jahr herum.

Dann, von dem Zahnwechsel an, bis das Kind geschlechtsreif wird, ist eigentlich der Mensch am allergesündesten. Tatsächlich ist es so. Wenn wir nicht selber in der Schule die Kinder ungesund machen, wenn wir sie nicht durch allerlei falsches Sitzen und dergleichen dazu bringen, daß sie Verkrümmungen oder durch schlechte Luft irgendwelche inneren Erkrankungen zeigen, wenn wir achtgeben, so können wir in der Tat während des sogenannten schulpflichtigen Alters, während der Volksschulzeit, darauf rechnen, daß wir da die Kinder im allgemeinen am gesündesten haben. Was da vorkommt an Erkrankungsfällen, das ist meistens von außen verschuldet. Die große Gefahr, daß der Mensch wiederum durch sich selber krank wird, die beginnt eigentlich erst wiederum im fünfzehnten, sechzehnten Lebensjahre. Und dann treten ganz andere Krankheiten auf, als im Kindesalter auftreten.

Sehen Sie, da ist es so: Bei ganz kleinen Kindern – ich habe es schon zum Teil gesagt – finden wir, daß sie zum Beispiel sehr leicht Vereiterungen des Blutes kriegen. Das Blut wird eiterig. Das kann so weit kommen, daß gelbsuchtartige Erscheinungen auftreten. Dann tritt sehr häufig bei den Kindern eine unregelmäßige Verdauung in Form von Durchfall auf. Dann bekommen die Kinder diese kleinen weißen Pustelchen an den verschiedenen Stellen, Schwämmchen, wie man sagt, und dergleichen; und dann bekommen die Kinder noch eine ganz andere Art von Erkrankung, die sogenannten Fraisen – Kinderkrämpfe sind das. Heute tritt ja ganz besonders stark auf als eine Kinderkrankheit die sogenannte Kinderlähmung, die auch noch im späteren Alter auftritt, die aber eine furchtbar verderbliche Krankheit ist. Die Kinder kommen in die Unmöglichkeit, zum Beispiel ihre Beine zu bewegen. Sie haben ganz gelähmte Beine und dergleichen. Diese Krankheit tritt heute immer stärker auf. Sie haben ja vielleicht gelesen, daß von Thüringen gemeldet wird, daß selbst Schulen geschlossen werden mußten, weil die Kinderlähmung epidemisch auftritt.

Aus alledem und noch aus manchem anderen kann man sehen, daß die Kinderkrankheit einen ganz besonderen Charakter hat. Die Kinderkrankheiten schauen anders aus als die Krankheiten, die der Mensch später bekommt. Die Kinderkrankheiten sind ja gerade Scharlach, Masern – allerdings, Masern ist ja eine Krankheit, die der Mensch auch später bekommen kann, und wir müssen uns fragen: Warum bekommen sie die Kinder am allerhäufigsten?

Sehen Sie, man kann diese Dinge nur verstehen, wenn man weiß, wie eigentlich im menschlichen Leib die Kräfte wirken. Wenn man das Kind als Menschenkeim betrachtet, bevor es geboren wird, sagen wir sogar, betrachtet im ersten, zweiten, dritten Monat, so ist ja das Kind eigentlich im Grunde genommen etwas ganz anderes als der spätere Mensch. Das Kind ist im ersten Monat, und im zweiten auch noch, so, daß es eigentlich nur Kopf ist, und die anderen Organe sind eigentlich nur ein Anhang am Kopfe. Alles das, was später Gliedmaßen sind, Hände, Füße, sind ja kleine Stumpfe; und auch die eigentliche Brust- und Bauchgegend funktioniert ja noch nicht, ist ja noch nicht tätig. Es ist ja so, sehen Sie, daß wenn man den Kindeskeim hat, so schaut er ja eigentlich so aus: Da hier ist dann, ich möchte sagen, eine Art von Sack, in dem er drinnen ist, und in diesem Sack sind vom mütterlichen Leibe aus Blutgefäße. Diese Blutgefäße, die gehen dann in das Kind hinein und füllen es aus. Das Blut kriegt das Kind von der Mutter, und ebenso die Nahrungsstoffe. Das sind Anhangsorgane, die später abfallen. Das fällt ja alles ab. Der Kopf ist im Verhältnis zu dem Körper bei dem Kindeskeim riesengroß. Das ist der Kopf (siehe Zeichnung); das andere sind

Tafel 2

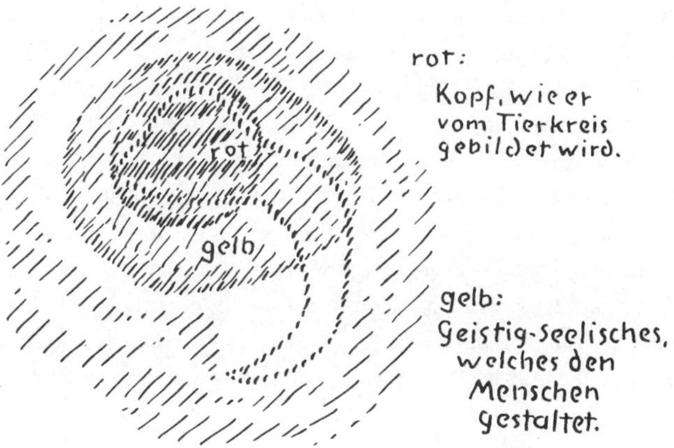

nur Anhängsel -- das ist noch nicht tätig. Da entsteht später das Herz und der Verdauungsapparat. Die Blutzirkulation wird von außen, von der Blutzirkulation der Mutter besorgt. Da sind nur kleine Stumpfel als Hände und Füße; das wird später erst entwickelt. So daß man sagen muß: Das ist alles der Kopf, und alles andere sind unbedeutende Organe, denn alles, was Nahrungs- und Luftaufnahme ist, das wird beim Kind von der Mutter aus besorgt. Also das Kind ist eigentlich in den ersten Monaten von der Mutter aus ganz Kopf.

Sehen Sie, meine Herren, die Leute wundern sich darüber, daß Geisteskrankheiten, wie man sie nennt, durch Vererbung entstehen. Geisteskrankheiten sind aber immer körperliche Krankheiten, die sich dadurch ausdrücken, daß der Körper seine Funktionen nicht ordentlich ausführt. Der Geist wird nicht krank, die Seele auch nicht; Geisteskrankheit ist immer etwas Körperliches. Also die Leute wundern sich darüber, daß jemand, wie man also sagt, geisteskrank wird durch Vererbung. Ja, gewiß, der Mensch wird geisteskrank durch Vererbung. Wenn die Eltern, namentlich die Mutter, an Schwindsucht leiden, oder wenn sie an irgendwelchen Krankheiten, sagen wir zum Beispiel an Arterienverkalkung leiden – das kommt ja in der Jugend weniger vor, aber es kommt bei manchen Leuten vor –, wenn also die Eltern leiden an Schwindsucht, an Tuberkulose, an Arterienverkalkung, so werden die Kinder nicht durchaus wieder an Schwindsucht, an Tuberkulose, an Arterienverkalkung leiden, sondern sie können geisteskrank werden. Da wundern sich die Leute.

Ja, meine Herren, braucht man sich darüber zu wundern? Dasjenige, was der Mensch erben kann, muß er ja zunächst über den Kopf erben. Also wenn die Mutter schwindsüchtig ist, so braucht man sich nicht zu wundern, daß das nicht übergeht auf die Lunge — die ist ja noch gar nicht tätig —, sondern auf den Kopf geht das über, so daß es im Kopf zur Ausgestaltung kommt. Also man braucht sich gar nicht darüber zu verwundern, daß dasjenige, was vererbt wird, ganz andere Krankheiten sind als diejenigen, die die Eltern hatten, die sie vererbten.

Sehen Sie, wenn die Eltern zum Beispiel irgendwie geschlechtskrank sind, so können die Kinder eine Augenkrankheit zeigen. Das ist nicht zu verwundern. Wie soll man sich denn nicht verwundern, wenn die Eltern geschlechtskrank sind, und das Kind den Kopf ausgebildet hat – die Augen sind ja am meisten ausgesetzt dem, was die Eltern haben; sie sind ja in einer geschlechtskranken Umgebung! Über diese Sache braucht man sich also gar nicht zu verwundern.

Und nun wird das Kind geboren. Das weiß nun jeder von Ihnen auch: Wenn das Kind geboren ist, dann ist der Kopf zunächst auch noch am meisten ausgebildet. Das Kind muß mit dem anderen Körper erst in der späteren Zeit am meisten wachsen. Der Kopf ist am meisten ausgebildet, wächst nicht mehr so stark wie die andern Organe, wächst viel weniger. Und daran, an alledem kann man ja sehen, wie eigentlich die inneren Organe eines Menschen arbeiten. Darüber kann sich die materialistische Wissenschaft keine richtige Vorstellung bilden. Das ist ganz unmöglich, weil sie gar nicht so richtig darauf kommt, daß beim

Kinde alles Wachstum vom Kopfe ausgeht. Alles wird vom Kopfe aus geregelt. Beim Kindeskeim ist es am auffallendsten, daß vom Kopfe aus alles geregelt wird, weil es nur den Kopf hat. Später aber ist noch immer, was im menschlichen Leibe vor sich geht, vom Kopfe aus geregelt. Vom Kopfe aus wird alles geregelt im menschlichen Organismus. Der Magen, die Darmtätigkeit und der Blutumlauf, alles wird vom Kopfe aus geregelt.

Nehmen Sie jetzt einmal an, ein Kind wird geboren, und durch irgend etwas hat es einen zu langsamen Blutumlauf. Das kann also vorkommen. Es kann das vorkommen, daß das Kind durch Vererbung einen zu langsamen Blutumlauf hat; das gibt es einmal. Nun denken Sie sich einmal, das Kind – ich will jetzt Adern zeichnen – hat so die Adern

Tafel 3

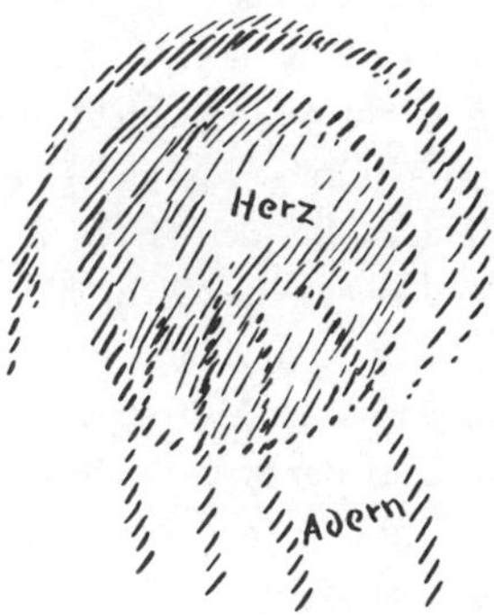

und da geht das Blut zu langsam durch; da ist das Herz, da geht das Blut zu langsam durch. Aber das Herz wird vom Kopfe aus gebildet. Der Kopf kann ganz in Ordnung sein, doch der Blutumlauf ist zu langsam. So kommt es, daß das Herz zwar ordentlich ausgebildet ist, aber daß das Blut nicht ordentlich hereinfließt ins Herz. Das ist bei Kindern im allerersten Säuglingsalter sehr häufig der Fall, daß der Kopf ganz ordentlich ist, aber nicht ein ordentlicher Blutumlauf stattfindet. Das kann einfach dadurch geschehen, daß das Kind in stickiger Luft lebt; so kann es dann nicht richtig atmen, und der Blutkreislauf stockt. Oder wenn es nicht die richtige Nahrung kriegt, kann das Blut nicht richtig in den Körper übergeführt werden; der Blutkreislauf kann stocken. Der Kopf ist ganz in Ordnung, will das Herz richtig ausbilden, aber der Blutumlauf stockt. Statt daß die Sache richtig abgeführt wird vom Herz in die Nieren und herausginge, bleibt sie im Körper, bleibt sie im Blut drinnen. Sind Stoffe, die nicht im Körper sein sollten, die schon herausgeschafft sein sollten, noch im Blut drinnen, so vereitert das Blut.

Sehen Sie, diese Gefahr ist eben später, sagen wir, im achten, neunten Jahre nicht mehr so stark vorhanden, als sie vorhanden ist im allerersten Kindesalter. Warum? Nun, wenn das Kind die zweiten Zähne ordentlich gekriegt hat, so ist das schon ein Beweis dafür, daß sein Körper eigentlich stark ist. Sonst kriegt es die zweiten Zähne nicht ordentlich. Warum? Ja, sehen Sie, die zweiten Zähne, die werden ja aus dem ganzen Körper herausgetrieben. Was da in einem Zahn sitzt, das kommt aus dem ganzen Körper heraus; das ist nicht bloß etwa da im Kiefer, sondern beim zweiten Zähnekriegen ist der ganze Körper tätig. Aber nur bei den zweiten Zähnen. Bei den ersten Zähnen noch nicht. Die ersten Zähne, die das Kind kriegt, die sogenannten Milchzähne, die sind etwas ganz anderes als die zweiten Zähne. Die ersten Zähne kriegt das Kind durch Vererbung, weil seine Mutter und sein Vater auch Zähne haben. Diese werden im Lauf der ersten sieben Jahre ausgestoßen, und dann kriegt das Kind erst seine eigenen Zähne, die zweiten Zähne, die der Körper selber fabrizieren muß.

Überhaupt, wenn Sie ein Kind angucken, das neun oder zehn Jahre alt ist, so hat es ja schon seinen zweiten Körper. Da ist der erste, den es geerbt hat, ganz weggeschmissen. Eigentlich kriegt das Kind seinen eigenen Körper erst so um das siebente Jahr herum. Und während der ganzen Zeit bis zum siebenten Jahre, da zeigt es sich, daß das Kind so stark geboren ist, daß es die Luft und die Nahrung verträgt. Hat es gezeigt, daß es die zweiten Zähne kriegen kann, dann ist die Gefahr, krank zu werden, nicht mehr so groß, weil es schon seinen Körper aufgebaut hat; dann hat es eben die Zähne schon. Und deshalb ist die Gefahr am allergrößten beim Säugling. Er muß in alles, was er sonst im Schutze des Mutterleibes getan hat, sich hineinfinden. Der Kopf ist eigentlich immer im ersten Stadium gut; er wird erst später schlecht. Wenn man einmal alt wird, ist der Kopf nicht mehr so ordentlich. Da soll er denken, sich mit der Außenwelt beschäftigen. Da muß er sich auch erst hineinfinden. Da hapert es auch häufig! Aber in den allerersten Lebensjahren braucht das Kind noch nicht Geschicklichkeit für die Arbeit, braucht noch nicht in die Schule zu gehen, noch nichts zu lernen. Der Kopf arbeitet nur am eigenen Körper. Dazu ist er meistens gut. Aber der eigene Körper, der ist im zarten Kindesalter am allerschlechtesten, denn da muß man sich erst eingewöhnen in die Welt.

Nun, nicht ganz so, wie ich es erzähle, weil ich Ihnen die Tatsachen ganz genau erzähle, aber so ähnlich erzählt das ja auch die äußere Wissenschaft. Aber diese äußere Wissenschaft versteht eigentlich den ganzen Vorgang nicht. Diese ganze äußere Wissenschaft steht eigentlich wie vor einem Rätsel, wenn sie nun sieht, wie der Mensch in den allerersten Jahren den größten Krankheiten ausgesetzt ist. Aber das ist aus dem Grunde, weil diese äußere Wissenschaft glaubt, daß das, was man Seele und Geist nennt, eigentlich nichts Rechtes ist.

In Wirklichkeit ist das so: Wenn das Kind noch im Leibe der Mutter ist und dann geboren wird, so ist ja das Seelisch-Geistige hauptsächlich mit dem Kopf verbunden. Was da drinnen arbeitet, sind ja Kräfte, ist ja dasjenige, was man nicht sieht. Diese Kräfte, diese geistig-seelischen Kräfte arbeiten an dem Kinde.

Sie werden sagen: Ja, das ist eine Ansicht, die man haben kann oder nicht. Aber wenn Sie glauben, daß man diese Ansicht haben kann oder nicht, dann machen Sie sich desselben Irrtums schuldig, wie jemand, der sagt: Da ist ein Stück Eisen; ein anderer kommt und sagt: Her Tafel 2
damit, damit will ich mein Pferd beschlagen! – Der erste sagt ihm aber: Kerl, du bist aber dumm, wenn du damit dein Pferd beschlagen willst! Das ist nämlich ein Magnet, da ist eine Kraft drinnen. Diesen Magnet, den verwendet man zu etwas ganz anderem als zum Pferdebeschlagen! – Der eine weiß, das ist einfach ein Hufeisen; der andere weiß, daß es ein Magnet ist, in dem eine unsichtbare Kraft drinnen ist. Sie können das ja nicht sehen. Und ebenso ist der, der mit der materialistischen Wissenschaft sagt: Nun ja, das ist ein Stück Fleisch, der Kopf. – Der ist geradeso wie der, der sagt: Das ist ein Huf-

eisen! – Der kindliche Kopf ist eben nicht bloß ein Stück Fleisch, sondern da drinnen arbeiten die unsichtbaren Kräfte, die wie ein Bildhauer den ganzen menschlichen Organismus aufbauen. Sie bauen ganz frisch auf in den ersten sieben Jahren. Der Mensch behält ja manches davon als die Form, die Gestalt, was er geerbt hat. Und die Kräfte, mit denen der Mensch da ganz frisch aufgebaut wird, das sind die seelisch-geistigen Kräfte, die vom Kopfe ausgehen, und die bringt der Mensch von ganz woanders her als von den Eltern.

Wenn er sie sich von den Eltern herbrächte – ja, meine Herren, wenn mal einer ein Genie ist, haben Sie gesehen, daß dann die Kinder auch Genies werden? Oder wenn die Kinder Genies sind, haben Sie gesehen, daß die Eltern es auch sind? Das ist ganz gewiß nicht der Fall! Nehmen Sie zum Beispiel *Goethe,* der ganz gewiß ein Genie war: sein Vater war ein furchtbarer Philister, seine Mutter war auch kein Genie – sie war eine liebe, nette Frau, die schöne Geschichten erzählen konnte –, und sein Sohn war dumm, der war gar kein Genie. Also dasjenige, was geistig-seelisch ist, das kann man nicht vererben, das bringt man sich aus ganz anderen Welten mit. Das vereinigt sich nur mit dem, was man vererbt. Der Mensch hat eben außer dem, daß er ein Dasein hat im Mutterleibe, ein Dasein vorher als geistig-seelischer Mensch.

Sehen Sie, daß die Menschen das heute ableugnen, das beruht ja nur darauf, daß das ganze Mittelalter hindurch die katholische Kirche gesagt hat: Man darf dem Menschen nicht ein geistig-seelisches Dasein vor der Geburt zuschreiben – weil die katholische Kirche angenommen hat, die Seele muß geschaffen werden bei der Geburt von irgendeinem solchen Gotte, wie ihn eben die katholische Kirche angenommen hat. Und dasjenige, was die katholische Kirche das ganze Mittelalter hindurch verboten hat anzunehmen, daß man eine, wie man es dazumal nannte, Präexistenz hatte – das heißt vorexistieren, vorher existieren –, das beobachtet heute die materialistische Wissenschaft auch und fühlt sich furchtbar gescheit. Das ist es eben, daß die Leute gar nicht wissen, wie sie erst dressiert worden sind zu solcher Ansicht, und nachher glauben, gerade mit einer solchen Ansicht besonders gescheit zu sein.

In Wahrheit ist es so, daß tatsächlich der Mensch, geradeso wie er ein physisches Dasein in seinen Eltern, Großeltern und so weiter hat, ein geistig-seelisches Dasein hat, das er sich mitbringt. Das arbeitet in ihm. Das ist das Geistig-Seelische. Und derjenige, der nicht einsieht, daß das Geistig-Seelische vor dem Körper schon da ist, sieht auch nicht ein, daß das Geistig-Seelische nach dem Tode bleibt, sondern er kann höchstens daran glauben. Ein Wissen von der Unsterblichkeit der menschlichen Seele kann man nur dadurch bekommen, daß man auch weiß: sie ist vorher schon da. Natürlich stünde es einem göttlichen Schöpfer zu, wenn er den Menschen schaffen würde, die Seele auch wieder verschwinden zu lassen, wenn der Mensch stirbt; aber wenn diese Seele erst da sein muß, damit der Körper aufgebaut werden kann, dann bleibt sie natürlich auch vorhanden, wenn der Körper stirbt.

Also Sie können sich sagen: Aus alle den Dingen, welche man richtig beobachten kann, folgt ganz ohne weiteres das Dasein der menschlichen Seele. Und wie soll sie denn sterben, wenn sie es ist, die das Sterbliche erst aufgebaut hat! Man müßte ja in ganz andere Welten gehen, um einzusehen, daß die Seele sterben könnte. Darüber wollen wir dann in späteren Vorträgen reden, daß sie dort auch nicht sterben kann. Aber durch den Körper kann sie nicht sterben, weil sie den Körper erst selber aufbaut.

Jetzt haben wir solche Krankheiten kennengelernt, die dadurch entstehen, daß vom Kopfe aus das Geistig-Seelische arbeitet und der Körper nicht in Ordnung ist. Es kann aber noch anderes eintreten. Es kann das eintreten, daß der Blutkreislauf zu langsam ist und die Stockung eintritt, von der ich Ihnen gesagt habe, daß das Blut vereitert. Aber es kann noch etwas ganz anderes eintreten. Es kann das eintreten, daß das Kind Nahrung bekommt und es zu schwach ist, diese Nahrung überhaupt vom Darm aus nur ins Blut hinein zu kriegen. Es geht nicht durch die Darmzotten durch. Der Körper ist zu schwach. Was tritt dann ein? Dann kriegt das Kind zunächst einmal Durchfall. Natürlich, was nicht aufgenommen wird, muß heraus; aber es sollte eigentlich im Körper bleiben und aufgenommen werden. Statt dessen geht es im Durchfall unverarbeitet hinaus. Aber das ist noch mit etwas anderem verbunden. Gewiß, das Kind kriegt ein bißchen Durchfall, stärkeren Durchfall, kriegt vielleicht Brechdurchfall. Das ist oftmals nur das erste Stadium. Aber wenn das Kind längere Zeit die Nahrungsstoffe nicht verarbeiten kann, dann können ja die inneren Organe nicht aufgebaut werden. Der Kopf will sie fortwährend aufbauen. Die inneren Organe können nicht aufgebaut werden, weil kein Stoff durchgeht. Es ist so, wie wenn Sie, sagen wir, an irgendeiner Bildsäule arbeiten und keinen Stoff haben, aus dem Sie sie machen können, und Sie fuchteln in der Luft herum. So fuchtelt der Kopf in der Luft herum, wenn zum Beispiel das Kind keinen Stoff bekommt, aus dem es die Organe formen kann. Er will das Herz formen, den Magen formen. Er fuchtelt in der Luft herum, weil er keinen Stoff kriegt, weil der durch den Durchfall weggegangen ist.

Ja, wenn man nun materialistischer Gelehrter ist, kann man jetzt überhaupt nichts begreifen. Da sagt man sich halt: Ich untersuche das Kind; nun, das hat Durchfall. Geben wir ihm irgendwelche Mittel, daß es nicht weiter Durchfall hat. – Da wird nur die Folge sein, daß die Nahrungsstoffe sich im Darm ansammeln, denn aufgenommen können sie nicht werden, und das Kind kriegt einen dicken Bauch, aber weiter nichts. Man untersucht weiter und findet, daß zum Beispiel die Lunge nichts anderes als ein leerer Beutel wird. Sie will gebildet werden, aber die Stoffe sind nicht da. Man findet nichts als einen leeren Beutel anstelle der Lunge.

Tafel 2

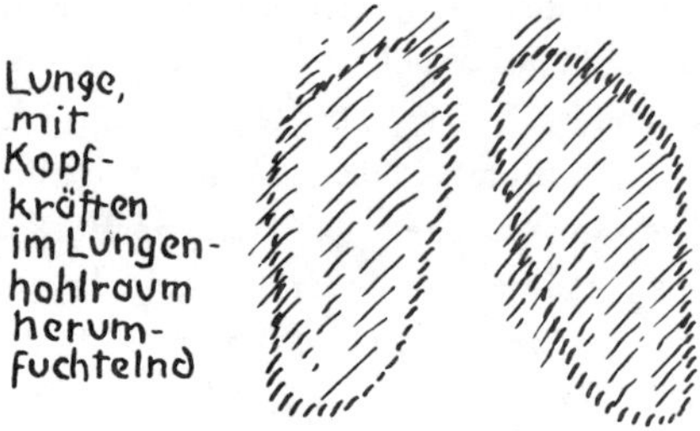

Derjenige, der also die Lunge anguckt und nur einen leeren Beutel findet, der muß aber wissen, daß in diese Lunge eben gerade diejenigen Kräfte hineingehen, die vom Kopfe ausgehen. Das, was vom Kopfe ausgeht, das geht in die Lunge, durch die Lunge. Jetzt wollen die Kräfte vom Kopfe aus etwas haben, wodurch sie sich betätigen können. Die greifen etwas an, was ihnen keinen Halt gibt. Jetzt ist das so: Wenn ich den Stuhl schüttle, da habe ich Halt am Stuhl; wenn ich aber so herumfuchtle und nicht den Stuhl kriege, habe ich keinen Halt. Sie sehen dann nur, daß ich wie ein Narr herumfuchtle. Aber wenn der Kopf herumfuchtelt in der Lunge und keinen Halt kriegt, dann entstehen Krämpfe, die Fraisen.

Sehen Sie, wenn einer überhaupt vernünftigerweise die Krämpfe erklären will, dann muß er wissen, daß da der Kopf herumfuchtelt und keinen Halt kriegt. Durchfälle kann man noch auf materialistische Weise erklären; Krämpfe kann man nicht mehr auf materialistische Weise erklären.

Also das zeigt einem, daß gerade beim Kind am meisten geistige Tätigkeit vorhanden ist. Die hört später auf. Denn so viel geistige Tätigkeit ist beim Kind vorhanden, daß aus alledem, was es ißt bis zu seinem sechsten, siebenten Jahre, immer nur ganz kleine, winzige Partikel, Teile, ausgesondert werden, und aus denen werden nun die zweiten Zähne gemacht. Denken Sie, meine Herren, wenn Sie das selber machen müßten! Sie müßten erstens so gescheit sein, daß Sie wissen könnten, wie in den Nahrungsmitteln da drinnen Magnesiumsalze und kohlensaure Salze sind. Das kann man zur Not noch lernen, aber man kann es auch nur dadurch, daß man die Zähne zuerst chemisch analysiert, selber erst aus den Zähnen lernt. Denn kein Mensch kann natürlich heute sagen, wie man solche Zähne macht, denn die künstlichen Zähne, die gemacht werden, sind ja natürlich keine Zähne, keine lebendigen Zähne. Also da wird aus alledem, was das Kind ißt bis zum siebenten Jahre, immer in ganz kleinen Portionen dasjenige herausgeholt, was als zweite Zähne erscheint.

Aber man muß nicht nur wissen, was für Stoffe drinnen sind, sondern man muß wissen, was machen sie im Magen, damit der richtige Stoff ausgesondert wird, oder was machen diese kleinen Partikelchen, die Sie ausgesondert haben im zweiten, dritten Jahre? Wenn Sie das ausgesondert haben, wie halten Sie das lange genug im Blutkreislauf fest, daß es weiter mitgeht, gerade just im sechsten, siebenten, achten Jahr in die Kiefer hineingeht, so daß die Zähne daraus werden? Das alles muß ja gemacht werden und wird gemacht von dem Geistig-Seelischen des Kindes, das nur unbewußt ist. Aber gemacht wird es. Ich glaube, Sie werden sich gar nicht beleidigt fühlen, wenn ich Ihnen sage: Sie sind nicht imstande, wenn ich sage, laß da irgendwo ein einziges Haar wachsen –, Sie sind nicht imstande, dieses Haar irgendwie wachsen zu lassen! Aber das Kind ist dazu imstande, indem es die nötigen Stoffe hintreibt bis zu dem Ort, wo die Haarwurzeln sich eingliedern, diese Stoffe dem Lichte entgegenzubringen – denn die Haare wachsen, werden aus Licht.

Also das alles geschieht in dem Kinde. Sehen Sie, das alles ist etwas, wovon die heutige Wissenschaft nicht reden will. Sie macht den Leuten diese Dinge durchaus unklar. Sie weiß nichts darüber und will nicht reden davon, daß da das Geistig-Seelische drinnen arbeitet, und daß das Geistig-Seelische nicht vererbt wird, sondern daß das Geistig-Seelische eben aus einer geistigen Welt kommt.

Nun, ich habe Ihnen das Beispiel von den Haaren erzählt. Sehen Sie, der Mensch ist ja im allgemeinen während seines normalen Lebens nicht behaart, sondern nur an gewissen Stellen bleiben die Haare, sonst ist er unbehaart. Aber der Mensch war einmal auf der Erde auch behaart. Er hat die Haare verloren. Er war ein ganz behaarter Mensch. Einmal, in sehr alten Zeiten war der Mensch auch zottelig behaart, ganz zottelig behaart. Er hat die Haare verloren. Ja, wodurch hat der Mensch die Haare verloren? Ich will Ihnen darüber keine Theorie geben, denn die kann man sich ausdenken, aber ich will Sie auf Tatsachen verweisen. Andere Wesen zum Beispiel, welche auch, wenn sie in der Natur herumgehen, behaart sind, verlieren die Haare, wenn sie zahm gemacht werden: das sind die Schweine. Schauen Sie sie an im wilden Zustande: da haben sie Haare; und wenn sie gezähmt werden, wenn sie also in solchen Verhältnissen leben, in denen sie ursprünglich nicht gelebt haben, da verlieren sie die Haare. Der Mensch hat auch ursprünglich nicht in solchen Verhältnissen gelebt wie heute. Der Mensch ist nämlich auch wie solch ein gezähmtes Tier. Daß er aber Haare bekommen hat, unter dem Einfluß von Licht und Wärme Haare bekommen hat, das zeigt das Kind ja heute noch; denn in den ersten Monaten, wo es fast nur Kopf ist, da ist der ganze Kindeskeim behaart – im Mutterleib ist das Kind in den ersten Monaten sogar behaart! Die Haare verliert es wieder; die gehen weg. Es ist ganz behaart. Geradeso wie ich Ihnen erklärt habe, daß die Pflanzen im ersten Stadium das Licht und die

Wärme noch vom vorigen Jahr haben, so hat das Kind Licht und Wärme von der Mutter, so bekommt es das Licht und verliert erst später die Haare. Also auch daraus können Sie sehen, wie das Geistig-Seelische am Körper arbeitet.

Nun sagte ich Ihnen: Während des schulpflichtigen Alters, da ist der Mensch eigentlich von Natur aus am allergesündesten. Das ist so. Warum? Ja, das ist so, weil nur diejenigen Menschen übrig bleiben, die die Kräfte entwickelt haben, durch die sie die zweiten Zähne entwickeln können, denn das sind starke Kräfte. Man treibt da ganz harte Kräfte aus sich heraus. Diese Kräfte, die muß man durch eine ganz furchtbar starke Angewöhnung erst erwerben während des kindlichen Alters. In den ersten Kindesjahren ist also alles dasjenige, was der Kopf am Innern des Menschen macht, am stärksten entwickelt. Und da ist es wirklich so, daß man sagen muß – natürlich weiß der Mensch nichts davon –: Dieser Kopf, der muß sich anstrengen, der muß ein ganz großer Künstler sein. Und der Körper gibt ihm fortwährend Widerstände. Dagegen muß der Kopf fortwährend ankämpfen. Es hilft ihm nichts. In den ersten sieben Jahren kann er nichts haben, was ihm richtig hilft. Man muß solch eine furchtbare Kraft anwenden. Und unter dieser Kraftanstrengung kommen eben alle diese Krankheiten, von denen ich Ihnen erzählt habe.

Nehmen Sie aber jetzt an, der Blutkreislauf ist nicht dadurch in Unordnung, daß nicht genügend abgeht, sondern daß zu viel übergeführt wird. Das kann ja auch sein. Es gibt schon einmal dieses, daß die Eltern eben nicht so weise sind, wie der menschliche Organismus eigentlich ist. Die Eltern glauben oftmals: Wenn man möglichst viel hineinstopft, so ist das das allerbeste. Nun, man kann ja daraus niemand einen Vorwurf machen, denn es ist wirklich im allgemeinen schwer zu wissen, wann das Kind genug hat. Es weiß es meistens nur durch seinen eigenen Instinkt, durch seine eigene Weisheit, die in ihm ist. Wenn es zu viel Milch kriegt, weil die Mutter zu viel erzeugt, bekommt das Kind einen unsicheren Instinkt und ißt selber zu viel. Dann wird zu viel hineingestopft, da kann der Kopf nicht nach; dann ist er zu langsam, um das Viele da hineinzukriegen. Dann muß er sich wehren, damit das ausgeworfen wird, damit das weggeht. Aber das ist ja schon von dem

Darm ins Blut hineingegangen; er kann es nicht mehr auf dem natürlichen Wege des Wiederablassens oder der Verdauung wegwerfen, denn es ist schon ins Blut hineingegangen. Was tut er? Er muß es auswerfen durch die Haut. Scharlach, Masern entstehen! Scharlach und Masern sind ganz andere Krankheiten als Durchfall oder die Krämpfe. Durchfall und Krämpfe, das sind Krankheiten, die das Kind kriegt, weil es im Innern einfach herumfuchtelt und zu wenig Nahrung bekommt. Wenn aber zu viel hineinkommt, dann muß das ausgeworfen werden, und dann entstehen solche Dinge, selbst dasjenige, was dann durch die Lungen ausgeworfen wird, wenn es zu viel ist. Diphtherie, Lungenentzündung, die werden dadurch hervorgerufen, daß der Körper sich dadurch hilft, daß er noch durch die Haut wegwirft, was er sonst nicht herauskriegt. Wenn man den Menschen versteht, versteht man, wie das eigentlich vor sich geht, und es ist ganz natürlich, daß ein Kind solche Krankheiten kriegen kann.

Es kann noch andere Krankheiten kriegen. Denken Sie einmal, es ist gerade zufällig das Kind zu schwach, um die zweiten Zähne herauszutreiben. Es hat die ersten Zähne gekriegt, die hat es geerbt; da braucht es sich nicht anzustrengen. Aber es ist zu schwach, um die zweiten herauszutreiben. Jetzt gehen die Kräfte, die da nicht ankommen, in die Lunge, und das Kind zeigt eine Lungenentzündung. Das kann auch sein. Der menschliche Leib ist ein furchtbar kompliziertes Ding. Wenn also ein Kind eine Lungenentzündung kriegt, so ist nicht nur nachzuschauen, wie es mit dem Kind auf der Lunge ist, sondern wie es ist mit den Nieren, wie mit dem Magen und so weiter. Man muß also bei jeglicher Krankheit den ganzen menschlichen Körper untersuchen, nicht nur einen Teil, an dem gerade die Krankheit auftritt.

Wenn aber das Kind jetzt sieben Jahre alt ist, dann sind auch seine Atmungsorgane so weit, daß nicht mehr der ganze Körper vom Kopf aus die Atmung besorgen muß. Beim ganz kleinen Kind muß der Kopf noch fortwährend die Atmungsorgane in Ordnung bringen. So wie er die Zähne aufbauen muß, so muß er die Atmungsorgane aufbauen. Mit dem siebenten, achten Jahre ist das Kind so weit, daß sie in Ordnung sind. Jetzt kann das Kind ordentlich atmen. Das ist gerade das Allerwichtigste, daß man einsieht: Wenn das Kind die zweiten Zähne gekriegt hat, ist sein Atmungsorganismus in Ordnung gekommen; es hat seine zweiten Lungen bekommen, seine zweiten Bronchien – alles ist aufgebaut. Es atmet nicht mehr mit dem schwachen vererbten Organismus, sondern es atmet mit dem zweiten, aufgebauten Organismus. Dadurch steht es ganz anders da. Jetzt hat es eine Hilfe. Das ist eben die Geschichte. Es ist etwas ganz anderes, ob ich von einem schwachen Vater oder einer schwachen Mutter meinetwillen einen Atmungsorganismus habe, den ich vom Kopf aus dirigieren soll, der aber zu schwach ist, oder ob ich mir als Kind richtig einen zweiten Atmungsorganismus aufgebaut habe, wie ich ihn brauche. Denn der Kopf baut ihn sich ordentlich auf. Und dadurch, daß dieser zweite Atmungsorganismus bei Kindern, die überhaupt so alt werden – die andern sind vorher weggestorben –, in Ordnung ist, dadurch sind diese Kinder zwischen sieben und vierzehn Jahren am allergesündesten, denn bei den Kindern ist es vorzugsweise der Atmungsorganismus, der ganz gesund wird. Das ist das Gute in diesem zweiten Lebensalter, daß der Atmungsorganismus da am allergesündesten wird.

Wenn aber die Geschlechtsreife eingetreten ist, dann nimmt nämlich diese Geschlechtsreife etwas von den Nahrungssubstanzen für sich weg. Früher, wenn das Kind noch nicht geschlechtsreif ist, geschieht das nicht. Da nimmt die Geschlechtsreife noch nicht etwas von den Nahrungsmitteln für sich weg. Jetzt muß eine ganz andere Art von Verdauung eintreten. Das können Sie leicht einsehen, weil etwas ganz anderes nun eingetreten ist, weil die Nahrungsmittel zu etwas anderem hingeleitet werden. Diese neue Art zu atmen, die macht, daß von der Geschlechtsreife an überhaupt die Verdauungsorgane sich erst neu einrichten müssen, daß also erst vom Magen, von den Gedärmen aus der richtige Gegendruck eintreten muß, weil von dem, was früher Druck war, etwas weggenommen ist. Jetzt muß der richtige Gegendruck eintreten. Kein Wunder, daß Bleichsucht bei den Mädchen und andere Krankheiten in diesem Alter auftreten, weil sich der Organismus erst einrichten muß.

So ist das Kind in dieser Zeit vom siebenten bis vierzehnten Jahre am allermeisten geschützt. Denn in den ersten Jahren muß vom Kopfe aus so furchtbar stark hineingearbeitet werden in den Organismus.

Daran muß er sich erst gewöhnen. In dieser Zeit vom siebenten bis vierzehnten Jahre, also in der Volksschulzeit, ist das Kind am allergesündesten. Dieser zweite Atmungsorganismus, der ist von nichts beeinträchtigt, und der kann ganz fein den Sauerstoff überliefern. Der wirkt auf der einen Seite günstig nach dem Kopf hinauf, auf der andern Seite günstig nach der Verdauung zu. Da müßte man, wie gesagt, schon von außen durch eigene Schulgeschichten die Sache verderben.

Jetzt kommen wir zur Geschlechtsreife. Sehen Sie sich den Knaben an. Bis zur Geschlechtsreife hat er seinen Organismus ausgebildet mit den gesündesten Kräften, die der Mensch hat. Er hat den Ansturm unternommen, zum erstenmal seinen Organismus neu zu machen. Nichts hat ihm das verdorben, wenn er eben übrig geblieben ist. Doch jetzt kommt die Geschlechtsreife heran. Sehen Sie sich den Knaben an: Der ganze Atmungsorganismus wird da durch die Verdauung beeinträchtigt. Nicht einmal die Stimme behält er. Die Stimme wird tiefer. Der Stimmwechsel zeigt ja, daß die Verdauung heraufwirkt bis in den Atmungsorganismus. Also das zweite Mal, wenn er seinen Organismus bilden muß, da pfuscht ihm die Verdauung hinein. Dieses Hineinpfuschen, das ist eben im Stimmwechsel zum Ausdruck kommend. Da muß er ganz andere Saiten anschlagen. Da stürmen nun wiederum die Krankheiten heran.

Und sehen Sie, erst wenn man den Menschen nun so betrachtet, dann kriegt man die Möglichkeit, überhaupt über eine solche Frage nachzudenken, wie sie einer der Herren das letzte Mal gestellt hat. Vorher kann man ja über diese Fragen überhaupt gar nicht nachdenken, denn man kriegt nichts heraus. Wenn man weiß, daß es einfach der Kopf ist, der in den ersten sieben Lebensjahren am meisten arbeiten muß, was wird man sich da sagen?

Tafel 2 Ja, nicht wahr, im mütterlichen Leibe wird das gebildet (auf die Zeichnung deutend); aber der Kopf, der im mütterlichen Leibe gebildet wird, der wird ja wirklich nicht bloß gebildet durch die Befruchtung, nur durch die Substanz, sondern dieser Kopf wird gebildet aus dem ganzen Weltenall herein. Die mütterliche Substanz bildet nur die Grundlage, daß sich das bilden kann. Aber der Kopf des Menschen wird aus dem ganzen Weltenall herein gebildet. Er ist ja auch ein Abbild, er ist ein Bild des Weltenalls. Er ist deshalb oben rund, weil er nachgebildet ist dem Weltenall. Da drauf auf diesen Hirnschädel, den manchmal etwas so Dummes bedeckt beim Menschen, da drauf wirkt die ganze Sternenwelt. Da wirkt wirklich die ganze Sternenwelt. Das ist nicht eine Phantasterei. Das ist ebenso wahr, wie es das Folgende ist, ich habe es Ihnen schon einmal gesagt: Denken Sie sich, es wäre hier eine Magnetnadel; diese Magnetnadel können Sie nicht beliebig zum Stillstand bringen. Sie steht immer von Norden nach Süden. Keinem Menschen wird es einfallen, zu sagen, da sitzen Kräfte in der Magnetnadel drinnen, die diese von Norden nach Süden stellen, sondern jeder sagt: Die Erde ist selber ein Magnet und die Magnetnadel richtet sich nach der Erde. – Das sieht jeder ein. Nur in bezug auf das, was sich da im mütterlichen Leibe drinnen entwickelt, sind die Menschen so dumm, daß sie sagen: Das kommt von der Befruchtung. – Das ist ebenso gescheit, wie wenn man sagen würde: Daß sich die Magnetnadel immer von Süden nach Norden richtet, das kommt von Kräften in der Magnetnadel! – Daß sich da dieser Kopf ausbildet wie ein Abbild von der ganzen Welt, das zeigt eben, daß die ganze Welt wirkt auf den Menschenkopf. Und die Kräfte, mit denen der Kopf dann wiederum im Kinde weiter wirkt, die hat der Mensch aus dem Weltenall bekommen. Wenn also meine Lunge aufgebaut wird, dann hat der Kopf die Kraft zum Aufbauen meiner Lunge bekommen aus dem Weltenall. Namentlich wenn zum Beispiel die Nieren ausgebildet werden, so hat der Mensch die Kräfte von weit im Weltenall draußen liegenden Körpern bekommen, vom Jupiter zum Beispiel. Also das sind keine Phantastereien. Das kann man ebenso untersuchen, wie man andere physikalische Sachen untersucht. So daß der Mensch, wenn er mit seinem Kopfe geboren wird, wirklich in seinem Kopf die Kräfte der ganzen Welt drinnen trägt.

Natürlich ist es ein Unsinn, wenn einer sagt, der Mond oder die Sonne oder der Jupiter wirken auf irgendein menschliches Organ. Also wenn die Leute sich hinsetzen und ein Horoskop stellen, weil sie glauben, der Mond, die Sonne, der Jupiter und so weiter wirken, das ist Blech! Aber der Kopf ist herausgebildet aus dem ganzen Weltenall. Und die Kräfte, die dem Kopf aus dem ganzen Weltenall mitgeteilt worden sind, die wirken dann in den ersten sieben Jahren auf den Menschen. Und in den zweiten sieben Jahren gewöhnt sich der Mensch mehr an den Umkreis der Erde, so daß er herauswächst aus dem Weltenall. Er wird also, während er vorher ein Sternenmensch war, mehr ein Luftmensch.

Und nachher, wenn da die Verdauungsstoffe eine so besondere Rolle spielen beim Menschen, daß sie ihm sogar die Stimme verändern, was ist denn das? Ja, das ist nichts anderes als das, was wir hereinbringen von der Erde. Was wir von der Erde hereinbringen, das müssen wir dann verarbeiten. Ich habe Ihnen gezeigt, daß das erst getötet werden muß in den Gedärmen und so weiter. Das wird erst zur Hauptsache in den Zeiten, in denen der Mensch geschlechtsreif wird. Da wird er hauptsächlich von der Erde abhängig. Wir haben als Männer zuerst die Stimme von der Luft; daß die Stimme dann dumpf wird, das kommt davon her, daß später die Erdensubstanzen und die Erdenstoffe drinnen wirken.

Erst kommen wir zur Welt, indem wir Sternenmenschen sind, vom Kopf aus die Kräfte nachwirken lassen, die wir aus der Sternenwelt zuerst hereingebracht haben. Dann werden wir Luftmenschen. Und mit der Geschlechtsreife werden wir erst Erdenmenschen, werden erst richtig dem Erdigen zugeteilt. Später werden wir erst den Dingen zugeteilt, die uns mehr an die Erde fesseln. Und so sehen Sie, daß der Mensch erst von der Welt herein auf die Erde versetzt wird.

Wenn man nicht so verstockt ist wie die Materialisten oftmals, die darüber phantasieren, daß der Mensch wächst und so weiter, dann sieht man ja, wie der Mensch in die Erde hineinwächst. Und wenn er alt genug dazu wird, wächst er nämlich im Alter wieder heraus. Was geschieht zum Beispiel im Alter? Die Kräfte, die wir im Alter haben, die haben wir auch in der Jugend; die haben unsere Knochengebilde sehr, sehr hart gemacht; aber die anderen Teile bleiben weich. Wenn aber im Alter die Kraft, die in den Knochen ist, in den andern Körper übergeht, so verhärten zuerst die Adern, und dann kommt, was man Arteriosklerose nennt. Das Gehirn kann auch verkalken. Das Gehirn muß immer ein bißchen von dem haben, durch das die Verkalkung eintritt. Sehen Sie, wenn das Kind nicht ein wenig Kalksand im Kopfe hat, der von der Zirbeldrüse ausgestreut wird, verteilt wird, wenn es nicht ein wenig Kalksand im Kopfe hat, dann bleibt es dumm, dann kann die Seele nicht eingreifen, denn die bildet in den Kalk hinein. Wenn aber später (im Alter) zu viel Kalk abgelagert wird, dann kommt eben die Verkalkung, und dann kann wiederum die Seele nicht eingreifen, weil das zu stark ist. Dann kommt die Lähmung, der Gehirnschlag, oder so etwas, oder man wird eben ergriffen von Altersschwachsinn, weil man das Gehirn nicht mehr ergreifen kann, nicht mehr verwenden kann. Aber wenn im übrigen Körper eine Verkalkung eintritt, ist es ebenso. Man wird wieder herausgenommen aus den Kräften der Erde. Man kann also sehen, wie der Mensch hineinwächst in die Kräfte der Erde bis zu seiner Geschlechtsreife, und wie er dann wieder herauswächst aus der Erde, wie die abgelagerten Schichten immer dicker und dicker werden und dadurch die Seele nicht mehr eingreifen kann.

So sehen Sie tatsächlich, daß man studieren kann das, was der Mensch vom Weltenall hat. Er trägt es selber herein. Man muß nur nicht der abergläubischen Ansicht huldigen, daß auf die Lunge meinetwillen irgendeines fünfunddreißigjährigen Menschen irgendwie ein Stern wirkt! Aber die Lunge ist aufgebaut nach den Kräften, die zuerst im Kindeskopf von den Sternen hereingekommen sind.

Also wenn man die Sache richtig wissenschaftlich anschaut, dann gibt es eben eine Geisteswissenschaft. Die gibt es einmal, und die kann man ebenso studieren, wie die andere Wissenschaft. Und es ist einmal so, man mag ja noch so stark schimpfen über frühere Zeiten – gewiß, wir können nicht wieder dieselben Zeiten heraufholen, die früher waren –, aber sie waren halt für die Menschen, die früher da waren, brauchbar, für uns nicht mehr. Aber die Zeit, in der wir leben, die ist nur brauchbar für uns. Wenn wieder Leute da sein werden, die etwas wissen von der Welt, die nicht bloß glauben, der Menschenkopf wird nur als, was weiß ich, so eine kleine Kugel im Mutterleibe erzeugt, sondern die etwas wissen von der Sache, wird es auch wieder bessere Politiker geben. Wenn man nichts weiß, kann man auch kein ordentlicher Politiker sein. Denn derjenige, der nichts weiß vom Menschen, der weiß auch nicht, was die Menschen tun sollen. Daher ist es so dringend notwendig, daß Leute entstehen, die wiederum etwas wissen von der Welt. Das ist dasjenige, was unbedingt angestrebt werden muß.

Die Schulen sollen den Menschen wiederum etwas lehren, was einen Wert hat. Heute hat das einen großen Wert, womit man Maschinen machen kann. Dagegen wird auch nichts gesagt von der Geisteswissenschaft, denn das hat ja seinen großen Wert; aber wodurch man unter den Menschen zurechtkommt, das wird gar nicht gelehrt, sondern es wird irgendeine abstrakte soziale Wissenschaft gelehrt, die man erfindet, weil man den Menschen nicht kennt. Den muß man erst kennenlernen, dann aber so, wie wir es hier tun. Das aber, was ich Ihnen hier sage, das wird ja leider nicht gelehrt. Erinnern Sie sich an Ihre eigene Schulzeit! Wo wird denn so etwas gelehrt? Und das ist dasjenige, was heute dem Menschen fehlt. Dasjenige, was der Mensch heute lernt, das ist geradeso in ihm, wie wenn Sie ihm Steine in den Magen hineinlegen. Das verträgt höchstens eine Gans, aber nicht der Mensch. Wenn Sie dem Menschen Steine in den Magen hineingeben, dann ruiniert er seinen Verdauungsapparat. Wenn Sie den Menschen das lehren, was heute gelehrt wird, so ruinieren Sie eigentlich seinen Kopf. Nicht wahr, wenn ich meinen Arm nicht gebrauche, wird er schwach. Wenn ich meinen Kopf nicht richtig gebrauche, wird der Kopf schwach. Aber der Kopf hat auch während des mütterlichen Keimens schon Sternenkräfte bekommen. Wenn Sie ihm nichts erzählen und er keine Gedanken haben kann von den Sternen, so bleibt er schwach, geradeso wie die Muskeln, wenn man sie nicht gebraucht. Wenn man dem Kind nichts beibringt von der Welt, so muß der Kopf schwach bleiben. Und der hauptsächlichste Schaden des heutigen Zustandes ist – Sie müssen das nicht übel nehmen –, daß die Menschen schwache Köpfe haben und nichts verstehen voneinander, sich nach Klassen trennen und gar nichts verstehen voneinander. Das ist geradeso, wie wenn ich Menschen zu Athleten machen will und ihnen ihren Bizeps ganz schwach lasse. So ist es mit Menschen, die ich ausbilde und deren Kopf ich schwach lasse, weil sie dann gerade dasjenige nicht wissen, was sie wissen sollten. Das ist schon so.

Wenn die Kinder mit der unbewußten Weisheit, durch die sie ihren Körper aufbauen, fertig sind und ihre zweiten Zähne gekriegt haben, ist es von besonderer Wichtigkeit, daß man ihnen jetzt bewußt etwas beibringt von dem, was sie früher unbewußt angewendet haben. Dann werden sie auch richtige Menschen, solche Menschen, die nicht so verkehrt denken wie die heutigen, sondern Menschen, die richtig denken eine gesunde Geisteswissenschaft.

Richtet man alles soziale Denken erst zugrunde, so kriegen wir kein vernünftiges Denken über das, was man tun soll. Wenn wir eine richtige Geisteswissenschaft anwenden, so wird in dieser Beziehung vieles besser werden können.

DRITTER VORTRAG

Dornach, 29. November 1922

Es wird gefragt wegen des Motives auf der Zeitschrift «Anthroposophie, Österreichischer Bote von Menschengeist zu Menschengeist»: Adler, Löwe, Stierkopf und Menschenkopf.

Dr. Steiner: Ich glaube, meine Herren, ich werde das am besten so machen, daß ich Ihnen den Menschen erst noch ganz fertig erkläre, soweit es notwendig ist, und daß ich dann den Menschen als in diesen vier Symbolen sich darstellend, das nächste Mal gebe. Nicht wahr, es ist nicht möglich, immer alles ohne Voraussetzungen zu sagen. Ich werde versuchen, heute noch diese Voraussetzungen zu schaffen. Denn sehen Sie, diese vier Tiere, wovon eigentlich das eine der Mensch ist, die gehen auf eine sehr frühe in der Menschheit vorhandene Menschenerkenntnis zurück. Heute könnte man nicht mehr so, wie das zum Beispiel die alten Ägypter gemacht haben, diese vier Tiere erklären, sondern heute muß man sie etwas anders erklären. Natürlich muß man sie richtig erklären, aber man muß heute von etwas anderen Voraussetzungen ausgehen.

Nun möchte ich Sie noch einmal aufmerksam machen, wie ich Sie immer wieder und wieder darauf hingewiesen habe, wie der Mensch ja hervorgeht aus dem Menschenkeim, der zunächst im Leibe der Mutter sich entwickelt. Ich habe Ihnen auch schon manches von diesem Menschenkeim gesagt. Nun möchte ich heute noch einmal zurückkehren zum allerersten Stadium, zu der allerersten Zeit, in der der Menschenkeim nach der Befruchtung im Leibe der Mutter sich entwickelt. Sehen Sie, da ist der Menschenkeim eben eine einzige Zelle, also eine Zelle, die
Tafel 4 im Innern Eiweißstoff hat und einen Kern (es wird gezeichnet). Das ist so klein, daß man es nur im Mikroskop erkennen kann. Und der Mensch nimmt eigentlich im physischen Leben seinen Anfang von einer einzigen solchen Eizelle, die befruchtet worden ist.

Nun müssen wir die nächsten Vorgänge ins Auge fassen. Sehen Sie, die nächsten Dinge, die sich mit diesem kleinen Ei, das im Leib der Mutter ist, abspielen, das sind diese, daß sich solch ein Ei teilt; es entstehen aus einem zwei, und aus jedem solchen wiederum zwei, die so nebeneinander sind, und so entstehen durch Teilung immer mehr und mehr solche Zellen. Unser ganzer Körper ist ja später aus solchen Zellen zusammengesetzt. Aber sie bleiben nicht so rund, sondern sie nehmen verschiedenste Formen an. Diese Zellen bekommen die verschiedensten Gestalten.

Nun müssen wir da etwas berücksichtigen, was ich Ihnen schon einmal gesagt habe, nämlich: Wenn diese kleine Zelle im Leibe der Mutter ist, dann wirkt eigentlich die ganze Welt auf diese Zelle ein – die ganze Welt. Heute kann man natürlich auf diese Dinge noch nicht mit dem nötigen Verständnis eingehen. Aber dennoch: Es wirkt die ganze Welt auf eine solche Zelle ein. Es ist nicht einerlei, ob, sagen wir, dieses Ei sich teilt, wenn da oben der Mond vor der Sonne steht; da ist es anders, als wenn der Mond abseits von der Sonne steht und so weiter. Also der ganze Sternenhimmel hat auf diese Zelle einen Einfluß. Und unter dem Einfluß dieses Sternenhimmels bildet sich auch das Innere der Zelle aus.

Nun, sehen Sie, wenn das Kind in den ersten Monaten ist – ich habe es Ihnen schon gesagt –, da ist ja eigentlich vom Kind nur der Kopf ausgebildet (es wird gezeichnet). Der Kopf ist ausgebildet, und der übrige Tafel 4 Körper ist eigentlich nur solch ein Anhängsel; da sind dann kleine Stummel, die Hände, und andere kleine Stummel, die Beine. Und immer mehr und mehr wird dieses kleine Wesen eben so, daß es seine Hände und Arme umbildet, und diese Stummel da zu Füßen umbildet und so weiter.

Woher kommt das? Das müssen wir uns fragen: Woher kommt das? Das kommt davon her, daß der Mensch, je früher er im Keimzustand ist, desto mehr noch der Sternenwelt ausgesetzt ist, und je mehr er sich entwickelt, je längere Monate er im Mutterleibe ist, desto mehr der Schwerkraft der Erde ausgesetzt wird. Solange der Sternenhimmel auf den Menschen wirkt, ordnet er alles so an, daß die Hauptsache der Kopf ist. Erst die Schwerkraft treibt das andere da heraus. Und es ist so, daß eigentlich, je weiter wir zurückgehen in den ersten, zweiten Monat der Schwangerschaft, wir da um so mehr finden, daß alle diese Zellen, die da entstehen – Millionen von solchen Zellen bilden sich nach und nach –, dem Sterneneinfluß ausgesetzt sind und dann immer mehr und mehr von der Erde abhängig werden.

Sehen Sie, in dieser Beziehung kann man sich überzeugen, wie wunderbar eigentlich der menschliche Körper eingerichtet ist. Und das möchte ich Ihnen anschaulich machen an einem Sinnesorgan. Ich könnte es Ihnen ebensogut am Auge anschaulich machen; ich will es Ihnen heute am Ohr anschaulich machen. Denn, sehen Sie, eine von diesen Zellen, die wird das Ohr. Das Ohr ist da drinnen eingesetzt in einer Höhle der Kopfknochen. Eine solche Zelle wird also Ohr. Aber wenn Sie dieses Ohr, dieses menschliche Ohr richtig betrachten, dann ist das eigentlich ein ganz merkwürdiges Gebilde. Ich will es Ihnen einmal, damit Sie einen Begriff davon bekommen, darstellen, damit Sie auch sehen, wie eine solche Zelle allmählich sich gestaltet, teilweise noch unter dem Sterneneinfluß, teilweise unter dem irdischen Einfluß, in einer so merkwürdigen Weise, daß der Mensch dann die Sache brauchen kann.

Gehen wir zunächst einmal von außen nach innen. Da können Sie ja ein jeder sich beim Ohrwaschel anfassen; da haben wir also zunächst
Tafel 4 einmal das äußere Ohr. Das äußere Ohr, von der Seite gezeichnet, besteht aus Knorpel und ist mit einer Haut überzogen. Es ist eigentlich dazu da, daß recht viel von dem Ton, von dem Schall, der da ankommt, aufgefangen wird. Wenn wir bloß ein Loch da hätten, dann würde weniger von dem Schall aufgefangen werden können. Sie können hineingreifen ins Ohr; da geht dann ein Kanal ins Innere der sogenannten Paukenhöhle, ins Innere des Kopfknochensystems. Sehen Sie, dieser Kanal, der ist nun nach innen abgeschlossen von dem sogenannten Trommelfell. Da ist richtig an diesem Kanal angesetzt so etwas wie ein dünnes Häutchen, so daß man sagen kann: Es ist wie ein Trommelfell. Sie brauchen nur an eine Trommel zu denken, wo eine Haut oben ist, auf die man klopft; so ist das Ohr nach innen durch dieses Trommelfell abgeschlossen.

Und wenn wir da dann weitergehen, da will ich Ihnen die Höhlung zeichnen, die man am Skelett sieht. Sehen Sie, da sind überall die Kopfknochen, hier gehen die Knochen nach dem Kiefer hin; da ist eine Höhle drin, und in diese Höhle der Kopfknochen führt dieser Kanal,

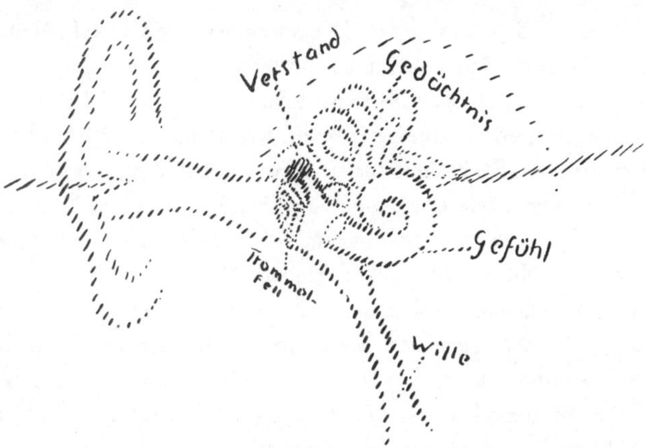

der durch das Trommelfell abgeschlossen ist, hinein. Hinter Ihrem Ohrwaschel haben Sie da drinnen eine Höhle; was da alles drinnen ist, will ich Ihnen nun sagen. Aber es geht nicht nur dieser äußere Kanal, in den Sie mit Ihrem kleinen Finger hineingreifen können, in diese Höhle hinein, sondern vom Mund geht auch wiederum ein solcher Kanal in diese Höhle hinein. Wenn da also der Mund ist (siehe Zeichnung), so geht auch wieder ein solcher Kanal da hinein. So daß also in diese Höhle zwei Kanäle hineingehen: einer von außen, einer vom Mund. Diesen Kanal, der vom Mund hineingeht, den nennt man die Eustachische Röhre, die Ohrtrompete. Nun, es kommt ja nicht auf die Namen an.

Nun, sehen Sie, jetzt ist hier ein merkwürdiges Ding. Da würde man dann wiederum auf Knochen kommen. Es ist nun ein Loch, das in den Kopf hineingeht, im Knochen. Das ganze Ohr ist hier in einer Knochenhöhle drinnen. Aber hier ist ein merkwürdiges Ding, so ein richtiges Schneckenhaus (siehe Zeichnung). Und das Ganze besteht aus zwei Teilen; da hier ist eine Haut (das Spiralblatt), und da ist ein Raum (die Vorhoftreppe) und da ist der andere Raum (die Trommelhöhlentreppe). Das Ganze ist ausgefüllt mit Wasser, mit lebendigem Wasser, wie ich es Ihnen beschrieben habe. Und da drinnen ist so etwas wie ein Schneckenhaus, aber aus Haut. Und in dem Schneckenhaus drinnen, da sind lauter Fransen, lauter solche Fransen. Das ist außerordentlich interessant. Wenn Sie da das Trommelfell durchstoßen und weiter

hineingehen würden, so würden Sie da drinnen ein Schneckenhaus finden, dieses weiche Schneckenhaus, und das ist innerlich mit solchen hautartigen Fransen besetzt. Was ist denn das eigentlich, dieses Schneckenhaus da drinnen? Ja, meine Herren, wenn man mit wirklicher Wissenschaft an diese Sache herangeht, dann merkt man, was das ist. Das ist nämlich nichts anderes als ein Stückchen kleiner Darm, der sich ins Ohr verirrt hat. Geradeso wie wir im Bauch unsere Gedärme haben, so haben wir im Ohr ein Stückchen kleinen Darm. Das Ohr ist also so gestaltet, daß es, wie der Mensch selber seinen großen Darm hat, da einen kleinen Darm hat. Und der ist sowohl im Innern ausgefüllt mit solchem lebendigen Wasser, wie auch äußerlich umgeben von solchem lebendigen Wasser. Das ist außerordentlich interessant. Und dieses
Tafel 4 ganze Schneckenhaus, das ist hier abgeschlossen (siehe Zeichnung) – es ist alles mit Wasser gefüllt – durch ein Häutchen (ovales Fenster). Hier ist wiederum so ein Häutchen darauf (rundes Fenster). Ebenso wie, wenn man auf die Trommel klopft, das Trommelfell der Trommel in Bewegung kommt, so kann, wenn der Schall von beiden Seiten kommt, dieses Häutchen in Schwingung kommen.

Da in der Mitte, sagte ich Ihnen, ist eine Haut. Diese Haut schließt ab das, was mit dickerem lebendigen Wasser durchsetzt ist, und da ist dünneres Wasser; und da ist wiederum solch ein Häutchen zwischen den beiden Räumen. Da kommt nun etwas ganz besonders Interessantes. Da ist nämlich etwas, ich möchte sagen, ganz Wunderbares drinnen. Auf diesem Häutchen (des ovalen Fensters), da sitzt nämlich solch eine Sache darauf: Da sind zwei ganz feine, winzige Knochen; die sitzen so darauf und schauen aus wie ein Steigbügel. Daher haben die Leute das auch einen Steigbügel genannt. Das ist etwas ganz anderes; ich werde es Ihnen nachher sagen, was es ist. Wenn da dieses Häutchen ist, so sitzt da drauf dieser Steigbügel, und der hat richtig hier einen Knochenfortsatz. Und dieser Knochenfortsatz, der ist hier so wie der Oberarm und der Unterarm. Das sitzt dann hier auf diesem Ding drauf, auf diesem Häutchen. Also wenn Sie sich vorstellen würden, da wäre ein solcher Arm, der Oberarm da, der Unterarm da, so ist hier noch kurioserweise ein Knochen, der frei aufsitzt. Die sind im Gelenk miteinander verbunden, der sitzt hier frei auf. Das sind kleine, winzige Knochen.

Nun, die materialistische Denkweise, die alles äußerlich betrachtet, die nennt diesen Knochen hier, der unmittelbar am Trommelfell aufsitzt und da aufschlägt, den Hammer, und das da hier, das Stückchen Knochen nennt sie den Amboß. Und das nennt sie den Steigbügel. Diese drei kleinen Knöchelchen werden also von der gewöhnlichen Wissenschaft genannt: Hammer, Amboß und Steigbügel.

Aber die gewöhnliche Wissenschaft weiß eigentlich nicht, was das ist. Dasjenige, was da ist in Steigbügelform, das ist nämlich, nur ein bißchen anders gestaltet, dasselbe, was hier im Oberarm ist. Sehen Sie, wie da das Gelenk ansitzt, so sitzt auf diesem Häutchen drauf das Gelenk. Und hier ist der Ellbogen; das ist also eine Art von Hand. Und da drauf, da sitzt ein freier Knochen. Den haben wir zwar nicht an der Hand, aber da an der Kniescheibe. Wir könnten ebensogut sagen: Das ist ein Bein, ein Fuß; dann wäre das ein Oberschenkel, das wäre das Knie (Zeichnung), da säße der Fuß darauf, und da ist die Kniescheibe.

Es ist sehr interessant, sehen Sie: Wir haben da in unserer Ohrhöhle drinnen zuerst eine Art von Eingeweide, und nachher eine richtige Hand oder Arm oder einen richtigen Fuß. Wozu ist denn das Ganze da? Nun, denken Sie sich, es kommt ein Schall. Der Schall, der schlägt da ans Trommelfell an. Das Ganze, was da ist, kommt in Erschütterung. So probiert der Mensch, ganz ohne daß er es weiß, im Innern des Ohres, was da für Erschütterungen anschlagen. Und denken Sie einmal nach, Sie werden das schon einmal gespürt haben, wenn Sie irgendwo auf der Straße stehen, und da hinten explodiert etwas – ich meine, Sie haben es schon bemerkt –: das spüren Sie in Ihren Eingeweiden! Ja, es kann sogar sein, daß man in den Eingeweiden krank wird von einer solchen Erschütterung. Die feinste Erschütterung aber, die da durch diesen Arm zieht, die verspürt das Wasser in diesem Schneckenhaus. Dieses Wasser im Schneckenhaus, das macht die Schwingungen mit, die der Mensch dadurch kennenlernt, daß er mit dieser Hand das Trommelfell angreift. Können Sie das verstehen? (Ja!)

Nun will ich Ihnen aber noch etwas sagen. Wozu ist denn diese Trompete da, die da vom Mund in das Ohr hineingeht? Ja, wenn da hier ein gewöhnlicher Schall hineingeht, da braucht man eigentlich diese Trompete nicht. Aber wenn wir einer dem andern zuhören, wenn einer redet zu dem andern und wir wollen ihn verstehen, denn wir haben ja reden gelernt – wenn wir selber nicht reden gelernt haben, können wir den andern nicht gut verstehen; dadurch, daß wir reden gelernt haben, dadurch gehen die Töne der Sprache durch die Eustachische Röhre, die Ohrtrompete so hinüber; und wenn der andere so her redet, dann geht das so her, erschüttert da; das geht über in diese Flüssigkeit. Und dadurch, daß die Luft durchgeht, durch die Eustachische Trompete ins Ohr hineingeht, und ich gewohnt worden bin, diese Luft selber zu bewegen durch meine eigene Sprache, kann ich den andern verstehen. Da drinnen in dem Ohr, da trifft sich dasjenige, was ich gewohnt bin, von meiner eigenen Sprache zu haben, und dasjenige, was von der Sprache des andern kommt. Das trifft sich hier.

Sie wissen, wenn ich spreche: Haus – da bin ich gewohnt, daß da drinnen in meiner Eustachischen Trompete gewisse Erschütterungen vorgehen; wenn ich sage: Pulver – eine andere Erschütterung. Diese Erschütterungen kenne ich. Wenn ich sage: Haus – so kommt die Erschütterung von außen, und ich bin gewohnt, wenn ich sage: Haus – dies wahrzunehmen. Und da treffen die beiden zusammen, meine Erkenntnis und die Erschütterung von außen, und ich verstehe, was «das Haus» heißt. Nicht wahr, das ist doch zu verstehen? Meine Trompete, die vom Mund ins Ohr hineingeht, die ist da, wenn wir selber als Kind reden lernen, damit wir zugleich den andern verstehen. Die Dinge sind außerordentlich interessant.

Jetzt ist die Sache aber so: Denken Sie sich, es wäre alles da im Ohr, was ich Ihnen aufgezeichnet habe, aber nichts anderes zunächst. Sie würden allenfalls, sagen wir, den anderen verstehen können, Sie würden auch ein Musikstück anhören können; aber Sie würden sich das, was Sie anhören, nicht merken können. Sie hätten kein Gedächtnis für Sprache oder Töne. Wenn das Ohr nur so wäre, so hätten Sie kein Gedächtnis für Sprache oder Töne. Damit Sie ein Gedächtnis haben, ist noch etwas anderes im Ohr. Damit Sie nun auch im Gedächtnis dasjenige, was Sie hören, behalten können, ist noch eine andere Einrichtung da. Da sind nämlich hier drei solche Bögen; die sind da oben (siehe Zeichnung). Sie müssen sich vorstellen also solche Bögen, die hohl sind. Da ist der zweite, der steht senkrecht drauf auf dem ersten; und da ist noch ein dritter, der steht wiederum senkrecht auf dem andern. Sie stehen in den drei Richtungen senkrecht aufeinander. Das ist also noch ein weiteres wunderbares Gebilde, das in diesem Ohr drinnen ist. Diese Kanäle da oben sind aber hohl – natürlich, weil es Kanäle sind. Und da drinnen ist wiederum ein feines, lebendiges Wasser. Das sitzt da drinnen.

Aber das Merkwürdige an diesem lebendigen Wasser ist das, daß sich fortwährend kleine Kristalle aus diesem Wasser heraus bilden, winzige kleine Kristalle. Wenn Sie zum Beispiel hören: Haus, oder ein C hören, so bilden sich da drinnen solche kleine Kristalle; wenn Sie hören: Mensch, bilden sich etwas andere Kristalle. In diesen drei winzigen Kanälen bilden sich winzige Kristalle, und diese winzigen Kristalle, die machen, daß wir nicht nur verstehen können, sondern auch das Verstandene im Gedächtnis behalten können. Denn was tut der Mensch unbewußt?

Sie brauchen sich nur vorzustellen, Sie hören, sagen wir: fünf Franken; Sie wollen das Gesprochene erinnern, schreiben sich das in Ihr Notizbuch. Das, was Sie da mit Blei in Ihr Notizbuch eingeschrieben haben, das hat nichts mit den fünf Franken zu tun, aber Sie erinnern sich daran durch die Notiz. Geradeso wird in diese feinen Kanäle durch die winzigen Kristalle, die eigentlich wie Buchstaben sind, eingeschrieben, was man hört. Und durch einen unbewußten Verstand wird das wiederum, wenn wir es brauchen, gelesen. So daß wir sagen können: Da drinnen (in den drei halbkreisförmigen Kanälen), da ist das Ge- Tafel 4 dächtnis für die Töne und für die Laute. Da hier, bei diesem Arm oder Bein (Zeichnung, Gehörknöchelchen), da ist das Verständnis. Da drinnen in dieser Schnecke, da ist ein Stückchen Gemüt vom Menschen, ein Stückchen Gefühl. Da fühlen wir die Töne in diesem (Teil des) Labyrinth, in diesem Schneckenhauswasser drinnen. Da fühlen wir die Töne. Und wenn wir reden und selbst den Ton hervorbringen, so geht durch unsere Eustachische Trompete der Wille zum Sprechen. Da ist das ganze Seelische des Menschen drinnen im Ohr: In dieser Trompete hier, da lebt der Wille; da drinnen (in der Schnecke) lebt das Gefühl; da drinnen (bei diesem Arm oder Bein, den Gehörknöchelchen) lebt der Verstand; und da in diesem (in den drei kleinen halbkreisförmigen

Kanälen) lebt das Gedächtnis. Und damit der Mensch sich das, wenn es fertig ist, zum Bewußtsein bringen kann, geht von hier aus durch diese Höhle hier (siehe Zeichnung), durch dieses Loch hier ein Nerv. Der Nerv breitet sich überall aus, kleidet alles aus, geht überall hin. Und durch diesen Nerv kommt uns das Ganze dann zum Bewußtsein hier im Gehirn.

Sehen Sie, meine Herren, etwas höchst Eigentümliches! Wir haben da in unserem Schädel, in unseren Schädelknochen, eine Höhle drinnen; es geht einfach eine solche Höhle hinein. In die Höhle kommt man hinein, wenn man vom äußeren Ohr durch den Gehörgang mit Durchstoßung vom Trommelfell hineingeht. In dieser Höhle ist all das drinnen, was ich Ihnen gezeigt habe. Zunächst streckt man die Hand aus, welche die Töne, die hereinkommen, berührt, so daß wir die Töne verstehen können. Dann übertragen wir das auf diese Schnecke, auf das lebendige Wasser; dadurch fühlen wir den Ton. Wir stoßen mit dem Willen hinein durch unsere Eustachische Trompete. Und durch die kleinen Kristallzeichen, die in diesen drei, wie man sie nennt, halbkreisförmigen Kanälen sind, erinnern wir uns an dasjenige, was gesprochen oder gesungen wird, oder was uns sonst als Klang kommt.

Wir können also sagen: Da drinnen tragen wir eigentlich wiederum einen kleinen Menschen, richtig einen kleinen Menschen. Denn der Mensch hat Wille, Gefühl, Verständnis, Verstand und Gedächtnis. In dieser kleinen Höhle tragen wir wieder einen kleinen Menschen drinnen. Wir bestehen halt nur aus lauter kleinen Menschen. Unser großer Mensch ist nur die Zusammenfassung von lauter kleinen Menschen. Ich werde Ihnen nächstens zeigen, daß das Auge auch ein kleiner Mensch ist. Die Nase ist auch ein kleiner Mensch. Und diese kleinen Menschen werden durch das Nervensystem zusammengehalten und geben dann den Gesamtmenschen. Und diese kleinen Menschen entstehen dadurch, daß eigentlich all dasjenige, was da drinnen sich bildet, solange der Mensch im Keimzustand im Leibe der Mutter ist, noch unter dem Gestirneinfluß steht. Denn all diese wunderbaren Gebilde da, also die Kanäle, die die Kristalle bilden, und dieser Arm, die kann die Schwerkraft der Erde und alles, was auf der Erde ist, nicht bilden. Die werden noch im Mutterleibe veranlagt durch die Kräfte, die von den Sternen hereinwirken. Und erst dasjenige, was zum Menschen gehört, also diese Partie dahier, die Schnecke und die Eustachische Trompete, das wird später ausgebildet. Die wird dazu gemacht durch dasjenige, was von der Erde ausgeht, geradeso wie wir als ganzer Mensch unsere ganze Gestalt durch die Erdenschwere kriegen, und wir uns ja erst aufrichten als Kind, das schon längst geboren ist.

Sehen Sie, wenn man zunächst weiß, wie der ganze Mensch ausgeht von einer kleinen Zelle, und die eine Zelle sich zum Auge umbildet, die andere Zelle – es sind eigentlich zehn Haufen, die sich umbilden, es ist nicht nur eine Zelle, aber das macht nicht viel Unterschied, wenn man sich vorstellt, daß das nur eine ist –, also die eine sich zum Auge umbildet, die andere zum Ohr, die dritte zur Nase, dann sieht man, wie sich der Mensch nach und nach aufbaut dadurch, daß er zuerst nur aus einer einzigen Zelle besteht, die eine zweite erzeugt, und dadurch, daß sie an einen andern Ort geht, unter einen andern Einfluß kommt, sie wird jetzt anders, wird zum Ohr, eine andere wird zur Nase, eine dritte zum Auge und so weiter. Aber das ist wahrhaftig nicht alles von den Erdenkräften ausgehend. Die Erdenkräfte könnten nur dasjenige bilden, was im ausgesprochenen Sinne rund ist, geradeso wie in unserem Bauch die Erde unser Gedärm bildet. Aber alles übrige wird noch von den Sternen herein gebildet.

Nun, nicht wahr, das alles wissen wir heute dadurch, daß wir eben Mikroskope haben, durch die wir diese Sachen beobachten können. Diese Knöchelchen sind ja ganz furchtbar klein. Nun aber, das Merkwürdige ist eben, daß man in älteren Zeiten so etwas auch gewußt hat, und daß man das aus einer ganz anderen Art von Erkenntnis heraus gewußt hat, als wir heute das wissen. Und nun haben, sagen wir zum Beispiel, die alten Ägypter vor dreitausend Jahren sich auch mit einer solchen Erkenntnis beschäftigt und haben auch schon in ihrer Art gewußt, wie wunderbar das in dem menschlichen Ohr drinnen ist. Und sie haben sich dann gesagt: Der Mensch hat an seinem Kopf Ohren, Augen und andere Organe. Wenn wir uns diese Organe erklären wollen, so können wir nur sagen: Wodurch ist das Ohr, das Auge – wie gesagt, das werde ich Ihnen nächstens einmal erklären – so geworden, ganz anders als die Organe sonst am Körper? Da haben sie gesagt: Diese

Organe am Kopf, Ohr, Auge, die sind deshalb so geworden, weil vorzugsweise auf diese Organe das wirkt, was von außen zum Irdischen kommt, von oben herunter. – Dann haben sie hinaufgeschaut und haben gesagt: Da oben fliegt ein Adler zum Beispiel, der bildet sich aus hoch in den Lüften; da hinauf muß man schauen, wenn man auf die Kräfte schauen will, die im menschlichen Kopfe die Organe bilden. – Deshalb haben sie zunächst, wenn sie den Menschen aufgezeichnet haben, für den Kopf den Adler gezeichnet.

Wenn wir zum Beispiel Herz und Lunge anschauen, so schauen die ganz anders aus als Auge und Ohr. Wenn wir die Lunge anschauen, da können wir nicht viel zu den Sternen gehen, und beim Herz können wir auch nicht viel zu den Sternen gehen. Die Kraft der Sterne wirkt im Herzen ganz besonders, aber die Form, die Gestalt, die können wir nicht so auf die Sterne beziehen. Das wußten auch schon die alten Ägypter vor dreitausend Jahren: die können wir nicht so auf die Sterne beziehen wie die Kopforgane. Nun dachten sie nach: Wo gibt es ein Tier, welches besonders diejenigen Organe ausbildet, die ähnlich sind dem menschlichen Herzen und der menschlichen Lunge und so weiter? Der Adler bildet besonders diejenigen Organe aus, die ähnlich sind dem menschlichen Kopfe. Das Tier – haben die Alten gefunden –, das am meisten das Herz ausbildet, daher auch das mutigste Tier ist, ganz Herz ist, das ist der Löwe. Daher haben sie diese Organpartie, Lunge, Herz und so weiter, «Löwe» genannt. So haben sie also gesagt: Kopf = Adler. Dann der Löwe, der den mittleren Menschen ausmacht. Und dann haben sie gesagt: Aber noch ganz anders schauen des Menschen Gedärme aus. Sehen Sie, der Löwe hat nämlich sehr kurze Gedärme; bei dem sind die Gedärme zu kurz gekommen. Also die Gedärme schauen ganz anders aus. Im Ohr ist eigentlich nur das ganz kleine Gedärm; das ist zierlich gebildet. Unsere übrigen Gedärme sind gar nicht so zierlich gebildet. Wenn man auf die Gedärme hinschauen will, so muß man die Bildung der Gedärme vergleichen mit den Tieren, welche besonders unter dem Einfluß ihrer Gedärme stehen. Der Löwe steht unter dem Einfluß des Herzens; der Adler steht unter dem Einfluß der oberen Kräfte. Unter dem Einfluß der Gedärme – ja, wenn Sie hinschauen, wenn die Kühe gefressen haben, dann können Sie anmerken den Ochsen und Kühen: diese Tiere stehen ganz unter dem Einfluß ihrer Gedärme. Denen ist furchtbar wohl, wenn sie verdauen. Daher nannten die alten Menschen das, was beim Menschen zu den Gedärmen gehört, den Stier- oder Kuh-Menschen.

Und jetzt haben Sie die drei Glieder der menschlichen Natur:

Adler = Kopf
Löwe = Brust
Stier = dasjenige, was zum Verdauungssystem gehört.

Das wußten natürlich diese alten Menschen auch: Wenn ich nun einem Menschen begegne – der Kopf, der ist doch nicht eigentlich ein Adler, und der mittlere Mensch ist auch nicht ein Löwe, der untere ist auch nicht ein Stier oder ein Ochs. Das wußten sie schon. Daher sagten sie: Ja, wenn nichts anderes da wäre, so gingen wir alle so herum, daß wir oben einen Adlerkopf hätten, dann einen Löwen im Körper, und dann würden wir in den Stier auslaufen. So würden wir alle herumlaufen. Aber nun kommt noch etwas, was den Kopf da oben so umbildet und macht wie einen Menschenkopf, und das wiederum, was macht, daß wir nicht ein eigentlicher Löwe sind und so weiter, das ist der eigentliche Mensch. Der faßt dann alles zusammen. (Siehe Zeichnung S. 70.) Tafel 4 rechts

Und es ist wirklich eigentlich merkwürdig, wie diese alten Menschen gewisse Wahrheiten, die wir heute wieder erkennen, dadurch zum Ausdrucke gebracht haben, daß sie Bilder geformt haben. Allerdings, diese Bilder waren ihnen leichter zu formen als uns. Sehen Sie, wir heutigen Menschen, wir können ja manches lernen, aber man kann nicht sagen, daß uns diese Gedanken, die wir heute fürs gewöhnliche lernen, wenn wir sie draußen in der Schule lernen, so sehr zu Herzen gehen. Das war bei diesen alten Menschen doch ganz anders. Die wurden wirklich von Gefühl ergriffen von diesen Gedanken, und deshalb träumten sie auch davon. Und richtig träumten diese Menschen: sie sahen im Bilde den ganzen Menschen und gewissermaßen aus der Stirne heraus einen Adler blickend, aus dem Herzen einen Löwen und aus dem Bauch einen Stier. Das malten sie dann zum ganzen Menschen zusammen, ein sehr schönes Bild. So daß man sagen kann: Die Alten

Tafel 4

haben eben den Menschen zusammengesetzt aus Mensch, Stier, Adler, Löwe.

Das hat sich ja noch fortgesetzt in die Beschreibungen der Evangelien hinein. Man ist viel von diesen Dingen ausgegangen. So zum Beispiel sagte man: Nun, es gibt ein Evangelium nach Matthäus, das beschreibt eigentlich den Menschen Jesus geradeso wie einen Menschen, und deshalb wurde dieser Schreiber des Matthäus-Evangeliums der «Mensch» genannt. Aber nehmen wir den Johannes, sagten die Alten: Ja, der beschreibt den Jesus so, wie wenn er über der Erde schwebte, wie wenn er über die Erde flöge; er beschreibt eigentlich nur dasjenige, was im menschlichen Kopfe vorgeht. Das ist der «Adler». Wenn Sie das Evangelium des Markus lesen, so werden Sie sehen, da wird Jesus als der Kämpfer dargestellt, als der Streitbare, der «Löwe». Der beschreibt so wie einer, der vorzugsweise die Brustorgane darstellt. Und der Lukas, wie beschreibt denn der? Lukas ist ja sogar vorgestellt worden als ein Arzt, der vorzugsweise auf die Heilung ausgeht. Das sieht man dem Evangelium auch an. Heilen muß man, indem man nun in die Verdauungsorgane etwas hereinbringt. Daher beschreibt er den Jesus als «Stier», der vorzugsweise in die Verdauung etwas hereinbringt.

Und so kann man die vier Evangelien zusammenfassen:

Matthäus = Mensch
Markus = Löwe
Lukas = Stier
Johannes = Adler

Nun, bei dieser Zeitung [an deren Kopf die vier Gestalten dargestellt sind, nach denen gefragt wurde] war ich ja vor die Aufgabe gestellt, daß darin gegeben werden sollte, was von Menschengeist zu Menschengeist geht, was ein Mensch dem andern Wertvolles sagen kann. So sollte man auch den Menschen darstellen. Es ist also in dieser Figur dargestellt oben der Adler, dann der Löwe, der Stier, die Kuh, und dann der Mensch selbst, der sie zusammenfaßt. Das ist also so, damit man sehen kann, diese Zeitung soll etwas recht Menschliches sein. Sie werden ja begreifen, meine Herren, daß man das heute gern den Menschen sagen möchte, daß man ihnen etwas Menschliches sagen möchte. Denn in dem, was heute vielfach auch durch die Zeitungen gegeben wird, ist ja nicht viel Menschliches enthalten. Also das sollte zum Ausdruck gebracht werden, daß in dieser Zeitung wirklich der Mensch so recht voll alle seine Organe ausleben soll. Es soll nicht dumm sein, was er redet, also: Adler; es soll auch nicht feige sein, also: Löwe. Aber es soll auch nicht in der Luft verfliegen, sondern praktisch auf der Erde stehen, also: Stier, Kuh. Und das Ganze soll dem Menschen etwas geben, soll zum Menschen sprechen. Das möchte man ja heute, daß alles, alles wirklich vom Menschen zum Menschen gehen könnte.

Nun bin ich doch noch dazu gekommen, von dem Ausgangspunkte aus mich dem zu nähern, was Sie gefragt haben, und ich hoffe, daß diese Frage verständlich werden konnte.

Hat gerade die Ohrengeschichte Sie etwas interessiert? Man soll wissen, was man eigentlich in sich trägt!

Frage betreffs der Lotosblumen, von denen manchmal gesprochen werde, ob darüber etwas noch gesagt werden könne.

Dr. Steiner: Dazu werde ich dann kommen, wenn ich Ihnen die einzelnen Organe erkläre.

Die nächste Vortragsstunde werden wir dann am Samstag um zehn Uhr haben.

VIERTER VORTRAG

Dornach, 2. Dezember 1922

Meine Herren, es hat hier jemand eine Frage aufgeschrieben in bezug auf die Schilddrüse:

Die Schilddrüse kann anschwellen, und es entsteht dann der Kropf. Da dieser auf die Luftröhre einen einengenden Einfluß haben kann, also störend wirkt, wurde ein operativer Eingriff gemacht, wußte man doch den Zweck der Drüse nicht. Aber bald nach dem operativen Eingriff zeigte sich eine merkwürdige Erscheinung. Leute, denen man die ganze Schilddrüse weggeschnitten hatte, veränderten sich an Geist und Gestalt. Das Wachstum hörte auf, die Gliedmaßen dunsteten auf, es sonderte sich kein Schweiß mehr ab, teilweise Verblödung trat ein. Als man die Ursache entdeckt hatte, wollte man den Schaden wieder beheben und gab den unglücklichen Menschen Schilddrüsen von frisch geschlachteten Kälbern oder Hammeln ein. Der Erfolg war überraschend. Alle schädliche Wirkung trat zurück; doch war der Erfolg nur scheinbar. Nach einigen Wochen verblaßte er, war nicht lebensfähig. Auch revoltierte bald der Magen. Man schritt dazu, Schilddrüsenteile in den Hals zu bringen. Auch hier verblüffende Wirkungen; doch traten auch hier wieder Verfallserscheinungen auf. Nicht besser ging es mit Einspritzungen von Schilddrüsensekret. Eine englische Fabrik hatte mit Tabletten überraschende Resultate erreicht, darunter bei Kretins. Eine kurze Unterbrechung im Benutzen dieser Tabletten läßt einen Stillstand der Heilung eintreten. Was ist beim Fortsetzen der Tablettenkur zu erwarten?

Nun, meine Herren, mit dem, was wir bisher schon besprochen haben, können Sie ungefähr die Dinge verstehen, um die es sich da handelt. Sehen Sie, es war so ungefähr bis vor vielleicht siebzig Jahren, so bis in die vierziger, fünfziger Jahre des 19. Jahrhunderts, da schrieb man der Schilddrüse, also derjenigen Drüse, die hier an der Vorderseite des Halses beim Menschen zu finden ist, keine besondere Bedeutung zu. Man dachte sich, solch eine Drüse sei vielleicht von einer ähnlichen Bedeutung wie der Blinddarm oder so etwas, rühre her von früherer Bedeutung, die die Sache bei den Vorfahren des Menschen hatte, und dergleichen. Kurz, man schrieb der Schilddrüse keine besondere Bedeutung bei, bis man merkte, daß die Entartung der Schilddrüse, also die Kropfbildung, einen besonderen Einfluß sogar auf die geistigen Fähigkeiten des Menschen hat. Und man studierte die Bedeutung der Schilddrüse, der Wucherung und Vergrößerung der Schilddrüse bei

Kretins, bei blöde gebliebenen Menschen. Sehen Sie, solche Erscheinungen, daß Menschen blöde bleiben und stark vergrößerte, also wuchernde Schilddrüsen haben, die findet man besonders in gewissen Gegenden. Es ist ja wohl weit in der Welt bekannt, daß die Halberstädter Trottel mächtige Schilddrüsen haben, die sie sogar über die Schultern hinüberlegen können.

Nun handelt es sich darum, daß die Leute zunächst gedacht haben: Nun, wenn die Schilddrüsenentartung, die Schilddrüsenwucherung einen solchen Einfluß auf die geistigen Fähigkeiten des Menschen hat, dann wird man ja gut tun – so denkt man in unserer Zeit, wo man besondere Vorliebe für operative Eingriffe hat, denn die Operationskunst hat ja den größten Fortschritt gemacht im 19. Jahrhundert und ist eigentlich der bedeutendste Teil der Medizin geworden, wirklich anerkennenswert –, zunächst an die Entfernung zu denken. Man denkt wirklich zunächst an die Entfernung solcher Organsysteme, denen man keine besondere Bedeutung zuschreibt. Dieselbe Sache wird ja in bezug auf die Blinddarmfunktionen gemacht, und der Blinddarm wird ja heute noch zunächst, wenn er sich irgendwie schädigend bemerkbar macht, durch operativen Eingriff entfernt.

Alle diese Dinge beruhen natürlich darauf, daß etwas nicht eingehalten wird, auf was ich hier immer wiederum aufmerksam gemacht habe. Sie werden sich erinnern: Derjenige, der den ganzen Menschen beobachtet, der sieht manchmal beim Kind in gewissen Vorgängen, daß sich das im spätesten Alter in seinen Folgen zeigt. Die gewöhnlichen medizinischen Ansichten gehen natürlich nur auf das, was augenblicklich die Gegenwart fordert. Also man nimmt dasjenige vor, was in der Gegenwart günstig ist, und man sieht dann nicht auf den weiteren Verlauf. Es ist schwer, über solche Dinge, ich möchte sagen, ein radikales Urteil abzugeben, denn wenn man bei irgend jemandem, der die schädigende Blinddarmentzündung zeigt, die Operation unterläßt, so kann er unmittelbar an der Blinddarmentartung sterben, und man hat dann die Verantwortung vor sich, nicht wahr. Es handelt sich natürlich nur darum, daß man darauf hinarbeitet, daß solche Dinge auch in einer anderen Weise behoben werden als durch Operationen. Zum Beispiel ist aufgetaucht in der neueren Zeit – das wissen Sie ja –, daß man die

Kinder mit möglichst nackten Füßen, Beinen, bis über die Knie, herumgehen läßt. Ja, das züchtet die Blinddarmentartung! Und dann, wenn der Blinddarm schon krank ist, kann man natürlich nichts anderes machen als operieren. Aber derjenige, der die Sachen in einem größeren Zusammenhang sieht, der weiß, wie man diesen Dingen so begegnen kann, daß die Sache eben überhaupt nicht in dieser Weise auftritt.

Was nun die Schilddrüse betrifft, so muß man folgendes sagen. Richtig ist, daß die Schilddrüse – das weiß man, wie gesagt, seit der letzten Hälfte des vorigen Jahrhunderts – nicht bedeutungslos ist, sondern daß sie eine große Bedeutung hat für die gesamte menschliche Organisation, daß also eine entartete Schilddrüse dem Menschen nicht möglich macht, seinen Körper so zu den geistigen Tätigkeiten zu gebrauchen, daß er als ein normaler Mensch erscheinen kann.

Nun ist alles das, was hier in der Frage beschrieben worden ist, ja geschehen: Man hat zunächst versucht, die Schilddrüse wegzuoperieren. Sind da noch Reste der Schilddrüse geblieben, so zeigte sich in der Tat für den Betreffenden eine Art von Besserung. Der Betreffende hatte nicht die Folgen der entarteten Schilddrüse, und er wurde wenigstens nicht dümmer als er schon war. Wenn man aber die ganze Schilddrüse wegoperierte, so daß also gar nichts mehr von der Schilddrüse drinnen war, dann wurde er blöder, als er schon war. Daraus erkannte man natürlich, daß die Schilddrüse dennoch, selbst wenn sie erkrankt ist, ihre Bedeutung hat für die Äußerung der geistigen und der seelischen Eigenschaften eines Menschen.

Nun hat man auch wiederum das Schilddrüsensekret – man nennt eine Flüssigkeit, die in einer Drüse drinnen ist, Sekret – in der verschiedensten Weise den Menschen zugeführt. Man hat also teilweise dadurch, daß man Schilddrüsensubstanz dem menschlichen Körper, ich möchte sagen, eingeimpft hat, die Ausbreitung dieser Drüsenflüssigkeit im Körper wiederum bewirkt. Es hat sich aber herausgestellt, daß das keine besondere dauernde Besserung hervorruft, weil eben der ganze Körper doch nicht recht teilnehmen will an dem, was man da hineingibt. Den besten Erfolg hat eigentlich noch erlebt die Verabreichung von Schilddrüsensaft in der Form, daß man sie dem Magen einführt, also durch diese Tabletten, die da beschrieben worden sind. Dadurch, daß man den Schilddrüsensaft in den Magen einführt und dadurch in die ganze Blutzirkulation, wird der Körper durchdrungen von dem, was in dem Schilddrüsensaft drinnen ist. Und das zeigt, daß er ihn braucht, diesen Schilddrüsensaft, das zeigt, daß, wenn die Schilddrüse ordentlich in einem Menschen vorhanden ist, ihr Sekret ins Blut übergeht, und im Blut durch den ganzen Körper durch geht in sehr kleinen, feinen Mengen. Wenn man nun, statt direkt in den Körper, den Schilddrüsensaft in den Magen einführt, so geht dies auch durch das Blut durch. Aber sehen Sie, die Sache ist natürlich so, daß wenn ich durch den Magen Schilddrüsensaft einführe, das nur solange anhält, als eben die Sache im Blut drinnen zirkuliert. Höre ich wiederum auf mit dem Eingeben von Tabletten, dann verliert sich auch der Saft im Blute. Also solche Leute, die auf diese Weise Schilddrüsensaft kriegen, die müssen ihn fortwährend kriegen. Und dann hat er auch seine bestimmte Wirkung.

Man könnte nun sagen: Ja, das ist erst ein richtiger Beweis für den Materialismus; denn man sieht, daß man dem Menschen nur diesen oder jenen Stoff zuführen darf, dann heben sich seine geistig-seelischen Fähigkeiten; oder wenn er diesen Stoff selber in sich fabriziert, wie es beim Schilddrüsenstoff der Fall ist, dann ist das auch so der Fall. Aber die Sache ist so: Wenn man viel genauer noch die ganzen Versuche prüft, die nach dieser Richtung gemacht werden, so sieht man nämlich
Tafel 5 noch etwas ganz anderes. Die Schilddrüsen, die sind ja ziemlich groß; Sie wissen ja, daß die ziemlich groß sind. Aber in dieser großen Schilddrüse, die da vorne am Hals ist, sind nämlich noch ganz kleine, winzige Drüsen rechts und links da drinnen. Ganz kleinwinzige Drüsen sind da drinnen; die sind nicht größer als ein kleiner Stecknadelkopf. Diese kleinwinzigen Drüsen, die sondern einen Stoff ab, der an verschiedenen Stellen des Körpers überhaupt abgesondert wird. Nicht derselbe Stoff, aber ähnliche Stoffe werden an verschiedenen Stellen des Körpers von ganz kleinen, winzigen Drüsen abgesondert. So zum Beispiel wird in den sogenannten Nebennieren – da sind auch solche kleinwinzigen Drüsen drinnen – auch ein solcher Stoff abgesondert; es ist ein anderer Stoff als der, der von der Schilddrüse abgesondert wird. Und an anderen Stellen des Körpers sind auch noch so kleine, winzige Drüsen. Kurz, der

menschliche Körper hat ganz feine Stoffe in sich, die an den verschiedensten Stellen abgesondert werden. Diese Stoffe, die der Mensch da hat, die nennt man Hormone; und ein solches Hormon, ein solcher Stoff, der also ganz fein im Körper verteilt ist, solcher Stoff ist auch da drinnen in den kleinen Drüsen der Schilddrüse.

Sie können sich das so vorstellen: Wenn Sie einen Fisch haben, der gewohnt ist im Wasser zu leben, so kann er, wenn Sie ihn herausnehmen, in der Luft nicht leben; da muß er sterben. Diese Hormondrüsen, die etwas wie kleine, winzige Lebewesen sind, die können ebenso nur in der Schilddrüse leben wie der Fisch im Wasser. Also die Schilddrüse ist eigentlich dazu da, daß diese kleinen winzigen Drüsen,

Tafel 5

die ich da als gelbe Punkte gezeichnet habe, in ihr leben. Operiert man nun die Schilddrüse heraus, dann hat der Körper das Schilddrüsenhormon nicht. Wenn man mit der Schilddrüse diese kleinen winzigen Drüsen herausoperiert, dann hat der Mensch das nicht und dann ist es überhaupt aus; wenn man nur so viel wegschneidet, daß diese kleinen winzigen Drüsen bleiben, dann wird es besser. Nur muß in der Schilddrüse so viel drinnen sein, daß eben diese kleinen Drüsen noch in der Schilddrüse drinnen leben können. Wenn Sie also die ganze Schilddrüse herausschneiden, so schneiden Sie auch die Hormondrüsen mit heraus – dann ist es aus; wenn Sie nicht zu viel herausschneiden und die Hormondrüsen drinnen lassen, haben Sie, wenn ich so sagen darf, seinen Tod aufgehalten. Also, die Operation gelingt eigentlich am besten, wenn man nur so viel wegschneidet von der Schilddrüse, daß die Hormondrüsen drinnenbleiben. Gelingt es dann, dasjenige, was die Hormondrüsen brauchen und was von der wenigen Substanz der Schilddrüse nicht mehr da ist, durch die Tabletten zu ersetzen, so daß die Hormondrüsen, während das Blut durch sie durchsickert, etwas haben, dann ist auch eine Besserung da. Also die Sache ist eben ziemlich kompliziert, und es hängt sehr viel davon ab, wie nun überhaupt das Sekret, das in die Schilddrüse hineinkommt, gemacht wird.

Nimmt man einen Hammel und schneidet nicht die ganze Schilddrüse heraus, läßt man also die Hormondrüsen drinnen, dann ist das Sekret nicht so gut, als wenn man die ganze Schilddrüse herausschneidet. Denn in dem Moment, wo man beim Hammel die ganze Schilddrüse herausschneidet, rinnt also der Saft, der in den Hormondrüsen drinnen ist, in das Sekret hinein und man hat ein gutes Sekret; es zirkuliert schon das Hormon in seinem Blut. Schneidet man die Schilddrüse so heraus, daß die Hormondrüsen drinnen bleiben, dann ist das Schilddrüsensekret schlechter, und die Tabletten helfen nicht so gut.

Also Sie sehen, es kommt nicht allein auf die Schilddrüse an; die Schilddrüse gibt eigentlich nur den Drüsen, die kleinwinzig sind, Nahrung. Und Sie können sich denken, daß man diese Drüsen, die kleinwinzig wie Stecknadelköpfe sind, auch lange nicht gefunden hat. Denn wie soll man denn darauf aufmerksam sein, daß da diese kleinwinzigen Drüsen sind?

Daraus aber können Sie sehen, daß der Mensch ein Wesen ist, das einfach gewisse Stoffe braucht. Sie brauchen sich nämlich an gar nichts anderes zu erinnern, als daß ja auch die geistig-seelischen Fähigkeiten eines Menschen verändert werden, wenn er zum Beispiel Wein trinkt. Wenn er Wein trinkt, wird er lustig zunächst; später vielleicht anders. Die geistig-seelischen Fähigkeiten am nächsten Tag, die zeigen ja das Gegenteil. Ja, geradeso ist es mit diesem Stoffe, den der Mensch ja allerdings nur in ganz feinen Verteilungen braucht, der da in den Hormondrüsen der Schilddrüse drinnen ist. Der Mensch bedient sich dieses Stoffes. Er braucht ihn. Die Tiere brauchen ihn auch. Und man kann natürlich sehr viel machen, wenn man im menschlichen Organismus mit solchen Stoffen manipulieren kann.

Nun, sehen Sie, das hat dazu geführt, daß man überhaupt in der letzten Zeit aufmerksamer geworden ist auf diese ganz feinen Stoffe.

Worauf beruht denn eigentlich die Wirkung solcher Stoffe, wie sie da aus den Hormondrüsen herauskommen? Nun, meine Herren, das verstehen Sie nur dann, wenn Sie begreifen, daß eigentlich der menschliche Körper fortwährend der Zerstörung ausgesetzt ist. Der menschliche Körper ist eigentlich fortwährend der Zerstörung ausgesetzt, und im menschlichen Körper bilden sich fortwährend Gifte. Das ist schon einmal die Eigentümlichkeit des menschlichen Körpers, daß sich in ihm fortwährend Gifte bilden.

Was aus diesen kleinen Drüsen kommt, das nimmt die Wirkung der Gifte, die sich im menschlichen Körper bilden, weg. Das ist eine sehr interessante Sache, daß der menschliche Lebensprozeß eigentlich darinnen besteht, daß sich der Mensch innerlich fortwährend vergiftet, und daß ihm diese kleinen Drüsen eingesetzt sind, die die Wirkung der Gifte fortwährend wegnehmen. Zum Beispiel finden sich auch in den Nebennieren solche Hormondrüsen. Wenn diese ordentlich funktionieren, dann ist der Mensch so, wie Sie alle sind. Wenn aber diese kleinen Nebennierendrüsen aufhören zu funktionieren, so wird der Mensch braun von Hautfarbe, gelbbraun. Diese Krankheit gibt es. Man nennt sie Addisonsche Krankheit, weil der *Addison* sie zuerst beobachtet hat. Es war sogar ein solcher Patient einmal hier, aus unserer Gesellschaft, der hier Heilung gesucht hat. Dieses Braunwerden der Haut, immer Dunkler- und Dunklerwerden der Haut, das rührt davon her, daß gewisse Gifte im Körper sind, denen die Gegengifte fehlen aus den Hormondrüsen in den Nebennieren. Und ebenso rührt das Trottelhafte von dem her, daß die Gegengifte von diesen Hormondrüsen in der Schilddrüse nicht an den Körper abgeführt werden.

Wenn Sie also Tabletten einführen, namentlich solche, die noch durchsetzt sind von solchen Hormon-Gegengiften, dann werden sie eben einfach diese Gegengiftwirkung auf den menschlichen Körper ausüben. Und das hat dazu geführt, daß man überhaupt solche Dinge mehr beachtet hat. Und es ist ja interessant, daß die Frage gleich auftaucht im Zusammenhange mit der Steinachschen Theorie. Sie ist damit nämlich etwas verwandt, und es ist richtig, sie zusammen zu denken. Sehen Sie, die Steinachsche Theorie ist eigentlich in diesen Tagen, könnte man sagen, gerade im Anfang Dezember 1922, zehn Jahre alt. Vor etwa zehn

Jahren hat der *Steinach*, der Professor in Wien, zum erstenmal die Mitteilungen von seinen Versuchen dazumal an die Akademie der Wissenschaften geschickt. Diese Steinachsche Theorie beruht nun auch darauf, daß der menschliche Körper von Hormonen, also von den Wirkungen ganz kleiner, winziger Drüsen fortwährend durchsetzt ist.

Sehen Sie, es ist ja interessant: Wie Sie dastehen als Mensch, da sind Sie eigentlich darauf aus, sich fortwährend innerlich von allen Organen her zu vergiften. Aber da sitzen überall solche winzigkleine Drüsen, und die wirken fortwährend als Gegengifte. So daß Sie, vom Hals her ausgehend, die Hormondrüsen des Halses, der Schilddrüse haben, die also bewirken, daß Sie nicht lallen, sondern sprechen, daß Sie mit Ihrer Sprache Gedanken verknüpfen können und so weiter. Sie haben Hormondrüsen in den Nebennieren; die bewirken, daß Sie nicht schwarz werden, sondern schöne weiße Menschen bleiben und so weiter. Und so gehen auch kleine Mengen feiner Säfte, die von Hormondrüsen herrühren, von den tierischen und menschlichen Geschlechtsorganen aus. Der Geschlechtsapparat der Tiere und der Menschen hat, sowohl beim männlichen wie weiblichen Geschlechte, dasjenige, was man Pubertätsdrüsen nennt. Die liegen noch im Innern des Körpers. Sie sind beim Kinde noch ganz wenig ausgebildet. Und wenn der Mensch geschlechtsreif wird, im vierzehnten, fünfzehnten Jahre, dann bilden sich sowohl beim weiblichen wie beim männlichen Geschlechte diese Pubertätsdrüsen voll aus. Sie liegen im Innern des Körpers, beim Manne oberhalb der Hoden, des Hodensackes. Und diese Pubertätsdrüsen, die haben auch solche kleinen Hormondrüsen in sich, und da wird ebenso ein Hormon abgesondert, das nun in die ganze Blutzirkulation geht in sehr feiner Verteilung. Und dieses Hormon, das da in die Blutzirkulation geht, das hat die Eigenschaft – das haben die Steinachschen Experimente gezeigt –, die Alterserscheinungen zurückzudrängen.

Sehen Sie, mit den Alterserscheinungen beschäftigt man sich ja schon sehr, sehr lange, und außerordentlich interessante Ansichten hat über die Alterserscheinungen der Pariser Arzt und Naturforscher *Metschnikow* schon vor langer Zeit veröffentlicht, lange bevor die Steinachschen Theorien bekanntgeworden sind. Metschnikow ist dazumal davon ausgegangen, daß der menschliche Körper sich fortwährend vergiftet. Namentlich ist er sehr davon ausgegangen, daß durch den Verdauungsprozeß in dem Darm fortwährend Gifte angesammelt werden, namentlich giftige mikroskopisch kleine Tiere, Pflanzen, und daß der Mensch eigentlich unter dem Einfluß dieser Gifte alt wird.

Nun, Steinach ist darauf gekommen, daß man diesem Altwerden, das heißt, diesem innerlichen Vergiftungsprozeß, der ganz natürlich ist beim Menschen, auch entgegenarbeiten kann. Er hat seine Versuche vorzugsweise mit Ratten angestellt. Nun muß man ja bei solchen Dingen immer sagen: Die Tierversuche sind nicht vollständig für den Menschen anwendbar. Nicht alles, was bei Tieren, besonders bei solchen Tieren wie den Ratten vor sich geht, kann man ohne weiteres auch vom Menschen aussagen. Denn die tierische Organisation ist doch etwas anders als die menschliche. Und man muß schon sagen, wenn man auch von den Menschen eine noch so geringe Ansicht hat meinetwillen im Vergleich zu der Größe des Weltenalls – ein ganz geringfügiger Unterschied zwischen einem Menschen und einer Ratte ist denn doch noch immer auch in der physischen Organisation vorhanden.

Also dasjenige, was wissenschaftlich vorliegt, ist vorzugsweise an Ratten experimentiert worden. Die Ratten eignen sich gerade zu diesen Experimenten am allerbesten. Sehen Sie, eine Ratte, wenn sie sich gesund entwickelt, wird etwa zweieinhalb Jahre alt, und sie zeigt, bevor sie wirklich stirbt, ganz ausgesprochene Alterserscheinungen. Diese Alterserscheinungen einer solchen Ratte zeigen sich darin, daß vor allen Dingen die Ratte etwas unlustiger wird, als sie sonst ist. Die Ratten sind ja sehr bewegliche Tiere, auch sehr aggressive, angriffslustige Tiere. Und wenn sie alt werden, solche Rattengreise werden, werden sie dann unlustig, schlapp. Dann verlieren sie an gewissen Stellen die Haare, so daß sie ganz nackte Hautstellen zeigen; an den anderen Stellen werden die Haare so ruppig, struppig, borstig. Dann haben sie keinen rechten Appetit mehr, und namentlich zeigt sich das Greiswerden der Ratten darinnen, daß sie, wenn man sie zusammensperrt in einen Käfig mit anderen Rattenmännchen, nicht mehr raufen; sie ziehen sich zurück; und wenn man sie mit Weibchen zusammensperrt, so hat man sich, wenn die Weibchen nicht auch schon alt geworden sind, darüber zu beklagen, daß sie sich nicht mehr für sie interessieren. Man muß natürlich außerordentlich achtgeben beim Experimentieren. Die Ratten sind allen möglichen Krankheiten ausgesetzt, sie werden sehr leicht tuberkulös, sehr leicht von Bandwürmern befallen, Eingeweidewürmern, und namentlich alle möglichen ansteckenden Krankheiten, wie man sie nennt, haben sie auch. So daß man, wenn man eine Ratte hat, die ein solcher Greis geworden ist, wie ich es beschrieben habe, achtgeben muß, ob das herrührt von solchen Krankheiten, oder ob es natürliche Alterserscheinung ist.

Man muß also erst, wenn man solche Versuche macht, eine ganze Menge von Ratten sammeln. Und diese Ratten muß man fortwährend prüfen, ob sie diese oder jene Eingeweidewürmer haben oder nicht; man muß überhaupt diejenigen ganz wegtun, welche von Krankheiten ihr ruppiges, struppiges Haar oder ihren Haarausfall haben. Und dann bleiben eigentlich immer ganz wenige von einer großen Zahl übrig, so daß man also dann eine Anzahl Ratten hat, die Rattengreise sind.

Tafel 6

Steinach hat die Versuche zunächst hauptsächlich mit männlichen Ratten gemacht. Diese Rattengreise, die also schlapp sind und zuweilen nackt sind auf der Haut, denen die Haare ausgefallen sind, die sich nicht mehr für die Weibchen interessieren, diese Rattengreise werden nun behandelt. Und zwar werden sie so behandelt, sehen Sie: Da ist also in einer Ratte die Pubertätsdrüse. Diese Pubertätsdrüse sitzt im Körper, oberhalb des Hodensackes. Von dieser Pubertätsdrüse gehen fortwährend Säfte in feine Kanäle. Man könnte es so zeichnen: Wenn das die Pubertätsdrüse ist, so gehen da feine Kanälchen in den sogenannten Samenstrang, wo ja der Same auch abgelassen wird. Und das Hormon der Pubertätsdrüse geht also durch diese Kanäle und vermischt sich mit dem Samen, der abgelassen wird, so daß also der Same durchdrungen ist von diesem Hormon. Wenn also das Tier noch jugendlich ist, so sondert die Pubertätsdrüse dieses Hormon ab. Das geht durch diese Kanäle. Man nennt diese Kanäle die Vasa deferentia; es geht durch diese Kanäle das Hormon in den Samenkanal. Und der Same, der vom männlichen Organ abgelassen wird und das weibliche befruchtet, der enthält dieses Hormon. Aber das Hormon, das da in der Pubertätsdrüse erzeugt wird, das ich hier rot skizziert habe, das geht auch in den ganzen Körper über. So daß also die Ratte ja allerdings das Hauptsächliche dieses Hormons in den Samenkanal abläßt, aber es geht dieses Hormon auch fein verteilt zurück in den ganzen Körper, so daß der ganze Körper der Ratte eben in seiner Blutzirkulation dieses Hormon der Pubertätsdrüse hat.

Nun denken Sie sich, die Ratte wird alt, schlaff. Die Schlaffheit, das Schlaffwerden des Körpers, das drückt sich darinnen aus, daß der Körper seine Abgänge nicht mehr halten kann; er kann sie nicht mehr bei sich halten. Sie werden gehört haben, daß Leute, die hingerichtet werden, ihre Abgänge hinter sich gelassen haben. Der Körper kann, wenn er schlaff wird, diese Abgänge nicht mehr halten. Und wird nun die Ratte beziehungsweise der Organismus überhaupt alt, so rinnt zu viel von diesem Hormon in den Samenkanal hinein, und zu wenig geht in den Körper zurück, so daß der Körper die Altersgifte dann in sich hat, und dieses Hormon, das von der Pubertätsdrüse kommt, wirkt zu wenig als Gegengift. Dadurch wird die Ratte und der Organismus überhaupt alt. Alt wird er durch die Gifte, die er in sich selber erzeugt. Diese Gifte dringen in den ganzen Körper ein und der Mensch kann dadurch also nicht Jugend haben.

Wenn das Kind geschlechtsreif wird, dann geht sehr viel von diesem Hormonstoff in den ganzen Körper über. Aber das ist sogar weniger wichtig. Der Körper ist frisch und hält das, was er selber braucht von diesem Pubertätshormon, in sich, läßt nur so viel abgehen, als er selber nicht braucht.

Wenn die Ratte, an der diese Versuche gemacht worden sind, alt wird, dann läßt sie zu viel ab von dem Pubertätsdrüsenhormon. Nun hat der Steinach die Sache so gemacht, sehen Sie: Er bindet diesen Kanal ab; der wird dahier mit einem feinen Faden abgebunden, so daß die Ratte den Weg von der Pubertätsdrüse zum Samenkanal unterbrochen hat. Jetzt kann das Hormon von der Pubertätsdrüse nicht heraus und geht wiederum in den Körper zurück. Sie können verstehen, wie das ist? Also, es ist einfach so, wie wenn man ein Rohr abschließt; dann geht das Ganze zurück. Und so schließt er hier ab, das Vas deferens bindet er ab, macht eine Ligatur, wie man es nennt, und das ganze Hormon schießt in den Körper zurück; die Ratte fängt an, wieder lustig zu werden, kriegt sogar wieder Haare, und wenn man sie zusammensperrt mit Weibchen, so kann sie diese zwar nicht befruchten, denn dieses ist ja abgeschlossen, aber sie wird wieder geschlechtslustig und geht wieder los auf die weiblichen Ratten. Die Sache ist schon so.

Sie sehen also, daß die Sache einfach dadurch gemacht wird, daß man mechanisch verhindert, daß der schlaffwerdende Körper zu viel abläßt; da aber geht das in ihn zurück und er bekommt eine vielleicht vorübergehende, aber immerhin doch eine gewisse Jugend wieder zurück. Es ist ganz interessant, zu sehen, wie diese Rattenmännchen wiederum ganz frisch und beweglich werden, wenn ihnen die Ligatur gemacht ist an der Stelle, wo ich es angezeichnet habe.

Nun, diese Sache hier, dieses Abschnüren, kann in der verschiedensten Weise gemacht werden. Es kann so gemacht werden, wie ich es eben angedeutet habe. Das ist ziemlich schwer, denn es ist natürlich eine Operation notwendig, um erst beizukommen. Man muß von außen einen Schnitt machen, um hereinzukommen, und dann einen Faden herumführen, daß man die Sache abbindet. Aber es sind die Versuche auch in anderer Weise gemacht worden, zum Beispiel dadurch, daß man die Hoden mit Röntgenstrahlen bestrahlt hat. Dadurch sterben sie ab und dadurch wird auch das Hormon der Pubertätsdrüse zurückgedrängt. Diese Sache wurde namentlich auch bei Menschen gemacht.

Kurz, das Ganze beruht darauf, daß man den Saft, den Hormonsaft wieder in den Körper zurückbringt. Sie sehen da die Verwandtschaft mit der Schilddrüse, bei der es sich auch darum handelt, daß man auf irgendeine Weise das Hormon in die Blutzirkulation hineinbringt. Hier handelt es sich auch darum, daß man das Hormon der Pubertätsdrüse dadurch in die Blutzirkulation hineinbringt, daß man im Alter, wenn der Mensch schwach geworden ist, das eben einfach abdrosselt. Die Sache ist also naturwissenschaftlich absolut in Ordnung.

Diese Versuche hat in den zehn Jahren der Steinach sehr gut fortgesetzt, und man kann heute schon sagen, daß dasjenige, was sich an Ratten gezeigt hat, in gewissem Sinne sogar an Menschen nachgeprüft werden konnte. Man hat die Sache auch an Menschen ausgeführt und konnte entweder damit Wirkungen erzielen oder dadurch, daß man direkt von einem jüngeren Menschen Pubertätsdrüsen-Sekret in die Pubertätsdrüsen einführte. Man kann es auch durch Einimpfen hineinbringen, oder man kann die Hoden impfen, daß man also Hodensaft von einem jüngeren Tier in die Hoden des Menschen einführt – kurz, auf die verschiedenste Weise hat man versucht, dieses Hormon in den Körper zurückzubringen.

Und in der Tat, die Wirkungen, die sich dabei bei Menschen gezeigt haben, werden ja natürlich immer ein bißchen übertrieben, aber wegzuleugnen sind sie schon durchaus nicht. Es ist so, daß tatsächlich die Versuche nicht bloß mit Ratten gemacht worden sind, sondern auch mit alten, mit schlapp gewordenen Menschen, die wiederum einen Teil ihrer Jugend dadurch zurückgekriegt haben.

Lange wird ja die Geschichte selbstverständlich nicht dauern, denn der menschliche Körper hat ja doch nur ein begrenztes Alter. Es ist auch durchaus heute noch nicht ausgemacht, ob man dadurch etwa die Lebensdauer verlängert. Man kann die Jugend etwas zurückgeben, aber nicht die Lebensdauer verlängern. Aber auch das ist wahrscheinlich, daß man dadurch die Lebensdauer wird verlängern können.

Aber sehen Sie, alle diese Dinge haben auch ihre Schattenseiten, denn ich will Ihnen etwas sagen: Nicht wahr, es gibt Menschen, die schlecht schlafen können. Wenn man junge Menschen hat, die schlecht schlafen können, und man gibt ihnen ein Schlafmittel, Opium, Morphium, nun ja, dann schlafen sie halt besser; das ist untrüglich, sie schlafen dann. Es ist gar nichts einzuwenden. Aber die Sache ist doch so, daß, wenn man jugendlichen Menschen immer wieder als Schlafmittel Morphium gibt oder irgendwie überhaupt ein Schlafmittel, ein physisches, dann wird doch der Körper mit der Zeit schwach. Er braucht vorzugsweise dieses Schlafmittel immer mehr. Er kann nicht mehr sein ohne dieses Schlafmittel. Er wird abhängig von diesem Schlafmittel, und man hat es später doch nicht mit einem Menschen zu tun, der im vollen Besitz seiner Kräfte ist. Daher ist es schon besser, wenn man darüber nachdenkt, wie man die Schlaflosigkeit mehr auf innerliche Weise bekämpfen kann. Und man kann sie auch auf innerliche Weise bekämpfen. Wenn man den Menschen wirklich dazu bringt, daß er sich anstrengt, nur immer dasselbe Wort zu denken, dann kriegt er nach und nach von innen die Kraft, einzuschlafen. Und das ist besser. Dadurch schwächt sich der Mensch nicht.

Man kann also schon sagen: Die Wirkung der Schlafmittel ist unbestreitbar. Es ist ganz ausgeschlossen, daß der Mensch nicht durch die Schlafmittel doch besser schläft. Aber man sollte eigentlich die Sache in einer ganz anderen Weise deichseln. Man sollte versuchen, dem Menschen den Schlaf auf innerliche Weise beizubringen. Natürlich ist das schwerer und hängt etwas mit der Erziehungsmethode zusammen. Wenn man nämlich die Kinder ordentlich erzieht, so ist es einfach so, daß man sie auch leicht dazu bringen wird, daß sie ordentlich ihr Quantum Schlaf absolvieren; und man braucht den Menschen später nicht Schlafmittel zu geben, wenn sie in der Schule ordentlich behandelt worden sind.

Man kann schon gerade diese Verjüngungsmethode vergleichen mit dem Schlafmittelgeben. Ja, meine Herren, da ist ganz besonders das interessant: Ich sagte Ihnen schon, der Metschnikow hat zuerst sich mit diesen Alterserscheinungen beschäftigt und hat den Leuten ein anderes Mittel gegeben – dazumal gab es noch keine Steinachschen Versuche. Sie werden vielleicht sehr erstaunt sein: Ein ganz materialistischer Arzt hat den Leuten anempfohlen, sie sollen hauptsächlich so etwas lesen wie den Goetheschen «Faust»! Tatsächlich, sie sollen so etwas lesen, wie den Goetheschen «Faust»; dann werden sie auch zu einer Art Verjüngungskur kommen.

Ja, daran ist nämlich ungeheuer viel Wahres. Wenn man nämlich im richtigen Alter so etwas hat, was einen geistig innerlich ganz in Anspruch nimmt, was einen auch in Begeisterung bringt – Begeisterung heißt ja nicht deshalb Begeisterung, weil es nicht den Geist in Bewegung bringt, sondern gerade weil es den Geist in Bewegung bringt, heißt es Begeisterung, sonst würde es «Bestofflichung» heißen; selbst die Materialisten, wenn sie ihre Volksreden halten, sagen nicht: Wir wollen uns durchdringen mit Bestofflichung, sondern sie sagen, trotzdem sie an den Geist nicht glauben: Wir wollen uns durchdringen mit Begeisterung –, wenn man sich also wirklich durchdringt mit Begeisterung, so ist das ein Quell der Verjüngung. Das kann man allerdings bei Ratten nicht nachprüfen! Aber es ist ein Quell der Verjüngung bei Menschen. Und wenn man die Beobachtungen im Leben dahin machen würde, würde man finden, daß das, was man einem Menschen überhaupt an Verjüngung beibringen kann nach dem Quantum seiner Kraft, seiner Lebenskräfte, daß man ihm das viel besser beibringt, wenn man ihm in der richtigen Weise Zeit läßt, innerlich sich zu durchdringen mit einer geistigen Tätigkeit. Denn eine geistige Tätigkeit hat nämlich die Eigentümlichkeit, daß sie die Drüsenwände zusammenhält und stark erhält.

Wenn einer sein ganzes Leben hindurch nur Interesse hat für oberflächliches Zeug, dann werden seine Drüsen, alle diese Gefäßwände viel eher schlaff, als wenn er für Geistiges Interesse hat. Und man braucht bei einem Menschen, wenn man ihn erstens als Kind ordentlich erzogen hat, und dem man zweitens Zeit gelassen hat, sich in der richtigen Weise mit dem Geiste zu durchdringen, bei einem solchen Menschen braucht man nachher nicht eine solche Ligatur zu machen, weil er diesen Kanal stark erhält, und selber in den Leib dasjenige zurückgehen läßt, was er braucht.

Das ist anders als bei der Schilddrüsengeschichte. Bei der Schilddrüse, da muß man schon zuweilen eingreifen, weil es außerordentlich schwer ist, die Schilddrüse, ich möchte sagen, durch Geistiges besser zu machen; aber auch da wird man Resultate erzielen. Sie sind schon erzielt worden. Wenn man in einer ganz bestimmten Weise, in einer gesangartigen Sprache, immer und immer wieder, jeden Tag Sachen wiederholen läßt, dann geht auch die Schilddrüse zurück.

So daß man also in der Tat sagen muß: Die Sachen sind ebenso richtig wie die Wirksamkeit der Schlafmittel; aber es wäre besser, wenn die Menschheit endlich daran denken würde, nicht alles auf solch eine materielle Weise zu machen, sondern wenn die Menschheit endlich daran denken würde, der Zivilisation die Möglichkeit zu geben, daß ein jeder zu seinem Quantum geistiger Tätigkeit kommen kann. Dann würde man überhaupt auf diese Dinge auch nicht einen so großen Wert legen, sondern dann würde man sehen, daß die Tatsache, daß man da zusammenklappt im Alter, eigentlich erst hervorgerufen wird durch die Schädlichkeit unserer Zivilisation. Alle diese Operationen am Menschen sind ja im Grunde genommen nur dazu da, daß man das, was man auf der einen Seite verschuldet am Menschen, durch ein paar Monate Verjüngung im Alter wiederum ausgleichen will. Medizinisch ist die Sache natürlich genial, großartig; aber man muß sie in einem größeren Kulturzusammenhange sehen. Dann gewinnt sie eine andere Seite.

Natürlich kommt da noch etwas anderes dazu. Ich habe zuvor gesagt, daß man, wenn man einem jüngeren Menschen Schlafmittel gibt, ihn eigentlich schwächt. Das ist ja, wenn man bei alten, zusammengeschrumpelten, nicht mehr recht tapsen könnenden Menschen eine solche Verjüngungskur anwendet, für diese natürlich eine große Freude, wenn sie wiederum anfangen können, ein bißchen lustig zu sein im Leben. Man braucht da nicht so stark besorgt zu sein, daß es für das Alter schaden könnte, denn eine solche Verjüngungskur wird in einem Alter angewendet, wo es sich nicht mehr recht ausprüfen läßt, ob es ihnen hinterher schadet oder nicht. Die materialistische Weltanschauung bringt großartige Resultate heute, aber sie müssen in einem größeren Kulturzusammenhang betrachtet werden. Dann nehmen sie sich anders aus. Deshalb sage ich immer, die Menschen sollten nachdenken, wie sie die Kinder in der Schule und dann im späteren Alter davor behüten, solche frühzeitigen Alterserscheinungen zu bekommen. Das ist nicht auf Klassen beschränkt, sondern schon mit dreißig Jahren, gerade wenn sie den sogenannten höheren Ständen angehören, laufen die Leute mit furchtbaren Glatzen herum. Das kommt davon her, daß schon in den höheren Schulen unnatürlich erzogen wird. Es wäre viel gescheiter, wenn so erzogen würde, daß der menschliche Körper selbst alles zusammenhält, solange er Lebenskräfte hat.

Das ist dasjenige, was ich Ihnen über die Sache sagen kann. Es ist ja sehr interessant, gerade diese Dinge immer von den zwei Seiten aus zu betrachten, die sie haben.

Was etwa noch zu sagen wäre, will ich Ihnen das nächste Mal sagen. Ich muß für acht Tage verreisen, werde dann längere Zeit da sein, und wir können dann weiter über die Sache reden.

FÜNFTER VORTRAG

Dornach, 13. Dezember 1922

Nun, meine Herren, vielleicht haben Sie heute einen besonderen Wunsch. Ist Ihnen etwas eingefallen, das Sie fragen wollen?

Fragesteller: Ich möchte wissen, woher das rührt, daß die blonden Menschen immer seltener werden. In meiner Heimat hat es früher noch sehr viele blonde Menschen gegeben – jetzt immer weniger. Was hat es für eine Bewandtnis damit?

Dr. Steiner: Das paßt ja sehr gut zu unserer Betrachtung. Ich werde Ihnen das ganz gut erklären können, wenn ich Ihnen zuerst noch das Auge erkläre. Wir haben das Ohr betrachtet; jetzt werde ich Ihnen das Auge erklären. Sie werden bemerkt haben, daß die Blondheit sehr stark zusammenhängt mit den blauen Augen. Blonde Leute haben meistens, das ist schon eine Regel, blaue Augen. Mit dem hängt zusammen, was Sie fragen. Sie werden das ganz gut begreifen, wenn wir das Auge betrachten. Das Auge ist in der Tat im Menschen etwas außerordentlich Wichtiges. Denn, sehen Sie, man könnte zum Beispiel glauben, wenn Menschen blind geboren sind, dann hätten sie eigentlich vom Auge gar nichts. Gewiß, Menschen, die blind geboren sind, die haben von ihren Augen das nicht, daß sie sehen können – das können sie ja nicht, wenn sie blind geboren sind. Aber die ganze Augenorganisation steckt ja in ihnen. Und das Auge hat eben nicht bloß die eine Bedeutung, daß wir sehen, sondern das Auge hat auch die Bedeutung, daß es eigentlich unser ganzes Nervensystem, soweit das Nervensystem vom Gehirn ausgeht, beeinflußt. Das Auge kann zwar nicht sehen beim Blindgeborenen, aber es ist doch in der Augenhöhle drinnen, und es ist nur im Innern, besonders im Sehnerv, nicht in Ordnung. Aber die Muskeln, die bei jedem Menschen zum Auge hingehen, die sind auch beim Blinden vorhanden, und die beeinflussen eigentlich das Nervensystem fortwährend – auch beim Blinden. Und deshalb ist das Auge schon eines der wichtigsten Organe, die wir in unserem Organismus, in unserem Körper haben.

Das Auge sitzt ja in einer Höhlung drinnen, die von den Kopfknochen, dem Kopfskelett aus gebildet wird, und das Auge ist tatsächlich so etwas wie eine kleine Welt. Es ist außerordentlich interessant, sich zu sagen: das Auge ist etwas wie eine kleine Welt. Denn, sehen Sie, wenn wir das Auge betrachten, so sitzt zunächst der Sehnerv in der Gehirnmasse drinnen. Also ich will die Gehirnmasse so andeuten (es wird gezeichnet); da geht dann das Gehirn ins Rückenmark über; da geht das Rückenmark herunter. Nun sitzt da der Sehnerv drinnen. Der füllt dann das Auge aus. Das Auge selbst will ich etwas größer hinzeichnen. Wenn das Auge so hinschaut, dann ist hier dieser Kanal, durch den der Sehnerv geht. Was ich hier rot gezeichnet habe, geht da durch; dann sitzt das Auge, wenn ich es von der Seite zeichne, so in der Augenhöhle drinnen. Da hier ist überall Fett, und da sind dann die Augenmuskeln; die sitzen hier; die gehen dann so da hinein, und da hier sind dann die Knochen. Das sitzt unmittelbar auf dem auf, was hier hinter dem Oberkiefer ist. Also so sitzt das Auge da drinnen.

Und wenn Sie das Auge von vorne anschauen, so sehen Sie zunächst durch eine ganz durchsichtige, glashelle Haut durch. Das, was ich hier grün mache, ist also diese Haut; die geht so durch; da ist sie überall undurchsichtig, aber hier ist sie ganz durchsichtig, so daß hier das Licht in das Auge herein kann. Das ist also, wenn Sie in das Schwarze hineinschauen. Das Schwarze, das ist nämlich gar nicht etwas. Das Schwarze, das ist nichts, sondern beim Schwarzen sehen Sie hindurch durch das ganze Auge, und dahinten am Auge, da ist es schwarz. Sie sehen also durch diese durchsichtige Haut bis an die hintere Wand des Auges, und deshalb erscheint Ihnen das, was man die Pupille nennt, schwarz. Geradeso wie wenn Sie zum Fenster hereinschauen und die Hinterwand schwarz wäre, so täuschen Sie sich und meinen, da vorne sei das Schwarze. Innen ist das Auge ganz durchsichtig. Und dieses hier ist tatsächlich eine hier undurchsichtige, hier durchsichtige harte Haut. Und innerhalb dieser harten Haut, da befindet sich ein Netz, das ganz feine Blutadern enthält. Da sind ganz feine Blutadern, und diese feinen Blutadern bilden hier einen Wulst. Wenn man es von vorne sieht, so sieht man es so, wie es die Zeichnung hier zeigt. Und was man da um den schwarzen Punkt herum sieht, das ist die sogenannte Regenbogenhaut oder Iris; und die ist – ich werde gleich ausführlicher darüber reden – bei manchen Menschen blau, bei manchen grau, bei manchen ganz schwarz, nicht wahr. Also das ist dasjenige, was um das Schwarze herum ist.

Zwischen dieser durchsichtigen Haut – Hornhaut nennt man sie – und dieser Iris, da ist drinnen ein hartes, man kann sagen, hartes Wasser. Das ist wieder ganz durchsichtig. Also wo Sie das Schwarze sehen, da ist zunächst die durchsichtige Haut, und hinter der durchsichtigen Haut liegt ein hartes Wasser, geradeso wie wenn Sie zum Fenster hereinschauen würden, und da wäre hartes Wasser liegend, – vordere Augenkammer nennt man es. Es ist lebendiges Wasser, was also so ist wie ein ganz kleinwinziges Glaslinschen. Wie eine kleine Linse sieht es aus, wenn man es herausnehmen könnte, nur nicht ganz wie eine Linse. Eine Linse ist so (es wird gezeichnet), während dieses so ist, daß es hinten mehr eben ist und vorne mehr gebogen ist; und da hier, wo diese feinen Adern hierhergehen und die Regenbogenhaut bilden, da ist die eigentliche Linse. Das ist wiederum ein, ich möchte sagen, lebendiges Wasser; das ist die Linse. Die äußere Haut dieser Linse ist wieder ganz durchsichtig, so daß Sie eben, wenn Sie hineinschauen, das Schwarze dahinten sehen können.

Diese Linse, die ist also da von der Aderhaut eingefaßt; sie ist aber nicht so wie eine Glaslinse unbeweglich, sondern sie ist beweglich. Wenn Sie in der Nähe sehen, ganz in der Nähe, dann ist diese Linse so gebogen. Wenn Sie mehr in die Ferne sehen, dann ist diese Linse so gebogen. Also in der Mitte ist sie dick, wenn Sie in der Nähe sehen, und in der Mitte dünn, wenn Sie in die Ferne sehen.

Und das da hier, was Regenbogenhaut ist, das enthält ganz feine Muskeln. Mit diesen feinen Muskeln machen Sie die Linse in der Mitte dick, wenn Sie in die Nähe sehen; oder wir machen die Muskeln schlaffer, dann wird sie so dünn. Der Mensch gewöhnt sich auch durch seine Lebensweise daran. Wenn einer also ein Bürokrat ist und immer schreibt, immer in der Nähe das Auge hat, dann wird seine Linse allmählich in der Mitte dick: er wird kurzsichtig. Wenn einer ein Jäger ist und immer in die Ferne sehen muß, wird seine Linse in der Mitte dünn, und er wird weitsichtig.

Aber die Sache ist auch so, daß in der Jugend diese Muskeln, diese kleinwinzigen, die da in dieser Iris, in der Regenbogenhaut drinnen sind, noch stark sind; da können wir uns noch anpassen an das, was wir sehen. Im Alter werden die Muskeln schlaffer. Daher werden wir im Alter fast alle weitsichtig. Darauf beruht es ja, daß wir abhelfen können. Wenn einer eine Linse hat, die in der Mitte zu dick ist, so geben wir ihm eine Brille, die solche Gläser hat im Durchschnitt (es wird gezeichnet); dadurch wird hier – da ist sie dick, da dünn – die Dicke der Linse ausgeglichen. Manche haben sogar zweierlei; je nachdem sie etwas ansehen wollen im Raume draußen, brauchen sie eine weitsichtige Brille; wenn sie in der Nähe sehen wollen, brauchen sie eine kurzsichtige Brille. Wenn einer also die Linse *so* hat (es wird auf die Zeichnung gewiesen), so müssen wir ihm eine solche Brille geben. Dann gleichen wir das aus. Dann kommt dadurch, daß es da dicker ist, diese Dicke der Brille zu unserer Augenlinse dazu, und es wird ausgeglichen.

Das ist nun eben so, daß man schon sagen kann: Weil man das ausgleichen kann, was die Linse im Auge schlecht hat, kann man sehen. Die Linse im Auge ist eine Linse wie unsere Brille. Jeder hat da eine Brille, mit der er weit und nah sehen kann. Da sind Sie allmählich jedem gewachsen. Die Brille bleibt natürlich wie sie ist, aber die Linse im Auge ist eine lebendige Linse; die paßt sich an.

Und da, hinter der Linse, ist nun wiederum etwas, was wie ein lebendiges Wasser ist, und das ist wiederum ganz durchsichtig, so daß das Licht überall herein kann. Es füllt das ganze Innere des Auges aus, so daß wir eigentlich das Auge im Innern zunächst ganz durchsichtig haben. Hier (vordere Augenkammer) ist etwas wie ein hartes Wasser, durchsichtig; eine Linse, durchsichtig; ein Glaskörper, alles wieder durchsichtig.

Der Sehnerv, der geht da ins Auge hinein, geht ungefähr bis hierher; und dieser Sehnerv, der ist nun ein furchtbar kompliziertes Ding. Ich habe ihn hier so gezeichnet, als ob sich einfach der Hauptstrang des Nervs in diese hier teilte; aber es ist nicht ganz so, sondern wenn wir diese Nerven studieren, so müßte ich eigentlich hier vier Schichten zeichnen. Also vier Nervenschichten umgeben unseren Glaskörper; es ist so wie ein Glas, aber das Glas hat dann zu seiner Wandung vier Schichten. Ich werde jetzt ein Stückchen von einem solchen Nerv zeichnen (es wird gezeichnet): Da ist eine äußere Schichte; diese äußere Schichte, die wirkt wie ein starker Spiegel. Also das Licht kommt da herein und fällt dann auch überall an diese Schichten hier und wird überall zurückgespiegelt. Das Licht geht nicht in das hier herein, sondern es bleibt im Auge. Aber das wirkt wie eine Spiegelwand. Das Licht wird hierher zurückgestoßen. Das ist die äußerste Schichte. In dieser ist dann weiter drinnen noch eine Schichte; die verstärkt noch den Spiegel. So daß wir diesen Nerv, der unser Auge auskleidet wie eine Blase, aus vier Schichten bestehend haben. Die äußerste Schichte und die zweitäußerste Schichte, die werfen alles Licht wiederum in das Auge zurück, so daß wir da drinnen in diesem Glaskörper eigentlich das ganze zurückgeworfene Licht haben. Dann ist eine dritte Schichte; das ist diese (es wird gezeichnet); die besteht aus derselben Substanz, aus der unser graues Hirn besteht. Ich habe Ihnen gesagt: außen ist das Gehirn grau, nicht weiß. Also da ist ein Stückchen Gehirn als die dritte Schichte drinnen. Und als die vierte Schichte haben wir noch extra da drinnen eine Haut. Also dieser Glaskörper ist eigentlich in einem sehr komplizierten Sack drinnen. Alles Licht, das in den Glaskörper hineinkommt durch die Pupille, wird in dem Glaskörper zurückgeworfen und lebt da nun darinnen.

Sie sehen, wir haben zunächst eigentlich im Auge etwas, was aussieht wie ein furchtbar komplizierter physikalischer Apparat. Wozu ist das alles? Nehmen Sie an: Hier irgendwo, da steht ein Mensch. Durch dieses, was da ist – diesen Glaskörper, diese Linse – wird da hinten, weil das alles gespiegelt wird, ein umgekehrtes Bild von diesem Menschen erzeugt. Also wenn da ein Mensch steht, so haben Sie im Menschen durch diesen ganzen Apparat einen kleinen Menschen, ein kleines Menschenbild, das aber auf dem Kopf steht; das haben Sie da hinten (im Auge), so wie bei einem photographischen Apparat. Es ist richtig wie ein photographischer Apparat: es wird abphotographiert, das Bild steht auf dem Kopf. Das haben wir in unserem Auge. Das kommt daher, weil das Auge ein Spiegelungsapparat ist. Es geht das Licht hinein, und es spiegelt hierher. So haben wir also einen kleinen Menschen im Auge drinnen.

Nun, sehen Sie, man kann sich wiederum sagen: So etwas, wie dieses Menschenauge, das könnten wir heute mit all unseren noch so komplizierten Apparaten natürlich nicht herstellen. Dieses Menschenauge, das ist überhaupt etwas außerordentlich Wunderbares. Wenn Sie sich das ganze Firmament vorstellen mit den Sternen, die das Licht auf die Erde hereinstrahlen, also einen, wie man sagt, lichtausgefüllten Raum denken, und das dann ganz klein denken, dann haben Sie eigentlich das Innere des Menschenauges. Es ist eigentlich eine ganze Welt im kleinen. Und diese Spiegelung dahier, die wirkt eigentlich, wie wenn lauter Sterne dastehen würden; denn diese äußeren Wände, die sind nicht so, daß sie gleichmäßig spiegeln, sondern ich müßte eigentlich so zeichnen: das sind lauter solche kleine Körperchen, wie kleine Sterne, und von diesen strahlt es ins Innere des Körpers herein. Wenn wir also selber ein so winzig kleiner Mensch sein könnten wie das Bildchen und könnten uns das Innere eines Auges betrachten – wenn wir solche winzigkleinen Zwerge wären, wenn wir nicht gewöhnt wären, solche großen Menschen zu sein, wie wir sind, so würden wir ja das, wenn wir so klein wären, für riesenhaft halten, wenn wir da drinnen selber dieses kleine Menschlein wären und das betrachten würden; wir würden uns gar nicht anders vorkommen als in der Nacht, wenn wir auf der Erde stehen und die strahlenden Sterne sehen. Es ist ganz so. Es ist dies furchtbar interessant, sich klarzumachen, daß eigentlich das Auge eine kleine Welt ist. Und wenn das, was erzeugt wird durch Spiegelung, das Bildchen, bewußt sein könnte, so würde das sich vorkommen, wie wir uns vorkommen in einer sternenhellen Nacht. Sehr interessant ist das.

Nun, ich sage: wenn das sich bewußt sein könnte. Aber wenn wir nicht das Auge hätten, dann würden wir auch die sternenhelle Nacht ja nicht sehen. Wir sehen die sternenhelle Nacht eben dadurch, daß wir das Auge haben. Wenn wir es zumachen, ist die sternenhelle Nacht nicht da. Daß wir den ganzen Sternenhimmel sehen, das hängt eigentlich vom Auge ab, daß da zuerst diese kleinwinzige Welt drinnen ist, und wir uns sagen: Diese kleinwinzige Welt, die bedeutet eigentlich die große Welt. Das ist etwas, das Sie sich nur klarmachen müssen.

Denken Sie, es zeigt Ihnen einer von Ihnen selber oder von einem anderen Menschen eine ganz winzig kleine Photographie. Sie werden sagen: Das ist ja so winzig klein und rührt von einem großen Menschen her. Den haben Sie aber gar nicht vor sich. Eigentlich haben Sie immer nur in sich diesen kleinen, winzigen Sternenhimmel, und Sie sagen sich: Was ich da vor mir habe, ist die Photographie vom großen Sternenhimmel. Das tun Sie immer, fortwährend. So daß Sie eigentlich in Wirklichkeit in sich den kleinen, winzigen Sternenhimmel des Auges haben und sich dann sagen: Das ist die Photographie vom großen Sternenhimmel. Sie stellen sich eigentlich den wirklichen Sternenhimmel immerfort nach dem kleinen Sternenhimmel im Auge vor. Das ist also nur eine Vorstellung, die Sie sich selber machen. Das, was Sie wirklich erleben, das ist der kleine Sternenhimmel im Auge.

Nun können Sie sagen: Das wäre ja alles der Fall, wenn wir nur ein einziges Auge hätten wie die Zyklopen; aber wir haben ja zwei Augen. Warum haben wir eigentlich zwei Augen? Ja, sehen Sie, probieren Sie es einmal: Wenn Sie mit einem Auge irgendwohin schauen, da kommt es Ihnen vor, wie wenn alles auf der Rückwand aufgemalt wäre. Sie sehen die Körper nicht doppelt. Körperlich sehen Sie die Körper nur dadurch, daß Sie zwei Augen haben. Wenn Sie mit zwei Augen schauen, so ist das gerade so, wie wenn Sie Ihre linke Hand mit der rechten Hand angreifen. Dadurch, daß wir schon als Kinder gewöhnt worden sind, uns selbst zu berühren, dadurch sagen wir eigentlich zu uns «Ich», dadurch nehmen wir uns selber wahr. Wenn niemals unsere rechte Seite unsere linke wahrnehmen könnte, würden wir in der Sprache gar nicht das Wörtchen «Ich» haben. Wir wüßten nichts von uns. Da gewöhnt man sich so hinein in die wichtigsten Dinge, daß man sie wie etwas Selbstverständliches anschaut.

Nun, irgendeiner, der heute so ein rechter Philister ist, der sagt: Ich werde doch nicht weiter nachdenken darüber, warum ich «Ich» sage. Das ist doch selbstverständlich, daß man «Ich» sagt! – Aber er ist dann eben ein Philister. Er weiß nicht, daß gerade die feinsten Dinge auf den kompliziertesten Sachen beruhen. Er weiß nicht, daß er sich als Kind angewöhnt hat, sich selber anzugreifen, namentlich mit der rechten Hand die linke anzugreifen, und dadurch zu sich «Ich» zu sagen.

Sehen Sie, das geht bis in die Kultur hinein. Wenn wir in die ganz alten Menschheitszeiten gehen, meinetwillen nur bis in die Zeiten des Alten Testamentes, da haben die Priester, die in älteren Zeiten – verzeihen Sie den ketzerischen Ausspruch – oftmals viel gescheiter waren als in der neueren Zeit, gesagt: Wir wollen die Menschen zum Selbstbewußtsein bringen. Da haben sie die Hände falten lassen. Das ist der Ursprung des Händefaltens: sich selber berühren, um in sich das starke Ich zu finden, Wille zu entwickeln. Alles das sagt man ja heute nicht, weil man die Dinge nicht begreift. Heute sagen die Priester den Menschen, sie sollen die Hände falten zum Gebet, aber sie sagen ihnen nicht, was es für eine Bedeutung hat. Es ist tatsächlich so.

So ist es auch beim Auge. Wenn wir mit zwei Augen schauen, haben wir die Vorstellung, daß das, was im Licht ist, räumlich ist, nicht bloß Kräfte. Wenn wir ein Auge hätten, würden wir immer nur das Firmament sehen, und alles wäre auf dem Firmament aufgemalt. Daß wir die Vorstellung haben, daß alles räumlich ist, das rührt von unseren zwei Augen her. Und wir selbst fühlen uns dann drinnenstehend als den Mittelpunkt der Welt. Jeder fühlt sich als Mittelpunkt der Welt, mancher in schlechtem, mancher auch in gutem Sinne. So ist also, daß wir zwei Augen haben, von einer großen Bedeutung.

Und sehen Sie, daß wir durch das Auge sehen, das ist ja natürlich so etwas Wichtiges für den Menschen, daß man eigentlich immer nur das als das Einzige anschaut beim Auge.

Beim Ohr verhalten wir uns nicht bloß so. Ich glaube, ich habe Ihnen schon das vorletztemal gesagt, daß wir ja nicht bloß hören, sondern auch sprechen, das heißt selber das, was wir hören, hervorbringen. Und wir verstehen das Gesprochene eigentlich nur dadurch, daß eine Verbindungsröhre – die Eustachische Röhre – vom Rachen aus ins Ohr hineinkommt. Sie wissen ja, daß Kinder, die nicht hören, auch nicht sprechen lernen können. Und Leute, die nicht sprechen lernen, können auch das Gehörte nicht verstehen. Da muß man dann künstliche Mittel anwenden, um das Gehörte zum Verständnis zu bringen.

Beim Auge schaut das so aus, als ob man es nur allein zum Sehen hätte. Aber das Kind lernt nicht nur sehen mit den Augen, sondern das Kind – nur beobachtet man das nicht so – lernt auch sprechen mit den Augen. Nur ist die Sprache der Augen nicht eine so brauchbare wie die Sprache, die für die Ohren ist. Sie werden aber finden, daß ein Unterschied ist, ob der eine Sie anlügt, oder ob der andere Ihnen die Wahrheit sagt. Wenn Sie ein bißchen feine Empfindung haben, dann werden Sie an der Art, wie er Sie anschaut, sogar erkennen, ob er Ihnen die Wahrheit sagt, oder ob er Ihnen den Buckel voll lügt. Die Augen sprechen schon. Und das Kind lernt ebenso mit den Augen sprechen, als mit dem Munde sprechen.

Nur ist diese Sprache beim Auge so, daß, während beim Lautesprechen, beim Tonsprechen der Kehlkopf getrennt ist vom Ohr und es zwei Dinge sind, es beim Auge so ist, daß da drinnen das sehende Auge ist, und da herum sind die Muskeln. Die Muskeln sind nun dasjenige, was das Auge auch zu einer Art sichtbarem Sprechorgan macht. Ob wir *so* blicken (geradeaus), oder falsch blicken, das hängt von den Muskeln ab, die ich hier gelb gezeichnet habe, und die so überall hineinkriechen, überall im Auge sind. Das ist gerade so, wie wenn wir so organisiert wären – bei den Fischen ist es so –, daß das Ohr in unserem Kehlkopf schon drinnen steckte und wir so sprächen. Nicht wahr, das Ohr ist abgetrennt vom Kehlkopf; bei einem Fisch ist es noch ganz eins. Da sprechen wir so, daß das Sprechen abgetrennt ist vom Hören. Beim Auge ist es so, als wenn der Kehlkopf selber das Ohr in den Muskeln umgibt. Da steckt das Auge drinnen im Sprachorgan, wie wenn das Ohr im Sprachorgan drinnen stecken würde. Beim Menschen ist es ja so – bei den Fischen ist es anders –: Da haben wir ja hier den Kehlkopf; da geht die Fortsetzung in die Lunge hinein; da ist der Kehlkopf, die Gaumenplatte, und dadurch sprechen wir. Das geht dann in den Mund herauf. Und dann geht vom Mund die Fortsetzung bis zum Ohr herüber.

Nun denken Sie sich, es wäre nicht so, wie es beim Menschen ist, sondern so, daß der Kehlkopf weiter sich ausbreitet, so daß wir hier einen breiten Kehlkopf haben, wie das da drüben der Luzifer hat auf meiner Holzfigur; und dann steckt er so drinnen, so daß der Kehlkopf hier heraufgeht und das Ohr drinnen steckt; dann wäre das hier das Organ der Lautbildung, und wir würden mit demselben Organ sprechen und hören. Beim Auge ist es so: da sprechen wir durch die Muskeln, die ringsherum gehen, und wir sehen durch das Auge, das mitten drinnen steckt. Also das Auge ist schon sehr ähnlich dem Ohr gebaut und wiederum natürlich ganz verschieden. Also daher haben wir diese Muskeln, die ich da gelb gezeichnet habe.

Wenn wir sprechen, kann man sagen: Beim Sprechen sagen wir eigentlich dasjenige, was wir wissen. Es gibt zwar auch Leute, die manches sagen, was sie nicht wissen. Aber die sehen wir ja eigentlich mehr oder weniger als Narren an. Man sagt dann: Die sprechen zu sich selber, sprechen aus dem Leibe heraus. Aber in der Regel, bei vernünftigen Menschen, bei besonnenen Menschen ist es so, daß der Mensch das sagt, was er weiß.

Beim Auge ist es aber so, daß wir nicht bewußt sprechen. Wir müßten schon ganz raffinierte Kerle sein, wenn wir die Sprache des Auges bewußt sprechen. Das geht unbewußt und begleitet dasjenige, wie wir uns sonst verhalten. Aber es geht so weit, daß dann, wenn Sie zum Beispiel nach Süditalien kommen, die Leute noch von dem «bösen Blick» reden. Da wissen die Leute, daß allerdings ein Mensch, der einen gewissen Blick hat, falsch ist. Und die Leute in Süditalien, die reden durchaus noch von diesem falschen Blicke, weil sie empfinden: Das Auge spricht die ganze Menschennatur aus, von der eigentlich der Mensch nichts weiß. Und der Aberglaube in Süditalien geht sehr weit: da hat man kleine Amulette, solche Dinger, die man sich umhängt, die einen beschützen sollen vor dem bösen Blick, weil man sich fürchtet vor diesem bösen Blick der Menschen.

So sehen Sie, wie wunderbar eigentlich dieses Auge gebildet ist. Aber derjenige, der nun dieses Auge so studiert, der kann ganz unmöglich sagen: Ja, da ist nichts Seelisches im Auge drinnen. – Es ist einfach dumm und philiströs, wenn man sagt: Da ist nichts Seelisches im Auge drinnen. – Die Leute sagen: Da außen ist das Licht. Das Licht, das fällt da durch dieses Loch in das Auge ein, geht in die Linse, in den Glaskörper, der Glaskörper erzeugt hier ein Bild, geht weiter in das Gehirn hinein. – Und dann hört die heutige Wissenschaft auf. Die sagt dann noch: In dem Gehirn wird das Licht zum Denken, zum Vorstellen verwendet. – Und da kommt dann so ein allgemeiner Quatsch zustande, wenn man das beschreibt. Es ist eigentlich nichts.

Aber es ist eigentlich gar nicht so, daß das Licht bis ins Gehirn geht. Ich habe Ihnen ja gezeigt, wie das Licht hier überall wie ein Spiegel zurückgeworfen wird. Das Licht bleibt ja im Auge. Das bleibt; und das ist wichtig, meine Herren, daß man weiß: Das Licht bleibt im Auge. Das

Auge ist innerlich wie ein erleuchteter Sternenraum. Das Licht bleibt im Auge drinnen, geht gar nicht ins Gehirn hinein unmittelbar, wie es als Licht ist. Wenn das Licht nämlich ins Gehirn hineinginge, würden wir nichts sehen. Sehen können wir nur dadurch, daß das Licht nicht ins Gehirn hineinkommt. Denken Sie sich einmal, meine Herren, Sie stehen hier in dem Raum, sind da ganz allein, keine Stühle, gar nichts, nur Wände, aber der Raum ist innerlich ganz erleuchtet. Sie sehen nichts darinnen. Sie wissen nur, er ist hell, aber Sie sehen nichts darinnen. Wenn das Gehirn bloß mit Licht ausgefüllt wäre, würden wir nichts sehen. Das Licht allein macht es nicht aus, daß man sieht. Und das Licht wird überhaupt im Auge aufgehalten, durchleuchtet nur das Auge. Und was ist es? Nun, denken Sie sich, hier liegt dieses Kästchen. Ich stelle mich so her. Früher habe ich es nicht gesehen. Dann muß ich hinter mich greifen, und dann kann ich wissen, daß das Kästchen da ist. Wenn das Auge innerlich erleuchtet ist, so muß ich erst das Licht fühlen, damit ich weiß, daß das Licht da ist. Ich muß erst das Licht fühlen. Und das tut man mit der Seele. Also dieser Augenapparat, der erzeugt das, was wir fühlen können. Die Seele geht dann durch die Muskeln und so weiter und fühlt, fühlt das kleine Männchen darinnen (es wird gezeichnet).

Jedes Organ im Menschen zeigt uns, daß wir irgendwo sagen müssen: Die Seele, die nimmt das wahr, die fühlt das, was da drinnen ist. Gerade wenn man genau studiert, dann findet man überall das Seelische und das Geistige, besonders beim Auge, wo man sich eigentlich wirklich nach und nach so fühlt, wie wenn man vor einem Guckkasten sitzt. Da guckt man hinein. Und wenn ich nun hier einen Guckkasten habe, so ist da drinnen ein kleines Bild von Ihnen allen. Und wenn andere so hereinschauen, ja, dann sehe ich das da drinnen; aber ich bilde mir die Vorstellung: das, was da drinnen ist, ist das Große hier draußen. So ist es mit unserem Auge. Nehmen Sie an, das sei ein kleiner Guckkasten, und die Seele bildet sich die Vorstellung, daß das alles die große Welt ist. Man kommt gar nicht darüber hinweg, auf das Seelische zu sehen, wenn man die Sache in ihrer Wahrheit betrachtet.

Nun, ich habe Ihnen gesagt: Hier, wo ich dieses Lila gezeichnet habe, sehen Sie, wo da die Aderhaut ist, die unter dem Sehnerv noch liegt. Der Sehnerv, der geht nicht ganz nach vorn, aber die Aderhaut geht mit den Muskeln zu der Linse hin und hält eigentlich da die Linse. Und das, habe ich Ihnen gesagt, ist die Regenbogenhaut, die Iris, die man um die schwarze Pupille herum, die ja nur ein Loch ist, sieht. Diese Regenbogenhaut, das ist ein äußerst kompliziertes Ding. Ich will sie noch einmal etwas größer von der Seite zeichnen. Wir hätten hier diese Regenbogenhaut, wie sie von der Aderhaut her kommt; da sitzt dann diese Linse drinnen, wird gehalten von der Regenbogenhaut. Nun, diese Iris oder Regenbogenhaut hat – wenn Sie den Menschen von vorne anschauen, so hat die Iris eine Vorderwand und eine Hinterwand –, die hat an der Hinterwand allerlei farbige Körnchen. Das sind kleine Säckchen, winzige Säckchen. Die sind mit blauem Farbstoff ausgefüllt. Bei jedem Menschen sind sie mit blauem Farbstoff ausgefüllt. Und auf diesen blauen Farbstoff schaut man, wenn man blauäugige Menschen sieht. Da ist also das, was da vorne ist, durchsichtig, und man schaut auf den hinteren blauen Farbstoff der Regenbogenhaut oder Iris, wenn man einen blauäugigen Menschen vor sich hat. Man schaut bei ihm eigentlich die hintere Wand an; das Vordere ist ja durchsichtig. Gibt es einen braunäugigen Menschen, dann hat der auch dasselbe Blau an der Hinterwand der Iris, aber außerdem sitzen bei ihm noch braune Körperchen hier vorne und bedecken die blauen hinten, und Sie sehen auf die braunen Körperchen. Und wenn es ein schwarzäugiger Mensch ist, so hat er da schwarze Säckchen. Sie sehen die blauen wiederum nicht, sondern Sie sehen die schwarzen Säckchen. Dasjenige, was den Menschen zu einem blauäugigen, braunäugigen oder schwarzäugigen Menschen macht, das ist also seine Regenbogenhaut, die an der Hinterfläche immer blau ist und an der Vorderfläche bei den Blauäugigen gar keine Säckchen hat; bei den Schwarzäugigen und Braunäugigen hat es auch an der Vorderseite solche Säckchen, so daß man die hinteren blauen Säckchen dann nicht sieht.

Woher kommt das? Ja, sehen Sie, diese Säckchen, die werden nämlich immerfort angefüllt und wiederum leer gemacht vom Blut. Da geht das Blut ganz fein herein. So daß also beim Blauäugigen diese Säckchen fortwährend ein bißchen angefüllt werden vom Blute, es geht wieder zurück und so weiter. Und ebenso ist es beim Braun- und Schwarzäugigen: Das Blut geht herein, setzt blauen oder schwarzen Farbstoff ab, geht wieder zurück, nimmt auch den Farbstoff wieder mit. Das ist fortwährend im Leben.

Nun, denken Sie, es gibt Menschen, die haben in ihrem Blut eine ganz starke Kraft, eine Kraft, so daß sie die Nahrungsmittel bis in die Augen hinein treiben. Dann kriegen sie braune oder schwarze Säckchen. Diejenigen, die schwarze Säckchen haben, sind diejenigen, die ihr Blut stark bis in die Augen hinein treiben können, so daß die Nahrungsmittel noch ordentlich bis in die Augen hinein kommen, – diejenigen Menschen, die braunäugig sind, schon weniger. Diese, die braunen, sind weniger gut ernährt. Wenn aber einer blauäugig ist, dann treibt er überhaupt nicht die Nahrungssäfte so stark bis ins Auge hinein, daß auch die Vorderwand der Regenbogenhaut noch mit Nahrungssaft ausgefüllt wird. Dadurch bleibt das durchsichtig, und wir sehen noch auf die Hinterwand. Wenn der Mensch blauäugig ist, so hängt das davon ab, wie er seine Säfte durch den ganzen Körper treibt. Sehen Sie also einen Menschen, der blauäugig ist, so können Sie sich sagen: der hat geringere Stoßkraft in seinen Säften als ein Mensch, der schwarzäugig ist.

Ein recht nordischer Mensch muß viel verwenden von dem, was seine Nahrungsmittel sind, um die Kälte um sich herum zu bezwingen. Der hat nicht mehr die Kraft, das noch in die Augen hineinzutreiben. Er muß sie gegen die Kälte haben. Er wird blauäugig. Ein südlicher Mensch, der immer in der Wärme lebt, hat dagegen die Stoßkraft in seinem Blute, bis in die Augen hinein die Nahrungsmittel zu bringen. So hängt es in der gemäßigten Zone von der Menschennatur ab, ob man eben mehr oder weniger Stoßkraft hat.

Aber das hängt auch mit den Haaren zusammen. Wer starke Stoßkraft hat, der schiebt eben die Nahrungssäfte bis in die Haare hinein, hat schwarze oder braune Haare. Wer weniger Stoßkraft hat, schiebt die Nahrungssäfte nicht bis in die Haare hinein, und sie bleiben hell, werden nicht dunkel. Und so hängen blaue Augen und blonde Haare zusammen. Die Sache ist so, daß überhaupt einer, der die Nahrungssäfte stark durch seinen Körper treibt, dunkle Haare kriegt und dunkle Augen; derjenige, der sie weniger stark treibt, kriegt helle Augen und helle Haare. Das ist daraus zu begreifen, wie ich es Ihnen gesagt habe.

Sehen Sie, die Leute denken nicht über die wichtigsten Dinge nach. Wenn man aber über die wichtigsten Dinge nachdenkt, dann kommt man darauf, wie alles lebt. Die Erde, auf der wir leben – Sie können das schon aus den Schilderungen entnehmen, die ich Ihnen früher gegeben habe –, die Erde war auch einmal ganz jung, als sie die Riesenmegatherien und Ichthyosaurier hervorgebracht hat. Sie war jung. Jetzt steht es mit der Erde so, daß sie im Grunde genommen über das Mannesalter hinaus ist; sie wird immer älter und wird einmal an Altersschwäche zugrunde gehen, nicht an den Dingen, wovon die heutigen Materialisten reden. Aber wir stehen heute tatsächlich schon ein bißchen in der Altersschwäche der Erde drinnen, meine Herren. Daher ist das ganze Menschengeschlecht in der Stoßkraft, die Nahrungsmittel durch den Körper zu treiben, schwächer geworden. Wer muß daher zuerst verschwinden von der Erde? Die Schwarzen halten es länger aus, haben die größere Stoßkraft; die Blonden haben die geringere Stoßkraft, sterben früher aus. Wir sind schon drinnen in der Altersschwäche der Erde! Das hat der Herr (der die Frage stellte) ja auch gesagt, daß es heutzutage nicht mehr so viele Blonde gibt wie in seiner Jugend. Deshalb, weil die Erde nicht mehr so starke Kraft hat zu stoßen, erreichen nur noch die schwarzen und die braunen Menschen die größere Stoßkraft; die Blonden und Blauäugigen, die sind eigentlich schon im Aussterbe-Etat, weil sie nicht mehr mit der nötigen Stoßkraft die Kräfte durch ihren Körper treiben können.

Man kann also sagen: Die Blonden waren eigentlich körperlich immer die Schwächeren, sie waren eigentlich nur seelisch die Starken. Und in früheren Zeiten waren viele Menschen blond, waren aber seelisch stark, haben seelisch noch viel von dem gewußt, was heute viele nicht mehr wissen können. Daher habe ich Sie auch aufmerksam machen können, wie viel die Menschen gewußt haben.

Nehmen Sie zum Beispiel das alte Indien, so fünf- bis sechstausend Jahre vor Christi Geburt. Das hatte ja ursprünglich einheimische schwarze Bevölkerung; die waren ziemlich dunkel. Und dann waren Menschen eingewandert mit blonden Haaren, die vom Norden kamen. Daraus sind dann die Brahmanen geworden, die man besonders verehrte, die blonden Brahmanen. Aber mit der Zeit verliert sich die Blondheit, weil das Menschengeschlecht schwächer wird. Zuletzt würden nur mehr Braun- und Schwarzhaarige da sein können; aber wenn nicht nachgeholfen wird, so bleiben sie zugleich dumm. Denn je stärker die Körperkräfte sind, desto weniger stark sind die seelischen Kräfte. Und die Erdenmenschheit würde vor der Gefahr stehen, wenn die Blonden aussterben, daß die ganze Erdenmenschheit eigentlich dumm würde, wenn nicht das kommen würde, daß man eine Geisteswissenschaft haben wird, eine Anthroposophie, die nicht mehr auf den Körper Rücksicht nimmt, sondern die aus der geistigen Untersuchung selbst heraus die Gescheitheit wieder holt, wenn ich so sagen darf.

Also Sie sehen, lernt man richtig Naturgeschichte, so muß man sagen: Donnerwetter, die Menschen auf der Erde würden ja dumm, indem sie immer stärker werden! Die Menschen würden ja, wenn die Blauäugigen und Blondhaarigen aussterben, immer dümmer werden, wenn sie nicht zu einer Art Gescheitheit kommen würden, die unabhängig ist von der Blondheit. Die blonden Haare geben eigentlich Gescheitheit. Geradeso wie sie wenig in das Auge hineinschicken, so bleiben sie im Gehirn mit ihren Nahrungssäften, geben ihrem Gehirn die Gescheitheit. Die Braunhaarigen und Braunäugigen, und die Schwarzhaarigen und Schwarzäugigen, die treiben das, was die Blonden ins Gehirn treiben, in die Augen und Haare hinein. Daher werden sie Materialisten, gehen nur auf dasjenige, was man sehen kann, und es muß das durch geistige Wissenschaft ausgeglichen werden. Man muß also eine Geisteswissenschaft haben in demselben Maße, als die Menschheit mit der Blondheit ihre Gescheitheit verliert. Wir haben nicht zum Spaß diesen Bau, das Goetheanum, hierhergebaut, sondern auf das hin, was aus dem Menschengeschlecht wird, wenn nicht aus dem Geiste heraus nachgeholfen würde dem, was aus der Natur heraus verschwindet.

Sehen Sie, die Geschichte ist so ernst, daß man sagen kann: Es muß die Menschheit auf der Erde auf andere Weise als in alten Zeiten zu etwas kommen, was wiederum etwas hergibt. Denn es ist tatsächlich so, daß, je mehr die blonden Rassen aussterben, desto mehr auch die instinktive Weisheit der Menschen stirbt. Die Menschen werden dümmer. Und sie können nur wiederum gescheit werden, wenn sie nicht auf den Körper angewiesen sind, sondern wenn sie eine wirkliche geistige Wissenschaft haben. Das ist tatsächlich so. Und wenn heute die Leute darüber lachen, so mögen sie lachen. Aber sie haben ja über alles gelacht, was irgendwo aufgetreten ist und einen großen Umschwung hervorgebracht hat!

Natürlich, in der Zeit, in der es solche Riesenviecher gegeben hat, wie ich sie Ihnen beschrieben habe, die Megatherien, die Ichthyosaurier und so weiter, da hat es noch keine Kühe gegeben, Kühe, aus denen Milch für die Menschen genommen worden wäre. Das glauben Sie natürlich auch nicht, daß da Menschen da waren, die die Milch so gebraucht hätten. – Aber ich habe erst gestern bei jemandem gelesen, der nun eigentlich Angst hat vor dem Fortschritt, – der hat gesagt: Ja, wie es in alten Zeiten noch nicht Kühe hat geben können, so müssen auch die Menschen, die schon jetzt das sagen, was erst nach Jahrhunderten gesagt werden soll, verfolgt werden, denn es ist noch nicht an der Zeit, sondern erst nach Jahrhunderten soll das gesagt werden. – Das aber kommt mir so vor, wie wenn in der Zeit, wo die Kühe hätten entstehen sollen, keine Kuh die Courage gehabt hätte, nun Kuh zu werden! So könnte man sagen: Wenn man meint, das, was man heute als Anthroposophie lehrt, sollte erst nach Jahrhunderten kommen – dann würde sie überhaupt nicht kommen, wie keine Kühe gekommen wären. Na, da bleibe ich lieber ein altes Urschwein, statt daß ich mich zu einer Kuh umwandele!

Auf der Erde ist es eben so, daß man die Courage haben muß zum Umwandeln. Und jetzt muß man die Courage haben, von den Leuten, die eigentlich instinktiv noch etwas gewußt haben, bewußt zur Erkenntnis nun aufzusteigen. Deshalb trage ich Ihnen hier die Sachen auch so vor, daß Sie sie durchschauen können, daß Sie überall drinnen schauen können, wie der Hase läuft in den Dingen! Wenn Sie heute ein Buch in die Hand nehmen, oder hören von den Dingen draußen in der Welt, werden Sie nicht dahinterkommen, wie die Dinge laufen, wie die Geschichte eigentlich vor sich geht. Das wissen die Leute nicht.

Also selbst das, daß die Blondhaarigen aussterben, versteht man, wenn man begreift, wie die Nahrungssäfte bis in die Augen hinein kommen, und auch bis in die Haare hinein. Die Haare hängen nämlich sehr stark mit den Augen zusammen.

Und wenn Sie zum Beispiel nach Mailand kommen und dort die Löwen sehen, dann werden Sie folgendes beobachten. Wenn das der Löwenkopf ist (es wird gezeichnet), dann sind die Mähnen, also die hauptsächlichsten Haare des Löwen, so gemacht, strahlenförmig gemacht. Das rührt noch von dem alten Wissen her, wo man gewußt hat, daß so, wie das Auge mit dem Licht zusammenhängt, auch die Haare mit dem Licht zusammenhängen.

Die Haare sind nämlich tatsächlich wie Pflanzen, die dem Boden eingesetzt sind, und ihr Wachstum hängt mit dem Licht zusammen. Wenn daher das Licht nicht imstande ist, bis in die Haare hinein die Nahrungssäfte zu ziehen, so bleiben die Haare blond. Wenn einer mehr materiell ist, so kriegt er schwarze Haare, und die Nahrungssäfte gehen hinein, vertragen sich dann nicht mit dem Licht. Das haben die Alten noch gewußt, vor ein paar Jahrhunderten noch, und haben daher die Mähne des Löwen nicht kräuselig gemacht, sondern strahlend gemacht, so wie wenn die Sonne die Lichtstrahlen in seinen Kopf hineinsteckte. Das ist auch sehr interessant zu beobachten.

SECHSTER VORTRAG

Dornach, 16. Dezember 1922

Meine Herren, haben Sie noch etwas zum letzten Vortrag zu fragen? Oder haben Sie sonst noch etwas, was Sie wissen möchten?

Nicht wahr, wir haben das letzte Mal über das Auge gesprochen, und was uns besonders aufgefallen ist, das ist, ich möchte schon wirklich sagen, die ganze Wunderbarkeit des Auges. Denn im Auge ist ja wirklich schon der äußeren Gestalt nach eine ganze Welt nachgebildet. Und wenn man so, wie wir es das letzte Mal getan haben, das Innere des Auges kennenlernt, so kommt man eben darauf, daß wirklich da eine kleine Welt im Auge enthalten ist. Nun, das habe ich Ihnen ja auseinandergesetzt.

So haben wir also jetzt zwei Sinne des Menschen kennengelernt: das Ohr und das Auge.

Nun, ein besonders interessanter Sinn beim Menschen, der Sie auch interessieren kann im Zusammenhang mit Fragen, die Sie in der letzten Zeit gestellt haben, ist, wie ich Ihnen noch zeigen werde, der Geruchssinn. Der Geruchssinn hat scheinbar beim Menschen eine geringe Bedeutung, aber er hat eine große Bedeutung, wie Sie wissen, beim Hund zum Beispiel; beim Hund ist wirklich, man möchte sagen, die ganze Intelligenz des Tieres in den Geruchssinn verlegt. Denn Sie brauchen sich nur einmal zu überlegen, was der Hund alles durch den Geruch erreicht. Der Hund erkennt durch den Geruch die Leute, mit denen er einmal zusammengewesen ist, noch lange. Wer Hunde beobachtet, der weiß, daß es nicht etwa der Gesichtssinn des Hundes ist, durch den er jemanden, den er kennengelernt hat, wiedererkennt, sondern es ist der Geruchssinn des Hundes. Und wenn Sie in der letzten Zeit viel davon gehört haben, welche ausgezeichneten Detektive die Hunde werden, indem sie die Spuren von Verbrechern und so weiter, überhaupt von Menschen suchen, so werden Sie sich sagen: Der Geruchssinn vollbringt da seltene Leistungen, die natürlich eigentlich sehr einfach aussehen, aber die so einfach nicht sind. Sie brauchen sich nur zu überlegen, wie die Geschichte ist, dann werden Sie schon sehen, daß das nicht so einfach ist.

Wenn man so in der Sprache redet: Nun ja, der Hund, der verfolgt eben die Spur – ja, meine Herren, das ist schon richtig, daß der Hund die Spur verfolgt. Er verfolgt sie auch. Aber denken Sie sich nur einmal, der Hund soll hintereinander verfolgen – die Polizeihunde werden ja dazu verwendet – die Spur von dem Dieb, dem Einbrecher Lehmann und gleich darauf die Spur vom Einbrecher Schmidt. Die zwei Spuren sind ja ganz verschieden voneinander. Wenn sie gleich wären, könnte der Hund ja natürlich überhaupt nicht dazu kommen, die Spuren zu verfolgen. Nur dadurch, daß sie verschieden sind, kommt er dazu, den Einzelnen wirklich verfolgen zu können. Aber nun denken Sie sich doch, wenn Sie angeben sollten die Unterschiede, die in den Spuren von Menschen sind, die man durch den Geruch unterscheiden kann, dann werden Sie keine großen Unterschiede finden. Der Hund findet die Unterschiede. Es kommt ja nicht darauf an, daß der Hund so hin und her die Spuren verfolgt, sondern daß er unterscheiden kann die verschiedenen Geruchsspuren. Da kommen Sie eben schon auf die Intelligenz.

Dazu kommt ein anderes, das außerordentlich wichtig ist. Sehen Sie, die Europäer können sich ja des Geruches noch in bezug auf die Speisen und auch in bezug auf einige äußere Dinge bedienen. Aber dieser Geruch zeigt ihnen nicht viel. Dagegen wittern zum Beispiel gerade in Afrika wilde Volksstämme, geradeso wie der Hund wittert, den Feind, der noch sehr weit entfernt ist. Die wittern diesen Feind und machen sich aus dem Staub. Also die Intelligenz, die man in so hohem Maße beim Hunde antrifft, die findet man noch in gewissem Sinne bei wilden Völkern, so daß ein wilder Mensch in Afrika bei gewissen Stämmen lange, bevor er den Feind sieht, weiß: da ist der Feind – denn er unterscheidet ihn mit der Nase von anderen Menschen. Nun denken Sie sich, wie fein man unterscheiden muß mit der Nase, wenn man wissen soll: das ist der Feind! Dann kommt noch ein Schnalzton dazu, ein Schnalzton, den man in Europa gar nicht machen kann, ein Schnalzen, wie Peitschenschnalzen.

Also kann man sagen: Je kultivierter, zivilisierter ein Mensch wird, desto mehr tritt die Bedeutung seines Geruchssinnes zurück. Und wir können an dem Geruchssinn so ein bißchen studieren, ob wir ein unzivilisiertes Geschlecht unter uns haben, wie zum Beispiel die Hunde – es ist ein unzivilisiertes Geschlecht – oder ein mehr zivilisiertes. Wahrscheinlich würden wir, wenn wir uns nach dieser Richtung etwas mehr abgeben würden mit dem Schwein, ganz kostbare Entdeckungen machen, denn die Schweine haben natürlich einen ausgesprochen starken Geruchssinn.

Aber jetzt will ich Ihnen noch etwas anderes sagen, was Sie sehr interessieren wird nach dieser Richtung. Als eines der intelligentesten Tiere gilt nämlich der Elefant. Er ist es auch. Denn der Elefant ist ein außerordentlich intelligentes Tier. Ja, was ist denn beim Elefanten ganz besonders ausgebildet? Wenn Sie sich alles, was zum Beispiel beim Hund oder beim Schwein über den Zähnen liegt, was also bei uns zur Nase wird, wenn Sie sich das alles besonders hervorragend ausgebildet denken, so kriegen Sie den Elefantenrüssel. Also ein Elefant hat schon das, was bei uns die Nase ist, ganz besonders ausgebildet, und daher ist er eigentlich das intelligenteste Tier, denn er ist sehr intelligent. Das hängt nicht ab von der Größe seines Gehirns; das hängt davon ab, daß sein Gehirn gerade in die Nase geht.

Das alles fordert uns auf, einmal nachzudenken, wie denn das eigentlich beim Menschen ist mit der Nase, von der der heutige zivilisierte Mensch eigentlich nicht viel weiß – er weiß zwar, wie die Nase gebaut ist und so weiter, aber er weiß eigentlich denn doch nicht viel mehr von der Nase, als daß sie mitten im Gesicht ist. Aber die Nase mit ihrer Fortsetzung ins Gehirn hinein ist tatsächlich ein furchtbar interessantes Organ. Und wenn Sie zurückdenken, wie ich Ihnen das Ohr, das Auge beschrieben habe, werden Sie sich sagen: das ist außerordentlich kompliziert. Bei der Nase kann ich nicht einmal sagen, daß sie außerordentlich kompliziert ist, aber außerordentlich geistreich ist sie.

Wenn Sie die Nase nehmen, von vorne angesehen, dann ist in der Mitte eine Wand – die werden Sie ja schon angegriffen haben. Die teilt nach rechts und links die Nase, und rechts und links sind dann die Na-
Tafel 7 senflügel (siehe Zeichnung). Da oben, wo die Nase zwischen den Augen ist, da sitzt in dem Schädelknochen drinnen das sogenannte Siebbein. Das ist ein kleines Sieb. Also da oben müßte ich in die Schädelknochen hinein – es ist sehr kompliziert, ich will es aber einfach zeichnen – ein

Sieb, ein Knochensieb zeichnen, also einen Knochen, der lauter Löcher hat. Und diese Nase – außen haben Sie ja auch Haut, wie die übrige Körperhaut ist –, diese Nase ist innerlich ausgekleidet, ausgefüllt mit einer Schleimhaut. Da überall ist die Schleimhaut (Zeichnung). Die können Sie ja konstatieren: Es ist eine Haut, die Schleim absondert. Wenn Sie die Schleimhaut nicht hätten, brauchten Sie sich nicht zu schneuzen. Also wenn Sie sich schneuzen müssen, sehen Sie, daß man da eine Haut drinnen hat in der Nase, die Schleim absondert.

Tafel 7

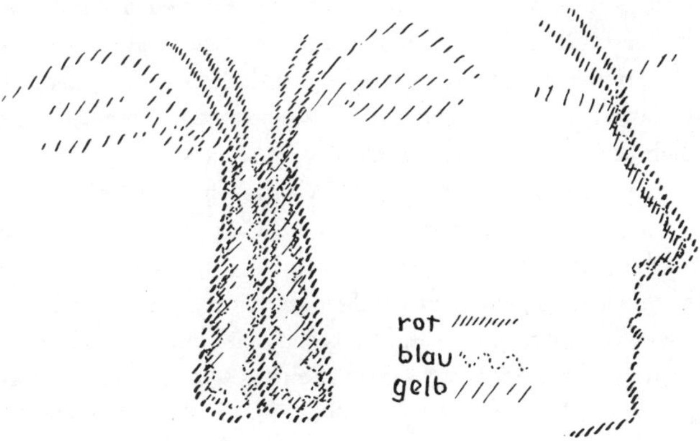

Aber die Geschichte ist noch komplizierter. Sie werden schon bei Kindern, die weinen, gesehen haben, daß sie auch viel Nasenschleim absondern. Wenigstens auf dem Lande draußen, wo man weniger auf die Nase achtgibt, da findet man: wenn ein Kind weint, so muß es oft geschneuzt werden; oder aber es rinnt eben herunter durch die Nase, weil nämlich da oben ein Kanal zu den sogenannten Tränendrüsen geht. Da oben (Zeichnung) sind ja die beiden Augen, und da kommt von den Tränendrüsen, die am äußeren oberen Rand der Augenhöhle sitzen, fortwährend auch der Tränensaft hinein. Der vermischt sich mit dem Nasenschleim, so daß also die Nase in Verbindung steht, ich möchte sagen, in flüssiger Verbindung steht mit den Augen, weil die Tränen eben in die Nasenschleimhaut hineinfließen, weil eigentlich der Augenschleim sich vermischt mit dem Nasenschleim. So daß wir also auch da sehen, daß gar kein Organ im Körper allein für sich ist. Die Nase ist verbunden mit den Augen. Und die Augen können ja nicht nur sehen, sondern sie können auch weinen. Und das, was sie dann absondern, wenn sie weinen, das vermischt sich mit dem, was eben einfach in der Nase, in der Schleimhaut der Nase abgesondert wird.

Durch dieses Siebbein, das da oben ist an der Nasenwurzel, wie man sagt, da geht nun der eigentliche Riechnerv. Der Riechnerv geht nun zum Gehirn hin, hat zwei Stränge, geht da (Zeichnung) durch das Siebbein und breitet sich da drinnen in der Nase aus. So daß wir also, wenn wir in die Nase – was unartig ist – mit unserem kleinen Finger hineingreifen, wir auf die Nasenschleimhaut greifen; aber diese Nasenschleimhaut ist durchzogen mit dem Riechnerv, der ins Gehirn hineinführt. Das ist dasjenige, was man an der Nase selber sehen kann, denn sie ist eigentlich furchtbar einfach gestaltet.

Aber da kommt schon etwas, was einem viel verraten kann, wenn man vernünftig denkt. Wer zum Beispiel die Augen des Menschen ordentlich untersucht, der findet bei keinem Menschen, daß die beiden Augen vollständig gleich stark sehen. Wer die beiden Hände untersucht, der wird schon finden, daß sie nicht gleich stark sind. Der Mensch ist niemals an der linken und rechten Seite in seinen Organen vollständig gleich stark. Und so ist es auch bei der Nase. Man riecht einfach mit dem linken Nasenloch, wenn ich mich so ausdrücken darf, weniger stark als mit dem rechten Nasenloch. Geradeso aber wie es mit den Händen ist, so ist es mit den Nasenlöchern: es gibt einzelne Menschen, die riechen stärker mit dem linken Nasenloch als mit dem rechten, geradeso wie es auch Linkshänder gibt. Es gibt ja überhaupt solche verkehrten Menschen in der Welt. Ich meine jetzt nicht nur die Querköpfe, sondern es gibt schon auch Querherzen!

Beim gewöhnlichen Menschen, da liegt das Herz – nicht viel, aber ein klein bißchen – nach der linken Seite verschoben, und danach sind die ganzen Eingeweide gebildet. Nun gibt es solche Quermenschen, die haben das Herz ein bißchen nach der rechten Seite geschoben, den Magen auch ein bißchen nach rechts, sind ganz verdreht. Das bemerkt man nämlich viel weniger, als wenn die Menschen im Kopf verdreht sind. Wenn die Menschen im Herz oder im Magen verdreht sind, da tritt die Geschichte erst auf, wenn der Mensch irgendwie krank geworden ist oder wenn er seziert wird. Und man ist da erst durch die Sektion darauf gekommen, daß es solche sonderbaren Quermenschen gibt, welche Herz und Magen nach rechts dirigiert haben. Und da nicht jeder Querkopf im Leben seziert wird – nicht wahr, es geschieht ja nicht immer –, so weiß man manchmal gar nicht, daß es viel mehr solche Quermenschen gibt, als man glaubt, die das Herz zu stark nach der rechten Seite getrieben haben.

Aber sehen Sie einmal, bei einer ordentlichen Pädagogik muß man darauf Rücksicht nehmen, denn wenn man ein Kind hat, das das Herz nicht auf dem rechten Fleck hat – jetzt nur im anatomischen Sinne gemeint –, so muß man wirklich darauf Rücksicht nehmen, sonst kann eine ganz dumme Geschichte für das Kind daraus werden. Aber der Mensch muß nicht, weil er eben nicht bloß ein physikalischer Apparat ist, so aufgezogen werden, daß ihm solche Dinge ein Hindernis werden. Das ist eben gerade die große Kunst der Erziehung, daß man auf solche Dinge Rücksicht nimmt. Sehen Sie, der Professor *Benedikt,* der hat eine ganze Menge von Verbrechergehirnen untersucht. In Österreich hat man ihm das nicht gerne zugelassen, weil ja in Österreich die Leute Katholiken sind, und da halten sie darauf, daß man solche Sachen nicht macht. Er war in Wien Professor. Da hat er sich mit den Ungarn in Verbindung gesetzt, die sind in einer gewissen Zeit mehr Calvinisten gewesen, und da hat man ihm gestattet, die Verbrecherschädel nach Wien zu transportieren. Da ist ihm verschiedenes passiert. Da war ein hartgesottener Mörder – ich habe vergessen, wie viele Morde er auf dem Gewissen hatte – und der war nämlich fromm. Der war ein frommer Katholik. Und es ist einmal das Gerücht ausgebrochen, daß der Professor Benedikt in Wien die Verbrecherschädel geschickt kriege und dort untersuche. Da hat sich dieser eine Verbrecher, der ein hartgesottener Mörder war, dagegen aufgelehnt: das wolle er nicht, er wolle nicht seinen Schädel an den Professor Benedikt geschickt haben, denn wo solle er am Jüngsten Tag, wenn alle Leute auferstehen, dann seinen Kopf zusammensuchen mit seinem andern Leib! – Also an den Jüngsten Tag hat er schon geglaubt, trotzdem er ein hartgesottener Verbrecher war.

Ja, was hat denn der Professor Benedikt an den Verbrecherschädeln gefunden? Wir haben da hinten im Gehirn das kleine Gehirn – ich werde davon noch sprechen –, und über dieses kleine Gehirn ist ein Lappen vom großen Gehirn gelegt. Das schaut so aus (siehe Zeichnung).

Tafel 8

Das kleine Gehirn, das schaut so aus wie ein kleiner Baum, und da drüber ist dann das große Gehirn gelegt, solch ein Lappen. Nun hat der Professor Benedikt gefunden, daß bei Menschen, die niemals gemordet haben, die niemals gestohlen haben – es gibt ja auch solche –, der Gehirnlappen sehr weit heruntergeht, und bei denen, die Mörder oder andere Verbrecher waren, da geht er nicht so weit herunter, da bedeckt er das Untere nicht.

Nun ist natürlich ein Mensch mit einem solchen Fehler geboren. Aber, meine Herren, Menschen, die mit einem zu kleinen Gehirnlappen geboren sind, der nicht richtig das kleine Gehirn zudeckt, die gibt es viele! Und da kann man durch die Erziehung schon nachhelfen. Es *muß* einer nicht ein Mörder werden, wenn er einen zu kleinen Hinterhauptslappen hat; er wird es nur, wenn er nicht richtig erzogen wird. Daraus sehen Sie wiederum, daß man dem Körper, wenn er nicht richtig ausgebildet ist, durch das Seelische nachhelfen kann. Also es ist ein Unsinn, zu sagen, wie der sonst geistreiche Professor Benedikt gesagt hat: Es kann einer nichts dafür, wenn er ein Verbrecher ist; ja, es kann einer nichts dafür. – Weil er als Keim, als Embryo im Mutterleibe nicht ordentlich gelegen hat, deshalb hat er einen zu kleinen Hinterhauptslappen gekriegt. Er mag ja nach dem, wie man erzieht, recht gut erzogen sein, aber er ist nicht richtig erzogen worden für so etwas. Da kann er natürlich nichts dafür. Aber die Gesellschaft kann dafür, die dafür zu sorgen hat, daß die Sache richtig gemacht wird in der Erziehung.

Alles das sage ich Ihnen, damit Sie sehen, welch große Bedeutung die Gesamtorganisation des Menschen eigentlich hat.

Und nun müssen wir sagen, es ist beim Hund – gehen wir noch einmal zurück auf den Hund –, es ist ja beim Hund eben dieses ganz Einfache der Nase besonders gut und stark ausgebildet. Meine Herren, was riechen wir denn eigentlich? Was riecht denn eigentlich der Hund?

Wenn irgendwo einfach ein Stück Stoff liegt, zum Beispiel die Kreide, dann riechen Sie sie nicht. Bloß wenn Sie den Stoff anzünden, und die Stoffe verdunsten, in Dunst übergehen, so daß sie in der Nase als Luft aufgenommen werden, dann riechen Sie sie. Sie riechen nicht einmal flüssige Stoffe, wenn sie nicht zuerst verdunsten. Also riechen wir nur dasjenige, was zuerst verdunstet. Wir können also sagen: Die Luft muß um uns herum sein, und mit dieser Luft müssen sich die Dünste der Stoffe verbinden. Dann riechen wir die Stoffe dadurch, daß sie dunstförmig geworden sind. Etwas anderes riechen wir nicht. Natürlich, wir riechen den Apfel oder die Lilie. Aber es ist Unsinn, zu glauben, daß wir die feste Lilie riechen. Wir riechen die Dünste, die aus der Lilie aufsteigen und die in unsere Nase kommen. Dann, wenn dieser Liliendufft, der also dunstförmig ist, heranweht, dann ist der Nerv der Nase dazu angetan, geeignet, den Geruch zu erleben.

Also es sind natürlich auch, wenn der Wilde seinen Feind riecht, die Ausdünstungen dabei. Sie können daraus entnehmen, daß der Mensch viel weiter sich geltend macht, als seine Hände reichen. Denn wenn wir Wilde wären, und einer von uns käme da unten in Arlesheim, dann würde er wissen, ob da hier unter uns ein Feind ist von ihm. Also müßte doch dieser Feind von ihm da sein ganzes Wesen bis nach Arlesheim hin geltend machen! Sie sind also auch noch in Arlesheim drunten durch dasjenige, was Sie ausdünsten. Überall ist weit um sich herum der Mensch durch seinen Dunst noch da. Er ist viel mehr durch seinen Dunst noch da, als durch das, was man äußerlich sieht.

Nun gibt es beim Hund etwas, was der Mensch nicht kann, und was außerordentlich interessant ist; Sie kennen es alle recht gut. Wenn Sie einen Hund haben oder nur einen Hund sehen, den Sie gut kennen und der Sie gut kennt und Sie treffen ihn wiederum, so wedelt er mit dem Schwanz. Ja, meine Herren, warum wedelt er mit dem Schwanz? Weil er Freude hat! Der Mensch kann nicht mit dem Schwanz wedeln, wenn er Freude hat, weil er ihn überhaupt nicht mehr hat. Soweit ist der Mensch verkümmert in bezug darauf, daß er seine Freude überhaupt zunächst gar nicht ausdrücken kann. Also der Hund, der riecht den Menschen und wedelt mit dem Schwanz. Durch den Geruch kommt nämlich sein ganzer Körper in Aufregung, und das drückt sich dadurch aus, daß er in seine Schwanzmuskeln dasjenige bekommt, was das Erlebnis der Freude ist, und er wedelt mit dem Schwanz. Beim Menschen ist es soweit gekommen, daß er überhaupt ein solches Organ gar nicht mehr hat, mit dem er seine Freude auf diese Weise ausdrücken könnte.

Wir sehen, der Mensch ist zwar kultivierter als das Hundegeschlecht, aber es fehlt ihm die Möglichkeit, durch sein Rückenmark seinen Geruch herunterzutreiben; denn so ist es ja beim Hund. Er bekommt durch die Nase den Geruch herein, treibt ihn dann durch sein Rückenmark hinunter, und nachher wedelt er mit dem Schwanz.

Tafel 8

Also das, was er da als Geruch in die Nase hineinbekommt, das geht da in sein Rückenmark hinein. Und das Ende vom Rückenmark ist eben der Schwanz, und da wedelt er. Das kann der Mensch nicht. Warum? Ich will Ihnen sagen, warum das der Mensch nicht kann. Der Mensch hat auch dieses Rückenmark, aber er ist nicht imstande, den Geruch durch dieses Rückenmark hindurchzuleiten.

Jetzt will ich Ihnen von der Seite gesehen den ganzen Kopf des Menschen aufzeichnen. Da würde dann das Rückenmark weitergehen; das geht dann da hinunter. Beim Hund geht das also in den Schwanz hinein, und dadurch kann der Hund wedeln. Beim Menschen aber ist es so, daß er die Kraft dieses Rückenmarkes umkehrt. Der Mensch hat ja die Kraft, überhaupt manches umzukehren, was die Tiere nicht können. Die Tiere gehen daher auf allen vieren, oder wenn sie, wie manche Affen, nicht auf allen vieren gehen, dann ist das um so schlimmer für sie, weil sie eigentlich dazu organisiert sind, auf allen vieren zu gehen.

Tafel 7

Der Mensch richtet sich aber auf während seines Lebens. Er geht auch zuerst auf allen vieren; dann richtet er sich auf. Das ist diese Kraft, die da durch das Rückenmark geht, und diese Kraft schoppt, möchte ich sagen, das ganze Gehirn hier nach vorne. Man kann wirklich

sagen, wenn man einen Hund anschaut: das ist furchtbar interessant, besonders wenn man ihn wedeln sieht. Wenn man sich mit ihm vergleicht als Mensch, so muß man eigentlich sagen: Donnerwetter, der kann wedeln; ich kann das nicht! – Aber die ganze Kraft, die da in diesem Wedelschwanz liegt, die hat der Mensch zurückgeschoppt und hat das ins Gehirn hier heraufgeschoppt. Die da hier (beim Hund) wächst nach unten, nicht nach oben. Also diese Kraft, die der Hund da in seinem Schwanz rückwärts hat, die kehren wir um und führen sie nun zum Gehirn hinein. Und so können Sie sich vorstellen, daß die Geschichte so ist: Wenn Sie sich denken würden, da wäre das Ende Ihres eigenen Rückgrates, wo wir das sogenannte Steißbein haben, das aus verkümmerten Knochen besteht, während es beim Hund aus sehr gut ausgebildeten Knochen besteht; das ist bei uns schon zusammengewachsen und so ein ganz verkümmertes Bein, das nicht mehr wedeln kann, geht da herunter, wird von der Haut bedeckt. Nun, diese ganze Wedelkraft, die kehren wir um, und eigentlich, wenn da nicht die Schädeldecke wäre, dann könnten wir mit diesem Gehirn, wenn wir einen angenehmen Geruch wahrnehmen würden, da oben wedeln. Wir würden also eigentlich – was sehr interessant ist –, wenn wir uns freuen, wenn wir jemanden sehen, wenn unsere Gehirnknochen da nicht unser Gehirn zusammenhielten, mit dem Gehirn nach vorne wedeln.

Sehen Sie, das ist eigentümlich in der menschlichen Organisation: Sie kehren die Geschichten um, die bei den Tieren sind. Also diese Wedelkraft, die wird zwar entwickelt, aber sie wird umgekehrt. Wir wedeln nämlich in Wirklichkeit auch, und manche Menschen haben dafür sogar ein feines Gefühl. Nicht wahr, Hofräte, die um die Herzöge herum sind, die wedeln, wenn die Herzöge in der Nähe sind – nun, so wie der Hund wedeln sie nicht, aber manche Menschen haben das Gefühl: die wedeln wirklich. Die wedeln nämlich seelisch. Das ist so etwas, das wie Wedeln ausschaut. Aber sehen Sie, wenn man sich die Empfindung angeeignet hat, die man manchmal, was leicht mißverstanden wird, Hellsehen nennt – das besteht ja darinnen, daß man eben manche Dinge besser sieht als andere Menschen –, ja, meine Herren, dann hat man nicht nur das Gefühl, daß der Hofrat vor dem Herzog wedelt, sondern dann *sieht* man es sozusagen; nur wedelt er nicht da hinten (wie der Hund), sondern er wedelt da vorne. Er wedelt wirklich! Nicht wahr, das, was da in Ihrem Gehirn drinnen an festen Stoffen ist, das wird ja durch Ihre Knochen zusammengehalten. Aber was da sich entwickelt als feine Stofflichkeit, als Wärme, das wedelt, wenn der Hofrat vor dem Herzog steht. Es ist so, daß es abwechselt, ein bißchen warm, kälter, wärmer, kälter. Und es ist tatsächlich so: Wenn die Hofräte den Herzog umgeben, und wenn Sie eine feine Empfindung für die wackelnde Wärme haben, dann können Sie schon so etwas sehen, wie man es macht, wenn man jemandem ein Eselsohr umhängt: da wedelt vorne, wir sagen dann, da wedelt vorne der Ätherkörper, der feinere Körper, weil das auch richtig ist. Das ist wahr: der Ätherkörper wedelt.

Nun aber, durch das Ganze wird ja beim Hund, oder beim Elefanten, eben das Rückenmark ausgebildet. Beim Menschen wird das, was beim Hund oder beim Elefanten verkümmert bleibt, nach vorne geschoben. Wie ist das? Jetzt will ich den Nerv, den ich da (siehe Zeich-
Tafel 7 nung S. 115) rot hineingezeichnet habe, hier gelb hineinzeichnen, und der geht jetzt ins Gehirn hinein. Im Gehirn drinnen begegnen sich jetzt zwei Sachen: dasjenige, was da als Wedelorgan nach vorne geschoppt ist, was nur beim Menschen da ist, und dasjenige, was der Riechnerv ist, der auch beim Menschen vorhanden ist. Aber dieser Riechnerv, der schiebt sich beim Hund zu einer riesigen Größe ins Gehirn hinein, weil

ihm nichts entgegenwirkt, denn das, was ihm entgegenwirken könnte, wedelt ja hinten heraus. Der Mensch aber kehrt das um. Diese ganze Wedelkraft kommt der Nase entgegen. Daher wird beim Menschen das, was da als Riechnerv hineingeht, so klein als möglich gemacht, weil es zusammengeschoppt wird von dem, was ihm entgegenkommt. Und so hat der Mensch da drinnen ein Organ, das erstens seinen Geruch zurückdrängt, aber das ihn eigentlich in gewisser Beziehung zum Menschen macht. Das sind die heraufgeschoppten Kräfte.

Daher kann man sagen, daß da im Vordergehirn drinnen beim Hund und beim Elefanten viel vom Riechnerv liegt, ein riesig großer Riechnerv liegt da drinnen. Beim Menschen ist der Riechnerv etwas verkümmert; dagegen lagern sich vor die Nerven, die von unten heraufgeschoppt werden. So daß an der Stelle hier, wo beim Hund noch lange das liegt, was von der Nase hineinwedelt, beim Menschen da gerade das Edelste vom Gehirn liegt. Und die Folge davon ist, daß da im Vorderhirn eigentlich beim Menschen der Sinn vorhanden ist für Mitgefühl, für Verständnis der Menschen überhaupt. Etwas sehr Edles ist da. Das, was der Hund auswedelt, das ist beim Menschen in etwas sehr Edles umgestaltet. Und der Mensch hat da im Vorderhirn, gerade an der Stelle, wo die sehr verachtete Nase sonst ihren Riechnerv hineinschickt, eigentlich ein außerordentlich edles Organ.

Ich habe Ihnen gesagt, daß wir nicht mit dem linken und rechten Nasenloch gleich stark riechen. Nun denken Sie einmal daran, wenn einer, der gewohnt ist, recht starke Gebärden zu machen, nachdenkt – was tut er denn da? Das haben Sie sicher schon gesehen: Er fährt mit dem Finger oder mit der Hand da herauf, gerade so, daß der Zeigefinger über seiner Nasenscheidewand liegt – weil nämlich da hinter der Nase im Gehirn drinnen das Unterscheidungsvermögen seinen körperlichen Ausdruck hat.

Die Nasenscheidewand, die macht es beim Hund so, daß er sehr fein nicht nur die Spur verfolgen kann, sondern er kann mit seinem linken und rechten Nasenloch sehr fein unterscheiden, wie bei dem einen und bei dem andern die Gerüche sind, und er hat nämlich – das ist jetzt sehr interessant – in seinem rechten Nasenloch immer die Spur von demjenigen, den er gerade verfolgt, während er im linken Nasenloch drinnen die Spuren von all denen hat, die er schon verfolgt hat. Dadurch wird er immer gescheiter im Verfolgen, wie wir Menschen auch immer gescheiter werden, wenn wir mehr lernen und mehr in unserem Gedächtnis drinnen haben. Der Hund hat nämlich ein gutes Gedächtnis für Gerüche. Dadurch wird er ein so guter Spurverfolger.

Und da geht aber noch eine Spur ins Menschenleben herein. Man kann nämlich folgendes beobachten. Sehen Sie, der Mensch ist schon abgestumpft fürs Riechen; aber zum Beispiel dem Mozart sind manchmal seine schönsten Melodien eingefallen, wenn er in irgendeinem Garten eine Blume gerochen hat. Wenn er nachgedacht hat, warum das ist, so ist das deshalb gewesen, weil er diese Blume schon irgendwoanders gerochen hatte, wo es ihm gerade recht gut gefallen hatte. Er hätte sich niemals aufgeschwungen etwa, dieser Mozart, zu der Aussage: Nun ja, da war ich einmal in dem wunderschönen Garten von dort und dort, da war so eine Blume, die hat einen Duft gehabt, der mir besonders gefallen hat; jetzt ist wiederum so ein Duft da, das bringt mich ja – ja, fast zum Wedeln. Das hätte der Mozart nicht gesagt; aber eine schöne Melodie ist ihm eingefallen, wenn er die Blume wieder gerochen hat. Daraus sehen Sie, wie das Riechen mit unserem Gedächtnis zusammenhängt.

Das rührt aber nicht von dem her, was wir Menschen an Riechen hineinschicken, sondern von dem, was wir da drinnen entgegenschoppen. Da wird unser Unterscheidungsvermögen als Menschen entwickelt. Wenn also einer besonders logisch denken kann, richtig die Gedankenverbindungen hat, dann müssen wir sagen: Der hat gegen seinen Riechnerv sein Gehirn vorgeschoben und eigentlich angepaßt dem, was sonst der Riechnerv wäre. – Man könnte schon sagen, ein besonders gescheiter Mensch ist eigentlich ein solcher, der die Hundenatur in sich möglichst groß überwunden hat.

Wenn also einer so geboren wird, daß er ein halber Hund ist, daß er besonders gut riechen könnte, und man würde ihn dann so aufziehen, daß er andere Dinge, die nicht Gerüche sind, unterscheiden kann – denn die unterscheidet er durch das, was er dem Geruchsnerv entgegenschoppt –, dann würde er ein besonders gescheiter Mensch werden.

Die Gescheitheit, das Unterscheidungsvermögen, das rührt überhaupt davon her, daß der Mensch den Geruchssinn überwindet. Der Elefant und der Hund haben ihre Gescheitheit in der Nase, also ziemlich außerhalb von sich selbst; der Mensch hat seine Gescheitheit in sich. Das ist eben eigentlich der Unterschied. So daß man eben nicht bloß darauf schauen darf, ob der Mensch und die Tiere dieselben Organe haben. Gewiß, der Hund und der Mensch haben eine Nase, aber es kommt darauf an, wie die Nasen angeordnet sind. Und daraus sieht man eben, daß am Menschen etwas arbeitet, was am Hunde nicht arbeitet. Und so arbeitet man sich allmählich, wenn man so etwas erkennt, von dem Körperlichen zum Seelischen herauf. Denn weder die Nase, noch auch jenes besenförmige Ende des Rückenmarks, das der Hund zum Wedeln hat, was ja nur von Häuten überzogen ist, von etwas Knochen durchzogen ist, die haben keinen Drang, einander entgegenzuwachsen. Dieser Drang kommt dann erst vom Seelischen, das der Hund nicht in derselben Weise hat wie der Mensch.

Nun sehen Sie, ich habe Ihnen also die Nase mit allem, was dazu gehört, so beschreiben können, daß wir sie in ihrer Fortsetzung ins Gehirn hinein finden, und daß wir daran eigentlich die Gescheitheit des Menschen geknüpft finden.

Merkwürdig kommt es uns vor, wenn wir nun mit dem Geruchssinn einen Sinn vergleichen, der ganz ähnlich dem Geruchssinn ist, und doch wiederum kolossal verschieden ist: das ist der Geschmackssinn. Er ist so verwandt, daß zum Beispiel in der Gegend, wo ich geboren bin, die Leute überhaupt niemals sagen: riechen – das Wort «riechen» kommt da gar nicht vor. Die sagen: es schmeckt gut oder es schmeckt schlecht, wenn sie riechen; die reden dort, wo ich geboren bin, gar nicht vom Riechen. (Es wird eingeworfen: Hier auch!) Also auch hier in der Schweiz, auch hierzulande redet man nicht vom Riechen, sondern vom Schmecken, weil es den Leuten so verwandt vorkommt, was Riechen und Schmecken ist, daß sie es gar nicht unterscheiden.

Wenn wir nun aber den Geschmackssinn untersuchen, da ist es sehr merkwürdig. Da ist es wiederum so ähnlich wie beim Geruchssinn. Wenn Sie dahier die Rachenhöhle nehmen – ich kann das heute nur Tafel 7
andeuten, werde es später weiter ausführen –, dahier hinten ist der sogenannte weiche Gaumen, da vorne ist der harte Gaumen, da sind die

Zähne mit dem Zahnfleisch, wenn Sie das nehmen, dann haben Sie etwas sehr Merkwürdiges. Geradeso wie in die Nase hinein ein Nerv geht, den ich da rot gezeichnet habe, so gehen auch vom Gehirn aus überall hier hinein Nerven. Aber diese Nerven, die gehen zum Beispiel nicht ins Zahnfleisch hinein, die gehen auch nicht in den vorderen Gaumen hinein, sondern nur in den hinteren, gehen gar nicht einmal in die

Tafel 7

vordere Zunge hinein, sondern nur in die hintere Zunge. Also wenn Sie das anschauen, wie die Nerven verteilt sind, die zum Geschmack gehören, so werden Sie vorne wenige finden, fast gar keine. Die Zungenspitze ist eigentlich nicht ein Geschmacksorgan, sondern die Zungenspitze ist mehr zum Fühlen vorhanden. Nur der hintere Teil der Zunge, der kann schmecken, ebenso der weiche Gaumen. Wenn Sie in den Mund hineingreifen, werden Sie es hinten weich, vorne hart finden. Dieses Weiche ist zum Geschmack geeignet. An dem Zahnfleisch schmecken Sie gar nichts.

Nun ist es eigentümlich, daß diese Nerven, die dem Geschmack dienen, auch beim Menschen noch besonders zusammenhängen mit alledem, was Eingeweide ist. Und es ist schon wahr, es kommt nicht nur darauf an, daß man ein Nahrungsmittel chemisch untersucht, sondern es muß ein Nahrungsmittel zuerst schmecken. Und der Mensch hat schon im Geschmack einen Regulator für seine Nahrung. Wir sollten zum Beispiel beim kleinen Kinde viel mehr studieren, was es mag oder nicht mag, als daß wir die chemische Zusammensetzung studieren.

Wenn wir darauf achtgeben, daß vom Kinde etwas immer zurückgewiesen wird, dann finden wir, daß in seinen Unterleibsorganen etwas nicht in Ordnung ist. Da muß man eingreifen. Ja, aber, meine Herren, das ist ja höchst eigentümlich. Sehen Sie, da habe ich Ihnen den Riechnerv da ganz vorne gezeichnet (siehe Zeichnung S. 109); jetzt müßte ich die Nerven, die zu der Zunge und zum Gaumen gehen, hier so zeichnen (siehe Zeichnung S. 120); und hier habe ich das gezeichnet, was beim Menschen, nun ja, die zurückgegangene Wedelkraft ist, was ganz hinten eigentlich ist beim Hund. Gehen wir jetzt allmählich nach vorne, so kommen wir beim Menschen in den Bauch, in die Eingeweide – beim Hund auch –, und dem entsprechen die Geschmacksnerven. Und es ist in der Tat so: Wenn der Hund sich seinem Riechen hingibt, dann wedelt er, das heißt, er treibt alles durch den ganzen Körper. Es geht da bis ins Ende. Der Schwanz ist ja das letzte Ende; die Nasenspitze ist ganz vorn, das Schwanzende ganz hinten. Was also beim Hund mit dem Riechen zusammenhängt, geht durch den ganzen Körper. Was der Hund frißt, wenn es ihm schmeckt, geht nicht durch den ganzen Körper, sondern bleibt in den Eingeweiden weiter zurück. Das ist sehr interessant.

So daß wir also daraus sehen können: Je mehr nach innen gelegen etwas ist, was mit den Nerven zusammenhängt, desto weniger weit wirkt es wiederum im Körper. Und das wird uns das nächstemal dazu führen, daß wir noch besser, als wir es schon begriffen haben, begreifen lernen, daß von den Nerven die ganze Gestalt des Menschen abhängt. Der Mensch ist nach den Nerven gestaltet. Wenn wir nämlich beim Hund fragen: Wonach ist denn sein Schwanz gestaltet? Nach der Nase. – Wonach ist sein Eingeweide gestaltet? Nach den Nerven des Maules. – Die Nerven sind an einem Ende und machen die Gestalt am andern Ende. Das ist etwas, was Sie, bitte, weiteren Betrachtungen zugrunde legen wollen. Sie werden sehr viel davon haben, wenn Sie darauf kommen, daß der Hund seine ganze Schwanzwedelei von der Nase hat; daß er, wenn er zum Beispiel sich wohl fühlt in seinen Eingeweiden, das von den Nerven seines Mundes hat und so weiter. Das Weitere werden wir noch sehen.

Also es ist außerordentlich interessant, wie die Nerven mit der Gestalt zusammenhängen. Deshalb habe ich Ihnen neulich gesagt: Auch ein Blinder hat von seinen Augen etwas, weil die Augennerven, die zwar beim Blinden nicht zum Sehen da sind, noch immer seinen Körper gestalten. Wie er ausschaut, das rührt von seinen Kopfnerven, und zum Teil von seinen Augennerven her, aber auch viel von seinen anderen Nerven. Und wenn wir daher studieren wollen, warum der Mensch in der Gestalt unterschieden vom Hund ist, da müssen wir an die Nase denken! (Finger auf den Nasenrücken.) Beim Hund nimmt die Nase einen großen Anteil an der Gestalt. Beim Menschen ist ja das überwunden; da ist die Nase ein wenig zurückgedrängt in ihren Funktionen. Beim Hund hat eben die Nase einen höheren Grad in der Stufenleiter. Beim Hund ist die Nase sozusagen der allererste Meister; beim Menschen ist sie in ihrer Tätigkeit zurückgedrängt. Da werden wir sehen, was dann anderes eintritt zu seiner Gestaltung. Da ist schon das Auge und das Ohr wichtiger zu seiner Gestaltung als seine Nase.

SIEBENTER VORTRAG

Dornach, 20. Dezember 1922

Meine Herren, wir wollen heute die Frage von neulich fertig beantworten.

Sehen Sie, durch seine Haut ist eigentlich der Mensch im ganzen ein Sinnesorgan. Schon die Haut des Menschen ist etwas außerordentlich Kompliziertes, etwas ganz Wunderbares. Wenn man die Haut von außen nach innen verfolgt, so hat man ganz außen zunächst eine durchsichtige Schichte, die sogenannte Hornschicht der Oberhaut. Durchsichtig ist sie nur bei uns weißen Europäern, während die Oberhaut bei Negern und Indonesiern, Malaien, eben mit Farbkörnchen durchsetzt und dadurch gefärbt ist. Bei uns Europäern ist es aber eine durchsichtige Haut, die Hornschicht der Oberhaut. Hornschicht heißt sie, weil sie tatsächlich aus demselben Stoff besteht, nur ist er etwas anders angeordnet, aus dem die Hörner der Tiere und aus dem auch unsere Nägel und Haare bestehen, denn unsere Nägel wachsen eigentlich aus dieser äußeren Hornschichte der Haut heraus. Unter dieser Hornschicht liegt die sogenannte Lederhaut, die eigentlich wiederum aus zwei Schichten

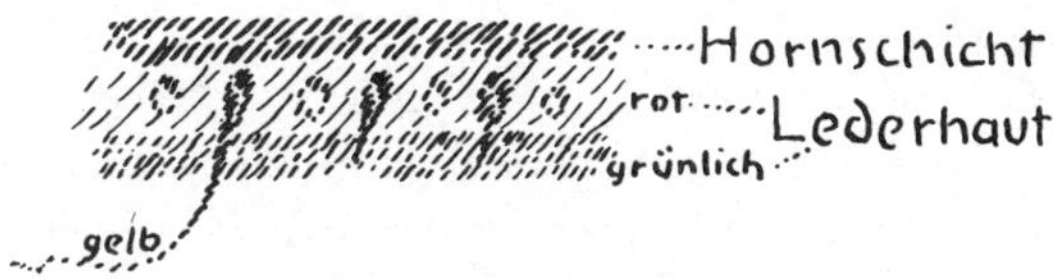

Tafel 9

besteht, einer oberen Schichte (siehe Zeichnung, rot) und einer unteren Schichte, die ich hier vielleicht grünlich machen will. So sind wir also als Menschen eigentlich zugedeckt und umkleidet mit einer dreifachen Haut, mit einer äußeren Hornschicht, mit der mittleren Lederhaut und mit der inwendigen unteren Lederhaut.

Nun, sehen Sie, diese unterste, hier grün gezeichnete Lederhaut, die ist eigentlich zur Ernährung der ganzen Haut da. Da drinnen werden die Nahrungsstoffe der Haut abgelagert. Aber die mittlere, die ich hier rot gezeichnet habe, die ist mit allerlei Zeug ausgefüllt; vor allen Dingen aber ist sie mit Muskelfasern ausgefüllt. Aber was für uns ganz besonders wichtig ist: es sind da drinnen in dieser Haut lauter kleine Zwiebelchen, eines neben dem andern; so daß man da überall kleine Zwiebelchen (gelb), eines neben dem andern; so daß man da überall kleine Zwiebelchen hat. Solche haben wir Tausende und Tausende in unserer Haut drinnen, solche kleinen, ich kann sie Zwiebelchen nennen; denn eine Zwiebel, die ist ja besonders ausgezeichnet dadurch, daß sie Schalen hat, die äußere Schale, die zweite Schale, dritte Schale und so weiter, viele Schalen. Und diese kleinen Körperchen hier, die ein Italiener, *Pacini*, entdeckt hat, und die daher Pacinische Körperchen heißen, diese kleinen Körperchen, die haben solche Zwiebelschalen, bestehen aus solchen richtig so, daß die Zwiebelhaut nach außen ist, und der andere, der dünnere Teil, geht nach innen zu, wie ich es auch außen gezeichnet habe.

Tafel 9

Nun, sehen Sie, um solche winzigkleinen Körperchen – sie sind ja winzig, man sieht sie ja nur durch die Mikroskope – sind zwanzig bis sechzig solche Schalen! Sie können sich denken, wie kleinwinzig das ist. Also der Mensch ist eigentlich so, daß er an seiner ganzen Körperoberfläche lauter solche kleinwinzigen Zwiebeln ausstreut. Am meisten, nicht nur bei den Schlangen, sondern auch beim Menschen, sind an der Zungenspitze. Das ist nämlich geradezu komisch: am meisten sind an der Zungenspitze! Viele sind auch an den Fingerspitzen, an der Hohlhand im Innern, an anderen Körperteilen; aber eben, wie gesagt, am meisten sind an der Zungenspitze. Wenn man zum Beispiel die vielen kleinen Zwiebelchen an der Zungenspitze und diejenigen, die man in den Fingerspitzen hat, vergleicht, so sind in den Fingerspitzen ungefähr siebenmal weniger als an der Zungenspitze.

Sehen Sie, von jedem solchen Zwiebelchen geht ein Nervenfaden aus. Der Nervenfaden, der geht zunächst auf irgendeinem Weg – er sucht sich schon seinen Weg – ins Rückenmark hinein, und vom Rückenmark ins Gehirn. Und Sie können sich vorstellen: Vom Gehirn gehen lauter solche Nervenfäden aus, überall in den Körper hin, und bilden da an der Körperoberfläche solche Zwiebeln, also auch zu der Zunge her solche Zwiebeln – überallhin. So daß ich den Menschen auch so zeichnen kann, daß im Gehirn alle diese Nervenfäden anfangen und überall hingehen, und am Ende in der Haut drinnen, in der Lederhaut, solche Zwiebeln bilden.

Das ist deshalb sehr interessant, weil man sich das wirklich vorstellen kann – und man stellt sich etwas Richtiges vor, wenn man sich das wirklich vorstellen kann –: Nehmen Sie an, da ist der Erdboden (siehe Zeichnung links); da drinnen haben wir eine wirkliche richtige Zwiebel; die wächst heraus aus dem Erdboden und bildet da oben die Zwiebelblüte. Ja, meine Herren, so ähnlich ist es nämlich im menschlichen Körper.

Tafel 9

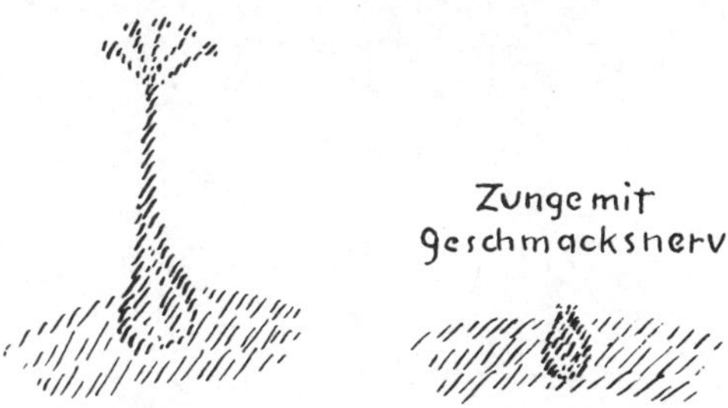

Da (siehe Zeichnung rechts) sind die Zwiebeln drinnen, und der Stengel, der ist nur innen – in *den* Nerven (der Zunge) ist er ja auch kurz, aber bei den anderen Nerven ist er manchmal furchtbar lang; die Zwiebelfädennerven, die von den Füßen gehen durch das Rückenmark ins Gehirn, sind furchtbar lang. Und von alldem, wovon wir in der Haut die Zwiebeln haben, haben wir eigentlich die Blüte in unserem Gehirnschädel drinnen. So daß Sie sich vorstellen können: Der ganze Mensch ist in seiner Haut eigentlich eine Art Erdboden, nur kurios gestaltet, aber er ist eine Art Erdboden. Außen hat er die Hornschichte, in der sogar allerlei Kristalle und so weiter eingelagert sind. Das sind unten die festen Körpermassen, darüber die «Humus»-Schichte. Beim Menschen liegt nur von außen nach innen unter der harten Hornhaut die Lederhaut. Das ist der Erdboden. Und aus dem Erdboden wachsen alle diese Zwiebeln heraus und haben im Gehirn ihre Blüte. Sie haben ihren Stiel bis ins Gehirn hinein und haben im Gehirn ihre Blüte.

Tafel 9

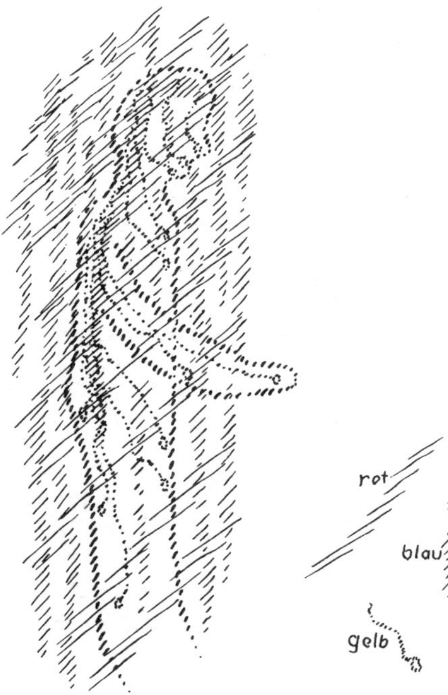

Ja, meine Herren, bei uns mehr alten Kerlen, bei denen ist das so, daß man eigentlich die ganze Geschichte nicht mehr richtig verfolgen kann, nur beim Schlaf; aber beim Kind ist das noch sehr viel mehr der Fall. Da ist es so, daß tatsächlich das Kind, solange sein Verstand nicht aufgeweckt ist, also im ganzen ersten Jahre, eine sehr lebhafte Zwiebeltätigkeit in sich, in den Nerven hat. Und geradeso wie die Sonne hinscheint über die Blüten bei den Zwiebeln, so scheint beim Kind, das noch nicht das Außenlicht, das es aufnimmt, in den Verstand umsetzt, das Licht hinein, und das ist allerdings so, wie wenn die Sonne im Kopfe sich verbreiten würde und alle diese Zwiebelblüten entfalten würde. Es wächst in der Tat in den Nerven ein ganzes Pflanzenleben in uns. Wir tragen da tatsächlich in den Hautnerven ein ganzes Pflanzenreich in uns. Nur hört später, wenn wir in die Volksschule kommen, eigentlich dieses lebhafte Wachsen auf. Da verwenden wir die Kräfte, die vorher aus den Nerven geworden sind, zum Denken – die ziehen wir heraus, verwenden sie zum Denken. Das ist sehr interessant. Denn man glaubt gewöhnlich, die Nerven denken. Die Nerven denken nicht. Die Nerven kann man nur so zum Denken verwenden, daß man ihnen gewissermaßen ihr Licht abstiehlt. Die menschliche Seele stiehlt den Nerven das Licht ab, und was sie abstiehlt, das verwendet sie zum Denken. Es ist schon so. Derjenige, der wirklich über diese Sache nachdenkt, der kommt in jedem Punkt dazu, einfach die selbständig wirkende Seele anzuerkennen.

Nun, sehen Sie, solche im Innern wachsende Zwiebelpflanzen, die haben wir eigentlich so ziemlich mit allen Tieren gemeinschaftlich. Alle Tiere, selbst die niedersten, die eigentlich nur, sagen wir, aus Schleimmasse bestehen, die etwas gestaltet sind, sehen und so weiter, alle diese Tiere haben eigentlich solche Gefühlsnerven, die in einer Art von Zwiebeln an der Oberfläche auslaufen. Je weiter wir nun zum Menschen heraufkommen, desto mehr werden einzelne von diesen Nervenzwiebeln dann besonders umgestaltet. Und solche umgestaltete Hautnerven sind zum Beispiel unsere Geschmacksnerven.

Also vorne an der Zunge – das habe ich schon das letzte Mal erwähnt –, da haben wir diese Gefühlsdrüsen. Daher ist die Zunge vorne so stark empfindlich. Aber hinten an der Zunge, da schmecken wir, und am weichen Gaumen schmecken wir und so weiter; also an Gaumen und Zunge hinten, da sind auch solche Zwiebelchen eingestreut. Aber die sitzen nämlich in einem Grübchen darinnen. Und in diesen Grübchen darinnen, da ist es diese Zwiebel, die in die Nerven hineingeht; die schiebt sich einfach als eine Zwiebel in die Lederhaut herein. Im hinteren Teil der Zunge bildet sich erst so ein kleines Grübchen; da schiebt sich dann in dieses Grübchen hinein, bis an die Oberfläche heraus, diese Zwiebel, so daß man die Wurzeln da durchschauen sieht. Da sind also an der Zungenwurzel furchtbar viele solche kleine Gruben, und in jeder Grube wächst auch von unten herauf solch eine Zwiebel, und dadurch können wir schmecken.

Und mit dem Gefühl, also mit diesen Zwiebeln, die an unserer Körperoberfläche sind, können wir überall alles wahrnehmen. Aber Sie werden ja selber wissen, daß man sich an das nicht viel erinnert. Wenn ich einen rauhen Stuhl habe, so weiß ich mit meinem Gefühl, daß er rauh ist, weil ich mit so und so viel Zwiebeln, die immer sich verändern, fühle, daß er rauh ist. Ich kann das, aber unser Gedächtnis strengt sich nicht viel an durch dieses Gefühl, strengt sich auch nicht sehr beim Geschmack an – wohl ein bißchen besser, aber unbewußt. Die Menschen, die Feinschmecker sind, wissen ja schon immer vorher, was gut ist, nicht erst, wenn sie es kosten; deshalb verschaffen sie sich es auch.

Nun, diese Zwiebeln gehen durch das Rückenmark, gehen direkt zum Gehirn und bilden dort ihre Blüte. Alles, was wir schmecken wollen, muß aber zuerst durch den Mundschleim aufgelöst werden. Nichts können wir schmecken, was nicht erst in Wasser verwandelt worden ist. Dann können wir aber fragen: Was schmeckt denn da eigentlich? Wir würden überhaupt nicht schmecken können, wenn wir nicht selber Wasser in uns hätten. Unser fester Mensch, das, was fest an uns ist, das schmeckt nämlich nicht. Es ist so, daß wenn da hier die Zungenzwiebel ist, da geht erst das Wasser um die Zungenzwiebel; das innere Wasser, aus dem der Mensch besteht, vermischt sich mit demjenigen, was in der Speise aufgelöst wird, und wir können sagen: unser eigenes Wasser vermischt sich mit dem Wasser von außen. Es ist also gar nicht der feste Mensch, der schmeckt, sondern wir bestehen doch, wie ich Ihnen schon gesagt habe, etwa zu neunzig Prozent aus Wasser. Das Wasser machen wir besonders flüssig hier um die Zungenwärzchen. Wie aus einem Geysir, wie aus einer solchen Erdgrube das Wasser aufspritzt, so haben wir wirklich solches Wasseraufspritzen an unserer Zungenwurzel.

Wenn ich Wasser, das Schleim des Mundes ist, ausspucke, dann ist es nicht mehr zum Menschen gehörig, es hat sich abgetrennt; aber solange das Wasser in meinen Zungengrübchen drinnen ist, da gehört es zu mir als Mensch, geradeso wie meine Muskeln zu mir gehören. Ich bestehe nicht bloß aus festen Muskeln, sondern ich bestehe aus Wasser.

Und dieses Wasser ist es, was eigentlich schmeckt, weil es sich vermischt mit dem, was als Wasser von außen kommt.

Schleckt man Zucker – wie ist denn das? Wenn man Zucker schleckt, so treibt man Wasser von innen in die Zungengrübchen (Geschmackswärzchen), und in dieses Wasser fällt der aufgelöste Zucker herein, und der flüssige Mensch durchzieht sich mit dem Zucker, und da ist es ihm halt wohl, während der Zucker sich in seiner eigenen Flüssigkeit ausbreitet, weil der Zucker sich erst fein in diesen Zungengrübchen absondert.

Nun, sehen Sie, wir Menschen, wir können nur schmecken. Aber warum können wir nur schmecken? Hätten wir Flossen und wären wir Fische – es wäre auch ein interessantes Dasein –, dann würde jedesmal, wenn wir schmecken, der Geschmack auch durch die Flossen wirken. Aber wir müßten im Wasser schwimmen, damit wir recht gut immer alles aufgelöst hätten, auch die feinen Stoffe, denn der Fisch schmeckt alle die feinen Stoffe, die im Wasser sind, und nach seinem Geschmack richtet er sich; das geht immer gleich in die Flossen herein, und er schwimmt weiter mit den Flossen. Wenn ihm also von irgendeiner Seite etwas Angenehmes zuschwimmt, so schmeckt er das, und seine Flossen bewegen sich gleich dahin.

Wir Menschen können das nicht, was die Fische können. Wir haben keine Flossen. Die sind ganz verkümmert bei uns. Jetzt können wir den Geschmack nicht dazu verwenden, um uns zu bewegen; und deshalb verinnerlichen wir ihn. Die Fische haben einen feinen Geschmackssinn, aber keinen innerlichen Geschmack. Wir Menschen verinnerlichen den Geschmack; den erleben wir, währenddem die Fische eigentlich in dem ganzen Wasser drinnen leben, mit dem Wasser zusammen den Geschmack erleben. Daher ist es bei den Fischen auch so – die Leute haben sich darüber gewundert –, daß sie weit ins Meer hinausschwimmen, wenn sie ihre Eier absetzen wollen. Sie schwimmen sogar in den Atlantischen Ozean, an ganz andere Erdflächen. Und die Jungen kommen dann langsam wieder zurück in die europäischen Flüsse. Warum ist das so? Nun, die europäischen Flüsse, in denen die alle herumschwimmen, die sind Süßwasser. In dem süßen Wasser können die Eier nicht ausreifen. Die Fische schmecken, wie ein bißchen Salz herankommt gegen die Mündung zu; das schmecken diese Fische und schwimmen ins Meer hinaus. Und wenn auf der anderen Seite die Sonne anders auf die Erde scheint, schmecken sie das, und nach dem Geschmack schwimmen sie über die halbe Erde hinüber. Und die Jungen erst wiederum schmecken sich zurück, dahin, wo die Alten gelebt haben. Die richten sich also überhaupt nach dem Geschmack.

Das ist eine außerordentlich interessante Sache: das Wasser, das auf der Erde in Flüssen fließt und im Meer ist, das ist eigentlich voller Geschmack. Und wie die Fische da drinnen herumschwimmen, das ist eigentlich fortwährend dasjenige, was der Geschmack des Wassers tut. Der Geschmack des Wassers ist es eigentlich, der die Fische zum Schwimmen bringt, der ihnen auch die Richtungen gibt. Natürlich, wenn auf irgendein Stückchen Wasser die Sonne drauf scheint, so wird durch diese Sonnenwärme dort gleich alles das, was im Wasser drinnen ist, fein aufgelöst. Das wird in einen andern Geschmack verwandelt. Und deshalb sieht man die Fische da drinnen zappeln. Das ist alles der Geschmack.

Ja, meine Herren, diese Geschichte ist eigentlich sehr merkwürdig. Wir Menschen sollten eigentlich auch schwimmen, wenn wir uns bloß nach dem Geschmack richten würden. Wenn ich den Zucker schmecke, so will eigentlich etwas in mir, nämlich der wässerige Mensch, dorthin schwimmen. Der Drang zum Schwimmen ist schon da. Der Mensch will eigentlich fortwährend nach dem Geschmack schwimmen. Nur der feste Körper, der hält ihn wieder zurück. Und von dem, was da schwimmen will und nicht kann – wir haben eigentlich fortwährend einen Fisch in uns, der schwimmen will und nicht kann –, von dem, was nicht schwimmen kann, behalten wir das zurück, was unser innerlich Seelisches von dem Geschmack ausmacht. Denn mit dem Geschmack leben wir eigentlich ganz im Ätherleib drinnen, nur daß der Ätherleib festgehalten wird durch das Wasser, das wir haben, und das Wasser wird wieder festgehalten. Und es ist das Natürlichste, sich zu sagen: Der Mensch hat einen Ätherleib, der eigentlich gar nicht zum Gehen auf der Erde veranlagt ist, der nur zum Schwimmen veranlagt ist, der eigentlich ein Fisch ist, nur daß ihn der Mensch aufstellt, und dadurch wird er etwas anderes. Aber der Mensch hat diesen Ätherleib in sich, der eigentlich nur in seinem flüssigen Menschen drinnen ist. Und es ist schon so, daß eigentlich der Mensch fortwährend gern schwimmen möchte, schwimmen in dem feinen Wasser, das ja auch immer in der Luft ist. Da möchten wir eigentlich fortwährend schwimmen. Aber wir verwandeln dieses Schwimmen in das innere Geschmackserlebnis.

Sehen Sie, solche Sachen, die führen einen erst dahin, den Menschen zu begreifen. Das können Sie in keinem heutigen wissenschaftlichen Buch finden, weil die Menschen eigentlich nur den Leichnam des Menschen beobachten, nicht den lebenden Menschen. Wenn wir natürlich den Leichnam vor uns haben, so will der nicht mehr schwimmen. Aber der beteiligt sich auch nicht am Leben. Wir beteiligen uns deshalb am Leben, weil wir eigentlich alles zusammen, was in der Welt ist, sind. Wir sind Fische, und der Dunst, der Wasserdunst, der da eigentlich ist, der ist uns ja ähnlich. Aber in dem wollen wir fortwährend schwimmen, und daß wir es nicht können, das bewirkt, daß wir das alles nach innen gießen und schmecken. Die Fische sind ja eigentlich sehr kalte Wesen. Sie könnten wunderbar schmecken, was alles im Wasser aufgelöst ist. Sie tun es nicht, weil sie gleich ihre Flossen bewegen. Würden die Flossen der Fische weggenommen, dann würden die Fische höhere Tiere werden; sie würden anfangen zu schmecken.

Nun, wieder anders umgewandelte Zwiebeln, Nervenzwiebeln, sind die, von denen ich Ihnen das letzte Mal, am Samstag, geredet habe. Die

Tafel 9

gehen in die Nasenschleimhaut hinein. Aber diese Zwiebeln, die sind nun nicht in einem Grübchen, wo immer das Wasser sprudelt, sondern die gehen ganz an die Oberfläche heraus. Daher können diese Zwiebeln nur dasjenige wahrnehmen, was an sie herangeht, das heißt, wir müssen den Rosenduft herankommen lassen an die Nervenzwiebeln unserer

Nase; nachher riechen wir ihn. So ist ein Stückchen vom menschlichen Leib dazu verwendet, daß es diese Zwiebeln, die aber über unsere ganze Haut ausgebreitet sind, besonders dazu ausbildet, dasjenige, was in der Luft liegt, aufzunehmen.

Aber, meine Herren, trotzdem, wenn Sie in der Nase des Menschen solch eine Zwiebel nehmen, die da in die Nase hereingeht, ja, da ist sie von der äußeren Luft umweht, die weht heran; aber außerdem weht von innen heraus die Atemluft. Es geht ja fortwährend der Atem durch die Nase. In diesem Atem drinnen lebt der Luftmensch. Wie ich Ihnen früher gesagt habe, wir sind Wasser, so sind wir auch Luft. Wir haben wirklich nicht bloß die Luft zum Spaß in uns. Geradeso wie ich Wasser in mir habe, so habe ich Atem in mir; der ist nicht fest. Und wie wenn ich meine Hand ausstrecke und fühle, ich habe etwas Festes ausgestreckt, so strecke ich, was ich in meinem Luftorganismus habe, in die Nase hinein. Das ist eine luftförmige Hand. Und da erfasse ich den Rosenduft oder den Nelkenduft. Ich bin nämlich nicht bloß ein fester Mensch, sogar nur zu zehn Prozent fester Mensch; ich bin eine Wassersäule, und fortwährend ein Luftmensch. Solange die Luft in uns ist, sind wir sie nämlich selber. Da lebt sie, die Luft. Und wir strecken diese Lufthände durch unsere Nase, strecken sie entgegen dem Rosenduft und Nelkenduft, natürlich auch dem Mistduft. Das greifen wir an; aber nicht mit der Hand greifen wir das an, sondern durch die Zwiebeln, die von innen den Atem anziehen, so daß der Atem den Rosenduft angreifen kann.

Das ist also so, daß es sich sogar beim Hund zeigt: Da riecht die Nase, und gleich wedelt der Schwanz, habe ich Ihnen gesagt. Geradeso wie beim Fisch die Flosse in Bewegung kommt, so kommt beim Hund der Schwanz in Bewegung. Aber was will denn der Schwanz tun, der nur wedeln kann? Es ist nämlich interessant: der Hundeschwanz kann nur wedeln. Aber was will er denn eigentlich tun? Sehen Sie, meine Herren, der Hund würde nämlich etwas ganz anderes tun; wenn er nicht ein Hund, sondern ein Vogel wäre, würde er nämlich fliegen unter dem Einfluß des Geruches! Geradeso wie der Fisch schwimmt, so würde der Hund fliegen, wenn er ein Vogel wäre. Nun, der Hund, der hat keine Flügel, und so benutzt er das Ersatzorgan und kann bloß wedeln. Es reicht ihm nicht; aber es ist dieselbe Kraftentfaltung. Und bei uns Menschen ist es auch so. Weil wir fortwährend fein riechen – wir bemerken es gar nicht –, wollen wir eigentlich immer fliegen. Geradeso wie wir fortwährend schwimmen wollen, wollen wir fortwährend fliegen.

Denken Sie sich nur einmal die Schwalben. Die Schwalben leben bei uns im Sommer. Da gefällt ihnen dasjenige, was aufsteigt als Düfte aus den Blumen und so weiter. Das gefällt ihnen eben im Geruchsorgan, und da bleiben sie da. Wenn aber bei uns der Herbst kommt, oder der Herbst nur herannaht, näher herankommt, ja, wenn da die Schwalben untereinander sich verständigen könnten, dann würden sie sagen: Da fängt es an, übel zu riechen! Der Geruchssinn der Schwalbe, der ist furchtbar fein. Und wie ich Ihnen gesagt habe, daß die Menschen bis Arlesheim wahrnehmbar sind, so ist der Geruch, der dem Süden entströmt, für die Schwalben wahrnehmbar, wenn der Herbst herankommt; der breitet sich aus bis nach dem Norden. Da unten riecht es gut; da oben fängt es an, mistig zu riechen! – Da fangen die Schwalben an, dahin zu fliegen, wo der gute Geruch sie anzieht, denn der kommt herauf vom Süden nach dem Norden.

Meine Herren, es sind ganze Bibliotheken geschrieben worden über den Vogelflug. Aber die Wahrheit ist, daß die Vögel selbst bei diesen großen Wanderungen im Herbst und Frühling sich nach der furchtbar feinen Verteilung der Gerüche in der ganzen Luftschichte unserer Erde richten. Durch ihre Geruchsorgane werden die Schwalben nach dem Süden geführt, und dann wiederum nach dem Norden. Wenn bei uns der Frühling kommt, da fängt es wiederum da unten an, mistig zu riechen für die Schwalben. Die feinen Frühlingsdüfte kommen zu ihnen nach dem Süden, und da fliegen sie herauf nach dem Norden. Es ist wirklich so, daß die Erde eigentlich ein ganzes lebendiges Wesen ist, und die anderen Wesen gehören dazu.

Sehen Sie, in unserem Leibe ist es so eingerichtet, daß das Blut zum Kopfe fließt und wiederum wegfließt. Auf der Erde ist es so eingerichtet, daß gewisse Vögel, die Zugvögel, nach dem Äquator hinfliegen und wieder zurückfliegen. Die Luft, die wir atmen, die treibt das Blut zum Kopfe. Wir sind ganz durchsetzt von Geruch, insofern wir ein Luftmensch sind. Und derjenige, der zum Beispiel, sagen wir, über den

Acker geht, der gerade gemistet worden ist, der geht eigentlich mit seinem Luftmenschen dahin; denn der feste Mensch und der flüssige Mensch, die merken nichts von dem Miste. Aber der luftförmige Mensch, der merkt das, und da entsteht in ihm – aus dem, was ich gesagt habe, werden Sie es schon begreifen –, da entsteht in ihm begreiflicherweise eigentlich der Drang, er möchte fortfliegen. Eigentlich möchte der Mensch fortwährend wegfliegen in die Luft hinauf, wenn über dem Acker der Mist stinkt. Das kann er nicht, weil er keine Flügel hat. Und deshalb verinnerlicht der Mensch dasjenige, wovon er nicht fortfliegen kann. Er verinnerlicht es. Es wird seelisch. Und die Folge davon ist, daß der Mensch, insofern er Luftmensch ist, ganz innerlich erfüllt wird von dem Mistgeruch, von den gasförmig, dunstförmig gewordenen Ausdünstungen des Mistes. Er wird selber ganz mistig. Und da sagt er: das ekelt ihn. Seelisch ist das der Ekel.

Geradeso wie in dem flüssigen Menschen dieser feinere Mensch lebt, den man eigentlich dem flüssigen Menschen abstiehlt, durch den man schmeckt, so lebt er in diesem luftförmigen Menschen, den wir in uns fortwährend erneuern, weil wir einatmen, ausatmen, den wir wieder abstoßen, der eigentlich in jedem Augenblick geboren wird, achtzehnmal geboren wird in einer Minute, wiederum stirbt, achtzehnmal in einer Minute. Sonst, nicht wahr, werden wir geboren, werden unter Umständen alte Kerle; es dauert jahrelang für den festen Menschen, bis er stirbt. Beim luftförmigen Menschen ist es so: der wird achtzehnmal in der Minute geboren beim Einatmen, und stirbt wieder beim Ausatmen. Es ist ein fortwährendes Geborenwerden und Sterben. Es ist geradeso. Und das, was da drinnen nun herausgenommen wird, das nennen wir den Astralleib, damit wir ein Wort haben. Aber es ist eben da. Und wie ich Ihnen das letzte Mal gesagt habe, daß dasjenige, was eigentlich da unten sein müßte, hinaufgeschoben, hinaufgeschoppt wird und dem Geruchssinn entgegenwächst, was uns da zum Denken bewegt, ist eben unser Astralleib, der das da hinaufschoppt. Kein Mensch kann das Gehirn richtig verstehen, das der Nase entgegenwächst durch den Astralleib, der eben nicht die ganze Sache so betrachtet, wie ich sie jetzt betrachtet habe. Das ist das, was aus einer richtigen Betrachtung unserer Sinne gerade hervorgeht.

Wir Menschen möchten eigentlich fortwährend fliegen durch unsern Geruch. Aber wir können nicht fliegen, weil wir höchstens diese festen Schulterblätter haben. Aber der Vogel kann fliegen. Warum kann der Vogel fliegen? Meine Herren, der Vogel hat etwas ganz Eigentümliches, wodurch er fliegen kann; der Vogel hat nämlich hohle Knochen. Da ist Luft drinnen. Und die Luft, die er durch sein Geruchsorgan aufnimmt, die kommt als Luft in Verbindung mit der Luft, die er in seinen Knochen drinnen hat. Der Vogel ist also wirklich hauptsächlich ein Luftwesen. Das Hauptsächlichste am Vogel ist eigentlich das, was aus Luft besteht. Das andere, das wächst nur an. Und wenn Sie einen Vogel anschauen, der viel Federn hat, werden Sie sehen, daß eigentlich alles abgedorrt ist. Aber das Wichtigste in ihm ist, selbst beim Strauß, daß in jeder solcher Flaumfeder noch etwas Luft drinnen ist, und mit dieser ganzen Luft, aus der er selber besteht, steht die äußere Luft selber in Verbindung. Der Strauß geht ja noch, weil er sonst zu schwer ist, um zu fliegen; aber die anderen Vögel fliegen eben.

Wir Menschen haben nur diese Schulterblätter, die noch dazu höchst ungeschickt, ganz festgefügt sind, an unserem Rücken. Mit denen möchten wir zwar fortwährend fliegen, aber wir können nicht, und so schieben wir das ganze Rückenmark ins Gehirn hinein und fangen an zu denken. Die Vögel denken eben nicht. Man braucht nur richtig die Vögel zu betrachten, so wird man sehen, daß alles bei ihnen in den Flug hineingeht. Es schaut sehr gescheit aus; aber das macht es eigentlich, was in der Luft ist. Die Vögel denken nicht. Wir denken, weil wir nicht fliegen können. Unsere Gedanken sind eigentlich die umgewandelten Flugkräfte. Das ist das Interessante am Menschen, daß sein Geschmack sich in die Gefühlskräfte verwandelt. Wenn ich sage: Ich fühle mich wohl –, so möchte ich eigentlich schwimmen. Aber ich kann nicht schwimmen, und da verwandelt sich das in das innere Wohlgefühl. Wenn ich sage: Mich ekelt –, so möchte ich eigentlich fliegen. Ich kann aber nicht fliegen; so verwandelt sich das in den Gedanken: Mich ekelt, der Mistgeruch ist ekelhaft. – Und so sind alle unsere Gedanken eigentlich im Grunde genommen umgewandelte Gerüche. Und der Mensch ist deshalb ein so vollkommener Denker, weil er all das, was der Hund in der Nase erlebt, im Gehirn erlebt mit dem, was ich da vorstelle. Wir verdanken als Menschen eigentlich unserer Nase außerordentlich viel. Sehen Sie, wenn Menschen keinen Geruch haben, wenn ihre Nasenschleimhaut also verkümmert ist – es gibt solche Menschen, die keinen Geruch haben –, fehlt ihnen eigentlich auch ein gewisses Erfindungsvermögen. Die können nur durch dasjenige denken, was sie vererbt haben von ihren Eltern. Es ist ja immer gut, daß wir auch etwas ererben, sonst könnten wir überhaupt nicht leben, wenn wir nicht alle Sinne ausgebildet hätten. Der Blindgeborene hat auch das Innere, was das Auge hat, ererbt, und hat es überhaupt dadurch, daß er nicht bloß ein fester Mensch ist, sondern auch ein flüssiger und ein luftförmiger Mensch ist.

Wir haben aber jetzt gesehen, wie merkwürdig das ist: Das Feste, das nehmen wir mit unserem Gefühl wahr durch die Zwiebeln, die überall nach der Haut hingehen; und das Flüssige, das Wässerige, das nehmen wir mit unserem Geschmackssinn wahr. Das Luftförmige, das Gasförmige, das nehmen wir wahr durch unsere Zwiebeln, die in die Nasenschleimhaut gehen. Wir spüren auch noch etwas anderes um uns herum, aber so im ganzen mehr: das ist Wärme und Kälte. So wie wir eigentlich als Mensch ein Stückchen fester Mensch sind, ein Stückchen Wasser als Mensch, ein Stückchen Luft als Mensch, so sind wir auch ein Stückchen Wärme. Wir sind ja auch wärmer als die äußere Welt.

Aber sehen Sie, die Wissenschaft weiß wirklich nicht richtig, daß das Schmeckende eigentlich der wässerige Mensch ist, und das Riechende der luftförmige Mensch ist. Die Wissenschaft denkt immer nach darüber: Da kommen die Geschmacksnerven in die Zungenwärzchen hinein, und eigentlich ist alles so, als wenn der Nerv schmecken oder riechen würde. Das ist aber ein Unsinn. Im Munde schmeckt das Wasser vom Wassermenschen, und in der Nase schmeckt die Luft oder riecht die Luft vom Luftmenschen. Und wenn wir Kälte oder Wärme wahrnehmen, so wird diese durch das Stückchen Wärme wahrgenommen, das wir selber sind. Direkt die Wärme in uns nimmt die äußere Wärme wahr. Und das ist eben beim Wärmesinn der Unterschied von den anderen Sinnen, daß es die Wärme selber ist, die von allen Organen abgesondert wird. Wir haben da als Menschen ein Stückchen Wärmewelt in uns, und diese Wärmewelt nimmt die andere Welt um sich herum wahr. Nur, wenn wir etwas angreifen, das heiß oder kalt ist, nehmen wir es natürlich nur an der Stelle wahr, wo wir es angreifen. Aber wenn es im Winter kalt ist, nehmen wir die ganze Kälte um uns herum wahr als Mensch, sind ein ganzes Sinnesorgan, und ebenso im Sommer die Hitze.

So sehen wir schon, wie falsch die Wissenschaft eigentlich auf diesem Gebiete ist. Wenn Sie irgendwo ein wissenschaftliches Buch aufschlagen, so ist es so, als wenn der ganze Mensch so irgendein festgestaltetes Gebilde wäre. Es werden eben hineingezeichnet die Knochen, die Muskeln, die Nerven. Aber das ist ja alles Unsinn. Das ist ja nur ein Zehntel von dem Menschen überhaupt. Das andere ist ja zu neunzig Prozent Wasser, und auch Luft ist da drinnen, und sogar ein Stückchen Wärme. Also eigentlich müßte in die Figuren, die da gezeichnet werden durch die materialistische Wissenschaft ein zweiter Mensch hineingezeichnet werden, der Wassermensch, und ein dritter Mensch, der Luftmensch, und ein vierter Mensch, der Wärmemensch. Anders ist der Mensch gar nicht zu begreifen. Und nur dadurch, daß wir auch ein Stückchen Weltenwärme sind, wärmer als unsere Umgebung, fühlen wir uns selbständig in der Welt. Wären wir so kalt wie ein Fisch oder eine Schildkröte, so hätten wir kein Ich, würden wir gar nicht zu uns «Ich» sagen. Geradeso wie wir niemals denken könnten, wenn wir nicht den Geruch in uns umgewandelt hätten, also keinen Astralleib hätten, so hätten wir kein Ich, wenn wir nicht ein Stückchen Wärme in uns hätten.

Sie können jetzt sagen: Aber die höheren Tiere haben ja auch eine eigene Wärme. Ja, meine Herren, diese höheren Tiere, die tragen auch an dieser Wärme! Die höheren Tiere, die wollen nämlich ein Ich werden und können es nicht. So wie wir nicht schwimmen oder fliegen können, so möchten die höheren Tiere ein Ich werden und können es nicht. Und deshalb sind diese höheren Tiere so gebildet, wie sie eben sind. Man sieht ihnen an, sie möchten eigentlich ein Ich werden und können es nicht. Und dadurch haben sie ihre verschiedenen Gestalten.

Aber wir Menschen, wir haben einmal diese vier Teile in uns: den festen Menschen, der der eigentlich physische Mensch ist, der materielle Mensch; den wässerigen Menschen, der den Lebenskörper, den Ätherkörper, den feineren Körper in sich trägt; den luftförmigen Menschen, der den astralen Körper in sich trägt, der fortwährend stirbt und wieder erneuert wird im Physischen, aber als astralischer Mensch bleibt das ganze Leben hindurch; und das Stückchen Wärme, das wir in uns haben, das ist der Ich-Mensch.

Der Wärmesinn ist ja eigentlich auch auf den ganzen Menschen verteilt, aber er ist fein. Und die Wissenschaft, die macht da etwas Eigentümliches durch. Wenn man den Menschen rein materiell absucht, so findet man halt eben diese Gefühlszwiebeln, die ich Ihnen geschildert habe. Nun sagen sich die Leute: Wenn ich also die Schachtel hier angreife, da fühle ich durch diese Gefühlszwiebeln die Schachtel, das Feste. Wenn die Schachtel recht kalt ist, da müßte ich die Kälte ja auch durch eine solche Gefühlszwiebel fühlen. Ja, da suchen sie fortwährend diese Wärmezwiebeln und diese Gefühlszwiebeln und finden sie nicht! Alle Augenblicke kommt einer und untersucht ein Stückchen Haut. Da sehen manche von diesen Gefühlszwiebeln ein bißchen anders aus, und da meint man, die gehören nun zu etwas anderem. Aber das ist ein Unsinn. Wärmezwiebeln sind nicht da, weil der ganze Mensch eben diese Wärme wahrnimmt. Wir haben nur diese Zwiebeln, die für das Feste, für das Flüssige, also für den Geschmackssinn, und für das Luftförmige, also für den Geruchssinn da sind. Wo der Wärmesinn beginnt, da sind wir schon außerordentlich leicht-sinnige Wesen, nämlich bloß ein Stückchen Wärme, das eben die äußere Wärme wahrnimmt. Wenn wir von einer solchen Wärme umgeben sind, daß wir gerade recht zu uns «Ich» sagen können, dann fühlen wir uns wohl; wenn wir aber von Kälte umgeben sind, daß wir frieren, so nimmt uns die äußere Kälte dieses Stückchen Wärme, das wir sind, weg. Unser Ich will uns verloren gehen. Die Bangigkeit in unserem Ich, die macht uns dieses Stückchen Kälte wahrnehmbar. Wenn einer friert, so ist er eigentlich immer bange um sein Ich, und er hat einen Grund, bange zu sein, denn dann schiebt er das Ich schneller aus sich heraus, als er eigentlich soll.

Das sind eben die Dinge, die uns nach und nach immer mehr hinführen von den Betrachtungen des Physischen zu den Betrachtungen des Nichtphysischen, des Nichtmateriellen. Und auf diese Weise können wir erst den Menschen verstehen.

Wir werden nun, nachdem wir das vorausgeschickt haben, recht interessante Betrachtungen daran knüpfen können. Damit wollen wir das nächste Mal dann fortsetzen.

ACHTER VORTRAG

Dornach, 23. Dezember 1922

Meine Herren, wie ich das letzte Mal gesagt habe, bleibt noch einzelnes übrig zu betrachten, und das möchte ich gerne heute tun. Vielleicht können Sie sich dann während der Weihnachten beraten, was in der nächsten Stunde besprochen werden soll, damit Sie auch in dieser Richtung auf Ihre Rechnung kommen.

Wichtig für den Menschen, damit er die Welt erkennen lernt, sind seine Sinne, und wir haben ja von den Sinnen jetzt schon das Auge und das Ohr betrachtet; wir haben auch den über den ganzen Menschen ausgebreiteten Gefühlssinn betrachtet, wir haben den Geschmackssinn und den Geruchssinn betrachtet. Alle diese Sinne aber sind nur wichtig dafür, daß der Mensch seine Umgebung kennenlernt, und daß er, wie ich Ihnen auch gesagt habe, seinen Körper gestalten kann. Leben kann er nicht durch seine Sinne, sondern leben tut er durch seinen Atmungsprozeß. Also wenn Sie fragen, warum Sie ein aufrechtes Wesen sind, warum die Nase mitten im Gesicht sitzt und so weiter, dann müssen Sie sich die Antwort geben: weil meine Sinne so und so sind. Wenn Sie aber fragen, warum Sie leben, dann müssen Sie nach Ihrem Atem sehen, denn der Atem hängt mit dem ganzen Leben zusammen. Nun atmen ja die Menschen auf eine Weise, wie auch die höheren Säugetiere; aber es gibt viele Tiere, die atmen anders. So zum Beispiel atmen die Fische, die ja im Wasser leben, und die das können, von dem ich Ihnen das letzte Mal gesagt habe, daß es der Mensch eben nicht kann, weil er die betreffenden Organe verkümmert hat, die Fische atmen im Wasser, da sie schwimmen können und immer im Wasser leben. Sie können also im Wasser atmen.

Wenn wir nun zunächst auf den Menschen schauen, so haben wir beim Menschen den Einatmungsprozeß. Ich habe Ihnen ja diese Dinge von einem andern Gesichtspunkte aus schon beschrieben; wir wollen sie heute einmal so betrachten, daß Sie daraus sehr viel sehen. Der Atmungsprozeß ist zuerst ein Einatmungsprozeß. Wir atmen aus der Luft, die uns umgibt, ein, und zwar dasjenige, was für unser Leben notwendig ist, den Sauerstoff. Der Sauerstoff breitet sich dann in unserem ganzen Körper aus, und in unserem ganzen Körper, da liegt umher, oder ich möchte sagen, schwimmt umher, oder auch fliegt umher in ganz kleinen Partikelchen Kohlenstoff.

Sehen Sie, Kohlenstoff, den wir in uns tragen, finden Sie sonst auch in der Natur, und zwar ist der Kohlenstoff in sehr verschiedener Weise vorhanden. Der Kohlenstoff, der ist zunächst einmal, wie Sie wissen, in den Steinkohlen vorhanden. Dann aber ist der Kohlenstoff auch in jeder Pflanze vorhanden, denn die Pflanze besteht aus Kohlenstoff, mit Wasser und so weiter, aber Kohlenstoff ist der hauptsächlichste Bestandteil der Pflanze. Und wenn Sie einen Bleistift haben und da Graphit drinnen ist, so schreiben Sie mit Kohlenstoff. Und endlich ist der Demant, der Diamant, der ein so wertvolles Material, ein wertvoller Stein ist, auch Kohlenstoff. Der Diamant ist durchsichtiger Kohlenstoff, die Steinkohle ist undurchsichtiger Kohlenstoff. Es ist schon interessant, daß in der Natur so etwas, was nun nicht gerade Staat machen kann mit seinem Wesen wie die Kohle, die nicht elegant ist, genau derselbe Stoff ist wie dasjenige, was zum Beispiel als etwas besonders Wertvolles – weil es groß ist als Stein –, als Diamantstein in der Krone von England ist; dasselbe, nur in anderer Form. Also solchen Kohlenstoff haben wir in der verschiedensten Gestalt in uns.

Wir atmen also den Sauerstoff ein. Der breitet sich überall in unserem Körper aus und verbindet sich mit der Kohle. Wenn sich der Sauerstoff mit der festen Kohle verbindet, entsteht wiederum ein Gas, Kohlensäure; Kohlensäure ist Sauerstoff und Kohlenstoff zusammen. Diese Kohlensäure atmen wir dann aus. So daß also unser Leben eigentlich darinnen besteht, daß wir unseren Körper in die übrige Welt dadurch einschalten, daß wir Sauerstoff einatmen und Kohlensäure ausatmen.

Nun können wir aber auch so sagen: Wenn wir immer bloßen Sauerstoff einatmen würden, dann würden wir unermeßlich viel Kohlenstoff haben müssen, und die Kohlensäure müßte in uns bleiben. Ja, das müßte dann so sein, daß wir uns durch das Einatmen immer aufblasen würden, und zuletzt ganz riesig werden würden wie die Erde selber. Dann könnte man immer einatmen, einen einzigen riesigen Einatmungszug machen. Aber wir haben nicht so viel Kohlenstoff. Der muß immer wieder erneuert werden. Wir könnten nicht leben, wenn wir immer nur einatmen würden. Wir müssen wieder ausatmen und Kohlenstoff neu bilden. Und diese Kohlensäure, die wir bilden, die ist der Tod.

Wir können schon sagen: Sauerstoff ist für uns das Leben, Kohlensäure ist der Tod. Denn wenn Sie zum Beispiel den Raum hier mit Kohlensäure ausfüllen und hineingehen, müssen Sie sterben. Wir wechseln immer ab, indem wir einatmen, mit der Lebensluft, und indem wir ausatmen, mit der Todesluft. Fortwährend ist in uns Leben und Sterben. Und sehen Sie, es ist nun interessant, wie dieses Leben und Sterben überhaupt in den Menschen hereinkommt. Damit Sie das begreifen, mache ich Sie aufmerksam darauf, daß ja in der ganzen Natur überall kleinwinzige Lebewesen vorkommen – Sie haben schon von ihnen gehört –, Bakterien, Bazillen. Jedesmal, wenn wir durch die Luft gehen, fliegen in der Luft unzählige solche Lebewesen herum.

Wenn wir irgendeinen Muskel aus einem Tiere nehmen, leben darinnen unzählige kleine Lebewesen. Ja, diese kleinen Lebewesen – auch davon habe ich Ihnen schon gesprochen –, die haben die Eigenschaft, daß sie sich riesig vermehren. Kaum ist irgendwo eines da, so können, gerade von den kleinsten, Millionen schon da sein; sie vermehren sich riesig. Darauf beruhen ja die sogenannten Infektionskrankheiten. Nicht daß etwa diese kleinsten Lebewesen die Krankheit bewirken, sondern wenn irgend etwas in uns krank ist, dann fühlen sich diese kleinen Lebewesen wohl. Wie die Pflanze im Mist, so fühlen sich diese kleinen Lebewesen in den erkrankten Organen in uns wohl. Sie halten sich dort gerne auf. Derjenige, der behauptet, daß von den kleinen Lebewesen die Krankheiten kommen, der zum Beispiel sagt: die Grippe kommt von dem Grippebazillus und so weiter, der ist natürlich geradeso gescheit, als wenn einer sagt, der Regen kommt von den Fröschen, die quaken. Natürlich, wenn der Regen kommt, quaken die Frösche, weil sie es spüren, weil sie ja in dem Wasser sind, das angeregt ist durch dasjenige, was den Regen bewirkt. Aber die Frösche bringen nicht den Regen. Ebenso bringen die Bazillen nicht die Grippe; aber sie sind da, wo die Grippe ist, geradeso wie die Frösche auf eine unerklärliche Weise hervorkommen, wenn der Regen kommt.

Also man darf nicht auf der einen Seite sagen, daß einem die Bazillenuntersuchung nichts nützt. Sie nützt einem so viel, daß man weiß, daß der Mensch der Krankheit ausgesetzt ist, wie man weiß, daß die Frösche quaken, wenn es regnet. Also man darf nicht das Kind mit dem Bad ausschütten und sagen, die Bazillen zu untersuchen sei unnötig. Aber man muß auf der anderen Seite wissen, daß die Bazillen nicht die Krankheit machen. Sonst wird man niemals richtig erklären, wenn man immer nur sagt: Für die Cholera gibt es die Bazillen, für die Grippe gibt es die Bazillen und so weiter. Das ist natürlich nur eine Faulenzerei dafür, daß die Leute die wirklichen Krankheitsursachen nicht untersuchen wollen.

Nun aber, wenn Sie solche Bazillen, also solche kleinwinzigen Lebewesen nehmen, und sie von dort wegnehmen, wo sie sind, dann können sie nicht mehr leben. Sie können zum Beispiel nicht einen Cholerabazillus aus dem menschlichen Gedärm herausnehmen und irgendwo beliebig leben lassen. Das können Sie nicht. Er kann nur im menschlichen Gedärm oder im Gedärm von Ratten und dergleichen leben. Also diese kleinwinzigen Lebewesen, die brauchen, damit sie leben können, immer eine gewisse Umgebung.

Nun, warum ist denn das? Das ist nämlich eine sehr wichtige Sache, daß diese kleinsten Lebewesen eine ganz bestimmte Umgebung haben. Sehen Sie, in demselben Moment, wo, sagen wir, der Cholerabazillus im menschlichen Gedärm sich aufhält, da wirkt auf ihn zum Beispiel die Schwerkraft nicht so stark, als wenn er draußen ist, und die Schwerkraft der Erde ruiniert ihn gleich, den Cholerabazillus, wenn er aus seinem Element draußen ist.

Aber ein solches kleinwinziges Lebewesen, wie diese unzähligen, ist ja auch der Mensch, wenn er anfängt zu leben. Der Mensch ist nämlich als Ei, als Keim auch ein solches kleines Lebewesen, ein solches winziges kleines Lebewesen. Und da kommen wir auf ein sehr wichtiges Kapitel, meine Herren.

Nehmen wir einen solchen Cholerabazillus und vergleichen wir ihn mit dem Menschen. Dieser Cholerabazillus, der muß also im Gedärm des Menschen leben. Alle diese Bazillen müssen irgendwo leben, wo sie geschützt sind vor der Erde. Was heißt denn das aber: sie sind geschützt vor der Erde? Das heißt, etwas anderes als die Erde wirkt auf sie ein. Und tatsächlich ist es so, daß auf alle diese Lebewesen der Mond einwirkt, so sonderbar das ist, daß das Mondenlicht, das also bald so, bald so auf die Erde hinscheint, solche Wirkungen haben soll. Das ist schon so: Diese Lebewesen müssen geschützt sein vor der Erde, damit sie sich dem Kosmos, der großen Welt, und hauptsächlich dem Mondeneinfluß hingeben können.

Sehen Sie, so ist dem Mondeneinfluß hingegeben auch der Menschenkeim in seinem allerersten Zustand. Er ist ihm hingegeben, bevor noch eine sogenannte Befruchtung durch den männlichen Samen eingetreten ist. Gerade so, meinetwillen, wie der Cholerabazillus in dem Gedärm lebt, so lebt zunächst im menschlichen Weibe dieser kleine Menschenkeim, und der ist geschützt zunächst. Aber der menschliche Frauenorganismus ist so eingerichtet, daß der Menschenkeim nur anfangs geschützt ist. In dem Augenblick, wo er zu weit herauskommt aus dem Körper, da ist er nicht mehr geschützt; da wirkt auf ihn die Erde ein. Das ist eine sehr interessante Tatsache.

Die Frauen sondern alle vier Wochen solche Menschenkeime ab. Zunächst, ganz kurze Zeit, sind sie dem Mondeneinfluß hingegeben. Da sind sie geschützt. Nun ist aber der weibliche Organismus so eingerichtet, daß er durch den Ablauf von der monatlichen Periode den Menschenkeim nach auswärts befördert. Da kommt er unter den Erdeneinfluß, und der Erdeneinfluß zerstört den Menschenkeim.

Sehen Sie, so wunderbar ist dieser menschliche Organismus eingerichtet, daß er einen Gegensatz bildet zu den Bazillen, sagen wir, zu den Cholerabazillen. Die bleiben im Darm. Die hüten sich, zu weit herauszugehen. Wenn sie sich selbst überlassen sind, da bleiben sie da, wo sie geschützt werden können vor dem Erdeneinfluß. Der Menschenkeim ist auch zunächst im Leibe der Mutter geschützt vor dem Erdeneinfluß, aber er dringt dann vor, er muß vordringen durch die Blutzirkulation der Frau, kommt weiter nach auswärts, kommt unter den Einfluß der Erdenschwerkraft. Vernichtet wird er jedesmal, wenn beim Weibe die monatliche Periode eintritt, die ja mit dem Mondengang zusammenhängt. Da sieht man, daß das mit dem Mondeneinfluß zusammenhängt. Jedesmal dann wird eigentlich ein Menschenkeim vernichtet. Er ist noch nicht ein richtiger Menschenkeim, denn damit er ein richtiger Menschenkeim ist, muß er eben vor der Vernichtung bewahrt bleiben, und das geschieht durch die Befruchtung.

Was also geschieht denn eigentlich durch die Befruchtung? Durch die Befruchtung wird eben dieser Keim, der sonst, wenn er einfach dem Erdeneinfluß überlassen wird, zugrunde geht, in eine ganz feine Materie eingehüllt, die ätherisch ist, und wird geschützt vor der Erde, und so kann er im Leibe der Mutter ausreifen; so daß also die männliche Befruchtung den Schutz des Menschenkeimes vor den Erdenkräften bedeutet. Jedesmal also, wenn eine Befruchtung eintritt, dann wird ein Menschenkeim geschützt vor der Vernichtung durch die Erdenkräfte.

Nun aber ist es so: Dasjenige, was da vernichtet wird im unbefruchteten Menschenkeim, das geht ja in die ganze Umgebung über. Das verschwindet natürlich nicht. Es löst sich auf in der ganzen Erdenumgebung. So daß fortwährend das richtig vor sich geht, daß sich in der ganzen Erdenumgebung solche für die Erde nicht brauchbaren Keime eigentlich ausbreiten.

Sehen Sie, da kann Ihre Aufmerksamkeit auf etwas fallen, worauf die Menschen sehr selten kommen. Sehen wir zum Beispiel von dem Menschen ab, sehen wir nur auf die Heringe im Meer. Ja, meine Herren, die Heringe legen Millionen und aber Millionen Eier ab. Die wenigsten werden befruchtet. Diejenigen, die befruchtet werden, werden beschützt vor dem Erdeneinfluß. Diejenigen, die nicht befruchtet werden – beim Menschen ist es etwas anders, denn der Mensch ist kein Hering; wenigstens nicht immer –, also alle diese Heringseier, die im Meer abgelegt werden, die entziehen sich dem Erdeneinfluß dadurch, daß sie gewissermaßen verdunsten. Und nun nehmen Sie die Heringe und alle anderen Fische und anderen Tiere, und die Menschen dazu, so werden Sie sich sagen: Ja, da fällt ja mein Blick auf etwas, was fortwährend von der Erde in den Weltenraum hinaufsteigt. Meine Herren, nicht nur das Wasser verdunstet hinauf, sondern von der Erde gehen ja fortwährend solche unbefruchteten Keime in den Weltenraum hinaus. Es geschieht eben noch viel mehr im Weltenraum, als die materialistische Wissenschaft annimmt.

Wenn also einer zum Beispiel so etwas wahrnehmen könnte und auf der Venus oben sitzen würde, so würden ihn die Dünste, die da aufsteigen – die fallen ja sehr bald wieder als Regen herunter –, wenig interessieren; aber dasjenige, was, wie ich es Ihnen jetzt beschrieben habe, in den Weltenraum fortwährend hinaufsteigt, das würde er oben als ein grünlich-gelbliches Licht sehen; denn von der Ferne angeschaut, ist das eine Art grünlich-gelbliches Licht. Und man kommt da darauf, daß aus dem Leben von irgendeinem Weltenkörper das Licht herauskommt. Dann wird man schon dazu geführt, daß auch die Sonne nicht ein so physischer Körper ist, wie ihn die materialistische Wissenschaft vorstellt, sondern daß da droben auf der Sonne ein viel größeres, stärkeres Leben noch ist. Und jedesmal ist es so, wie ich Ihnen auch früher einmal gesagt habe: Dasjenige, was Licht ausstrahlt, muß befruchtet werden, wie die Sonne befruchtet werden muß, damit sie Licht durchs Leben ausstrahlen kann.

Nun aber haben wir ja diesen Unterschied: Wenn ein Menschenei also nicht befruchtet wird, so geht es eigentlich in den Weltenraum hinaus, dunstet hinaus; wenn es befruchtet wird, bleibt es eine Zeitlang auf der Erde.

Sehen Sie, dasjenige, was da vorgeht, das ist auch ähnlich dem Einatmen und Ausatmen. Wenn ich bloß ausatme, so gebe ich eigentlich mein Wesen geradeso immer dem Weltenraum ab, wie abgegeben wird das unbefruchtete Menschenei an den Weltenraum. Und bedenken Sie, wie interessant das ist: Sie atmen aus; in der Luft, die Sie da ausatmen, da ist Ihr eigener Kohlenstoff drinnen. Sehen Sie, wie fein das eigentlich ist. Denken Sie sich einmal: Heute haben Sie vielleicht in Ihrer großen Zehe eine kleine Partie Kohlenstoff drinnen. Sie atmen ein. Der Sauerstoff breitet sich aus. Die kleine Partie Kohlenstoff, die Sie heute in Ihrer großen Zehe haben, verbindet sich mit dem Sauerstoff, geht als Kohlensäure da heraus, und dieses Stückchen Kohlenstoff ist morgen irgendwo meilenweit in der Welt draußen. So ist es schon. Fortwährend hat der Mensch auch während des Lebens dasselbe in sich, was eigentlich der Menschenkeim, wenn er befruchtet wird, in sich hat. Und würden wir nur ausatmen und niemals einatmen, so würden wir eben fortwährend sterben, würden wir uns fortwährend im Weltenraum auflösen. Da atmen wir eben wieder ein und schützen uns vor dem Sterben. Jedesmal, wenn wir einatmen, schützen wir uns vor dem Sterben.

Aber sehen Sie, wenn das Kind noch im Mutterleibe ist, so ist es also aus dem befruchteten Menschenkeim entstanden. Es ist geschützt davor, sich aufzulösen. Es reift im Leibe der Mutter aus. Aber seinen ersten Atemzug für die äußere Luft macht es ja eigentlich erst, wenn es, wie man immer so schön sagt, das Licht der Welt erblickt. Wenn es im Kommen ist, im Augenblick der Geburt, da macht es den ersten Atemzug. Das Kind macht also den ersten Atemzug, wenn es heraustritt in die Welt. Vorher muß es sich versorgen mit dem Sauerstoff aus dem Leibe der Mutter. Und da geschieht etwas ganz Besonderes. Da geschieht das, daß zuerst der Mensch von der Außenwelt die Möglichkeit bekommt, zu leben. Er kann ja ohne Sauerstoff nicht leben. Aber im Leibe der Mutter lebt er doch, ohne daß ihm die äußere Luft Sauerstoff gibt. Er muß sich den Sauerstoff aus dem Leibe der Mutter verschaffen.

Man kann also sagen: Wenn der Mensch die Erde betritt aus dem Leibe der Mutter heraus, dann ändert er eigentlich seinen ganzen Lebensprozeß. Es wird aus seinem ganzen Lebensprozeß etwas anderes. Er nimmt äußeren Sauerstoff auf, während er sich im Leibe der Mutter den Sauerstoff innerlich verschaffen kann. Ja, nun denken Sie doch, gibt es irgendwo in der Welt eine Maschine, die einmal so und einmal so sich heizt? Wir leben ja während neun Monaten oder zehn Mondenmonaten im Leibe der Mutter, bevor wir das Äußere der Erde betreten. Da versorgen wir uns mit dem, was uns das Leben gibt, in einer ganz anderen Weise als dann, nachdem wir den ersten Atemzug gemacht haben.

Jetzt wollen wir etwas anderes betrachten, was damit im Zusammenhange steht, und nachher wiederum zu dem zurückkommen. Denken Sie einmal, Sie haben einen, sagen wir, etwas gestörten Schlaf. Sie werden es schon erlebt haben, daß Sie aus einem gestörten Schlaf mit einem recht ängstlichen Traum aufgewacht sind. Sie werden es vielleicht erlebt haben, daß Sie zum Beispiel aufgewacht sind mit dem Traum, daß Sie irgendwo waren, zurückkommen und Ihr Haus zugesperrt finden, nicht herein können. Aber in dem Haus drinnen erwartet man Sie. Sie möchten rasch herein, und Sie quälen sich furchtbar ab, das Tor aufzuschließen. Dies oder ähnliches werden Sie schon erlebt haben. Man kann ja im Traume solche Angstzustände durchmachen.

Wenn man aber nachschaut, was da eigentlich ist, wenn der Mensch solche Angstträume hat, dann findet man immer: mit der Atmung ist etwas nicht in Ordnung. Solche Angstträume kann man sogar experimentell herstellen. Wenn Sie ein Taschentuch nehmen und es sich in den Mund oder in die Nase stopfen, so bekommen Sie die schönsten Angstträume – das heißt, sie sind nicht schön, aber als Angstträume sind sie schön –, weil Sie eben nicht richtig einatmen können.

Es ist doch eigentümlich, daß einfach mit dem Einatmen und Ausatmen, also mit Sauerstoff und Kohlenstoff zusammenhängt, ob wir solche Angstzustände haben oder nicht. Wir leben – das kann man daraus sehen – mit unserem Seelischen in der Luft drinnen. Wir leben mit unserem Seelischen eigentlich nicht in unseren Muskeln oder in unseren Knochen; wir leben mit dem Seelischen in der Luft drinnen. Und unser Seelisches selber schwimmt eigentlich mit der Luft in uns beim Einatmen und Ausatmen. So ist es. So daß wir sagen können: Das Seelische sucht sich die Luft auf, in der es schwimmt, nachdem das Kind den ersten Atemzug gemacht hat. Vorher hat es den Sauerstoff auf andere Weise aufgenommen.

Wir wollen einmal studieren, woher denn der Mensch den Sauerstoff vorher genommen hat. Vorher ist beim Menschen ja eine eigentliche Atmung noch nicht vorhanden. Im Leibe der Mutter ist beim Menschen noch nicht eine eigentliche Atmung vorhanden, sondern alles geht durch die Säfte vor sich. Vom Leib der Mutter gehen in den Embryo, in den Menschenkeim allerlei Gefäße hinein, die dann weggerissen werden, und da geht mit den Säften, mit dem Flüssigen, auch der Sauerstoff hinein. So daß der Mensch, wenn er geboren wird, sein eigentliches Lebensprinzip aus dem Flüssigen, aus dem Wässerigen in die Luft herausträgt. Der Mensch also trägt aus dem Wässerigen, in dem er sein Lebensprinzip vor der Geburt hat, dieses Lebensprinzip in die Luft heraus, wenn er geboren wird.

Daraus können Sie entnehmen, daß erstens der Mensch, bevor er befruchtet wird, überhaupt ein Wesen ist, das für die Erde gar nicht geschaffen ist, geradeso wie die Bazillen nicht für die Erde geschaffen sind. Erst ist der Mensch ein Wesen, das für die Erde gar nicht geschaffen ist; nachher wird er geschützt vor den Erdenkräften, kann sich im Leibe der Mutter weiter entwickeln; dann aber, wenn er nun wirklich geboren wird und also aus der Umgebung des Mutterleibes herauskommt, nicht mehr durch die Umgebung des Mutterleibes geschützt ist, dann ist er ja den Erdenkräften ausgesetzt. Dann wird er nur dadurch lebensfähig, daß er sich eine Tätigkeit angewöhnt, durch die er sozusagen in der Luft leben kann. Und er schützt sich nun selber während seines Erdenlebens vor den Kräften der Erde dadurch, daß er gar nicht mit der Erde lebt, sondern mit der Luft lebt.

Denken Sie nur, was es wäre, wenn Sie mit der Erde leben müßten! Stellen Sie sich einmal auf eine Waage, da haben Sie doch ein gewisses Gewicht, der Dünne weniger, der Dicke mehr, nicht wahr. Aber stellen Sie sich jetzt vor, Sie müßten sich an Ihrem Haarschüppel fortwährend nehmen und müßten den ganzen Kerl immerfort tragen, Ihr ganzes Gewicht. Das wäre ein schönes Abschleppen! Das spüren Sie ja gar nicht, was die Erdenschwere bei Ihnen ausmacht. Sie tragen wirklich Ihre Erdenschwere, aber Sie spüren es nicht. Warum? Weil die Atmung Sie schützt vor der Erdenschwere. Sie leben nämlich gar nicht in Ihrem Körper mit Ihrer Seele, Sie leben in Ihrer Atmung mit Ihrer Seele.

Sehen Sie, da können Sie sich nun leicht vorstellen, warum die materialistische Wissenschaft keine Seele findet. Die materialistische Wissenschaft sucht die Seele im Körper, der schwer ist, und sie verwendet dazu auch den Körper, der nicht mehr atmet, der schon tot ist. Den seziert sie. Ja, da kann sie nämlich die Seele nicht finden. Da ist sie nicht drinnen. Die materialistische Wissenschaft könnte die Seele nur finden, wenn wir fortwährend so durch die Welt gingen, daß wir uns selber tragen müßten und furchtbar dabei schwitzen müßten, weil wir uns selber tragen. Da hätte es einen Sinn, mit der materialistischen Wissenschaft die Seele zu suchen. Aber so hat es überhaupt keinen Sinn. Schwitzen müssen wir von was anderem, als daß wir uns selber tragen. Wir leben nämlich nicht, wenn wir aus dem Leibe der Mutter herausßen sind, in unseren festen Bestandteilen; da sind wir überhaupt nur zu zehn Prozent. Wir leben auch nicht in unserem Wasser; das beleben wir. Aber eigentlich leben wir mit unserer Seele in der Atmung.

Nun, meine Herren, jetzt gehen Sie mit mir, mit einem Gedankengang, der für die heutige Zeit zum Allerwichtigsten gehört. Nehmen wir einmal an, wir haben diesen Menschenembryo (siehe Zeichnung). Ich will, wenn diese roten Striche sein Festes bedeuten, sein Flüssiges

Tafel 10

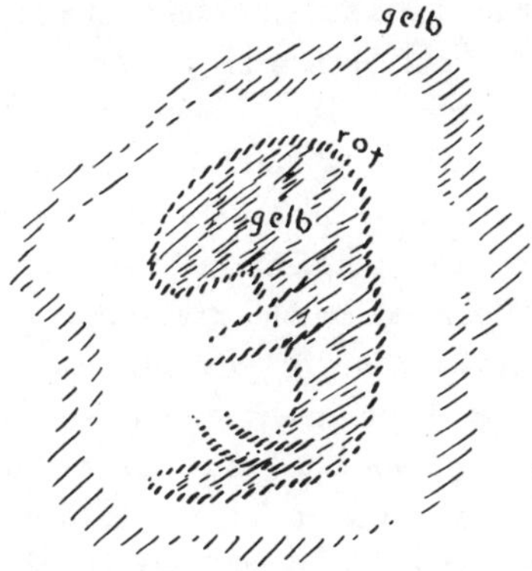

mit diesem Gelben bezeichnen. Das wäre sein Flüssiges. Er ist dann noch mit allerlei umgeben. Jetzt kommt er durch die Geburt nach außen, wird ein richtiger Mensch. Und jetzt atmet er durch seine Lungen die Luft ein und atmet wiederum aus durch die Nase. Jetzt können Sie es ja, ich möchte sagen, handgreiflich haben: Wenn der Mensch geboren ist, wenn er also da ist, so lebt er eigentlich in seinem Atmungsprozeß mit seinem Seelischen. Solange er im Leibe der Mutter ist, lebt er im Feuchten, im Wasser. Das, was der Mensch selber ist, springt gewissermaßen aus dem Wasser in die Luft, wenn der Mensch geboren wird. Und dasjenige, was also in uns lebt, während wir auf der Erde herumgehen als schon geborene Menschen, das kann nur in der Luft leben. Ja, versuchen Sie es einmal, springen Sie ins Wasser und versuchen Sie, ob Sie da weiterleben können! Sie müssen schwimmen können, damit Sie wieder herauskommen so bald als möglich, oder es muß Sie einer herausfischen. Wenn Sie einfach ins Wasser springen, können Sie ja nicht drinnen leben; Sie können als irdischer Mensch nur in der Luft leben, können nicht im Wasser leben. Aber vor der Geburt leben Sie im Wasser. Sie sind sogar bis in die dritte Woche hinein so wie ein kleines Fischlein gestaltet, damit Sie im Wasser leben können. Sie leben bis dahin im Wasser. Die Erde gestattet Ihnen nicht, im Wasser zu leben. Vor der Geburt leben Sie im Wasser. Was heißt denn das? Das heißt, Ihr Leben kann gar nicht von der Erde kommen, es muß von außerhalb der Erde kommen, denn die Erde gestattet Ihnen nicht, daß Sie leben. Sie müssen sich auch als geborener Mensch von der Erde herausheben in die Luft, damit Sie leben können.

Nun müssen Sie aber bis zu Ihrer Geburt im Wasser leben. Also muß Ihr Leben nicht von der Erde kommen. Die Erde kann Ihnen Ihr Leben nicht geben. Das seelische Leben, das Sie haben, wenn Sie auf der Erde herumgehen, das kann Ihnen die Erde nicht geben. Da müßten Sie schon ein kleines Gespenst sein, das schon atmen kann; aber Gespenster können nicht atmen. Also kann unmöglich die Erde Ihnen Ihr Leben geben, Ihr seelisches Leben. Also kommt das seelische Leben von außerhalb der Erde dazu. Wer versteht, wie das Leben eigentlich im Atmungsprozeß drinnen ist, und wie das Leben auch schon da ist im Kinde im Mutterleibe, aber im Wässerigen ist, der versteht sofort, daß sich in den Mutterkeim hinein dieses Leben von einer geistigen Welt hereinsenkt.

Sehen Sie, solch eine Aussage nennen die Leute oftmals unwissenschaftlich. Aber man kann wirklich viel Wissenschaft durchgemacht haben, und man kommt dann darauf: das, was die Herrschaften in ihrer Wissenschaft machen, ist viel, viel weniger logisch als dasjenige, was ich Ihnen jetzt gesagt habe; denn das, was ich Ihnen jetzt gesagt habe, ist absolut logisch. Und leider geht es in unserer Zeit so zu, daß die Kinder schon in der Schule darauf dressiert werden, daß sie überhaupt in der späteren Zeit so etwas nicht mehr hören, oder wenn sie es irgendwo hören, sagen sie höchstens: Wer so etwas sagt, ist ein verrückter Kerl, denn wir haben doch in der Schule gelernt, wie aus dem Menschenkeim alles herauswächst.

Aber wie haben sie das gelernt? Sie haben das so gelernt ungefähr, wie wenn man jemandem beibringen will, daß aus einem Kohlkopf ein Menschenkopf herauswächst. Ebensowenig kann aus dem Menschenkeim von selber ein Menschliches, die ganze menschliche Tätigkeit während des Lebens herauswachsen, wie aus einem Kohlkopf ein Menschenkopf herauswachsen kann. Aber den Kindern in der Schule werden ja solche Dinge schon beigebracht, die ganz unsinnig sind.

Ich habe Ihnen schon einmal ein Beispiel dafür gegeben. Den kleinsten Kindern bringt man heute schon das bei, daß man sagt: Einmal war die Erde mit dem ganzen Sonnensystem ein riesiger Urnebel (siehe Zeichnung). Der Nebel, der tut natürlich nichts, wenn er ruhig ist. Und

Tafel 10

deshalb sagt man: er dreht sich; also dreht er sich flugs. Wenn sich der Nebel nun dreht, wird er allmählich dünner; dann spalten sich einzelne Körper ab, und in der Mitte bleibt der runde Körper zurück. Und man macht den Kindern das vor, man sagt: Das kann man nachmachen. – Man nimmt ein Scheibchen aus Kartenpapier, durch das man eine Steck- Tafel 11
nadel gesteckt hat, tut einen kleinen Öltropfen in ein Glas Wasser, der dann oben drauf schwimmt. Nun dreht man die Scheibe, der Öltropfen kommt in Bewegung, in Drehung, kleine Öltröpfelchen spalten sich ab, und in der Mitte bleibt der große Öltropfen. Und das ist ein kleines Planetensystem mit der Sonne. Ihr seht ja, Kinder – so sagt man –, man kann das im kleinen immer machen. So ist es ganz erklärlich, daß da einmal ein Nebel war, der hat sich gedreht, und es haben sich allmählich Weltenkörper abgespalten, und in der Mitte ist der große Weltenkörper geblieben.

Ja, aber, meine Herren, man darf das Wichtigste nicht vergessen. Warum dreht sich denn der Öltropfen? Weil da der Lehrer ist, der ihn dreht. Also muß da ein riesiger Schulmeister draußen im Weltenall sein, auf einem Stuhle sitzen und drehen, und nachher werden sich die Planeten abspalten! Meine Herren, wenn man das den Kindern in der Schule von vornherein beibringt, dann werden sie später «gescheite» Leute; dann sagen sie später, wenn einer logisch sein will und die Sache anzweifelt: Nun, der ist ein Phantast, ein Narr, denn wir haben ja schon in der Schule gelernt, wie die ganze Welt entstanden ist!

Sehen Sie, solche Gedanken sind eigentlich gar keine Wirklichkeit, sie sind keine Wirklichkeit. Dieser Weltennebel, den einmal der *Kant* und der *Laplace* erdacht haben, ist ja keine Wirklichkeit; es ist so töricht, solche sich drehenden Weltennebel eine Wirklichkeit zu nennen. Denn der einzige Grund dafür ist vorhanden, daß man mit dem Fernrohr in den weiten Weltenraum hinaussehen kann, und dann sieht man angeblich solche Spiralnebel. Gewiß, da draußen sind solche Spiralnebel (siehe Zeichnung), das ist richtig. Aber wer dadurch, daß er mit

Tafel 11

einem Fernrohr da hinausschaut und diese Spiralnebel sieht, sagt: Nun ja, solch ein Spiralnebel war auch einmal unser ganzes Sonnensystem –, der ist ungefähr so gescheit, wie wenn einer in der Ferne einen Mückenschwarm sieht und ihn für eine Staubwolke hält. Man kann ja einen Mückenschwarm für eine Staubwolke halten; dann vergißt man nur, daß der Mückenschwarm lebt und die Staubwolke tot ist. Der Spiralnebel lebt eben draußen, hat Leben in sich. So hatte früher auch das ganze Sonnensystem sein Leben in sich, seine ganze Geistigkeit in sich. Und dieses Geistige wirkt heute noch. Wenn im Leibe der Mutter der Menschenkeim durch die Befruchtung geschützt wird, dann kann sich dieser geschützte Menschenkeim mit dem Menschengeist verbinden.

Und dann, wenn wir nach und nach alt werden, macht sich erst die Schwere ein bißchen geltend, nämlich dadurch, daß unsere einzelnen

Stoffe von der Schwere erfaßt werden. Denken Sie sich einmal, das ist ein menschlicher Unterschenkel (siehe Zeichnung); der Mensch hat etwas gestörte innere Verdauung; das hat zur Folge, daß das Leben nicht ordentlich durchgeht. Dann bilden sich in den Muskeln allerlei solche kleine feste Körper. Solche Muskeln werden ausgefüllt mit kleinen festen Körpern, kleinwinzigen Harnsteinen, und wir haben die Gicht. Da fangen wir an, die Schwere zu merken.

Tafel 11

Wenn wir gesunde Menschen sind und der Sauerstoff durch die Atmung richtig belebend durch unseren Körper geht, dann bilden sich keine solchen Harnsteine, dann kriegen wir nicht die Gicht. Gicht bildet sich nur dann, wenn der Sauerstoff nicht richtig belebend durch unseren Körper geht und nicht richtig den Kohlenstoff aufnimmt. Wenn der Sauerstoff nicht richtig durch unseren Körper geht, dann richtet der Kohlenstoff allerlei Unrichtiges an, und da sind dann überall in unseren Blutadern kleinwinzige Bröckelchen. Wir gehen herum und spüren das jetzt als eine Wirkung der Erde. Vor der müssen wir gerade geschützt werden. Wir leben eigentlich nur dadurch, daß wir fortwährend in der Atmung geschützt sind vor der Erde und ihren Einflüssen. Die Erde ist eigentlich für uns bloß dadurch nicht schädlich, daß wir fortwährend geschützt sind vor ihr. Würden wir der Erde fortwährend ausgesetzt sein, würden wir fortwährend krank sein. Es ist sehr interessant.

Sehen Sie, so ungefähr in der Mitte des 19. Jahrhunderts, in der Zeit, wo die Naturwissenschaft ihre großen materialistischen Erfolge gehabt hat, da waren die Leute ganz verblüfft von dem, und haben alles von dem erklären wollen, was auf der Erde vorgeht. Da war namentlich ein ganz besonders begeisterter Stoffler, ein Stoffhuber – so hat man sie dazumal genannt –, ein besonders begeisterter war «der dicke Vogt» in Genf, Moleschott und so weiter. Es waren sehr gescheite Leute. Sie haben die Menschheit von vielem befreit. Es soll gar nichts über sie gesagt werden, man kann sie sogar loben; aber sie waren eben ganz und gar vernagelt in die naturwissenschaftlichen Fortschritte und haben den ganzen Menschen so erklärt, als wenn auf ihn nur Irdisches Einfluß hätte. Sie haben nur eines vergessen: wenn nämlich diese irdischen Einflüsse anfangen auf den Menschen zu wirken, so wird er zuerst nervös, und nachher irgendwie krank. Gerade dadurch ist der Mensch gesund, daß er fortwährend vor den irdischen Einflüssen geschützt ist.

Aber nach und nach kommen sie über ihn, diese irdischen Einflüsse. Und wie machen sie sich geltend? Nun, diese irdischen Einflüsse machen sich dadurch geltend, daß der Mensch eben die Kunst des Atmens nicht mehr richtig versteht. Er verlernt allmählich, richtig zu atmen. Und wenn er es ganz verlernt hat, so kann er eben nicht mehr richtig einatmen, und er ist wiederum in demselben Zustand, in dem er war, bevor er befruchtet worden ist. Er löst sich in den Weltenäther zunächst auf und geht zurück in die Welt, aus der er gekommen ist. Er geht sozusagen mit dem letzten Atemzug zurück in die Welt, aus der er gekommen ist. Derjenige, der richtig das Atmen versteht, der versteht auch Geburt und Tod. Aber die ganze moderne Wissenschaft versteht eben nichts vom Atmen in der richtigen Weise.

Nun habe ich eben versuchen wollen, Ihnen ein bißchen klar zu machen, wie der Mensch zunächst durch das weibliche Ei lernt mit der Welt zu leben, durch die männliche Befruchtung lernt, selber eine Zeitlang auf der Erde zu leben, und wie er dann zurückgeht in den Zustand, wo er wiederum außerhalb der Erde allein leben kann. Man lernt allmählich Geburt und Tod begreifen und fängt erst an, einen richtigen Begriff zu bekommen von demjenigen, was er seelisch ist, was nicht geboren wird und nicht stirbt, sondern von außen kommt, sich mit dem Keim in der Mutter vereint, und wiederum nach außen in die geistige Welt geht.

Es ist heute so, daß man, gerade wenn man richtig Naturwissenschaft treibt, das unsterbliche Seelische verstehen muß, das gar nicht der Geburt und dem Tod unterliegt. Und sehen Sie, das ist etwas, was nun wirklich heute der Menschheit dringend notwendig ist. Die Menschheit hat durch viele Jahrhunderte und Jahrtausende einen Glauben gehabt an eine Unsterblichkeit, den sie heute unmöglich festhalten kann, weil man ihr lauter Dinge sagt, die eigentlich vor der Naturwissenschaft zerfallen, nichts sind vor der Naturwissenschaft. Alles das, was man heute glauben soll, muß man auch wissen können. Man muß richtig aus der Naturwissenschaft selber heraus, wie ich es hier in diesen Vorträgen bei Ihnen tue, das Geistige begreifen lernen. Und das ist die Aufgabe dieses Goetheanums und überhaupt der Anthroposophie, daß aus der Naturwissenschaft heraus richtig das Geistige begriffen wird.

Sehen Sie, meine Herren, die Menschen sind so schwer daran zu gewöhnen, ein Neues irgendwie zu begreifen. Jetzt ist Weihnachtszeit. Die Menschen könnten sich ja sagen: Nun, wir müssen in einer neuen Weise begreifen, wie im Menschengeschlecht der Geist lebt. – Wenn die Menschen sich besinnen würden, wie im Menschengeschlecht der Geist lebt, und würden versuchen, das durch richtiges Wissen zu gewinnen, dann hätten wir ja eigentlich alles neu. Wir könnten auch Weihnachten neu feiern, denn wir würden Weihnachten so feiern, wie man es in der modernen Zeit feiern soll. Statt dessen bleiben die Leute dabei, in der Wissenschaft immer nur das Tote zu erforschen und daneben das Alte fortzupflanzen, mit dem sie gar keinen Sinn mehr verbinden. Ich möchte wissen, was die Leute, die heute sich Weihnachtsgeschenke machen und Weihnachten feiern, was die noch für einen Sinn mit Weihnachten verbinden. Gar keinen! Die machen das aus alter Gewohnheit. Und daneben, nicht wahr, wird einfach eine Naturwissenschaft gelehrt, die in sich überall widerspruchsvoll ist. Nirgends will man eingehen darauf, daß die Naturwissenschaft selber etwas gibt, was zur Erkenntnis des Geistigen führen kann.

Aber man kann heute schon sagen: Wenn das Christentum noch einen Sinn haben soll, so muß es sich darauf einlassen, wiederum zu einem wirklichen Wissen vom Geist zu kommen. Das ist das einzig Mögliche, nicht bloß Altes fortzupflanzen. Nicht wahr, im alten Sinne zu den festlichen Zeiten den Menschen die Bibel vorzulesen, was heißt denn das eigentlich? Oder sogar den Kindern in der Schule bloß die gewöhnliche Bibel vorzulesen, was heißt denn das, wenn man einem nebenbei dann sagt: Da war ein Urnebel, der sich gedreht hat? Da kommen ja der Kopf und das Herz in vollständigen Gegensatz! Sehen Sie, und dann verlernt der Mensch überhaupt richtig auf der Erde ein

Mensch zu sein, weil er sich ja gar nicht mehr kennt. Der ist ein Narr, der glaubt, wir bestehen auf der Erde als Menschen aus dem, was schwer ist, aus dem Kerl bloß, den wir auf die Waage legen und abwägen. Den brauchen wir gar nicht. Der ist ein Narr, der glaubt, wir bestehen aus diesen materiellen Stoffen, die ein Gewicht haben. In Wirklichkeit wird uns dieser Kerl gar nicht bemerklich, weil wir uns eben davor schützen, um nicht krank zu werden. Und das Kurieren der Krankheit besteht darinnen, daß man den Erdeneinfluß, der sich auf den Kranken geltend macht, wieder herausschafft. Derjenige, der jetzt nachgedacht hat, der weiß, daß alles Heilen eigentlich darinnen beruht, daß man den Menschen wieder wegkriegt vom irdischen Einfluß. Wenn man ihn nicht wegkriegt von der Erde mit ihren Einflüssen, dann kann man ihn nicht heilen. Dann legt er sich ins Bett, gibt sich dem Gewicht hin, läßt sich vom Bette tragen. Selber trägt man sich eben nicht, wenn man liegt.

Aber da haben wir eben auf der einen Seite die alten Gewohnheiten, auf der anderen Seite die moderne Wissenschaft, die den Menschen gar nicht aufklärt, was er als Mensch ist. Da kann nichts Gutes daraus werden. Und sehen Sie, es ist schon einmal so, der Weltkrieg mit all seinen Folgen, denen wir heute noch immer unterliegen, wäre eben nicht gekommen, wenn die Menschen schon vorher irgendwie etwas von ihrer Menschlichkeit gewußt hätten. Aber sie wollen es jetzt noch nicht. Sie wollen jetzt noch immer sich auf Kongressen versammeln, ohne neue Gedanken, sagen immer wiederum das Alte. Sie kriegen es nicht fertig – nirgends kriegen sie es fertig –, neue Gedanken zu haben. Denn dasjenige, was zuerst an vertrackten Gedanken in der Menschheit ist, das wird Lebensgewohnheit, und das ist heute unsere soziale Ordnung. Und wir kommen nicht wieder zu etwas in der Welt, bevor wir nicht von innen heraus wiederum den Menschen so recht spüren, was er eigentlich ist.

Das ist eigentlich dasjenige, was sich die, die verstehen, was die Anthroposophie will, als Weihnachten vorstellen. Weihnachten soll uns daran erinnern, daß wiederum eine geistige Wissenschaft geboren werden soll. Es ist das beste geistige Wesen, das geboren werden kann, die geistige Wissenschaft. Die Menschheit hat schon ein Weihnachten nötig. Sonst bleibt ihr nichts anderes übrig, als von dem Christus bloß das

Kreuz zurückzubehalten, und den lebendigen Christus wegzutun. Die gewöhnliche Wissenschaft ist nämlich bloß das Kreuz. Aber wir müssen eben wiederum zum Lebendigen kommen. Das ist dasjenige, was angestrebt werden muß.

Nun, meine Herren, das ist dasjenige, was ich als eine Ergänzung des Früheren gerade am heutigen Tage habe sagen wollen. Ich wünsche Ihnen damit recht gute Festtage!

NEUNTER VORTRAG

Dornach, 27. Dezember 1922

Fragestellung: 1. Frage betreffs Ansteckung von Krankheiten;
2. betreffs Heufieber.

Der Betreffende leidet schon seit Jahren an Heufieber. Er hat nun gehört, man solle den Patienten vorher behandeln. Wenn man die Einspritzungen schon im Januar, Februar mache, nicht erst, wenn er mit der Krankheit belastet sei, so sei das besser. Ein Basler Arzt habe ihm das gesagt. Es gehe besser ins Blut. Ob er das auch tun solle mit dem Heufiebermittel?

Dr. Steiner: Das ist richtig; das hat nur einen kleinen Haken. Nämlich gerade dieses Mittel, das bei uns angewendet wird, ist dazu geeignet, wie man sagt, prophylaktisch, also im voraus zu wirken, und sollte eigentlich auch wochenlang, bevor die Heufieber-Erregung auftritt, angewendet werden; aber der einzige Haken ist, daß die Patienten erst kommen, wenn sie vom Heufieber geplagt werden.

Nun haben wir gerade heute einen sehr interessanten Brief bekommen, wo jemand über ein anderes Heufiebermittel schreibt. Der Erfinder des anderen Heufiebermittels schreibt, sein Heufiebermittel helfe eigentlich nur als Linderung gegenüber dem einzelnen Heufieberanfall, während er selber glaube, daß unser Heufiebermittel, insbesondere wenn man es zweimal hintereinander, in größeren Abständen, anwende, dauernd vom Heufieber befreie.

Also die Sache ist diese, daß es uns natürlich viel lieber wäre, wenn die Kranken, statt im Mai oder Juni, im Januar oder Februar sich behandeln ließen. Aber man kommt ja in der Regel – das ist ja auch begreiflich –, wenn die Krankheit schon irgendwie zum Ausbruch gekommen ist.

Aber nun ist es bei unserem Heufiebermittel so, daß, wenn man den Kranken auch während der äußeren Erkrankung, die ja nur der letzte Schlußpunkt einer inneren Erkrankung ist, damit behandelt – insbesondere, wenn man es nach einem Jahre wiederum anwendet; man braucht es nicht immer wieder anzuwenden –, es ihn doch vor dem neuerlichen Befallenwerden schützt, weil eigentlich damit gerechnet wird, daß die Krankheit immer im ganzen Organismus liegt und nur an einem einzelnen Organ besonders herauskommt.

Wenn ich Ihnen das erklären soll, so möchte ich Ihnen über die Art und Weise sprechen, wie Krankheiten überhaupt entstehen, wenn sie von innen kommen. Ich habe darüber zwar schon einzelne Andeutungen gemacht, aber ich möchte Ihnen doch einmal erklären, wie Krankheiten entstehen, wenn sie von innen heraus auftreten. Es ist ja natürlich sehr leicht zu begreifen, warum man krank wird, wenn man ein Bein bricht oder sich den Schädel aufschlägt, wenn man hinfällt. Da ist eben eine äußerliche Verletzung vorhanden, und man kann das sehr leicht begreifen. Es ist ja äußerlich sichtbar, was die Ursache der Krankheit ist. Aber bei sogenannten inneren Krankheiten denkt man eigentlich meistens nicht daran, woher die kommen, wie sie eigentlich da sich plötzlich geltend machen. Und das verbindet sich mit der Frage, die vorher jemand gestellt hat, mit der Frage, wie es kommt, daß man, wenn man in die Nähe eines bestimmten Kranken kommt, davon angesteckt wird. Das scheint auch eine äußere Ursache zu sein.

Die äußere Wissenschaft, die beantwortet es sich sehr leicht, indem sie sagt: Nun ja, von dem Kranken, der also zum Beispiel die Grippe hat, fliegen eben die Bazillen weg, und dann atme ich die Bazillen ein und diese bringen mir die Krankheit. Es ist gerade so, wie wenn mich einer mit der Hacke schlägt und ich werde davon krank: da schmeißt der Kranke einen Batzen von Bazillen auf mich, bombardiert mich damit, und ich werde dadurch krank. – Nun, so einfach liegen aber die Sachen durchaus nicht, sondern sie liegen eben durchaus anders. Und das können Sie dann begreifen, wenn Sie von dem ausgehen, daß der Mensch ja eigentlich im alltäglichen Leben immer ein bißchen krank wird, und sich immer ein bißchen kuriert. Eigentlich besteht unser gewöhnliches physisches Leben darin, daß wir immer ein bißchen krank werden und uns ein bißchen kurieren. Aber das ist doch auch nicht ganz im eigentlichen Sinne. Ein bißchen krank ist jeder von uns, wenn er Durst hat, wenn er Hunger hat, und ein bißchen kuriert er sich, wenn er trinkt und wenn er ißt. Denn Sie begreifen ja, daß man richtig sagen kann: Der Hunger ist der Anfang von einer Krankheit, wenn er sich länger fortsetzt. Man stirbt daran. Denn schließlich kann man ja an

Hunger sterben, und noch leichter an Durst. Also es ist schon im gewöhnlichen alltäglichen Dasein etwas da wie der Anfang von einer Krankheit. Jedes Trinken ist eine Heilung, und jedes Essen ist eigentlich eine Heilung.

Aber jetzt müssen wir uns klarmachen, was denn da eigentlich geschieht, wenn wir Hunger kriegen, und wenn wir Durst kriegen. Also nehmen wir das erste: wenn wir Hunger kriegen. Sehen Sie, unser Körper ist nämlich innerlich nie ruhig, der ist immer in einer inneren Tätigkeit. Und diese innerliche Tätigkeit, in der unser Körper immer ist, die kann ich Ihnen auf folgende Weise so ein bißchen, annähernd, durch eine Zeichnung klarmachen. Denken Sie sich, das wäre ein Stückchen unseres Körpers (siehe Zeichnung), und in dieses Stückchen unseres

Tafel 12

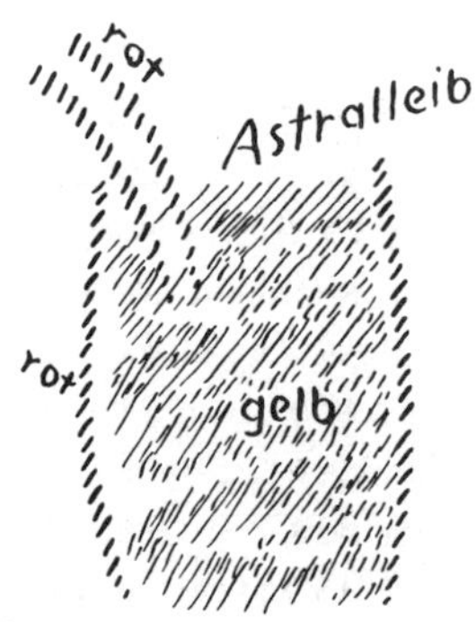

Körpers lassen wir durch die Ernährung Nahrungsstoffe hineinkommen, also äußere Stoffe, die wir durch die Nahrung aufnehmen. Jetzt sind die da drinnen. Wir haben sie meinetwillen vom Mund durch die Verdauungskanäle irgendwohin nach dem Körper aufgenommen.

Aber sehen Sie, wenn diese Nahrungsstoffe in uns hineinkommen, dann wird unser ganzes Menschenwesen gegen diese Nahrungsstoffe sogleich rebellisch. Das Menschenwesen läßt ja die Nahrungsstoffe nicht so, wie sie sind, sondern es zerstört sie. Die Nahrungsstoffe müssen zerstört werden, also eigentlich zersplittert werden. Im Mund werden sie ja schon aufgelöst. Sie werden überhaupt ganz, man möchte sagen, vernichtet. Sie werden vernichtet. Und das ist deshalb, weil fortwährend in unserem Leib drinnen eine Tätigkeit ist, die gar nicht aufhört. Diese Tätigkeit muß man geradeso betrachten, wie man Finger oder Hände betrachten muß, denn der Leib ist fortwährend in innerer Tätigkeit, und man kann es nicht so machen, wie es die gewöhnliche Wissenschaft macht, daß sie einfach hinschaut, wie wir ein Stück Brot essen, wie dann dieses Brot im Munde aufgelöst wird, wie es sich verteilt im Körper, sondern man muß darauf Rücksicht nehmen, daß der Leib des Menschen fortwährend tätig ist. Nun denken Sie aber: Wenn ich nichts in ihn hineintue, wenn der Leib des Menschen da ist, und nichts kommt in ihn hinein, es ist die Mahlzeit schon weit hinter uns, vier, fünf Stunden vorüber, es kommt nichts hinein – ja, aber die Tätigkeit im Leibe hört nicht auf.

Also ich werde, was ich da rot gezeichnet habe, als das betrachten, was man gewöhnlich sieht, und dasjenige, was innere Tätigkeit ist, werde ich jetzt gelb hineinmachen. Aber dieses Gelbe ist eigentlich in einem fortwährenden inneren Erzittern, in einer fortwährenden Tätigkeit. Sehen Sie, jetzt sind Sie gewissermaßen ein leerer Schlauch, in dem es aber nicht ruhig ist, sondern in dem es drinnen rumort. In innerer Tätigkeit sind Sie. Und solange Sie für diese innere Tätigkeit etwas haben, worauf sich diese innere Tätigkeit richten kann, dann behagt es dieser inneren Tätigkeit. Das ist insbesondere nach der Mahlzeit der Fall. Da kann diese innere Tätigkeit alle Stoffe auflösen, vernichten. Sie ist damit zufrieden. Sehen Sie, das ist der Unterschied zwischen dieser inneren Tätigkeit, die wir in uns haben, und zwischen dem Menschen im ganzen, wie er unter uns ist. Er kann faul werden. Aber diese innere Tätigkeit wird nie faul, die hört gar nie auf. Und wenn ich nichts in mich hineintue, so ist es so, wie wenn ich einen leeren Mehlsack habe, aber da drinnen eine Tätigkeit ist, auch wenn ich alle Materie vermeide. In der Geisteswissenschaft nennen wir das den Astralleib, aus gewissen Gründen, die ich Ihnen später noch sagen werde; dieser ist niemals faul, ist immer tätig. Wenn er tätig sein kann, diese Nahrungsmittel zu zerstören, zu zersplittern, aufzulösen, dann ist er von innerer Behaglichkeit erfüllt, dann hat er seine innere Lust. Führe ich keine Nahrungsmittel in den Körper hinein, dann ist er unbefriedigt, dann äußert sich diese Unbefriedigung, und die Äußerung dieser Unbefriedigung ist Hunger. Hunger ist nichts Ruhendes; Hunger ist eine Tätigkeit in uns. So daß man sagen muß: Hunger ist richtig eine seelisch-geistige Tätigkeit in uns, die nicht befriedigt werden kann. Es ist eigentlich wirklich so, daß man sagen kann: Diese Tätigkeit in uns, die ist verliebt in die Nahrungsmittel, und wenn sie keine Nahrungsmittel kriegt, dann ist sie ebenso unbefriedigt wie irgendein Liebhaber, dem die Geliebte davongelaufen ist und nicht da ist. Und diese Unbefriedigung ist der Hunger. Das ist durchaus etwas Geistiges, der Hunger.

Nun, die Tätigkeit, die da drinnen ausgeübt wird, die besteht also darin, daß die Nahrungsmittel zerstäubt werden, daß das, was von ihnen brauchbar ist, in die Blutadern übergeht, das andere durch den Urin oder die Fäkalien ausgeworfen wird. Und auf diese Weise geht regelmäßig die gesunde Tätigkeit des Menschen vor sich, daß sein Astralleib Gelegenheit hat, richtig zu arbeiten, richtig die Nahrungsmittel zu zerstören, aufzulösen, das, was brauchbar ist, in den Körper hineinzuschieben, das, was nicht brauchbar ist, auszustoßen.

Diese Tätigkeit des Menschen, die kann nicht eine so ganz allgemeine Tätigkeit sein, sondern in dieser Tätigkeit drinnen ist etwas ungeheuer Weisheitsvolles enthalten. Denn nehmen Sie an, da heroben wäre die
Tafel 12 Mitte Lunge (siehe Zeichnung S. 160), und weiter unten haben wir die Milz; da oben die Lunge, da unten die Milz. Sowohl zu der Lunge wie zu der Milz gehen Blutadern hin, durch die immerwährend aufgelöste Nahrungsmittel, verwandelte Nahrungsmittel hingeschickt werden. Ja, die Lunge braucht ganz andere Stoffe als die Milz! Es ist gerade so, wenn Sie diese Tätigkeit, die ich Ihnen beschrieben habe als Astralleib, betrachten, als ob der Astralleib viel gescheiter wäre als der Mensch. Der Mensch, der kriegt ohnedies nichts fertig, als daß er die Nahrungsmittel in den Mund hereinstopft. Aber diese Tätigkeit, die ich angeführt habe, die sondert aus – wie wenn Sie damit beschäftigt wären, zwei Stoffe voneinander abzusondern, und den einen dorthin zu werfen, weil er dort verwendet werden soll, den andern dahin zu werfen. Das tut diese Tätigkeit. Gewisse Stoffe sondert sie ab und schickt sie in die Lunge,

gewisse Stoffe schickt sie in die Milz, andere Stoffe schickt sie in den Kehlkopf und so weiter. Da drinnen ist eine weise Verteilung. Und was wir unseren Astralleib nennen, das ist ungeheuer weise, weiser als wir selber. Wenn Sie den gelehrtesten Menschen heute fragen würden, wie er das einrichten soll, daß er die richtigen Stoffe in die Lunge oder in den Kehlkopf oder in die Milz kriegt – ja, der wüßte nichts darüber zu sagen. Aber innerlich weiß das der Mensch nämlich; sein Astralleib weiß das. So sind schon die Dinge, wenn man sie richtig betrachtet.

Allerdings kann dieser Astralleib auch dumm werden – noch immer nicht so dumm wie der Mensch, aber er kann im Verhältnis zu seiner eigenen Gescheitheit auch dumm werden. Dieser Astralleib kann auch dumm werden. Nehmen wir einmal an, er wird auf folgende Weise dumm.

Der Mensch ist dadurch, daß er so oder so geboren ist, innerlich mit gewissen Kräften ausgestattet. Sein astralischer Leib nun, dasjenige, was in ihm tätig ist, was auch Hunger kriegt, ist eigentlich darauf angewiesen, nicht nur eine solche innere Tätigkeit zu entwickeln. Die Tätigkeit, die da entwickelt wird für die Nahrungsmittel, die wird auch entwickelt, wenn sich einer hinsetzt und den ganzen Tag so wie eine Pagode, so wie ein orientalisches Götzenbild dasitzt; da würde immer noch der astralische Leib tätig sein. Aber das genügt nicht. Wir müssen auch äußerlich etwas tun. Wir müssen herumgehen. Und wenn wir gar nichts zu arbeiten haben, so müssen wir spazieren gehen. Der Astralleib verlangt auch, daß wir herumgehen. Und das ist bei jedem Menschen verschieden: der eine braucht mehr, der andere weniger Bewegung.

Nehmen wir nun an, dadurch, daß einer in einer gewissen Weise seine Anlagen hat von seiner Geburt aus, wird er ein Sitzer. Es gefällt ihm in seinem dummen Kopf, man könnte auch sagen, in seinem Ich, viel herumzusitzen. Wenn er also da nun viel herumsitzt, sein astralischer Leib aber veranlagt ist, viel herumzugehen, so wird sein astralischer Leib dumm, geradeso wie wenn einer sich übernimmt beim Gehen. In beiden Fällen wird der Astralleib dumm und macht das nicht mehr ordentlich, daß er richtig die Nahrungsmittel aussondert, nach den richtigen Organen hinschickt, sondern er macht das ungeschickt. Sagen wir zum Beispiel, er kriegt das nicht mehr ordentlich zusammen, nach dem Herzen oder nach dem Kehlkopf die richtigen Stoffe hinzuschicken. Ja, dann geschieht etwas! Wenn man, sagen wir, zum Herzen unrichtige Stoffe hinschickt, so bleiben die Stoffe – in den Nahrungsmitteln sind sie schon richtig drinnen – irgendwo liegen im Körper. Und weil sie eigentlich brauchbar sind, kommen sie weder an den richtigen Platz zu liegen, noch werden sie mit dem Urin, noch mit den Fäkalien abgestoßen. Sie setzen sich im Körper an. Aber das verträgt der Mensch nicht, daß irgend etwas, was nicht in der richtigen Tätigkeit ist, sich in seinem Körper ablädt; das verträgt der Mensch nicht.

Was geschieht mit dem, was wir da gewissermaßen als einen Dreck in uns absondern dadurch, daß der astralische Leib nicht in Ordnung ist? Was geschieht dadurch? Nun, nehmen wir an, diesen Dreck haben wir drinnen. Ich will einen besonderen Dreck ins Auge fassen, will also zum Beispiel den Kehlkopfdreck nehmen. Dadurch, daß der Mensch nicht imstande ist, daß sein astralischer Leib ordentlich arbeitet, sondert sich überall in ihm Kehlkopfdreck ab. Das erste, was eintritt, ist, daß sein Kehlkopf schwach wird, weil er nicht die richtige Zufuhr hat, so daß der Mensch einen schwachen Kehlkopf hat. Und außerdem noch hat er den Kehlkopfdreck in seinem Leib. Was tut denn aber der Kehlkopfdreck? Ja, zunächst lagert er sich ab. Zunächst haben wir diesen Mist in uns. Aber ich habe Ihnen ja gesagt: Der Mensch ist nicht bloß ein fester Körper, sondern er ist ja zu neunzig Prozent Wasser, eigentlich eine Wassersäule. Und das hat zur Folge, daß sich dieser Kehlkopfdreck nun in dem ganzen Wassermenschen auflöst. So daß der Mensch nicht das reine, belebte Wasser in sich hat, das er braucht, sondern er hat jetzt ein Wasser, in dem Kehlkopfdreck aufgelöst ist. Sehen Sie, das ist dasjenige, was so häufig bei uns eintritt, daß wir in unserem Wassermenschen Kehlkopfdreck oder Herzdreck oder Magendreck oder irgend etwas anderes aufgelöst haben.

Sagen wir also, wir haben Kehlkopfdreck aufgelöst. Der kommt dann an den Magen heran. Da schadet er nicht besonders, weil der Magen ja das nicht braucht. Er hat, was er braucht. Es ist ihm nichts entzogen worden. Aber das Wasser, das fließt überall hin im Menschen, ist auch in der Kehlkopfgegend. Der Kehlkopf ist nun schon schwach geworden, wie ich Ihnen gesagt habe. Außerdem kriegt er noch dieses verdreckte Wasser, dieses Wasser, das in sich den Kehlkopfdreck aufgelöst hat. Davon wird gerade der Kehlkopf krank. Die andern Organe werden vom Kehlkopfdreck nicht krank; aber der Kehlkopf wird vom Kehlkopfdreck krank.

Nun, nehmen wir eine ganz einfache Erscheinung. Nehmen wir an, es ist ein Mensch da, der eine feinere Empfindung hat. Wenn ein Mensch eine feinere Empfindung hat, und er hört einem andern Menschen zu, der spricht – ja, sehen Sie, das ist recht angenehm, wenn ein Mensch schön spricht. Wenn aber einer kräht wie ein Hahn oder grunzt wie ein Schwein, so ist es nicht angenehm, zuzuhören, wenn man auch alles versteht. Es ist unangenehm, einem zuzuhören, der krächzt wie ein Rabe oder grunzt wie ein Schwein. Und insbesondere, wenn einer heiser ist, so hat es etwas Beklemmendes, ihm zuzuhören.

Woher kommt denn das, daß wir solch eine Empfindung haben beim Zuhören? Sehen Sie, das kommt daher, weil wir immer eigentlich in ganz feiner Weise das nachsprechen, was der andere sagt. Das Zuhören besteht nämlich darinnen – nicht nur, daß wir hören, sondern wir reden nämlich unhörbar ganz fein. Wir hören nicht nur das, was der andere sagt, sondern wir machen es auch nach in unseren Sprachorganen. Wir machen immer alles nach, was der andere Mensch macht.

Und nun nehmen wir an, wir hören nicht einem andern zu und machen das innerlich nach, was er sagt, sondern wir sind, indem wir gerade vielleicht ein bißchen Mitleid sogar haben – auf die Weise können wir uns empfindlich zeigen –, in der Nähe eines Grippekranken. Der Grippekranke hat in seinem ganzen Wassermenschen eine ganze Menge Stoffe aufgelöst. Die Stoffe, die er aufgelöst hat, machen, daß er in seinem Wasser nicht das reine lebendige Wasser hat, von dem ich Ihnen in dem Vortrage geredet habe, sondern er hat ein solches Wasser in sich, das für den Menschen ungesund ist. Ich kann Ihnen sogar beschreiben, was für eine Art von Wasser er in sich hat.

Nehmen Sie einmal an, Sie haben hier irgendeinen Erdboden. Nun, wenn Sie da einen Erdboden haben, so können Sie auf diesem Erdboden verschiedenes pflanzen. Aber nicht alles gedeiht in jedem Erdboden gleich. Nun will ich aber just hier Zwiebeln und Knoblauch pflanzen auf diesem Stück Erdboden. Es ist zwar ein sonderbarer Geschmack, aber nehmen wir an, ich will just hier Zwiebeln und Knoblauch pflanzen. Sehen Sie, da werde ich nicht einfach Zwiebeln und Knoblauch pflanzen, denn das würde dazu führen, daß ich, wenn der Boden nicht geeignet ist, furchtbar kleine Zwiebeln kriege und ganz kleine Knoblauche, sondern ich werde in den Boden etwas hineinbringen, was schwefelhaltig und phosphorhaltig ist, und ich kriege die wunderbarsten Zwiebeln und Knoblauche! Und die riechen auch danach.

Wenn nun einer gerade den Grippedreck in sich hat, dann ist es so, daß sich in ihm, in seinem Wassermenschen, die Stoffe auflösen, die ich in diesen Boden hineinbringen muß, damit ich da die wunderbarsten Zwiebeln und Knoblauche darin bekomme, und dann fängt der Kranke an so zu riechen, wie Sie es erzählt haben.

Aber jetzt mache ich das mit. Ich bemerke vielleicht gar nicht, daß ich in seinem Zwiebelduft sitze, in dem Knoblauchduft, weil der ja nicht so besonders stark zu sein braucht. Dieser Knoblauchduft, den er hat, der bewirkt, daß sein Kopf dumpf wird, weil ein ganz bestimmtes Organ im Kopfe, das man das Sensorium nennt, nicht ordentlich von dem Stoff versorgt wird. Dadurch haben wir den Grippedreck in uns, daß gerade in der Mitte des Kopfes ein Organ nicht ordentlich versorgt wird. In diesem Duft – das kann man also mit einer ganz feinen Nase riechen – ist immer etwas Zwiebel- und Knoblauchduft drinnen. Ja, den macht man ja mit. So wie wir die krächzende und grunzende Stimme des Menschen mitmachen, so machen wir innerlich das mit, was der Mensch da ausdünstet, und wir kriegen dadurch unsern eigenen Astralleib, unsere eigene Tätigkeit in Unordnung. Die bewirkt nun auch, daß ein solcher Boden, wie er geeignet ist für Zwiebeln und Knoblauch, abgesetzt wird, und wir kriegen auch die Grippe. Das hat noch gar nichts mit Bakterien oder Bazillen zu tun; das hat einfach mit der Beziehung von Mensch zu Mensch etwas zu tun.

Wenn ich nun einen solchen Garten habe, in dem ich besonders Zwiebeln und Knoblauch pflanzen will, und ich bringe da phosphorhaltige, schwefelhaltige Stoffe herein – ich kann nun warten, kann sagen: Nun ja, ich habe ja meine Pflicht getan, ich will Zwiebeln und Knoblauch haben, also bringe ich Schwefel und Phosphor in irgendwelchem Pflanzendünger in meinen Garten herein; aber ich wäre ein Narr, wenn ich glaubte, daß da schon Zwiebeln wachsen. Ich muß doch erst die Zwiebeln anbauen. Ebenso bin ich ein Narr, wenn ich glaube, daß da im Innern des Menschen auf dem Boden, der da bereitet wird, schon Bakterien, Bazillen wachsen. Die müssen erst herein. Denn geradeso wie sich die Zwiebel wohl fühlt in einem solchen phosphor- und schwefeldurchsetzten Boden, so fühlen sich diese Bazillen da drinnen wohl. Denen ist nichts lieber, als wenn sie in ein wenig Schwefel drinnen sind. Und ich brauche gar nicht einmal die Bazillen dazu, damit die Grippekrankheit vom anderen auf mich übergeht, sondern wenn ich auf die Weise, wie ich es Ihnen gerade geschildert habe, in meinem Wassermenschen dasjenige mitmache, was in seinem Wassermenschen stattfindet, werde ich selber dadurch ein guter Boden für die Bazillen, und ich erwerbe sie mir selber, die Bazillen. Er braucht mich gar nicht anzubombardieren damit.

Aber es ist doch so, daß wir, wenn wir die ganze Sache anschauen, uns doch die Frage: Wodurch werden wir eigentlich mit einer Krankheit befallen? – in einer ganz bestimmten Weise beantworten müssen. Wir müssen uns sagen: Wenn uns irgendeiner etwas verletzt, werden wir krank davon. – Aber auch bei inneren Krankheiten verletzt uns eigentlich etwas. Es verletzt uns das Wasser, das nicht rein ist, in dem sich Stoffe aufgelöst haben, die eigentlich verdaut sein sollen. Das verletzt uns innerlich.

Und nun können Sie auch auf solche Krankheiten abzielen, wie es zum Beispiel das Heufieber ist. Das Heufieber hängt viel mehr von der Jahreszeit als solcher ab als von den Pollen, die herumfliegen. Dasjenige, was den Menschen geeignet macht, Heufieber zu kriegen, das ist, daß vor allen Dingen sein astralischer Leib nicht richtig absondert, nicht richtig diejenige Tätigkeit vollzieht, die mehr gegen außen gerichtet ist. Und die Folge davon ist, daß er in seinem ganzen Wassermenschen dann, wenn der Frühling heranrückt, wenn alles also dazu übergeht, im Wasser zu gedeihen, besondere Stoffe auflöst in diesem allgemeinen Wasser, und daß er dadurch seinen ganzen Wassermenschen empfindlicher kriegt.

Sehen Sie, es ist so, wenn ich es grob aufzeichne: Wenn ich den Wassermenschen, den normalen Wassermenschen so zeichnen würde, so müßte ich den Wassermenschen, der, wenn der Frühling kommt, eine Neigung für das Heufieber hat, so zeichnen, daß dadurch, daß ich Stoffe auflöse, sein Wasser eigentlich immer ein bißchen verdünnt wird.

Tafel 12

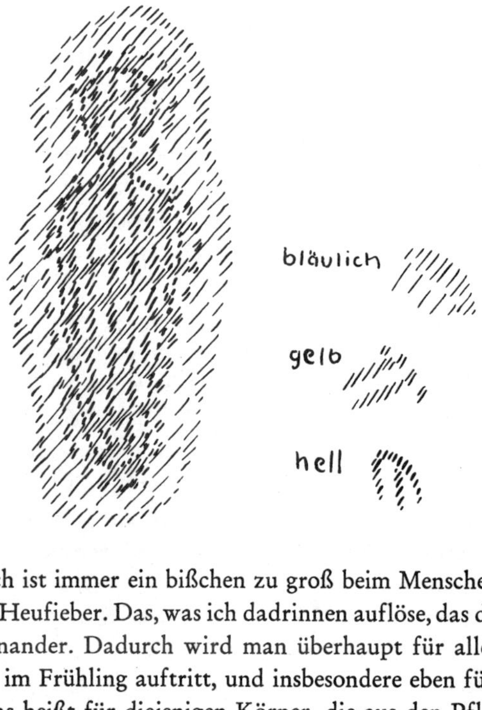

Der Wassermensch ist immer ein bißchen zu groß beim Menschen mit der Neigung zum Heufieber. Das, was ich dadrinnen auflöse, das drängt das Wasser auseinander. Dadurch wird man überhaupt für alles das empfindlich, was im Frühling auftritt, und insbesondere eben für diejenigen Pollen, das heißt für diejenigen Körner, die aus den Pflanzen kommen, die nun besonders scharf reizend sind.

Wenn die Nase nicht zu wäre – obwohl sie zu ist, gehen schon auch diese Pflanzenpollen in die Nase herein –, aber wenn sie nicht zu wäre, könnten Sie auch durch vieles andere zum Heufieber gereizt werden. Nur, diese Pflanzenpollen sind eben so, daß man sie schwer verträgt, wenn man schon das Heufieber hat. Sie verursachen nicht das Heufieber, sondern sie reizen eben.

Nun, sehen Sie, unser Heufiebermittel beruht direkt darauf, daß es im menschlichen Körper diesen ausgedehnten Wassermenschen wiederum zusammenzieht, so daß er etwas trüb wird, und dasjenige, was er aufgelöst hat, wiederum absondert. Es ist nämlich furchtbar einfach, unser Heilmittel. Es beruht lediglich darauf, daß man den ganzen Wassermenschen wiederum auf seine normale Gestalt zusammenzieht. Dadurch wird er zunächst etwas trübe, und man muß dann darauf schauen, daß hinterher der Mensch nicht dasjenige, was sich aus dem Wasser heraussondert, im Leibe behält. Daher ist es gut, wenn der Mensch, nachdem er geimpft ist mit unserem Heufiebermittel, zum Beispiel etwas schwitzen kann, oder sich bewegen kann. Wenn er nachher, gerade nachdem er mit dem Heilmittel geimpft ist, irgend etwas tut, wodurch gar keine richtige Schweißabsonderung zustande kommt, oder wenn er das Heufiebermittel dann bekommt, wenn er besonders an Verstopfung leidet, dann ist es immer etwas schwierig mit der Impfung. Wenn man zum Beispiel mit dem Heufiebermittel impft, so sollte man ihn fragen, ob er gerade in dieser Zeit an Verstopfung leidet. Denn wenn er an Verstopfung leidet, dann sammelt sich das gerade dadurch, daß man den Wassermenschen zusammenzieht, zu stark an und wird nicht gleich ausgeschieden. Das ist nicht gut. Wenn einer sagt, er ist verstopft, wenn er geimpft wird, so sollte man ihm zugleich ein Abführmittel geben.

Das Heilen besteht nicht bloß darinnen – das ist eben immer wichtig, meine Herren –, daß man irgend jemandem etwas beibringt, sondern daß man das ganze Leben dann danach einrichtet, daß der menschliche Leib sich in richtiger Weise zu dem, was man ihm beigebracht hat, verhält. Das ist natürlich ungeheuer wichtig, sonst kann man jemanden in die Krankheit erst recht hineinreiten. Wenn Sie jemanden gerade impfen mit irgendeinem Mittel, das ein ganz gutes, ein ausgezeichnetes Mittel ist, und dann nicht dafür sorgen, daß er die richtige Verdauung hat, daß alles weggeht, was da erzeugt wird, dann machen Sie ihn kränker, als er vorher war.

Das ist gerade bei richtigen Heilmitteln so wichtig, daß der Arzt nicht bloß weiß: für diese Krankheit verwende ich das oder jenes, sondern daß er weiß, wie er den einzelnen Kranken zu fragen hat. Das ist die größte ärztliche Kunst, daß, wenn irgendein Kranker auftritt, man ihm die richtigen Fragen stellt, daß man ihn bis zu einem gewissen Grade kennt. Das ist von ungeheurer Wichtigkeit. Es ist zum Beispiel merkwürdig, daß man Ärzte trifft, die sprechen von einem Kranken, und frägt man sie: Wie alt ist er? – da haben sie ihn gar nicht gefragt! Aber das ist ja so wichtig, daß man einen Fünfzigjährigen ganz anders, wenn auch mit denselben Mitteln, behandeln muß als einen Vierzigjährigen. Bloß muß man dann nicht so schematisch sein, daß man sagt: Für die und die Krankheit ist das und das Mittel gut. Es ist ein ganz großer Unterschied, ob Sie einem, der fortwährend mit Durchfall herumläuft, mit einem Mittel helfen wollen, oder ob Sie irgend jemandem helfen wollen, der fortwährend mit Verstopfung herumläuft. Solche Mittel könnte man schon ausprobieren.

Da würde zum Beispiel das Tierexperiment viel weniger anfechtbar sein als für andere Dinge. Nehmen Sie an, wie im allgemeinen Organismus, wie ihn der Mensch mit den Tieren gemeinschaftlich hat, irgendein Mittel wirkt auf die Verstopfung oder auf den Durchfall beim Menschen. Nun, davon kann man sich ja leicht überzeugen: Man gibt eben das Mittel zugleich einem Hund und einer Katze ein. Der Hund leidet meistens an Verstopfung, die Katze an Durchfall. Und wenn man beobachtet, was für ein Unterschied ist in der Wirkung des Mittels beim Hund oder bei der Katze, so kriegt man eine wunderbare Wissenschaft heraus. Die Wissenschaft wird eigentlich nicht dadurch ausgebildet, daß man an der Universität dressiert wird, mit gewissen Instrumenten das oder jenes auszuführen, sondern sie wird dadurch ausgebildet, daß ein wenig der Grips im Kopfe geweckt wird und die Leute wissen, wie sie die Untersuchungen anzustellen haben.

Also das ist ganz besonders wichtig, daß man weiß, eine Krankheit ruht eigentlich im ganzen Organismus des Menschen. Und das einzelne Organ wird gerade aus dem Grunde angegriffen, weil diese Tätigkeit, die ich ja die astrale genannt habe, die Stoffe, die aus dem entstanden sind, was da als Tätigkeit drinnen ist, eben nach dem einzelnen Organ hindirigiert.

Nun habe ich Ihnen gesagt: Es entstehen gewisse innere Krankheiten, wie Grippe, Heufieber, aber auch vieles andere, es kann bis zum Typhus und so weiter gehen; und das alles ist zum Beispiel zu verstehen, wenn man sich darauf einläßt, wie ich es Ihnen schon gesagt habe, daß eigentlich die Stoffe, die unverbraucht sich in uns ablagern, im Wassermenschen aufgelöst werden.

Aber wir sind nicht bloß der Wassermensch, wir sind auch der Stoffmensch, der liegt ja zugrunde, den habe ich hier (siehe Zeichnung S. 168) Tafel 12
weiß gemacht, den Wassermenschen habe ich gelb gemacht. Und nun sind wir auch, wie ich Ihnen auseinandergesetzt habe, der Luftmensch, den ich hier bläulich angedeutet habe. Wir sind fortwährend der Luftmensch, wenn der sich auch in jedem Momente ändert – bald ist die Luft draußen, bald drinnen –, aber wir sind ein Luftmensch.

Aber geradeso wie die festen Bestandteile, die wir in uns als Dreck haben, sich auflösen im Wasser, so verdunstet das Wasser in uns fortwährend. Sie können zum Beispiel Ihren kleinen Finger nehmen; da drinnen in den Muskeln des kleinen Fingers sind Verdunstungen des Wassers, feine Verdunstungen. Durch Ihren ganzen Körper hindurch verdunstet fortwährend das Wasser. Und das, was da verdunstet am Wassermenschen, das geht hinein in das, was der Mensch da an Sauerstoff aufnimmt; das ist wiederum Dunst oder Gas. Wenn da unten am Erdboden Wasser verdunstet, so geht dieses Wasser eben in die Luft; und wenn da drinnen im Wassermenschen das Wasser immer fein verdunstet, da geht es in die Luft, die der Mensch einatmet, hinein. Das kann der Mensch ebensowenig ertragen, daß in den Luftmenschen das Wasser hinein verdunstet, wie er ertragen kann, daß die festen Stoffe im Wasser sich auflösen.

Nehmen wir also an, bei einem Menschen ist dadurch, daß eben irgend etwas von der Art geschehen ist, wie ich es heute beschrieben habe, meinetwillen, sagen wir, die Lunge krank geworden. Nun kann diese Lungenkrankheit geheilt werden, wenn diese Lungenkrankheit dadurch entstanden ist, daß sich falsche Stoffe im Wassermenschen abgesetzt haben. Aber nehmen wir an, es kommt zu keiner so starken Lungenkrankheit, daß sie äußerlich auftritt. Die menschlichen Organe sind nämlich wirklich recht empfindliche Dinger. Es kommt also nicht dazu, daß die Lunge so stark krank wird, daß ich sie entzündet finde oder so etwas, aber es kommt eben dazu, daß sie ein bißchen krank ist.

Dann ertrage ich das, daß die Lunge ein bißchen krank ist, aber Stoffe kommen doch hinein in meinen Wassermenschen, die eigentlich in die Lunge gehen sollen. Und dieses, was dann in ihr drinnen ist, das ist also Wasser, das falsche Stoffe aufgelöst enthält; die verdunsten mit, und sie verdunsten dann ganz besonders, wenn ich die Lunge nicht ganz gesund habe.

Also während früher der Wassermensch mehr bei den grob bemerkbaren inneren Erkrankungen vom Festen her Falsches aufnimmt, kommt jetzt Falsches zur Verdunstung, und kommt mit dem Sauerstoff zusammen, der aufgenommen wird. Und das – daß Wasser, welches unrecht verdunstet, mit dem Sauerstoff zusammenkommt – wird ganz besonders schädlich im Nervensystem, weil die Nerven gesunden Sauerstoff brauchen, nicht einen solchen, der aus dem schlechten Wasser aus dem Wassermenschen hineinverdunstet ist. So kann die Lunge ihr Einbißchen-Kranksein dadurch bewirken, daß schlechtes Wasser in ihr verdunstet, etwas mitverdunstet, was nicht verdunsten soll. Das wird dem Nervensystem ganz besonders schädlich, und der Mensch wird zwar nicht äußerlich robust krank, was man so Krankheit nennt – er wird verrückt.

So daß man sagen kann: Die sogenannten physischen Krankheiten, wenn sie von innen kommen, beruhen darauf, daß irgendwie im Menschen bewirkt wird, daß sich unrichtige Stoffe in seinem Wassermenschen auflösen. Aber die sogenannten Geisteskrankheiten sind ja in Wirklichkeit gar keine Geisteskrankheiten, denn der Geist wird nicht krank. Sogenannte Geisteskrankheiten beruhen darauf, daß das Wasser unrichtig verdunstet in den Sauerstoff hinein, und dadurch das Nervensystem stört, wenn irgendein Organ so leise nur krank ist, so wenig nur krank ist, daß Sie es äußerlich nicht wahrnehmen können. So sehen Sie, daß man gerade da darauf kommt, daß der Mensch eigentlich fortwährend darauf angewiesen ist, die Stoffe richtig zu verarbeiten, damit sich nicht in seinem Wasser Unrichtiges auflöst, und damit nicht sein Wasser in der unrichtigen Weise zum Verdunsten kommt.

Aber sehen Sie, schon im alltäglichen Leben ist so etwas da, was unrichtiges Verdunsten des Wassers bewirkt. Das ist dann bemerkbar, wenn wir Durst haben. Aber den Durst heilen wir wiederum, indem wir trinken. Da machen wir immer wiederum unser Wasser frei von dem, was unrichtig darin verdunstet, und wir schwemmen das Unrichtige heraus.

Und so kann man sagen: Im Hunger ist eigentlich die Anlage zu der physischen Krankheit, und im Durst ist die Anlage zur sogenannten geistigen Erkrankung. Wir könnten eigentlich sagen: Wenn der Mensch sich nicht richtig ernährt, so bildet er dadurch die Grundlage für die physischen Erkrankungen. Wenn der Mensch nicht richtig seinen Durst löscht, und das ist unter Umständen viel schwerer bemerkbar, namentlich, wenn es in der Kindheit auftritt, wo man nicht recht das Durstlöschen und das Hungerlöschen unterscheiden kann, weil beides versorgt wird durch die Milch, also eigentlich durch eine Flüssigkeit, ein Wässeriges – wenn also durch die Muttermilch oder Ammenmilch etwas Verderbliches hineinkommt, so kann das noch spät den Wassermenschen veranlassen, nicht richtig zu verdunsten, und kann sich in irgendeiner Geisteskrankheit äußern. Oder wenn wir den Menschen, sagen wir, falsch impfen, dann kann eine falsche Impfung mit der oder jener Kuhlymphe oder auch mit einer kranken Menschenlymphe bewirken, daß zum Beispiel zwar nicht direkt das Wasser erkrankt, aber diejenigen Organe, die das Wasser verarbeiten – der Magen verarbeitet das Wasser in einer anderen Weise, als er die festen Nahrungsmittel verarbeitet –, die können krank werden. Und es kann infolge falscher Impfung, dadurch, daß der Mensch nicht in richtiger Weise verdunstet, später die Anlage zu irgendeiner Geisteskrankheit kommen.

Sie werden bemerkt haben, meine Herren, daß heute sehr viele Menschen von der sogenannten Dementia praecox befallen werden. Dementia praecox, das ist der sogenannte Jugendwahnsinn – der aber ziemlich weit über das Jugendalter hinausgeht –, wo die Menschen anfangen, in der Jugend schon zu verblöden. Ja, der rührt zum großen Teil von falscher Ernährung in den allerersten Kindesjahren her, und weil die Menschen überhaupt aufgehört haben, in dieser Zeit darauf zu achten. Denn mit der bloßen chemischen Untersuchung der Kindermilch geht es nicht ab, sondern man muß da ganz anderes entwickeln. Deshalb treten diese Dinge heute in einer solch vehementen Weise auf.

Aber dadurch sehen Sie auch, daß es nichts nützt, bloß Ärzte auszubilden, die wissen, dieses Mittel ist für diese Krankheit, jenes Mittel für jene Krankheit, sondern wir müssen das ganze Leben gesünder machen. Das kann aber erst sein, wenn man darauf kommt, was alles damit zusammenhängt. Das möchte man tun mit Anthroposophie. Daher ist Anthroposophie schon etwas, was durchaus darauf hingeht, auch hygienisch zu wirken, die Gesundheit richtig zu erfassen.

Damit sind die Fragen der beiden Herren ja im wesentlichen beantwortet.

ZEHNTER VORTRAG

Dornach, 30. Dezember 1922

Es wird eine Frage gestellt in bezug auf Schwangerschaft und Beeinflussungsmöglichkeiten während der Schwangerschaft.

Dr. Steiner: Diese Dinge, meine Herren, sind Angelegenheiten des Lebens, die als außerordentlich wichtig behandelt werden müssen. Es ist ja im allgemeinen so, daß man auf das Kind während der Schwangerschaft nicht einen außerordentlich großen Einfluß anders nehmen kann als auf dem Umweg durch die Mutter, denn das Kind hängt ja, wie Sie aus manchem ersehen werden, was ich hier schon gesagt habe, durch zahlreiche feine Blutgefäße mit der Mutter so zusammen, daß es von der Mutter Nahrungsstoffe bekommt, auch eine ganz andere Atmung später, und daß es die Dinge, die es braucht, von der Mutter bekommt.

Nicht wahr, die Dinge, die Sie jetzt berührt haben, die können wir am besten betrachten, wenn wir uns ein bißchen noch beschäftigen, gerade mit Rücksicht auf Ihre zwei Fragen, mit dem Krankwerden und Gesundsein des Menschen überhaupt. Denn bei der Schwangerschaft ist es so, daß es wirklich noch schwerer als beim gewöhnlichen Hunger und Durst zu sagen ist, wo die Hinneigung zur Krankheit schon anfängt und wo sie aufhört.

Außerdem kommen bei der Schwangerschaft Dinge in Betracht, die schlagend beweisen, wie das Seelische der Mutter auf das künftige Kind einen außerordentlichen Einfluß hat. Sie brauchen nur einmal zu verfolgen, was geschieht, wenn zum Beispiel die Mutter, namentlich in den ersten Monaten der Schwangerschaft, einen großen Schreck bekommt. Das trägt das Kind in der Regel das ganze Leben hindurch. Da könnten Sie nicht sagen, daß natürlich von vornherein eine physische Veränderung am Kind vorgegangen ist, sondern die Mutter hat einen Schreck bekommen. Wie kann ein Schreck bei der Mutter auf das Kind wirken?

Sehen Sie, darauf gibt die heutige Wissenschaft im Grunde genommen nur ganz unzureichende Antwort, weil sie von dem, was seelisch und geistig im Menschen wirkt, überhaupt nichts weiß, oder wenigstens nichts zu wissen vorgibt. Man kann zu diesen schwierigen Fragen – denn schwer sind gerade diese Fragen, die jetzt der Herr Dollinger gestellt hat – am besten kommen, wenn man zwei Lebenserscheinungen, die in der Krankheit hauptsächlich auftreten, einmal scharf ins Auge faßt. Das sind erstens das Fieber, und zweitens der Kollaps. Das sind zwei entgegengesetzte Erscheinungen, welche der Mensch durchmacht, das Fieber und der Kollaps.

Was ist das Fieber? Nun ja, das kennen Sie ja: es zeigt sich äußerlich dadurch, daß der Mensch bei der gewöhnlichen Messung nicht mehr als 36 bis 37 Grad Körpertemperatur hat; wenn die Körpertemperatur höher hinaufgeht, so sagt man, der Mensch habe Fieber. Äußerlich sichtbar ist das Fieber dadurch, daß der Mensch heißer wird.

Was ist der Kollaps? Der Kollaps ist eigentlich der entgegengesetzte Zustand. Der Kollaps tritt dann ein, wenn der Mensch nicht imstande ist, sich genügend Wärme in seinem Innern zu entwickeln. Wenn Sie zum Beispiel, sagen wir, von einem gewissen Giftstoff, der aber auch als Heilmittel verwendet wird, eine gewisse Menge einnehmen, wenn Sie zum Beispiel den Giftstoff nehmen, den man in der Medizin Hyoscyamin nennt – das ist also vom Bilsenkraut – und geben den in einer zu großen Menge, über eine bestimmte Menge hinaus, so setzt man den Menschen der Gefahr aus, daß er einen Kollaps kriegt.

Der Vorgang ist ja der, daß gerade im Unterleib der Mutter, wo ja auch das Kind ausgebildet werden muß, durch den Kollaps alle die Häute, die da sind – also die Häute von den Gedärmen, aber auch die Häute von denjenigen Organen, in denen das Kind während der Schwangerschaft drinnen liegt, die Häute des sogenannten Uterus, der Gebärmutter –, also alle die Häute im Unterleibe dadurch, daß solch ein Gift zum Beispiel eingeführt wird, weit werden. Es ist gerade so, wie wenn ich einen Sack ausdehne über seine eigene Haltekraft, dann wird er schleißig, und er kann dann die Dinge nicht mehr halten. Und so schoppen sich allerlei Stoffe, die durch die Nahrungsmittel zugeführt werden, bei solcher Zuführung von Bilsenkrautgift an, und der Mensch hat nicht mehr die Möglichkeit, ordentlich in seinem Unterleib zu arbeiten, in der Art, wie ich es Ihnen gerade das vorige Mal erzählt habe. Es häuft sich in seinem Unterleib eine Menge von Sachen an, die er nicht verarbeiten kann.

Nun, meine Herren, um zu verstehen, wie da eigentlich gearbeitet wird, muß man wiederum tiefer in den menschlichen Organismus hineinschauen. Was geschieht denn da eigentlich, wenn im Unterleib nicht ordentlich gearbeitet wird? Da wird nicht nur im Unterleib nicht ordentlich gearbeitet, sondern man wird jedesmal finden, wenn im Unterleib nicht ordentlich gearbeitet wird, daß das Gehirn gerade in seinem vordersten Teil nicht in Ordnung ist. Ein sehr interessanter Zusammenhang!

Tafel 13

Nehmen Sie an, Sie haben den Menschen: Unterleib, Brustleib, hier etwa das Zwerchfell (siehe Zeichnung), also Unterleib, Brust, Kopf. Gerade wenn im Unterleib etwas nicht in Ordnung ist, so ist im vordersten Teil des Gehirns auch etwas nicht in Ordnung. Also diese gehören zusammen. Die gehören innerlich im Menschen zusammen: vorderes Gehirn und Unterleib. Und wiederum, wenn hier etwa das Herz ist mit den Adern, so wie ich es Ihnen beschrieben habe, so gehört das Herz und das mittlere Gehirn zusammen. Und wenn da dann die Atmung ist, das Obere mit den Lungen, so gehören die Lungen mit dem hintersten Teile des Gehirns zusammen.

Jedesmal, wenn etwas mit der Atmung nicht in Ordnung ist, ist auch etwas nicht in Ordnung im hintersten Teil des Gehirnes. Man kann das schon dadurch verfolgen, daß, wenn jemand an Atemnot leidet, wenn er zu wenig Sauerstoff bekommt, immer im hintersten Teile seines Gehirns etwas nicht in Ordnung ist. Wenn jemand an Herzunordnung leidet, namentlich wenn die Herztätigkeit nicht rhythmisch vor sich geht, so daß der Puls nicht in Ordnung ist, findet man immer auch, daß etwas nicht in Ordnung ist im Mittelgehirn. Und wenn im Unterleib etwas nicht in Ordnung ist, findet man immer etwas Unregelmäßiges auch im Vordergehirn. So wunderbar hängt alles im Menschen zusammen. So daß man sagen kann: Gerade das, was in seinem Unterleib vor sich geht, hängt zusammen mit seiner vorderen Gehirnkonfiguration.

Sehen Sie, manchmal wollen die Leute das nicht wahrhaben, weil sie in der Stirnbildung das Alleredelste sehen und im Unterleib das weniger Edle. Und wenn man ihnen dann die Wahrheit sagt, so finden sie das für den Menschen unwürdig. Aber aus meinen Vorträgen werden Sie schon gesehen haben, daß schließlich das Ernährungssystem so zusammenhängt wiederum mit dem Gliedmaßensystem, daß das etwas sehr Wichtiges ist beim Menschen.

Ich habe einmal einen Herrn gekannt, der hatte eine solche Stirn-
Tafel 13 bildung, eine sehr seltene Stirnbildung (siehe Zeichnung S. 179, links). Eine griechische Stirne ist anders. Die ist so (siehe Zeichnung, rechts). Bei allen griechischen Statuen finden wir diese Stirnbildung, die gerade entgegengesetzt, nach rückwärts geht. Bei diesem Herrn war tatsächlich hier ein mächtiger Bug, und oben stand das vordere Gehirn ganz heraus. Ich bin überzeugt, der Mensch, der dieses Gehirn so weit vorgerückt hatte, der hatte einen furchtbar gut ausgebildeten Unterleib und litt nie an Durchfällen oder an Verstopfung zum Beispiel; niemals litt er auch an Bauchschmerzen und dergleichen. Der Betreffende war

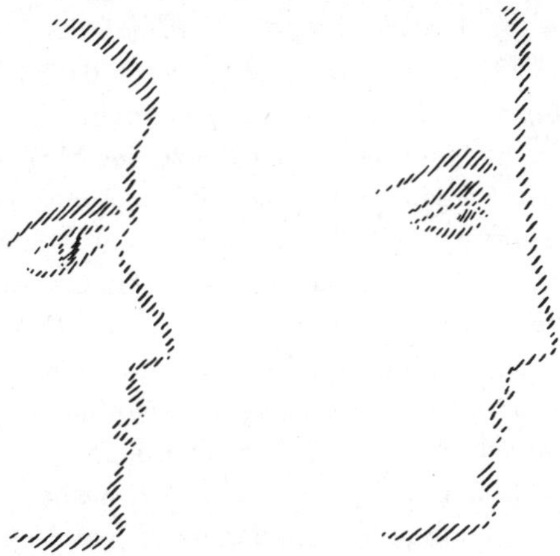

tatsächlich ein Mensch, der ungemein feine Empfindungen hatte. Aber diese Empfindungen waren so, daß er eigentlich immer darauf angewiesen war, sich innerlich behaglich zu fühlen. Das deutete etwas darauf hin, daß seine mächtige, nach vorn gebeugte Stirn niemals zuließ, daß in seinem Unterleib etwas nicht in Ordnung war. Also Sie sehen daraus, daß in merkwürdiger Weise der Mensch in bezug auf seine Kopforgane zusammenhängt mit seinem Unterleib.

Wenn ich nun einem Menschen zu viel Saft vom Bilsenkraut gebe, so bekommt er also einen Kollaps. Worauf beruht dieser Kollaps? Ja, es ist nämlich in seinem Vordergehirn dann etwas nicht in Ordnung, weil alles mögliche sich in seinem Unterleib ablagert. Das Merkwürdige ist aber: Wenn ich nun einen Menschen habe, der mir über eine bestimmte Art von Bauchweh klagt, das vielleicht davon herkommt, daß er eine kleine Verstopfung in den Gedärmen hat, dann kann ich mit gutem, mit allerbestem Gewissen den Bilsenkrautsaft, sehr, sehr stark verdünnt, geben, und dann wird er gesund. Er kriegt ein bißchen Fieber und wird gesund.

Also Sie sehen, die merkwürdige Tatsache liegt vor: Wenn ich einem Menschen, der meinetwillen sogar gesund ist, zu viel Bilsenkrautsaft gebe, so kriegt er einen Kollaps, und sein Unterleib kommt in eine furchtbare Unordnung; sein Kopf wird kalt, sein Unterleib wird aufgedunsen und die Gedärme werden weit, und der Unterleib arbeitet nicht mehr. Was sehen Sie daraus? Sie sehen daraus, daß ich in den Magen hinein zu viel Bilsenkrautsaft gegeben habe. Dadurch habe ich den Magen in die Notwendigkeit versetzt, den Magen dazu angeregt, daß er recht viel verdauen sollte, denn Bilsenkraut ist furchtbar schwer zu verdauen. Giftig sein heißt nichts anderes als: schwer zu verdauen. Also der Magen soll furchtbar viel tun. Das Gehirn ist nicht stark genug dazu, das vordere Gehirn. So hängen die Dinge zusammen im menschlichen Leibe. Das Gehirn ist nicht stark genug, daß es den Magen anregt, diese furchtbar starke Tätigkeit auszuführen, und das Gehirn wird kalt, und der Mensch bekommt den Kollaps.

Was geschieht nun, wenn ich dem Menschen eine ganz kleine Dosis, das heißt, ganz verdünnt den Bilsenkrautsaft gebe? Da hat der Magen wenig zu tun, das Gehirn ist stark genug dazu, diese kleine Tätigkeit zu regeln, zu regulieren, und dadurch, daß ich doch ein wenig Bilsenkraut hineinbringe, was verarbeitet werden kann, rege ich gerade das Gehirn an, stärker zu arbeiten als früher. Wenn das Gehirn es bewältigen kann, so ist es gerade so, wie wenn ich einem Menschen eine Arbeit gebe, die er bewältigen kann. Gebe ich ihm eine Arbeit, die er bewältigen kann, so macht er es gut; gebe ich ihm einen Haufen für einen Tag, der eigentlich zehn Tage in Anspruch nimmt, so geht er dabei zugrunde. So ist es mit dem Gehirn. Da drin ist der Arbeiter für den Unterleib. Mute ich dem Gehirn zu wenig zu, wird er faul; wird er angeregt durch seine Tätigkeit, geht es gut; mute ich dem Unterleib aber zu viel zu, dann beteiligt er sich nicht mehr, und der Mensch kriegt den Kollaps.

Worauf beruht das Fieber? Das Fieber beruht darauf, daß eigentlich das Gehirn in eine überwiegende Tätigkeit kommt und den ganzen Menschen durchdringt. Nehmen Sie an, der Mensch bekommt in irgendeinem Organ, sagen wir in der Leber oder Niere, oder namentlich in den Lungen, irgendwie eine Unordnung auf die Weise, wie ich es Ihnen neulich erzählt habe. Da fängt nun das Gehirn an, dagegen zu revoltieren. Wenn die Lunge nicht mehr recht will, so fängt das Hintergehirn an, zu revoltieren und regt wiederum das Vordergehirn an, mitzurevoltieren gegen dieses Kranksein der Lunge, und dadurch entsteht das Fieber.

Das heißt aber, der Mensch wird von oben herunter, von seinem Kopfe aus erwärmt, von unten herauf erkaltet. Das ist gerade sehr interessant. Der Mensch wird wirklich von oben herunter erwärmt. Das Fieber machen wir mit unserem Kopf. Und wenn eine Entzündung in der großen Zehe auftritt – das Fieber, das wir kriegen, machen wir mit dem Kopf. Es ist sogar interessant, daß dasjenige, was am weitesten unten liegt, durch die allervordersten Teile des Gehirnes reguliert wird. Wie beim Hund das, was am allerweitesten hinten liegt, durch die Nase reguliert wird, so ist es auch beim Menschen. Wenn er in der großen Zehe Fieber kriegt, so liegt die Tätigkeit, die das Fieber erzeugt, ganz vorn. Der Mensch muß es schon mit seiner Würde vereinbar halten, daß, wenn er in der großen Zehe eine Entzündung kriegt, dann ihm sein Fieber von ganz da vorne kommt, da gerade über der Nase; so daß der Mensch immer von oben erwärmt wird und von unten erkaltet wird.

Damit hängt es auch zusammen, daß wir, wenn wir eben gewisse Stoffe in den Menschen in zu großer Menge einführen, Kollaps erzeugen, daß wir aber ein heilsames Fieber erzeugen können, wenn wir dem Gehirn nicht so viel zumuten, und durch geringe Mengen von Stoff eben die Gehirntätigkeit anregen. Aber die Gehirntätigkeit wird ja den ganzen Tag nicht nur durch Stoffe, die wir hineinbringen ins Gehirn, angeregt, das Gehirn wird immer angeregt, wenn Sie sehen, wenn Sie hören. Und auch indem Sie essen, stopfen Sie ja nicht bloß die Nahrungsmittel in den Magen hinein, sondern sie schmecken Ihnen. Der Geschmack wird angeregt. Der Geruch wird angeregt. Das sind alles Anregungen vom Gehirn aus.

Nun denken Sie sich einmal, eine Frau ist schwanger. Das Kind ist in der ersten Zeit der Schwangerschaft. Ja, das ist eine ungeheure Erhöhung der Unterleibstätigkeit. Das, was da vorgehen muß im Unterleib, braucht ja alles außerhalb der Schwangerschaft nicht, und bei Männern überhaupt niemals vorzugehen. Da wird also die Unterleibstätigkeit in ungeheurer Weise erhöht. Und wenn die Unterleibstätigkeit erhöht wird, werden die Sinnesnerven vor allen Dingen angeregt, denn Unterleib und vorderer Teil des Gehirns gehören zusammen.

Wenn der Mensch bloß Hunger hat, was bedeutet das? Ich habe Ihnen gesagt, da kann eine gewisse Tätigkeit nicht ausgeführt werden, die eigentlich fortwährend ausgeführt werden soll. Der Mensch sehnt sich, wenn er Hunger hat, nach Nahrung. Das heißt aber zu gleicher Zeit: es sollen seine Geschmacksorgane angeregt werden. Er sehnt sich nach einer Anregung seiner Geschmacksorgane. Nun schön, dem kann er abhelfen eben durch Essen.

Aber wenn die Frau schwanger ist, dann wird, wenn sie im Unterleib etwas zu besorgen hat zum heranwachsenden Kinde, auch im Gehirn, vorzugsweise in den Sinnesnerven, Geschmacksnerven, Geruchsnerven allerlei angeregt. Da hilft es dann für die Geschmacksnerven und für die Geruchsnerven nicht viel, daß man zu essen gibt, denn das kommt nicht unmittelbar in das Kind, sondern zunächst nur in den Magen, weil eine Übertätigkeit auszuüben ist. Gewissermaßen muß der Unterleib Überstunden machen. So tritt auch im Kopf ein Bedürfnis auf, Übergeschmäcke und Übergerüche zu haben. Und da handelt es sich darum, daß man für das Kind natürlich am besten sorgt, wenn man Verständnis hat für diese Dinge.

Es wird sogar bei sehr vielen schwangeren Frauen vorkommen, daß sie gar nicht befriedigt sind, wenn man ihnen das verschafft, wonach gerade ihr Geschmack geht, denn wenn sie es haben, dann haben sie einen andern Geschmack. Sie sind nämlich zu gleicher Zeit außerordentlich launisch, haben dann schon wieder einen anderen Geschmack. Aber man befriedigt sie, wenn man nett zu ihnen ist, wenn man eingeht auf dasjenige, was sie eigentlich nach der Meinung, die man hat, in der Phantasie ausbilden. Denn es sind Geschmacks- und Geruchsphantasien, in denen die Schwangeren namentlich in den ersten Monaten leben. Und wenn man einfach nun sagt: Ach was, das ist alles eine Phantasie! – dann ist das wirklich schon für die Schwangere wie ein seelischer Schlag. Man stößt nämlich zurück das, was in ihr ganz natürlich sich bildet durch den Zusammenhang von Unterleib und Gehirn, Kopf. Wenn man ihr irgendwie Freude macht, indem man eingeht auf die Dinge, dann tritt viel leichter eine Befriedigung ein, als wenn man eben gerade, ich möchte sagen, entweder es zurückschlägt oder wörtlich darauf eingeht, daß, wenn also meinetwillen Vanillegeschmack verlangt wird, man gleich Vanille herbeischafft. Das ist manchmal gar nicht das Richtige; denn wenn man es verschafft hat, dann sagt sie:

Ja, jetzt will ich aber Sauerkohl! Das ist schon so. Man muß sich schon bekanntmachen damit, daß, wenn so etwas Außerordentliches im Unterleib vorgehen soll, dann ganz besonders die Kindesentwickelung gefördert werden muß, und daß dann eben auch in einer besonderen Weise auf die Schwangere eingegangen werden muß.

Ja, meine Herren, das zeigt uns ja viel mehr. Das zeigt uns, daß auf das Kind die ganze Art und Weise, wie die Mutter geistig und seelisch leben kann, einen ungeheuren Einfluß hat. Derjenige, der einen Blick hat für gewisse Dinge, die im Leben einmal vorgehen, der kann zum Beispiel folgendes wissen. Es gibt Kinder, die werden mit einem Wasserkopf, Hydrozephalus, geboren. Man wird in den meisten Fällen, wo Kinder mit einem Wasserkopf geboren werden, darauf zurückgehen können, daß die Mutter, die vielleicht für recht viel Anregungen im Leben veranlagt war, sich während der ersten Monate der Schwangerschaft, namentlich während der ersten Wochen, scheußlich gelangweilt hat. Der Mann ist ins Wirtshaus gegangen und so weiter. Die Mutter hat sich scheußlich gelangweilt, und die Folge davon war, daß sie nicht die nötige Kraft gehabt hat, die Gehirngefäße zu beeinflussen. Die Langeweile macht ihren Kopf leer; der leere Kopf macht auch den Unterleib leer. Der entwickelt sich nicht stramm, daß er die Kräfte des Kopfes ordentlich zusammenhält. Der Kopf schwillt auf, wird ein Wasserkopf. Und manche Kinder wiederum werden mit zu kleinen Köpfen, namentlich mit zu kleinen Oberköpfen, mit sogenannten Spitzköpfen geboren. Man wird sehen, daß dies in den meisten Fällen damit zusammenhängt, daß die Mutter in den ersten Wochen der Schwangerschaft zu ausgelassen war, sich zu viel amüsiert hat. So daß man immer den Zusammenhang zwischen dem, wie das Kind wird, und der Art und Weise, wie die Mutter in den ersten Wochen der Schwangerschaft seelisch sein kann, wird bemerken können, wenn man dazu veranlagt ist, solche Sachen richtig zu sehen.

Natürlich, man kann da ja medizinisch viel machen, aber mit Bezug auf solche Sachen haben wir heute noch keine richtige Medizin, sondern mehr eine Medikasterei, weil die Zusammenhänge nicht richtig gesehen werden in der bloß materialistischen Wissenschaft. Diese Zusammenhänge muß man aber zumeist im einzelnen sehen, und man kann sie gerade beim Keimesleben des Menschen, beim Embryonalleben, also während der mütterlichen Schwangerschaft, am allerbesten bemerken.

Nehmen Sie also an, die Unterleibstätigkeit wird während der Schwangerschaft ganz besonders erhöht, der Unterleib muß furchtbar stark tätig sein. Das bedingt, daß namentlich auch das Vordergehirn möglichst stark tätig ist. Man braucht sich deshalb nicht zu verwundern, daß manche Mütter in den ersten Zeiten der Schwangerschaft geradezu ein bißchen verrückt werden. Sie werden zuweilen ein bißchen verrückt, weil eben der Unterleib und das Vordergehirn, das gerade denkt, innig zusammenhängen – wie es überhaupt sehr merkwürdig ist, wenn man die Zusammenhänge sucht zwischen dem Unterleib und demjenigen, was die Menschheit geistig leistet; dann kommt man zu interessanten Resultaten. Es ist etwas Kurioses, Komisches, daß gerade die Geisteswissenschaft auf diese Dinge aufmerksam machen muß, während die materialistische Wissenschaft da eben ganz versagt.

Es wäre zum Beispiel einmal außerordentlich interessant, folgendes zu machen. Sehen Sie, in England hat es eine ganze Reihe von Philosophen gegeben, *Hobbes, Bacon, Locke, Hume.* Diese Philosophen, bis herauf zu *John Stuart Mill,* haben eigentlich den Anlaß gegeben, daß der Materialismus so sehr grassiert, so ganz groß geworden ist. Diese Philosophen haben alle solche schweren Gedanken gehabt. Sie konnten nicht mit ihren Gedanken in das Geistige eindringen. Sie hafteten mit ihren Gedanken am Stoffe. Nun würde ich es außerordentlich interessant finden, wenn man einmal untersuchen würde, was alle diese Philosophen, diese ganze Reihe von Philosophen, für eine Verdauung gehabt haben. Ich bin nämlich überzeugt davon, die litten alle an Verstopfung! Und diese ganze Philosophie, von Hobbes, vom 17. Jahrhundert an bis ins 19. Jahrhundert hinein, die uns den Materialismus gebracht hat, die kommt eigentlich von der Verstopfung einzelner Philosophen! Und man hätte diesen Materialismus verhüten können – ich sage nicht, daß das Ernst ist, was ich jetzt sage, ich will nur einen Spaß machen –, aber man hätte ihn verhindern können, wenn man Hobbes, Bacon, Locke und anderen in der Jugend möglichst viel Abführmittel eingeführt hätte. Dann wäre dieser ganze Materialismus wahrscheinlich gar nicht gekommen!

Ja, sehen Sie, es ist merkwürdig, daß gerade in der Geisteswissenschaft auf solches hingewiesen werden muß, was die Leute sehr häufig materialistisch nennen. Aber das rührt ja davon her, daß eben gerade, wenn man den Menschen nun betrachtet, sich da, wo die anderen nur Materie sehen, eben der Geist enthüllt. In der Anthroposophie steht man eben gar nicht auf dem Boden, daß im Unterleib nur eine chemische Fabrik ist, sondern ich habe Ihnen einmal gesagt, daß die Leber ein wunderbares Organ ist, die Niere und so weiter ebenfalls ein wunderbares Organ ist. Nur dadurch begreift man die Organe, daß man überall den Geist findet. Hört man einmal auf, irgendwo den Geist zu finden, ist einem einmal die Verdauung zu materialistisch, um sie recht zu studieren auf geistige Art, so wird man gerade dadurch Materialist. Der Materialismus ist nämlich nur durch einen geistigen Hochmut gekommen. Es ist merkwürdig, sehen Sie, ich habe Ihnen das schon einmal gesagt: Wenn die alten Juden im Alten Testament in der Nacht schlechte Gedanken gehabt haben, so haben sie diese schlechten Gedanken, ungesunden Gedanken nicht auf den Kopf geschoben, sondern auf die Nieren: Gott hat in dieser Nacht meine Nieren geplagt, haben sie gesagt, und sie haben mehr recht gehabt als die heutige Medikasterei. Und die alten Juden haben auch gesagt: Gott gibt sich dem Menschen nicht durch seinen Kopf kund, sondern Gott gibt sich dem Menschen gerade durch seine Nierentätigkeit kund, überhaupt durch seine Unterleibstätigkeit kund.

Von diesem Gesichtspunkte aus ist es außerordentlich interessant, meine Herren: Ich weiß nicht, ob Sie schon einen alten Juden beten gesehen haben. Wenn ein alter, frommer Jude betet, so nimmt er seine Gebetsrolle nicht etwa von einer Tasche, die auf dem Herzen ist, heraus, oder gar von irgend etwas, was er sich an den Kopf hängt, sondern der hat seine Gebetsrolle am Unterleib, und betet mit der Gebetsrolle am Unterleib. Heute natürlich wissen die Leute das nicht mehr, wie der Zusammenhang ist; aber diejenigen, die einstmals den alten Juden so etwas als Gebote gegeben haben, die wußten den Zusammenhang.

Natürlich macht das einen besonderen Eindruck, wenn man in östlichen Gegenden Europas – in westlichen Gegenden haben ja die Leute gar nicht so viel Gelegenheit, das zu beobachten – die alten Juden beten sieht. Wenn sie sich zum Gebet herrichten, nehmen sie zuerst aus ihrem Hosenschlitz die Gebetsrolle heraus, und die hängt dann an ihnen. Ja, dann beten sie.

Also dieses, was einstmals gewußt worden ist, allerdings auf Grundlage von allerlei traumhaften, alten hellseherischen Kräften, das ist der Menschheit verlorengegangen, und heute ist sie noch nicht so weit, wiederum in aller Materie das Geistige zu finden. Denn man kann ja nichts begreifen, wenn man bloß die Gedanken hereinbringt, wenn man bloß in das Laboratorium hineingeht und mechanisch die Experimente macht und so weiter. Da denkt man ja nichts dabei. Man muß so experimentieren, daß einem der Geist überall entgegenspringt. Dazu müssen schon die Experimente eingerichtet werden.

Und so kann man sagen: Es ist zwar etwas komisch, daß gerade die Geisteswissenschaft, die Anthroposophie, aufmerksam darauf machen muß, wie das Gehirn des Menschen, und zwar der sogenannte edelste Teil, zusammenhängt mit dem Unterleib; aber das ist eben so. Und man kommt erst durch eine wirkliche Wissenschaft auf die Dinge drauf. Wenn einer zum Beispiel im Herzen etwas nicht in Ordnung hat, so kann das von allem möglichen kommen; es kann natürlich schon dadurch kommen, daß er, sagen wir, irgend etwas von innerer Unregelmäßigkeit hat, aber meistens wird eine unregelmäßige Herztätigkeit gerade darauf zurückzuführen sein, daß der Mensch – ich habe das hier (siehe Zeichnung S. 177) gelb gemacht, da ist wieder gelb –, daß der Mensch etwas nicht in Ordnung hat im Mittelgehirn. Auf dem Mittelgehirn beruhen nämlich auch die Gefühle. Nun ist es interessant: Sehen Sie, geradeso wie der Unterleib zusammenhängt mit dem vorderen Gehirn, so hängt wiederum seelisch zusammen dieses vordere Gehirn mit dem Wollen, und das mittlere Gehirn hängt mit dem Fühlen zusammen. Und eigentlich erst der hinterste Teil des Gehirnes hängt mit dem Denken zusammen. Wenn wir auf das Gehirn hinschauen, (so sehen wir, daß der hinterste Teil des Gehirns zusammenhängt) mit dem Atmen und mit dem Denken – das Atmen hat sogar einen sehr starken Bezug zum Denken.

Nun aber stellen Sie sich einmal vor: Ein Mensch entwickelt sich in seiner Jugend dadurch, daß man nicht eine solche Pädagogik anwendet, wie wir sie anraten aus der Waldorfschulpädagogik, wo über diese Dinge viel gesprochen wird, sondern ein Mensch entwickelt sich in seiner Jugend so, daß er eine Art Bosnickel wird. Da ist sein Fühlen nicht in Ordnung, denn wenn man bei jeder Gelegenheit boshaft wird, so ist das Fühlen nicht in Ordnung. Was heißt das? Das heißt, die Seele wirkt nicht ordentlich im Mittelgehirn. Wenn die Seele nicht ordentlich genährt wird, dann wird das Herz in unregelmäßigen Rhythmus versetzt, und Sie können einfach einen unregelmäßigen Herzrhythmus, alle möglichen Herzkrankheiten dadurch hervorrufen, daß Sie zu einem Bosnickel sich entwickelt haben.

Natürlich, wenn die schwangere Frau, sagen wir, in den ersten Monaten der Schwangerschaft in den Wald geht und ihr das Unglück passiert, daß sie just in dieser Zeit einen Erhängten, einen, der an einem Baume sich erhängt hat und schon tot ist, findet – wenn er noch zappelt, ist es noch schlimmer –, wenn sie den dort trifft, so schrickt sie furchtbar zusammen. Das wird in ihr ein Bild, und wahrscheinlich, wenn nicht andere Maßregeln ergriffen werden können, die meistens durch das Leben, gar nicht einmal durch die Kunst ergriffen werden können, wird sie ein Kind gebären, das bleich ist, das ein spitziges Kinn hat, das seine Glieder dünn hat und sich nicht recht bewegen kann. Bei einer schwangeren Frau genügt ein einziger solcher Anblick. Im späteren Leben, wenn man schon achtzehn, neunzehn, zwanzig Jahre alt ist, da genügt natürlich nicht, daß man *einmal* ein Bosnickel ist, sondern da muß man es schon gewohnheitsmäßig sein, und dann muß es längere Zeit dauern. Aber bei der schwangeren Frau genügt eben der einzige Anblick.

Es kann das viel weiter gehen. Sehen Sie, es kann folgendes geschehen: Eine Mutter ist mit irgendeiner Arbeit beschäftigt, und in der Nähe – man hat ihr es nicht gesagt – ist gerade ein Manöver: die Kanonen fangen furchtbar an zu donnern; sie schrickt in ihrem Hören zusammen. Das Hören hängt außerordentlich stark zusammen mit dem, was im Hinterkopf ist; es hängt auch mit der Atmung zusammen, und wenn die Mutter zum Beispiel durch ein Manöver erschreckt wird, wird das Kind gerade in seinem Atmungssystem irgend etwas nicht in Ordnung haben.

Sie können jetzt sagen: Was erzählt uns der? Der erzählt uns eigentlich Dinge, die uns sagen, da müßte man ja eigentlich im Leben auf alles einzelne achtgeben! Ja, aber meine Herren, wenn eine gesunde Erziehung schon da ist, und überhaupt gesunde Lebensverhältnisse da sind, dann braucht man über viele Dinge nicht erst nachzudenken, sondern das entwickelt sich gewohnheitsmäßig, so wie sich andere Dinge auch gewohnheitsmäßig entwickeln. Ich glaube nicht, daß viele Männer furchtbar stark nachdenken, wenn sie in der zweiten Woche [des Monats] ihre Frau prügeln; sie tun es gewohnheitsmäßig. Es gibt ja solche. Warum prügeln sie sie? Weil ihnen da das Geld ausgegangen ist; sie können sich nicht mehr im Wirtshaus unterhalten; da unterhalten sie sich zu Hause und prügeln ihre Frau! Das sind solche Gewohnheiten, die sich herausbilden. Ja, meine Herren, hätten wir einmal eine ganz gesunde Volkserziehung, so gäbe es auch andere Gewohnheiten. Es könnte zum Beispiel die Gewohnheit geben, daß derjenige, der weiß, morgen ist ein Manöver, da wird es in der Gegend furchtbar böllern, daß er da eine schwangere Frau darauf aufmerksam macht, ganz gewohnheitsmäßig. So etwas kann Gewohnheit sein. Durch gesunde Erziehung und gesunde volksmäßige Verhältnisse könnten sich eben allerlei Gewohnheiten herausbilden, über die man dann gar nicht mehr nachzudenken braucht, sondern die man eben gewohnheitsmäßig befolgt. Das ist es ja, worauf hingearbeitet werden muß: den Menschen andere Gewohnheiten zu geben. Das kann eben eigentlich in der Grundlage nur durch eine ordentliche Erziehung gemacht werden.

Sehen Sie, so kann man sagen: Gerade die Geisteswissenschaft wird das Materielle wiederum in der richtigen Weise erklären können. Der Materialismus, der guckt ja das Materielle nur an, der weiß eben nicht, was in dem Materiellen alles drinnen lebt. Der guckt das Fieber an, weiß aber nicht, daß das Fieber auf Gehirnarbeit beruht, die sich ungeheuer ausdehnt. Der Materialismus ist ungeheuer erstaunt über den Kollaps, weiß aber doch nicht richtig, daß dieser Kollaps von dem Kaltwerden kommt, weil keine ordentliche Verbrennung mehr besorgt wird. Und so können wir sagen: Mit der Art und Weise, wie gerade der Kopf angeregt wird bei schwangeren Frauen, hängt es ungeheuer stark zusammen, wie das Kind ausgebildet wird.

Und wenn man an diese Dinge richtig denken würde – ich sage Ihnen jetzt etwas, was Sie vielleicht überraschen wird, was aber trotzdem angestrebt werden muß –, so würde auch etwas anderes entstehen, als heute entsteht. Sehen Sie, wenn heute eine schwangere Frau gerade fragen würde, was man ihr zu lesen geben will – es gibt ja nichts! Man kann auch eigentlich schon zu gar nichts raten! Neulich bin ich in Basel in eine Buchhandlung gekommen, da fand ich das neueste Programm dessen, was gedruckt wird: ein Negerroman, wie überhaupt jetzt die Neger allmählich in die Zivilisation von Europa hereinkommen! Es werden überall Negertänze aufgeführt, Negertänze gehüpft. Aber wir haben ja sogar schon diesen Negerroman. Er ist urlangweilig, greulich langweilig, aber die Leute verschlingen ihn. Ja, ich bin meinerseits davon überzeugt, wenn wir noch eine Anzahl Negerromane kriegen, und wir geben diese Negerromane den schwangeren Frauen zu lesen, in der ersten Zeit der Schwangerschaft namentlich, wo sie heute ja gerade solche Gelüste manchmal entwickeln können – wir geben diese Negerromane den schwangeren Frauen zu lesen, da braucht gar nicht dafür gesorgt zu werden, daß Neger nach Europa kommen, damit Mulatten entstehen; da entsteht durch rein geistiges Lesen von Negerromanen eine ganze Anzahl von Kindern in Europa, die ganz grau sind, Mulattenhaare haben werden, die mulattenähnlich aussehen werden!

So daß man sagen kann: Man beachtet eben heute gar nicht dasjenige, was in der geistigen Kultur enthalten ist. Es ist eben so, daß eine gesunde Erziehung auch allmählich in alles hineingehen wird, was wir lesen oder was wir uns erzählen lassen. Und da werden zum Beispiel einmal vielleicht, wenn man das beachtet, was Anthroposophie sagt, Romane entstehen für Schwangere. Wenn die Schwangeren diese lesen werden, werden sie schöne Menschen wieder vor sich haben, und die schönen Menschen werden aber auch geboren werden zu starken und schönen Menschen. Denn während der Schwangerschaft ist das Weib zugleich durch das, was sie im Kopfe tut, die Veranlassung zu der Tätigkeit, die in ihrem Unterleib vor sich geht. Sie macht die Formen des Kindes aus dem, was sie sich vorstellt, was sie empfindet, was sie will.

Und da, meine Herren, wird Geisteswissenschaft überhaupt handgreiflich. Da wird es so, daß man nicht mehr sagen kann: das Geistige hat keinen Einfluß auf den Menschen. Denn er steht sein ganzes Leben, wenn nicht später eine Erziehung das reguliert, unter dem Einfluß eigentlich desjenigen, was seine Mutter getrieben hat namentlich in den ersten Monaten der Schwangerschaft. In der späteren Zeit ist es nicht mehr so von besonderer Wichtigkeit, weil da der Mensch schon gebildet ist, in bestimmte Formen gebracht ist. Aber die ersten Monate sind ganz besonders wichtig und bedeutungsvoll. Gerade wenn man auf den physischen Ursprung des Menschen im Mutterleibe sieht, offenbart sich einem dasjenige, was einen am allermeisten zur Geisteswissenschaft hindrängt.

Ja, meine Herren, wenn einer nun wirklich vernünftig denkt, dann sagt er sich eben: Im Unterleibe muß in der richtigen Weise zusammenkommen die von oben strömende Wärme und die von unten strömende Kälte. Die müssen sich im Unterleib des Menschen immer in der richtigen Weise treffen. Das ist überhaupt etwas, worauf gesehen werden muß, daß sich dasjenige, was von oben kommt, in der richtigen Weise trifft mit dem, was von unten kommt.

Und wenn wir uns klar sind darüber, daß der Mensch von dem, was die Mutter einfach geistig-seelisch erlebt, in dieser starken Weise beeinflußt wird, daß er einen großen oder einen kleinen Kopf haben kann, daß sein Herz ruiniert werden kann, seine Atmung ruiniert werden kann, dann sehen wir: So wie der Mensch vor uns steht, ist er eigentlich ganz vom Geistig-Seelischen beeinflußt.

Aber, sehen Sie, das kommt nämlich auch vor: Wenn zum Beispiel die Mutter noch nie einen Menschen mit einer auffallend schiefen Nase gesehen hat und sie begegnet einem solchen gerade in den ersten Monaten der Schwangerschaft, so wird in den meisten Fällen, wenn nicht eine Regulierung eintritt, das Kind eine schiefe Nase bekommen. Und Sie werden sogar sehen können, daß in den meisten Fällen, wenn die Mutter überrascht wird durch einen, der die Nase schief nach rechts hat, so wird das Kind mit der Nase schief nach links geboren. Geradeso wie beim Menschen die rechte Hand mit dem linken Sprachzentrum zusammenhängt, wie sich im Menschen alles umdreht, so dreht sich auch da die Sache um. Wir können verfolgen: Wenn einer eine schiefe Nase hat, so hat er ganz sicher seine schiefe Nase davon, daß die Mutter einmal durch einen Menschen irgendwie erschreckt worden ist, der nach der andern Seite eine schiefe Nase hatte! Sehen Sie, so trägt der Mensch noch viele andere Merkmale an sich. Die materialistische Wissenschaft redet immer bei allem, von dem sie nicht weiß, woher es kommt, vom Vererben. Hat einer eine schiefe Nase – nun, er hat es halt geerbt; hat einer eine rote Gesichtsfarbe – er hat es halt geerbt; aber so liegen die Dinge eben nicht. Es kommt eben von solchen Dingen, wie ich sie Ihnen erzählt habe. Der Begriff der Vererbung ist einer der allerunklarsten, den die moderne Wissenschaft hat.

Wenn Sie nun hinschauen auf den Menschen, und Sie sehen eine schiefe Nase, Sie sehen Muttermale, da braucht die Mutter nicht gerade ein Muttermal gesehen zu haben, sondern sie kann irgend etwas anderes gesehen haben, wodurch sie das Blut des Kindes in eine falsche Richtung gebracht hat. Wenn Sie das sehen, so sind es immer Abweichungen von der normalen Menschengestalt. Aber es gibt ja auch eine normale Menschengestalt.

Man kann nicht einfach sagen: Die Abweichungen von der normalen Menschengestalt kommen nicht vom Körperlichen, sondern von geistigen Erlebnissen; der ganze Mensch aber kommt bloß aus dem Bauch der Mutter, von dem, was da drinnen materiell ist. Wenn man schon die Abweichungen geistig erklären muß, so muß man doch den ganzen Menschen erst recht geistig erklären! Aber die Mutter kann natürlich ebensowenig wie der Vater den Menschen geistig hervorbringen. Da müßte ja die ganze Menschenkunst da sein, und die gibt es überhaupt nicht, weil sie unendlich ist. Also führt uns das dazu, daß der Mensch vor seiner Geburt als geistiges Wesen schon da ist, und sich mit demjenigen, was ihm körperlich gegeben wird, als Seele vereint. Und bloß noch für die abnormen Merkmale bleibt übrig, daß der Embryo geistig beeinflußt werden kann. Aber seine normalen Merkmale: daß ich überhaupt die Nase mitten im Gesicht habe, daß ich zwei Augen habe – das ist ja alles viel mehr! Wenn ich bloß mit einer schiefen Nase geboren werde, so ist das ein abnormes Merkmal. Aber denken Sie, die Nase ist mitten im Gesicht, hat die wunderbare normale Gestalt, die ich Ihnen neulich aufgezeichnet habe, das Auge ist eine wunderbare Sache – das wächst nicht aus dem Mutterleibe heraus; das ist etwas, was überhaupt schon da ist im Seelischen, bevor der Mensch im Mutterleibe entsteht.

Und da kommt man gerade, wenn man richtig Naturwissenschaft versteht, zu dem, was menschliches Leben vor der Befruchtung in der geistigen Welt ist. Da sagen natürlich die heutigen Materialisten: Ja, das ist eine Phantasie. Warum sagen sie das? Ja, meine Herren, alle die alten Leute, die in uralten Menschheitszeiten noch gewisse traumhafte Erkenntnisse hatten, die wir nicht mehr haben können, die wußten, daß der Mensch da ist, bevor er auf der Erde ist. Aber das ganze Mittelalter hindurch war verboten, durch ein Verbot von der Kirche, an die sogenannte Präexistenz, das heißt an das vorirdische Sein zu denken. Das hat die Kirche verboten. Und wenn heute der materialistische Agitator am Rednerpult steht, so ist bei dem das Rednerpult nur die Fortsetzung der mittelalterlichen Kanzel, denn er redet nur dasjenige – wenn er auch nicht mehr im Kanzelpredigerton, sondern im Agitatorenton redet –, er redet nur dasjenige, was die mittelalterlichen Kanzelreden schon brachten. Der Materialismus hat auch nur die mittelalterlichen Kanzelreden übernommen. Und die heutigen Materialisten, die eigentlich nichts wissen, sondern nur das nachsagen, was schon im Mittelalter gelehrt worden ist durch Kirchengebote, die sind im Grunde genommen nicht diejenigen, die auf irgendeiner Wissenschaft aufbauen, sondern die gerade auf demjenigen aufbauen, was die Kirche lehrt. Der Materialismus kommt im Grunde genommen von der Kirche im Mittelalter. Da durfte nämlich keine Seele vor ihrem irdischen Dasein existent sein, weil man den Menschen lehren wollte, irgendein beliebiger Gott schöpfe halt die Seele, wenn eine Befruchtung eintritt. Inzwischen haben die Menschen die Laune gehabt, eine Befruchtung eintreten zu lassen – man weiß ja, daß das in sehr vielen Fällen eine Laune sein kann – und der Herrgott muß flugs hergehen und eine Seele dazu erschaffen! – Das ist schon das, was eigentlich im Grunde genommen Gebot war, daß man das richtig glaubte.

Ja, meine Herren, eine vernünftige Anschauung ist das aber nicht, wenn man den Herrgott bloß zum Diener macht der Laune der Menschen, daß der schnell eine Seele schaffen muß, wenn man hier auf der Erde die Laune einer Befruchtung gehabt hat! Wenn man über die Dinge nachdenkt, so findet man erst heraus, was eigentlich in der materialistischen Anschauung liegt, welch ein Untergraben der ganzen Würde des

Menschen. Dagegen führt uns eine wirkliche, eine wahre Erkenntnis des Menschen dazu, daß wir sagen: Die Seele ist eben durchaus schon da, hat immer gelebt, und steigt eben einfach herunter zu dem, was ihr geboten wird durch den Menschenkeim und seine Befruchtung.

Auf diese Weise muß man sagen: Anthroposophie ist nicht deshalb zum Geist wiederum gekommen, weil sie das aus irgendeiner Phantasterei heraus gewollt hat, sondern einfach aus dem Grunde, weil sie muß, weil sie ernst nimmt die wissenschaftlichen Erkenntnisse, während die andern sie gar nicht ernst nehmen. Auf der einen Seite lernen sie Naturwissenschaft – die gerade zum Geist führen würde –, aber auf der anderen Seite sind sie zu faul, aus der Naturwissenschaft heraus selber zum Geist zu kommen, weil man da ein bißchen seine Grütze anstrengen muß im Kopf. Sie lassen sich von den alten Lehrern den Geist wegnehmen, und können daneben noch fromm sein! Aber sie sind dann eben unehrlich. Das ist zweierlei Rechnung geführt. Derjenige, der einerlei Rechnung führt, muß von der Natur zum Geist aufsteigen. Dazu führen uns gerade richtig solche Dinge, wie wir sie heute zum Beispiel betrachtet haben.

ELFTER VORTRAG

Dornach, 5. Januar 1923

Erster Vortrag für die Arbeiter nach dem Brand des Goetheanum in der Silvesternacht. Die Zuhörer hatten sich beim Hereinkommen Dr. Steiners zum Zeichen ihrer Anteilnahme an dem Brandunglück alle von ihren Sitzen erhoben.

Es ist schwer, etwas über den Schmerz auszusprechen, den ich empfinde. Ich weiß ja, daß Sie innig Anteil nehmen an der Sache, und ich brauche daher nicht viele Worte zu machen.

Es darf aber doch vielleicht, nicht wahr, bei dieser Gelegenheit darauf aufmerksam gemacht werden, daß ich ja schon am 23. Januar 1921 hier in diesem Saale eine Stelle vorlesen konnte aus einer Broschüre, wo geschildert war der Ausspruch eines Gegners, man kann schon sagen Feindes, denn dieser Ausspruch hat ja dazumal gelautet: «Geistige Feuerfunken, die Blitzen gleich nach der hölzernen Mäusefalle zischen, sind also genügend vorhanden, und es wird schon einiger Klugheit Steiners bedürfen, versöhnend zu wirken, damit nicht eines Tages ein richtiger Feuerfunke der Dornacher Herrlichkeit ein unrühmliches Ende bereitet.»

Sehen Sie, wo so gehetzt wird, ist es ja nicht besonders zu verwundern, daß dann dergleichen Dinge geschehen, und es ist natürlich auch eine Sache, die bei der großen Feindschaft, die bestand, eben leicht zu befürchten war. Daß sie leicht zu befürchten war, werden Sie ja begreifen. Aber, nicht wahr, es ist doch so, daß man auch jetzt noch sieht, in welcher Weise gewisse Kreise über die Sache denken.

Man braucht nur diese Feindseligkeit in Betracht zu ziehen, braucht nur daran zu denken, welche Feindseligkeit darinnen liegt, daß Zeitungen den Geschmack haben, jetzt zu sagen, nachdem es geschehen ist: Hat denn der «hellsichtige» Steiner diesen Brand nicht vorausgesehen? Daß derlei Dinge außerdem noch eine Riesendummheit sind, darüber will ich jetzt nicht sprechen. Aber es liegt doch solch ein böswilliger Grad von Feindschaft darinnen, wenn man es jetzt für nötig findet, derlei Sätze überhaupt in die Welt zu setzen! Daraus ersieht man ja, was die Leute denken, und wie roh es ist heute. Es ist roh!

Sie können aber überzeugt sein, ich selber werde mich von meinem Wege niemals abbringen lassen, was auch geschieht. Solange ich lebe, werde ich meine Sache vertreten, und werde sie in derselben Weise vertreten, wie ich sie bisher vertreten habe. Und ich hoffe natürlich, daß in keiner Richtung hier irgendeine Unterbrechung eintritt, so daß wir auch in der Zukunft in derselben Weise hier am Orte werden so zusammen arbeiten können – wenigstens wird es mein Bestreben sein –, wie es bisher der Fall gewesen ist. Denn es mag auch geschehen was immer, mein Gedanke ist, daß die Sache eben in irgendeiner Form wiederum aufgebaut werden muß. Und dazu soll alles gemacht werden, selbstverständlich. Also fortfahren in derselben Weise, wie wir es getan haben, müssen wir. Das ist einfach eine innere Verpflichtung.

Nun möchte ich heute die Zeit dazu ausnützen, um Ihnen zunächst ein paar Dinge zu sagen, die noch zu dem dazu gehören, was wir das letztemal in einer etwas weniger schmerzlichen Zeit gesprochen haben.

Ich habe mich dazumal bemüht, Ihnen zu zeigen, daß eine wirkliche Wissenschaft ja tatsächlich daran arbeiten muß, das Geistig-Seelische des Menschen wiederum zu erkennen. Aber ich glaube, daß Sie nicht wissen, wie stark das gerade in wissenschaftlichen Kreisen einfach die Leidenschaften hervorruft. Denn diese wissenschaftlichen Kreise, die sich heute so nennen, die von dem, der nicht hineinsieht in die Dinge, eben als etwas ganz Besonderes genommen werden, die sind schon diejenigen, welche, wenn es sich darum handelt, gegen die anthroposophische Bewegung anzugehen, dann bereit sind, mit allem, was es an Feinden gibt, gemeinsame Sache zu machen – sie machen gemeinsame Sache! Und sehen Sie, es ist die Feindschaft gegen die anthroposophische Bewegung wirklich nicht klein. Denn in den Tagen, in denen hier das Unglück geschehen ist, kam mir zum Beispiel ein Bericht zu von einer Vereinigung, die sich gebildet hat und die sich nennt: «Vereinigung von nichtanthroposophischen Kennern der Anthroposophie.» Das sind also Leute, die natürlich nichts zu tun haben mit dem jetzigen Unglück, die aber zu der ganzen Gegnerschaft gehören. Dieser Bericht schließt mit den Worten: «Es gilt einen Kampf auf Tod und Leben; *die* Seite wird siegen, die sich vom Heiligen Geist leiten läßt.»

Nun, meine Herren, nach den idiotischen Dingen, welche die Leute gesagt haben, ist ja von vornherein vorauszusehen, daß – vom Heiligen Geist wohl ganz zu schweigen – überhaupt kein Geist bei den Leuten ist, die diesen Kampf auf Tod und Leben beschlossen haben; das ist einmal aus dem Versammlungsbericht ganz sicher zu entnehmen. Aber dennoch, die Wut, die vorhanden ist, drückt sich da aus in dem Satze: Es gilt einen Kampf auf Tod und Leben. Und diesen Kampf führen schon die Leute! Und die Anzahl der Gegner ist wahrhaftig nicht ganz klein. Wissenschaftliche Kreise, sogenannte wissenschaftliche Kreise beteiligen sich heute durchaus an diesen Dingen, und zwar in sehr intensiver Weise.

Das ist dasjenige, sehen Sie, was ich eben immer wieder betonen muß, weil so stark heute die Autorität der Wissenschaft wirkt. Wenn irgendeiner etwas wissen will, geht er zu einem sogenannten wissenschaftlichen Fachmann, weil das eben so eingerichtet ist. Die Leute wissen doch nicht, auf welchem Wege diese Leute «Fachleute» werden, und daß man daneben der größte Idiot sein kann und doch ein «Fachmann» mit Zeugnissen und so weiter. Diese Dinge sind doch auch etwas, was einmal richtig gewußt werden muß, und deshalb ist es schon wichtig, daß man sich vom Fundament aus, von der Grundlage aus die Dinge klar macht, wie sie eigentlich liegen. Denn die allerersten Sätze, die heute schon den kleinen Kindern in der Schule – nicht direkt, aber indirekt – beigebracht werden, sind ja im Grunde genommen meistens ein Kohl! Dinge, die heute als selbstverständlich gelten, sind nämlich ein Kohl.

So hat man heute die ganze Welt gegen sich, wenn man sagt: Es ist ein Unsinn, daß das Gehirn denkt. – Denn es gilt überall der Satz, daß das Gehirn denkt; und wo kein Gehirn vorhanden ist, kann nicht gedacht werden; da sind keine Gedanken, wo kein Gehirn vorhanden ist. Nun, aus meinen Vorträgen werden Sie gesehen haben, daß das Gehirn natürlich seinen Anteil an dem Denken und eine Bedeutung für das Denken hat. Wenn aber die Leute, die ihr Gehirn wahrhaftig wenig gebrauchen, behaupten, daß das Gehirn so eine Art Apparat ist, womit gedacht wird, so ist das eine bloße Gedankenlosigkeit. Wenn das irgendeiner, der bloß ein einfacher Mensch ist, glaubt, so kann man sich darüber nicht verwundern, denn er kann ja die Tatsachen nicht übersehen und er glaubt daran, weil eben die Autorität eine so große ist. Aber

Logik, wirkliches Denken ist in diesem Satze nicht, daß das Gehirn denkt, und dafür will ich Ihnen heute ein paar Beweise geben.

Sie werden doch ohne weiteres sehen, wenn Sie einen kleinen Käfer anschauen, der hat auch einen furchtbar kleinen Kopf. Wenn Sie zum Beispiel einen solchen Käfer wie den Totengräberkäfer nehmen und Sie reißen ihm den Kopf ab und gucken da hinein, so finden Sie alles eher als ein solches Gehirn, womit man vorgibt, daß es der Apparat zum Denken ist. Solch ein kleiner Käfer hat natürlich in dem Sinne, wie man immer behauptet: das menschliche Gehirn denkt, kein Gehirn, sondern er hat ganz kleine Knötchen, Nervenknötchen, aber gar nicht im geringsten auch nur den Anfang eines irgendwie ausgefüllten Gehirnes.

Nun will ich Ihnen zum Beispiel eine Szene erzählen. Da muß ich Ihnen aber vorher noch sagen, daß diese Totengräberkäfer eine Lebensgewohnheit haben, die sie immer ausüben. Diese Totengräberkäfer legen ihre Eier, und aus den Eiern kriechen zuerst wurmförmige, madenförmige Tiere aus, die sich dann erst zum Käfer umwandeln. Diese kleinen Maden brauchen, wenn sie auskriechen, sogleich Fleischnahrung. Sie könnten nicht leben, wenn sie nicht Fleischnahrung hätten. Was tun daher die Totengräberkäfer?

Diese Totengräberkäfer suchen irgendwo auf dem Felde eine Stelle, wo eine tote Maus oder ein toter Vogel liegt oder ein Maulwurf. Dann, wenn ein einzelner Totengräberkäfer, sagen wir, eine tote Maus gefunden hat, dann läuft er zunächst wieder weg; dann kommt er wieder zurück, aber nicht allein, sondern er kommt mit einer ganzen Menge anderer Käfer. Und diese Käfer, mit denen er jetzt zurückgekommen ist, die laufen zunächst den ganzen Ort ab um die Maus herum.

Also denken Sie sich einmal, da liege eine Maus (es wird gezeichnet). Tafel 14
Die hat der Käfer ausfindig gemacht, hat sie entdeckt. Jetzt läuft er fort. Dann kommt er zurück, dieser Totengräberkäfer, mit einer ganzen Menge anderer solcher Totengräberkäfer. Diese sieht man da herumlaufen. Und manchmal sieht man, daß sie wieder weglaufen; man merkt sich das, wenn das so ist, wenn sie wieder weglaufen. Manchmal aber sieht man auch: die Käfer kommen, laufen da herum um die tote Maus, und nachher fangen sie an zu graben, und graben so, daß sie unter der Maus zuerst und ringsherum die Erde ausgraben. Da sinkt die Maus

immer mehr und mehr in die Erde hinein. Sie graben da so lange, bis die Maus in die Erde hineingefallen ist. Dann holen sie die Weibchen, und die legen ihre Eier hinein. Und dann machen sie das Erdreich darüber wieder zu, so daß ein Mensch, wenn er darüber hingeht, nichts von der ganzen Sache sieht.

Nun sagte ich Ihnen, daß manchmal die Käfer wieder fortlaufen. Wenn man das nun untersucht, so stellt sich heraus, daß, wenn die Käfer fortliefen, das Erdreich hart war. Die Käfer haben sich gesagt, da können wir nichts machen. Jedenfalls wenn sie bleiben und die Prozedur ausführen, dann ist weiches Erdreich da.

Das Allermerkwürdigste, das unglaublich, aber wahr ist, das Allermerkwürdigste ist das, wenn man darüber nachdenkt, warum mit einem solchen Käfer, der fortgelaufen ist, nur zehn oder zwölf, und nicht vierzig oder fünfzig Totengräberkäfer zurückkommen. Man merkt nämlich: es kommen niemals mehr Käfer zurück, wenn der fortgelaufen ist, als der zu der Arbeit braucht. Er stellt sich gar nicht mehr an, als er braucht. Aber es kommen auch nicht weniger. Der kommt gerade mit der Anzahl von Käfern, die die Arbeit bewältigen können.

Das ist etwas, was unglaublich klingt, aber was ich erzähle, ist kein Märchen. Das haben Leute an allerlei Versuchen feststellen können. Es ist eine absolute Wahrheit. Und es war nicht etwa irgendein abergläubischer Mensch, sondern ein Mensch, der ein gesundes Urteil hatte, der sonst nur naturwissenschaftliche Untersuchungen gemacht hat in einer Zeit, in der die Naturwissenschaft noch besser war, ein Freund des Botanikers *Gleditsch,* der in der zweiten Hälfte des 18. Jahrhunderts Naturforscher war, der einmal Untersuchungen mit Kröten, mit richtigen Kröten gemacht hat. Die Versuche sind zu etwas ganz anderem bestimmt gewesen – Sie wissen ja, daß durch einen Froschschenkel zuerst die Elektrizität entdeckt worden ist. – Also er holte eine tote Kröte zum Trocknen. Was hat der Naturforscher getan? Er ist in den Garten gegangen und hat ein kleines Holzstückelchen genommen, auf das er die tote Kröte draufgesteckt hat, damit sie in der Sonne recht schnell trocknet. Nach einiger Zeit ging er wieder hin und fand ringsherum, fest arbeitend, die Totengräberkäfer, eine Anzahl Totengräberkäfer. Er hat die Sache nicht weggenommen, sondern sich gedacht: ich will lieber achtgeben, was die da machen, was da draus wird, und hat diese Kerle, die Totengräberkäfer, ruhig arbeiten lassen. Und was haben die getan? Die haben so lange gegraben, bis der Stock umgefallen ist, und bis die Kröte Platz gehabt hat hier im Erdreich, im Erdloch. Dann haben sie die Weibchen ihre Eier ablegen lassen und haben dann den Stock, der da war, nicht etwa liegen lassen, sondern den haben sie begraben und nachher die Erde darüber gelegt über die Kröte. Wenn das ein Mensch täte, würde man sagen: er gräbt den Stock ein, damit jede Spur verwischt ist, wenn ein Mensch darüber geht. Die Totengräberkäfer machen es geradeso, wie es gescheite Menschen machen würden; denn ich bin überzeugt, eine ganze Anzahl von dummen Menschen würde das gar nicht einmal so gescheit machen. Also Sie sehen daraus, daß dasjenige, was man Gescheitheit, Verstand nennt, einfach vorhanden ist, ohne daß die Totengräberkäfer ihn haben.

Nun kann immer noch einer sagen: Nein, das ist Unsinn, Verstand braucht das nicht zu sein. Das ist ganz blöd, wenn einer sagt, das ist Verstand, das ist einfach Instinkt. – Ich halte zwar jemand für blöde, der in diesem Fall das Wort Instinkt gebraucht, der auf diese Weise die Sache auf ein totes Gleis bringen will. Man will ein Wort haben. Das Wort «Instinkt» benützt man für alles, damit man sich überhaupt nichts vorzustellen braucht. Die Sache soll ich kennenlernen – es ist ja ganz gleichgültig, wie ich sie nenne –, die Sache soll ich kennenlernen. Aber es kann immerhin einer noch sagen: Gut, es ist trotzdem ein Unsinn, wenn der uns das erzählt; das wird eben dem Käfer angeboren, das vererben sie, da braucht man nicht an Verstand zu denken. Das liegt einfach in ihrer physischen Natur, und man braucht nicht daran zu denken, daß diese Käfer da einen Verstand haben.

Nun will ich aber eine andere Geschichte erzählen, noch dazu eine, die ein ganz einwandfreier Mensch erzählt hat, und zwar diejenige Geschichte, die auch andere beobachtet haben, aber vor allem ein ganz einwandfreier Mensch, nämlich *Darwin* – auf Darwin schwören ja die Leute, nicht wahr –, nun nicht an einem Käfer, aber an einer Wespe erlebt hat. Die Wespen haben ja kein größeres Gehirn als die Käfer. Sehen Sie, auch solche Wespen brauchen für ihre Larven, für ihre Maden, die aus den Eiern auskriechen, gleich Fleisch. Und diese Wespen sind schwächer als diese Käfer, auch wenn sie beisammen sind. Und es kommt da noch das dazu, daß sie nicht Maulwürfe oder tote Kröten brauchen können, sondern daß sie wiederum kleinere Tiere brauchen, die nur einer brauchen kann, wo es nicht viel hilft, wenn mehrere fortgehen. Deshalb sammeln solche Tiere, solche Wespen für ihre Maden andere kleine Tiere wie Fliegen und dergleichen.

Nun hat Darwin, der immer als der größte Naturforscher des 19. Jahrhunderts genannt wird, folgendes beobachtet: Eine Wespe, die ein solches Tier braucht, damit das Weibchen, das mit Eiern beladen ist, also die Eier ablegen kann, findet eine Fliege, eine tote Fliege am Weg. Sie will mit der Fliege fortfliegen, die Wespe. Jetzt ist sie ihr zu schwer. Was tut die Wespe? Die Wespe beißt den Kopf und den Hinterleib ab und fliegt fort mit der Brust und den Flügeln. Das kann sie bewältigen, Brust und Flügel. Ohne Kopf und Hinterleib der Fliege fliegt nun die Wespe fort. Jetzt ist aber ein starker Wind, und die Wespe kommt nicht vorwärts. Sie arbeitet sich vorwärts – wie gesagt, Darwin hat dies alles beobachtet –, aber sie kommt nicht recht vorwärts wiederum, weil sich der Wind immer in den zwei Flügeln verfängt. Da schlägt der Wind an an diese zwei Flügel, und sie kommt nicht vorwärts. Was tut da die Wespe, die beladen ist mit der Fliege? Sie fliegt auf den Boden, beißt die zwei Flügel ab und fliegt mit der Fliege ohne die Flügel weiter.

Nun, da ist es unmöglich, anderes zu sagen, als daß es noch Überlegung ist; denn die Wespe hat sich ja nach dem Wind gerichtet. Das kann ihr doch nicht angeboren sein, beim Wind die Flügel auch noch wegzubeißen. Da muß man ja doch schon von dem, was man Verstand nennt, ausgehen und muß sich sagen: Wenn ich die Flügel nicht habe, dann verfängt sich der Wind nicht. Das kann doch nicht angeboren sein! So etwas ist ja unmöglich, daß es angeboren ist! Da ist das vorhanden, was man Überlegung nennt. Und die Folge davon ist, daß man sagen muß, da wirkt eben wirklich der Verstand. Da wirkt der Verstand.

Daraus können Sie sehen, wie dasjenige gearbeitet hat, was Naturforschung im 19. Jahrhundert war. Ich habe Ihnen ganz absichtlich Darwin angeführt, der dies gesehen hat. Was hat Darwin aber gesagt? Darwin hat gesagt: Alles dasjenige, was uns bei Tieren entgegentritt, das geschieht nur durch die Vererbung und durch natürliche Zuchtwahl und so weiter.

Ja, die Leute unterschlagen ja dasjenige, was sie selber wissen, um Theorien aufzustellen! Das ist eben das Hauptsächlichste, daß die Leute einfach dasjenige unterschlagen, was sie selber wissen, um bequeme Theorien aufzustellen, die durchaus nicht aus irgendeiner Wissenschaft bestehen, sondern mit denen man den Leuten Sand in die Augen streut. Gewiß, Darwin war ein großer Mann, und das, was er positiv geleistet hat, das hat keiner liebevoller anerkannt als ich selbst. Ich habe für Darwin geschrieben, alles mögliche. Aber man muß sich eben klar sein, daß selbst diejenigen, die schon etwas geleistet haben – das ist gerade das Merkwürdige –, schon etwas Größeres geleistet haben, an der Krankheit gelitten haben, daß sie gar kein Auge mehr hatten für Tatsachen. Das 19. Jahrhundert ist trotz seiner großen Triumphe in der Außenwelt eben dadurch charakterisiert, daß die Leute den Sinn für Tatsachen ganz verloren haben und einfach die Tatsachen unterschlagen haben.

Nun gehen wir einmal weiter. Nehmen wir andere Insekten. An den Insekten muß man ja diese Sache gerade beobachten, weil man bei den Insekten ganz genau wissen kann: dadurch können sie nicht gescheit sein, daß sie ein großes Gehirn haben, denn das haben sie ganz sicher nicht. Deshalb muß man diese Sache gerade bei den Insekten beobachten. Ja, meine Herren, bei den Insekten, da ist es so, daß sie nicht nur diese Dinge ausführen, die ich Ihnen da beschrieben habe, sondern noch ganz andere Sachen. Die Insekten legen ja alle ihre Eier, und da kommt nicht gleich das Tier heraus, sondern immer eine solche Made, die sich erst umwandelt – bei den Schmetterlingen, die ja auch Insekten sind, ist es sogar noch komplizierter. Da kommt zuerst eine Made heraus, eine Raupe; die puppt sich ein, und aus der Puppe kommt erst der Schmetterling heraus. Da ist eben durchaus eine Umwandelung vorhanden. Aber diese Umwandelung ist eigentlich bei allen Insekten vorhanden. Nun sehen Sie, es gibt Insekten, die sind, wenn sie ausgewachsen sind, Vegetarier, die fressen bloß Pflanzen. Meine Herren, ich agitiere nicht für das Vegetarischleben, das wissen Sie, aber diese Insekten sind eben

Vegetarier. Die fressen bloß Pflanzen. Aber das Eigentümliche ist vorhanden, daß ihre Larven, ihre Maden, wenn sie aus den Eiern auskriechen, trotzdem Fleisch brauchen. Also diese Insekten haben die große Eigentümlichkeit, daß ihnen zuerst etwas ganz anderes angeboren ist. Die bekehren sich erst, wenn sie ausgewachsene Tiere sind, zur Pflanzenkost. Wenn sie noch kleine Kinder sind und ganz anders ausschauen – wie Maden oder Würmer –, da fressen sie Fleisch.

Tafel 14 Nun, was tun denn diese Tiere? Diese Tiere suchen sich andere Insekten wiederum, meistens Raupen, und legen in den Körper der Raupe die Eier hinein. Sie selber haben gar keinen Appetit mehr auf Fleisch, auf tierische Nahrung, aber sie wissen, daß aus den Eiern Maden auskriechen und die brauchen Fleisch – also legen sie ihre Eier in den Körper einer solchen Raupe oder eines anderen Insektentieres hinein.

Aber das ist noch immer nicht so furchtbar viel, es gibt noch etwas ganz anderes. Man kann nämlich sagen: Diese auskriechenden Maden sind eigentlich schon furchtbar gescheit. Denn denken Sie einmal, es gibt solche, die angewiesen sind auf *lebendige* Tiernahrung. Wenn also die Eier gelegt werden, dann macht das Insekt, das einen Stachel hat, einen Stich in ein lebendiges anderes Insekt, das größer ist, und da werden manchmal sehr viele Eier drinnen abgelegt. So daß manchmal in einer solchen Raupe – da sind überall drinnen Stiche gemacht – massenhaft Eier drinnen sind, aus denen dann diese Maden auskriechen. Sie sind dann im Körper dieses anderen Insekts drinnen. Aber nur in lebendige Insekten werden diese Eier abgelegt, weil in dem Augenblick, wo das Tier, in das diese Eier abgelegt sind, krepieren würde, alle diese Eier auch dem Tode ausgeliefert würden. Die Maden können nur von dem lebendigen Tierischen leben. Also denken Sie, wenn es einer einzigen solchen Made, die da auskriecht, passieren würde, dem Tiere, in das solche Eier hineingelegt sind, ein solches Organ zu zerstören, wovon das Tier, in das die Eier hineingelegt sind, den Tod hätte, dann müßten alle die Maden, die aus den abgelegten Eiern auskriechen, zugrundegehen. Nun sind diese Insektentiere so gescheit, daß niemals in einer solchen lebendigen Raupe etwas anderes gefressen wird als dasjenige, was nicht so notwendig ist für das Leben der Raupe, daß also die Raupe davon nicht stirbt. Also die lebensnotwendigen Organe werden geschont.

Wenn noch so viele Eier da sind – es wird nur das im Inneren gefressen, was noch möglich macht, daß das Tier weiterlebt.

Sehen Sie, das sind Dinge, die die Leute einfach wissen, die sie aber unterschlagen. Die Leute wissen das, unterschlagen es. Natürlich ist es ihnen unangenehm, wenn es ein anderer sagt, weil dadurch nicht nur die Unfähigkeit der Wissenschaft herauskommt, sondern die direkte Unredlichkeit, Unehrlichkeit der Wissenschaft.

Daraus können Sie aber ersehen, daß man bei den Tieren wie den Insekten sagen kann: Sie haben ganz gewiß keinen Verstand, denn einen Apparat haben sie ja nicht zum Verstand, das Gehirn ist ja weg, aber das, was sie tun, in dem wirkt der Verstand. Das muß man sagen: der Verstand ist da. Die Tiere überlegen sich das ja nicht. Zum Überlegen braucht man schon ein Gehirn. Die Tiere überlegen sich das nicht, aber geschehen tut das, was Verstand ist.

Ja, es geschieht sogar das, daß die Tiere etwas Ähnliches haben wie Erinnerung oder Gedächtnis. Sie haben nicht Gedächtnis, aber etwas Ähnliches. Das können Sie dann beobachten, wenn Sie, sagen wir, zum Beispiel Bienenvater sind. Die Dinge sind alle gemacht worden. Hier steht ein Bienenstock. Die Bienen kriechen aus. Derjenige, der etwas wissen will, setzt nun diesen Bienenstock ein wenig weiter weg. Die Bienen kommen zurück, fliegen aber zunächst nach diesem Orte her. Na, schön, «Instinkt» selbstverständlich; da braucht man sich nicht zu verwundern darüber – sie fliegen in der Richtung, wie sie weggeflogen sind, wieder hin. Aber jetzt fangen sie an zu suchen. Sie fliegen weiter, suchen überall. Jetzt kommen sie daher. Aber jetzt gehen sie nicht etwa gleich hinein, sondern da sieht man sie die längste Zeit draußen herumfliegen, und man kann ganz genau daraus entnehmen: sie untersuchen erst den Bienenstock, ob der ihr eigener ist, geradeso wie der Totengräberkäfer zuerst untersucht, ob die Erde weich oder hart ist! Also das zeigt, daß sie zwar nicht Erinnerung, aber etwas der Erinnerung Ähnliches haben, nämlich, sie müssen ja feststellen, ob das derselbe Bienenstock ist. Das tun wir mit unserem Gedächtnis, wenn wir feststellen wollen, ob es dasselbe ist. Die Bienen tun etwas Ähnliches.

Sie sehen: Überall wirkt das, was beim Menschen durch den Kopf wirkt, zum Verstand wirkt. Überall wirkt Verstand, sogar im Insekt wunderbarer Verstand. Denn stellen Sie sich nur einmal vor, was das für ein wunderbarer Verstand ist, daß da die Insektenlarven, die da auskriechen, nicht etwa den Magen des Tieres sofort anbeißen. Wenn sie den Magen anbeißen würden, dann wäre alles gleich nachher kaputt.

Wenn man diese Taktik verfolgt, die von den Menschen manchmal im Krieg ausgeführt wird, da bekommt man schon ein bißchen Respekt vor dem Verstand, der da drinnen waltet (in dem Insekt) gegenüber dem Unverstand der Menschen! Nach dieser Richtung haben die Menschen gar nicht Grund, zu sagen: Wir haben allein den Verstand.

Nun will ich Ihnen da noch etwas anderes sagen. Sie alle kennen Papier. Sie wissen, die Menschen haben das Papier, das wir heute haben, erst vor vier bis fünf Jahrhunderten erfunden. Früher hat man alles mögliche andere, Pergament und so weiter zum Schreiben verwendet. Aber das sogenannte Lumpenpapier, das hat ja die zivilisierte Menschheit erst vor vier bis fünf Jahrhunderten entdeckt. Vorher konnte man auf Leder und so weiter schreiben. Wie konnte man das entdecken? Das konnte man nur dadurch entdecken, daß man gewisse Substanzen in einer bestimmten Form zusammengemischt hat. Vielleicht war einmal einer von Ihnen in einer Papierfabrik. Das Papier ist zuerst flüssig, wird verfestigt und so weiter. Also es wird auf eine rein künstliche Weise, durch allerlei chemische und mechanische Mittel hergestellt.

Sie werden vielleicht nicht nur Papier gesehen haben, sondern auch ab und zu ein Wespennest. Solch ein Wespennest ist ungefähr so aufgebaut (es wird gezeichnet): Es steht irgendwo auf, dann geht es so herum, daß die Wespen hereinfliegen können. Grau ist es, nicht weiß, sondern grau, aber es gibt ja auch graues Papier. Dieses Wespennest, das ist richtiges Papier! Wenn man frägt: Was ist das chemisch, woraus das Wespennest gemacht ist? – so ist es nach der chemischen Zusammensetzung ganz genau dasselbe wie das Papier. Es ist richtiges Papier.

Nun, die Wespen machen ihre Nester nicht erst seit vier bis fünf Jahrhunderten, sondern wahrhaftig seit Jahrtausenden! Daraus würden Sie sehen: die Wespen haben das Papier viel früher hergestellt als die Menschen. Das ist einfach auch eine Tatsache. Das Wespennest ist einfach aus Papier. Wenn die Menschen schon vor Jahrtausenden etwa den schlauen Gedanken gehabt hätten: wir wollen einmal nachschauen, aus was die Wespennester bestehen, so wären sie schon zum Papier gekommen. Aber die Chemie war dazumal noch nicht so weit. Aber auch das Schreiben war noch nicht so weit. Durch das Schreiben ist manches gekommen, was auch nicht gerade zum Heile der Menschheit dient. Aber jedenfalls ist es so, daß die Wespen das Papier seit unermeßlich viel längerer Zeit fabrizieren als die Menschen.

Ich könnte Ihnen natürlich nicht stundenlang, sondern tagelang davon reden, wie überall der Verstand ausgebreitet ist. Man findet ihn überall. Und beim Menschen ist es natürlich nur so, daß er den Verstand, der überall ausgebreitet ist, zusammenhäuft und dann ihn gebraucht. Und dadurch, daß er das ausgebildete Gehirn hat, dadurch kann er dasjenige, was überall in der Welt ausgebreitet ist, für sich gebrauchen. Also der Mensch hat eben das durch sein Gehirn, daß er den Verstand, der überall in den Dingen drinnen ist, für sich gebrauchen kann.

Also nicht dazu haben wir unser Gehirn, daß wir Verstand erzeugen. Das ist ja ein großer Unsinn, wenn wir glauben, daß wir Verstand erzeugen. Wenn wir glauben, daß wir Verstand erzeugen, so ist das gerade so dumm, wie wenn einer mit einer Wasserkanne geht und aus einem Teich Wasser schöpft, dann mit der Wasserkanne kommt und dann sagt: Sieh einmal an, da drinnen ist jetzt Wasser; du hast gesehen, vor einer Minute war noch keines drinnen: aus dem Blech ist das Wasser herausgewachsen! Da wird ein jeder sagen: Das ist ein Blödsinn! Der war eben beim Teich und hat sich Wasser geholt; das ist nicht aus der Kanne herausgewachsen! – Aber die Gelehrten zeigen das Gehirn auf, das einfach auch den Verstand zusammensammelt, weil er überall ist, wie das Wasser, und sie behaupten, aus dem Innern wachse der Verstand heraus! Das ist genau so dumm, wie wenn man sagt, das Wasser wachse aus der Wasserkanne heraus, weil der Verstand auch dort ist, wo kein Gehirn ist. Ebenso ist der Teich nicht abhängig von der Wasserkanne. Der Verstand ist überall da. Schöpfen kann ihn der Mensch, den Verstand. Und geradeso wie man in der Wasserkanne das Wasser benützen kann, so kann der Mensch, wenn er den Verstand, der überall in der Welt ist, wie das Wasser, zusammensammelt, eben sein Gehirn benützen. Er tut das mit dem Verstand bis heute noch nicht in sehr ausgezeichneter Weise.

Aber Sie sehen, daß es schon auf richtiges Denken ankommt. Aber diejenigen werden niemals richtig denken – denn sie zeigen, daß sie nicht richtig denken können –, die da behaupten, der Verstand wird vom Gehirn erzeugt. Die behaupten wirklich denselben Blödsinn, wie wenn einer behauptet, das Wasser wird vom Blech der Wasserkanne erzeugt. Und dieser Blödsinn ist heute Wissenschaft. Und handgreiflich, meine Herren, sind ja eigentlich die Dinge. Es ist einfach so, daß man daraus sieht: der Verstand, der muß ja erst gesammelt werden.

Nun, Sie können das Gehirn nehmen, irgendwo Verstand sammeln wollen. Das sammelt nämlich geradesowenig Verstand, als wenn Sie die Wasserkanne hinstellen, dann zurückgehen und erstaunt sind, daß da kein Wasser drinnen ist! Von selber sammelt die Wasserkanne kein Wasser. Von selbst sammelt auch das Gehirn keinen Verstand. Was muß denn da sein, damit das Gehirn Verstand sammeln kann? Sie können nicht das Gehirn für sich allein lassen, geradesowenig wie Sie nicht die Wasserkanne für sich allein lassen können. Wenn Sie glauben, Sie bestehen nur aus Blut und Nerven und Gehirn – das alles ist die Wasserkanne; es muß etwas da sein, was sammelt, was das Gehirn benützt, um den Verstand zusammenzusammeln. Und das ist das Geistig-Seelische, das so sammelt, das so in den Menschen kommt, wie ich schon neulich gesagt habe, das schon vorher vorhanden ist in der geistig-seelischen Welt und nur das Physische benützt. Wenn man also die Tatsachen nicht unterschlägt, wenn man also wirklich darauf kommt, daß der Verstand überall ist, wie das Wasser, daß er zusammengesammelt werden muß im Gehirn, wie das Wasser in der Kanne, dann muß man auch den Sammler suchen, wenn man ein ernsthafter Wissenschafter sein will und nicht ein Scharlatan. Das ist dasjenige, was einfach die Benützung der klaren Vernunft ergibt. Es ist nicht wahr, daß anthroposophische Geisteswissenschaft weniger wissenschaftlich ist als das andere, sondern es ist viel mehr Wissenschaft – viel mehr Wissenschaft.

Was die Leute für Logiker sind, das konnte man vorgestern sehen. Sie wissen, daß jetzt hier ein naturwissenschaftlicher Kurs gehalten wurde. Ich habe Ihnen schon erzählt, wir haben in Stuttgart Experimente darüber gemacht, was die Milz für eine Aufgabe hat, und wir haben das bestätigt, daß die Milz die Aufgabe hat, als eine Art Regulator des Nahrungsrhythmus zu dienen. Das heißt, das Blut hat im Menschen einen bestimmten Rhythmus, der Puls, nicht wahr, zweiundsiebzig Pulsschläge – die müssen da sein. Die hängen aber mit der Nahrungsaufnahme zusammen. Ein bißchen sehen ja die Menschen darauf, daß auch ihre Nahrungsaufnahme einem Rhythmus unterliegt. Aber die Menschen können das wenig; bald ißt einer da, bald da. Und erst wenn man auf die Substanzen sieht: da ißt einer das, was brauchbar ist und unbrauchbar ist. Da ist keine Gleichmäßigkeit drinnen wie im Blut. Wenn ich einmal zum Beispiel statt um ein Uhr um zwei Uhr gegessen habe, so ist eine Unregelmäßigkeit da. Denn das Blut richtet sich nicht darnach, macht keine anderen Pulsschläge; das will die Nahrung zur selben Zeit haben. Da ist die Milz – die gleicht das aus. Das suchen wir durch Experimente nachzuweisen, und das ist auch gelungen – wenigstens bis zu einem gewissen Grade; es müssen weitere Experimente gemacht werden, es muß bald geschehen –, aber es ist gelungen, bis zu einem gewissen Grade nachzuweisen, daß die Milz ein Regulator ist, der einfach macht, daß, wenn wir auch unregelmäßig essen, die Nahrungsmittel so lange in den Därmen bleiben, wie es das Blut braucht. Und wenn wir nicht allzustark hungern – wenn wir allzustark hungern, dann kann die Milz auch nichts mehr machen –, dann bewirkt die Milz, daß aus unserem eigenen Körper das Fett genommen und noch das Blut damit versorgt wird.

Sehen Sie, weil wir ganz ehrlich waren, hat Frau *Kolisko* in ihrem Buche ehrlich geschrieben, daß ich in einem medizinischen Kurs angegeben habe, daß die Milz diese Aufgabe hätte, und daß sie dann die Versuche gemacht hat, die die Sache bestätigen. Und da hat ein Münchner Professor gesagt: Nun, das ist ja freilich leicht. Da bekommt man von der Anthroposophie die Angaben; die hat man schon in der Tasche. – Wenn man dann Versuche und Experimente darüber macht, dann ist das, wie die Leute sagen, keine voraussetzungslose Wissenschaft, denn man kommt schon mit der fertigen Angabe und macht hinterher seine Experimente. Er sagt also: Das ist keine voraussetzungslose Wissenschaft.

Warum sagt er das? Weil die Kerle überhaupt nicht nach irgendeinem Gedanken arbeiten wollen, sondern sie wollen, daß man ihnen möglichst viel Material in ihre Kabinette liefert, und da fangen sie an zu experimentieren, blind darauflos zu experimentieren, bis überhaupt irgend etwas herauskommt. Und das nennen sie voraussetzungslose Wissenschaft. Da ist überhaupt keine Voraussetzung da. Daß da zufällig manchmal großartige Sachen gefunden werden – nun ja, ein blindes Huhn findet auch manchmal ein Korn! Aber wie kämen wir vorwärts, wenn nicht nach diesen Ideen gearbeitet werden soll in unseren Kabinetten?

Was hat also der Münchner Professor gesagt? Das ist keine voraussetzungslose Wissenschaft, sondern da arbeitet man schon mit Angaben. Nun denken Sie, irgendwo hätte man schon Versuche gemacht, die festgestellt hätten, daß es sich so verhält mit der Milz, aber die Beschreibungen wären einmal verbrannt bei einem Brande, so hätte einer nur noch das Ergebnis gewußt, was herausgekommen ist. Hätte nun nicht einer hinterher kommen und sagen können: Nun mache ich diese Versuche ein zweites Mal! – Der hätte auch nichts anderes gehabt als diese Angaben. Dann müßte solch ein Professor kommen, der das sieht, und sagen: Ja, der hat ja schon die Angaben in der Tasche, das ist keine voraussetzungslose Wissenschaft. – Das wäre eine Trottelei. Der Unterschied ist eben nur der, daß ich die Angabe aus dem geistigen Verfolgen der Sache gemacht habe, aber so gemacht habe, daß sie anatomisch nach der Wissenschaft durchaus verfolgbar ist, und der andere braucht eben die Bestätigung durch Versuche, die er macht, für dasjenige, was genau angegeben war. Es braucht also bloß die Aufgabe, einen richtigen physischen Beweis zu führen für das, was ich gesagt habe. Es ist also gar kein logischer Unterschied, ob ich das sage aus meiner Erkenntnis heraus, die auf geisteswissenschaftlichem Wege gefunden worden ist, oder ob einer das schon früher durch Versuche gehabt hat.

Wenn einer also sagt: Das ist voraussetzungslose Wissenschaft – und das würde er sagen, wenn das auf physischem Wege gefunden worden wäre und die Beschreibungen der Versuche verbrannt worden wären, das würde er gelten lassen; aber wenn es die Anthroposophie macht, dann ist es keine voraussetzungslose Wissenschaft – ja, meine Herren, was bedeutet das? Das bedeutet, daß man nicht ehrlich ist, sondern daß man einfach alles dasjenige, was von der Anthroposophie kommt, von vorneherein verketzert. Nicht um voraussetzungslose Wissenschaft handelt es sich den Leuten, das sagen sie nur. Sie sind ja so töricht, daß sie nicht merken, daß das ein logischer Blödsinn ist. Aber sie sagen, «das ist keine voraussetzungslose Wissenschaft», aber nicht aus dem Grunde, weil das logisch wäre, sondern weil es von der Anthroposophie kommt, und die Menschen eben zu töricht sind, um das zu begreifen, was von der Anthroposophie kommt. Natürlich sind sie wütend, weil sie es nicht begreifen können, und deshalb verketzern sie es. So beruht also die ganze Sache darauf, daß die Anthroposophie verketzert wird, daß diese Menschen, die überall sogenannte Wissenschaft betreiben, nicht denken, Anthroposophie nicht verstehen können. Das liegt in unserer ganzen Zivilisation. Man kann heute ein großer Wissenschafter, ein Gelehrter sein, ohne wirklich denken zu können. Dasjenige, was kommen muß, ist, daß man ehrlich die Ehrlichkeit kultiviert, die alle Tatsachen berücksichtigt, nicht bloß diejenigen, die einem bequem sind, um irgendeine Theorie aufzustellen, mit der man den Leuten Sand in die Augen streut.

Sehen Sie, ein großer Teil der Wut gegen die Anthroposophie beruht einfach darauf, daß die Anthroposophie ehrlich ist und man ihr das nicht erlauben will. Und wenn die Leute mehr Wahrheit empfinden würden, so würden sie wahrscheinlich oftmals die Feder niederlegen schon beim zweiten Satze. Weil aber das Ganze, was sie als gegnerisches Gebäude aufführen müssen, zerfällt, wenn man wirklich Anthroposophie ins Auge faßt, so erfinden sie allerlei Zeug über die Anthroposophie. Und die Leute, die über Anthroposophie allerlei Zeug erfinden, denen ist es ja nicht um die Wahrheit zu tun. Und Leute, die anfangen, einmal die Unwahrheit zu sagen, die gehen auch weiter. Daher kommen auch die großen Verleumdungen über die Anthroposophie. Und was ist die Folge? Daß natürlich derjenige, der das nicht durchschauen kann, glaubt, die Anthroposophen seien allerlei Teufel. Derjenige, der das nicht durchschauen kann, glaubt natürlich den Autoritäten, die die Unwahrheit sagen. Das ist dasjenige, unter dem die Anthroposophie am allermeisten leidet, daß man über sie überall die Unwahrheit sagt, während sie einfach darauf aus ist, die Tatsachen richtig ins Auge zu fassen und richtige Wissenschaft ist.

Deshalb muß man schon ein wenig, wenn etwas so furchtbar Schmerzliches geschieht, wie es hier jetzt geschehen ist, auch darauf hinschauen, wie eigentlich die Dinge sind, wie wirklich die Dinge sind, und wie eigentlich gehetzt wird, gehetzt wird aus lauter Unwahrhaftigkeit heraus.

Ich selber bin absolut dagegen, daß von unserer Seite selber eine Hetzerei kommt. Natürlich kann ich nicht alles verhindern. Aber nicht wahr, wenn ich zu Ihnen spreche, so ist es so, daß ich einfach auf die ganz strikten Tatsachen hinweise. Denn das, was ich Ihnen heute erzählt habe, sind eben strikte Tatsachen, und ich habe nur eine allgemeine Charakteristik des wissenschaftlichen Lebens daraus gezogen. Sie werden sich selber sagen müssen: Wo man solche Tatsachen nicht berücksichtigt, da herrscht eben kein Wille, wirkliche Wissenschaft zu schaffen, sondern da herrscht der Wille, den Leuten Sand in die Augen zu streuen, wenn auch in recht unbewußter Weise. Da müßten die Leute viel gescheiter sein, als sie sind.

Nächsten Montag werden wir darüber weiterreden. Wenn Sie etwas zu fragen haben, möchte ich, daß Sie ganz aus Ihrem Herzen heraus sprechen. Im übrigen aber möchte ich mich nicht beirren lassen durch das große Unglück, das geschehen ist. Deshalb habe ich Ihnen nicht die ganze Zeit etwas vorjammern wollen, sondern wollte Ihnen etwas Nützliches sagen.

ZWÖLFTER VORTRAG

Dornach, 8. Januar 1923

Dr. Steiner: Hat vielleicht jemand von Ihnen eine Frage auf dem Herzen?

Fragestellung in bezug auf die Wirkung des Alkohols, seine schädlichen Wirkungen und so weiter.

Sie meinen, inwiefern der Alkohol überhaupt schädlich ist für die Gesundheit?

Nun, nicht wahr, mit dem Alkohol ist es ja so, daß Sie seine erste Wirkung ganz offenbar sehen dadurch, daß er gerade auf dasjenige im Menschen wirkt, was wir jetzt immer beschrieben haben: auf die ganze Seelenverfassung. Das erste ist ja, daß der Mensch durch den Alkohol in eine Art geistiger Verwirrung kommt, die so stark wirkt, daß vor allen Dingen der Mensch dann Leidenschaften ausgesetzt ist, die sonst schwach in ihm sind und leichter durch den Verstand unterdrückt werden können, so daß er dann, wenn er nicht Alkohol getrunken hat, vernünftiger erscheint, als er erscheint, wenn er Alkohol getrunken hat. Dann wirkt der Alkohol zunächst anfeuernd auf sein Blut, und es tritt eine erhöhte Blutzirkulation ein. Das ist das erste; dadurch wird das Leidenschaftsleben erregt. Er kommt zum Beispiel leichter in Zorn, während er sonst den Zorn leichter zurückdrängen kann. Also Sie sehen, die erste Wirkung des Alkohols ist diejenige, die ausgeübt wird auf den Menschen in seinem Verstandes- und überhaupt in seinem Seelenleben.

Wenn der Alkohol dann eine Zeitlang im Organismus geblieben ist, dann bewirkt er ja auch eine Erscheinung, die Sie sehr gut kennen und die man Katzenjammer nennt. Gerade aus der Entstehung des Katzenjammers aber ersehen Sie, daß der Alkohol zunächst so wirkt, daß sich der ganze Organismus dagegen sträubt. Was heißt das, der Mensch hat Katzenjammer? Das heißt eben nichts anderes, als daß der Mensch dadurch, daß er am Abend, sagen wir, betrunken war – der Katzenjammer tritt ja in der Regel am Morgen auf, nachdem der Mensch betrunken war am Abend – und sein Blut in einer besonders starken

Bewegung war, sehr viele Kräfte verbraucht hat, die dadurch verbraucht worden sind, daß er schnell seinen Körper in Bewegung gebracht hat, während sonst dieselben Bewegungen sich viel langsamer vollzogen hätten.

Also merken Sie sich einmal diese Sache ganz genau. Nehmen Sie an, der Körper will in vierundzwanzig Stunden eine gewisse Tätigkeit verrichten. Wenn nun einer sein gehöriges Maß Alkohol trinkt, so wird dieselbe Tätigkeit vielleicht schon sogar in zwölf oder sechs Stunden verrichtet. Dadurch nimmt sich der Körper innere Tätigkeit weg. Es ist daher bei den Leuten, die gewöhnt sind, sich ab und zu ein kleines Räuschchen anzutrinken, eine instinktmäßige Handlung, daß sie dann hinterher, bevor der Katzenjammer kommt, kräftig essen. Warum tun sie das? Ja, wenn sie kräftig essen, so wird entweder der Katzenjammer ganz vermieden, er kommt gar nicht, oder aber er kommt mindestens schwächer, so daß sie nachher, am nächsten Tag, arbeiten können.

Was geschieht denn, wenn einer sich also ein wahrnehmbares Räuschchen angetrunken hat und nachher, sagen wir, eine Bratwurst ißt? Dann bringt er seinen Körper wieder in Tätigkeit und ersetzt dasjenige, was durch die zu schnelle Tätigkeit aufgebraucht worden ist. Wenn aber der Mensch das nicht tut, wenn er also nicht schon ein ziemlich abgehärteter Trinker ist – die abgehärteten tun ja das –, wenn er das nicht ist, sondern vergißt, die Bratwurst zu essen, dann kriegt er den Katzenjammer, aus dem Grunde, weil dann sein Körper nicht mehr imstande ist, eine höhere Tätigkeit innerlich auszuüben. Wenn aber die Tätigkeit nicht richtig ausgeübt wird, so lagern sich überall Unratsprodukte ab, namentlich Harnsäureprodukte. Die lagern sich namentlich im Kopfe ab, weil der am schwersten zu versorgen ist. Und so geht dann ein Mensch, der in der Nacht seine körperliche Tätigkeit, seine innere körperliche Tätigkeit durch Alkoholtrinken verbraucht hat, am nächsten Morgen so herum, daß eigentlich sein Kopf so ist, wie sonst seine Gedärme sind: Unrat ist drinnen abgelagert. Und das schließt ein, daß der Körper sofort revoltiert, wenn ihm also durch den Alkoholgenuß zu viel Tätigkeit abgefordert wird.

Nun ist das ja so, daß der Mensch, wie ich Ihnen schon einmal bei den Vorträgen gesagt habe, eigentlich viel mehr vertragen kann – ich meine jetzt nicht in bezug auf Alkohol, sondern überhaupt –, viel mehr, als man gewöhnlich voraussetzt. Es kann das nämlich lange Zeit hindurch wiederum ausgeglichen werden. Und Sie finden ja sogar ein sehr trügerisches, ein sehr verdächtiges Gegenmittel gegen den Katzenjammer bei manchen Leuten. Wenn sie am nächsten Morgen mit einem riesigen Katzenjammer wieder aufstehen oder wieder nach Hause kommen – was tun sie dann? Nun, das werden Sie auch schon erlebt haben: sie saufen weiter nämlich am nächsten Morgen; sie machen den Frühschoppen zu einer besonderen Kur, sie saufen dann weiter.

Und was ist das, daß sie dann weiter saufen? Ja, sehen Sie, dem Körper ist in der Nacht Tätigkeit entzogen worden dadurch, daß das Blut in besondere Wallungen gebracht worden ist. Nun fehlt diese Tätigkeit am Morgen. Aber der Körper wird noch einmal aufgestachelt durch das Weitersaufen, daß die letzten Reste von Tätigkeit, die er noch haben kann, auch noch aufgebraucht werden. Weil die letzten Reste den hauptsächlichsten Unrat noch wegschaffen, geht der Katzenjammer bis zu einem gewissen Grade aus dem Kopfe fort, bleibt aber erst recht im übrigen Körper vorhanden. Nur, dasjenige, was dann erst recht im übrigen Körper vorhanden ist, das spüren dann die Leute weniger. So daß das Weitersaufen am Morgen eigentlich dazu führt, daß der Katzenjammer unbewußt in den übrigen Organismus übergeht. Und dann erst, wenn das geschieht, dann fängt das wahre Elend für den Körper an. Diejenigen Säufer sind am schlimmsten dran, die den Katzenjammer mit Weitersaufen vertreiben. Denn dann wird nach und nach, wenn sich das wiederholt, der ganze Körper ruiniert.

Aber noch immer ist es so, daß es fast unmöglich ist – weil der Mensch eben viel vertragen kann –, den Körper gleich ohne weiteres zu ruinieren. Daher ist das erste bei einem richtigen Säufer, daß er eine Art Delirium bekommt, den Säuferwahnsinn. Es geht da noch nicht ins Ruinieren hinein. Wenn dieses sogenannte Delirium tremens, wie man es in der Medizin nennt, eintritt, dann sehen die Menschen überall eine Art Tiere herumlaufen, Mäuse und so weiter. Sie kriegen eine Art Verfolgungswahn. Das Delirium tremens ist ja damit verknüpft, daß die Menschen sich überall verfolgt fühlen von kleinen Tieren, von Mäusen namentlich. Das ist ja etwas, was sogar geschichtlich geworden ist.

Es gibt Mäusetürme. Die haben meistens ihren Namen davon, daß da in früheren Zeiten irgendeiner eingesperrt war, der Säuferwahnsinn hatte, und der da drinnen von Mäusen geplagt worden ist, die er sich bloß vorgestellt hat – es werden schon auch welche drinnen gewesen sein –, denn der, der drinnen war, hat überall um sich herum, überall, Tausende und Tausende von Mäusen gesehen, die nicht da waren.

Sie sehen also, man kann dasjenige, was im Menschen wirkt, wenn er sich durch Alkohol ruiniert, sogar sehr schwer in den Körper ganz hineintreiben. Es sträubt sich der Körper durchaus lange Zeit gegen diese Geschichte, die durch den Alkohol angerichtet wird.

Und das Interessante ist ja das, daß dann bei den Leuten sich das Gewissen regt. Sagen wir, sie haben eine Zeitlang gesoffen, frühmorgens weiter gesoffen, und dann regt sich plötzlich das Gewissen und sie hören auf zu saufen, sie haben sich noch dieses bißchen Energie aufbewahrt, daß sie nun aufhören. Was geschieht dann? Wenn sie früher noch nicht den Säuferwahnsinn gehabt haben, kriegen sie ihn dann. Das ist die interessanteste Tatsache, daß manchmal derjenige, der lange Zeit getrunken hat, wenn er nun aufhört zu trinken, gerade den Säuferwahnsinn kriegt.

Das ist eines der wichtigsten Zeichen dafür, daß der Mensch so angesehen werden muß, daß der Kopf anders wirkt – ich habe Ihnen das in den letzten Vorträgen für viele Dinge angeführt – als der übrige Körper. Solange nämlich der Mensch die Säuferkrankheit im Kopfe erhält, da geht es ihm noch passabel; da hat er die Sache noch nicht im übrigen Körper drinnen. Wenn er sie aber drinnen hat und nachher den Alkohol sich abgewöhnt, dann revoltiert erst recht der übrige Körper durch den Kopf herauf, und dann kriegt er gerade durchs Abgewöhnen erst recht den Säuferwahnsinn.

So kann man sagen: Im Blut des Menschen ist das körperliche Gegenstück für die wichtigsten Seelenverrichtungen. Sie wissen ja vielleicht, daß manche Leute an Verfolgungswahn leiden dadurch, daß sie allerlei Gestalten sehen, die nicht da sind. In früheren Zeiten namentlich – und es war das eine ganz gesunde Kur – hat man ihnen dann zur Ader gelassen. Man darf gar nicht glauben, daß alle Leute früher so abergläubisch waren, als man es heute annimmt. Aderlassen ist nicht etwas, was vom Aberglauben gekommen ist. Man hat ihnen zur Ader gelassen; namentlich hat man ihnen irgendwo Blutegel aufgesetzt, die ihnen das Blut abgezapft haben. Dann ist das Blut weniger tätig gewesen. Nicht gerade bei Säufern, aber bei anderen Wahnsinnsanfällen ist das Blut dann weniger tätig gewesen. Dann ist es ihnen besser gegangen.

Was außerordentlich verwandt ist mit alledem, was die Grundlagen der seelischen Eigenschaften des Menschen sind, das Nervensystem, habe ich Ihnen ja auch angeführt, aber das ist namentlich für den Willen des Menschen viel weniger wichtig; es ist wichtig für den Verstand, aber es ist für den Willen des Menschen viel weniger wichtig als das Blut.

Nun, wenn Sie aber gerade sehen, daß der Alkohol das Blut im eminentesten Sinne angreift, so ist daraus zu erkennen, daß das Blut, weil der Körper so stark revoltiert gegen das, was der Alkohol anrichtet, sehr geschützt ist dagegen. Das Blut ist wirklich außerordentlich stark geschützt gegen die Angriffe des Alkohols im Menschen. Und da müssen wir uns fragen: Wodurch ist denn eigentlich das Blut im Menschen so außerordentlich stark geschützt gegen die Angriffe? Da müssen wir weiter fragen: Wo entstehen denn eigentlich die wichtigsten Dinge, die im Blut drinnen sind?

Erinnern Sie sich, ich habe Ihnen gesagt: Das Blut besteht aus den roten Blutkörperchen, die eisenhaltig sind, die im sogenannten Blutserum herumschwimmen, und dann besteht es aus den weißen Blutkörperchen. Ich habe Ihnen gesagt, die wichtigsten Bestandteile des Blutes sind rote und weiße Blutkörperchen – diejenigen Blutkörperchen, die mit der Milztätigkeit zusammenhängen, die wir bei unseren Untersuchungen in Stuttgart die sogenannten Regulatoren genannt haben, berücksichtigen wir jetzt nicht. Es sind ja viele Körperchen drinnen im Blute; wir wollen jetzt nur auf die roten und auf die weißen Blutkörperchen sehen und wollen uns fragen: Wo entstehen denn im Körper eigentlich diese Blutkörperchen? Ja, sehen Sie, diese Blutkörperchen, die entstehen nämlich an einem ganz besonderen Ort. Wenn Sie sich hier einen Oberschenkelknochen denken vom Becken aus bis zum Knie, irgendwie einen Knochen denken, einen Armknochen, irgendeinen Hohlknochen, so werden Sie in diesem Knochen drinnen überall das sogenannte Knochenmark finden. Da ist das Mark drinnen, das

Knochenmark. Und sehen Sie, meine Herren, in diesem Knochenmark entstehen die roten und weißen Blutkörperchen und marschieren dann erst ein in die Blutadern. Der menschliche Körper ist so organisiert, daß in den inneren Höhlungen seiner Knochen sein Blut erzeugt wird – eigentlich das Wichtigste in ihm.

Wenn das der Fall ist, dann können Sie sich sagen: Das Blut ist in seiner Erzeugung wirklich außerordentlich stark geschützt gegen die Ruinierung, denn da muß der Alkohol tatsächlich schon sehr lange genossen werden und sehr schlimm genossen werden, wenn er auch noch die Knochen soweit kaputt machen soll, daß er bis in ihr Innerstes, bis in ihr Mark hineindringt und sie dort kaputt macht, das Knochenmark ruiniert, so daß keine roten und weißen Blutkörperchen mehr erzeugt werden. Und da beginnt erst für die Menschen, die den Alkohol genießen, die eigentlich verderbliche Sache, wenn sie so weit gekommen sind, daß der Alkohol bis ins Knochenmark hinein gewirkt hat.

Nun ist es so, daß zwar die Menschen in bezug auf ihren Verstand, in bezug auf ihre seelischen Eigenschaften vielfach gleich sind, aber in bezug auf das Blut sind die Menschen nach Mann und Weib, nach Mann und Frau, sehr verschieden voneinander. Das ist eine unbewußte Verschiedenheit, die aber sehr deutlich zutage tritt. Die Blutkörperchen nämlich, die da im Innern der Knochenhöhle erzeugt werden, also die roten Blutkörperchen und die weißen, die haben auf den Menschen einen solchen Einfluß, daß die roten Blutkörperchen wichtiger sind bei der Frau, die weißen Blutkörperchen wichtiger sind beim Mann. Das ist sehr wichtig: die roten Blutkörperchen sind wichtiger bei der Frau, die weißen wichtiger beim Mann.

Daher ist das so: Die Frau hat, wie Sie wissen, alle vier Wochen ihre Periode, die im wesentlichen in einer Tätigkeit des menschlichen Körpers besteht, etwas auszuscheiden, was ausgeschieden werden muß an roten Blutkörperchen. Der Mann hat keine Periode, und Sie wissen ja auch, daß der Same des Mannes so ist, daß er nicht gerade vom roten Blut seine Abkunft verrät. Er hat seine Abkunft von den weißen Blutkörperchen. Die ändern sich vielfach um, aber sie werden zuletzt zu dem, was im männlichen Samen das Wichtigste ist. So müssen wir bei dem, was auf die menschliche Fortpflanzung Bezug hat, bis zu dem geschützten Knochenmark gehen, wenn wir überhaupt prüfen wollen, wodurch die menschliche Fortpflanzungsfähigkeit physisch beeinflußt werden kann. Die menschliche Fortpflanzungsfähigkeit kann eben durch das Knochenmark im Innern der Knochen physisch beeinflußt werden.

Nun kommen aber natürlich die roten und die weißen Blutkörperchen, wenn sie in den Knochen drinnen erzeugt sind, ins Blut hinein. Wenn nun die Frau Alkohol trinkt, so werden natürlich ganz besonders die roten Blutkörperchen beeinflußt. Die roten Blutkörperchen enthalten Eisen, sind etwas schwer, haben die Schwere der Erde in sich. Wenn also die Frau säuft, so bewirkt sie, daß zu viel Schwere in ihr ist. Die Folge davon ist, daß, wenn die Frau säuft, das Kind, das sich ausbilden soll, zu schwer wird, also innerlich seine Organe nicht richtig entwickeln kann. Es wird innerlich nicht ausgestaltet, hat seine innerlichen Organe nicht in Ordnung. Und auf diesem Umweg, meine Herren, geschieht der schädliche Einfluß durch den Alkohol bei der Frau.

Beim Manne ist es so, daß durch den Alkohol vorzugsweise die weißen Blutkörperchen beeinflußt werden. Und wenn dann unter dem Einfluß des Alkohols oder überhaupt unter dem Einfluß des Körpers, der alkoholisch verseucht ist, Befruchtung eintritt, dann wird der Same in der Weise ruiniert, daß er zu zappelig wird. Denn die Befruchtung ge- Tafel 15
schieht ja so, daß vom mütterlichen Organismus dieses kleine Ei abgesondert wird. Das kann man nur mit dem Mikroskop sehen in dem Zustande, wie es ist, wenn die Befruchtung stattfindet. Also das Ei wird abgesondert. Vom Manne wird abgesondert eine ganze Menge solcher Samenkörperchen; die haben alle solch einen Schwanzfaden an sich. In der Samenflüssigkeit sind unzählige solcher Samenkörperchen drinnen. Und dieser Schwanzfaden, den sie da an sich haben, der ist ein Flimmerhärchen. Und durch dieses Flimmerhärchen sind diese Samenkörperchen ohnedies furchtbar zappelig. Sie machen die kompliziertesten Bewegungen, und natürlich, eines muß zuerst ankommen beim weiblichen Ei. Dasjenige, das nun zuerst ankommt, das wird aufgenommen vom weiblichen Ei. Es ist viel kleiner als das weibliche Ei; trotzdem das weibliche Ei auch nur mit dem Mikroskop wahrgenommen werden kann, ist das männliche Samenkörperchen noch viel kleiner.

Das wird aufgenommen. Und in dem Augenblicke, wo es in das Ei aufgenommen ist, bildet sich sogleich eine Haut um das Ei herum, und alle die, die nachkommen, werden zurückgestoßen durch diese Haut. Es kann nur eines herein. Denn sofort, wenn eins drinnen ist, wird eine Haut um das Ei gebildet, und die andern müssen abziehen.

Sie sehen also, das ist außerordentlich geistreich eingerichtet. Nun sind diese Samenkörperchen außerordentlich zappelig eingerichtet. Durch den Alkohol aber werden sie noch viel zappeliger gemacht. So daß also die Befruchtung eintritt unter dem Einfluß des männlichen Samenwesens, das außerordentlich beweglich ist. Und die Folge davon ist, daß durch die Befruchtung beim Menschen dann besonders auf sein Nervensystem und Sinnessystem gewirkt wird, wenn der Mann säuft. So daß, wenn die Frau säuft, die inneren Organe ruiniert werden durch die Schwere; wenn der Mann säuft, dann wird das Nervensystem des Kindes ruiniert. Die ganze Tätigkeit wird ruiniert, die in der richtigen Weise da sein soll, wenn das Kind eben heranwächst.

Man kann also sagen: Durch die Frau wird das Irdische am Menschen ruiniert, wenn sie säuft, und durch den Mann, wenn er säuft, wird das Bewegliche, das Luftige, was im Umkreis der Erde ist und was der Mensch auch in sich trägt, ruiniert. So wird also von zwei verschiedenen Seiten her die Frucht ruiniert, wenn beide saufen. Natürlich, dann ist schon gar keine ordentliche Befruchtung, das heißt, Befruchtung ist wohl möglich, aber es ist wirklich kein ordentliches Wachstum der Frucht möglich. Denn auf der einen Seite will dann das Ei seine Schwere geltend machen, und auf der anderen Seite ist darinnen alles in einer Zappelbewegung, und es widerspricht eines dem andern. Das Männliche widerspricht dem Weiblichen bei einer solchen Befruchtung, wo alle beide saufen. So daß also bei demjenigen, der den ganzen Zusammenhang versteht, klar ist, daß bei gewohnheitsmäßigen Trinkern tatsächlich in die Frucht außerordentliche Schädlichkeiten hineinkommen. Aber das glauben einem ja die Leute nicht, weil der Einfluß des Saufens der Männer und Frauen verhältnismäßig doch noch nicht so sichtbar ist. Aber dies ist eben nur deshalb, weil das Blut so geschützt ist, sogar im Knochenmark darinnen erst erzeugt wird, weil also die Menschen schon sehr viel tun müssen, wenn sie die Nachkommenschaft stark beeinflussen wollen. Und das schwache Beeinflussen, das gestehen sich die Leute heute eben einfach nicht.

Nicht wahr, wenn ein Kind mit einem Wasserkopf geboren wird, so prüft man in der Regel nicht, ob die Befruchtung gerade in einer Nacht war, nachdem die Mutter bei einem Souper war und dort Rotwein getrunken hat, währenddem es sich herausstellen würde, wenn man es nachprüfte, weil da die Schwere zu stark wird. Dann wird das Kind mit einem Wasserkopf geboren. Wenn dagegen das Kind mit einem Gesichtsmuskelzucken geboren wird, dann wiederum prüft man auch nicht, ob der Mann etwa am Abend zu stark getrunken hat. Die Dinge, die im kleinen, möchte ich sagen, sind, die prüft man eben nicht. Und daher kommt es, daß die Leute glauben, es sei kein Einfluß da. Er ist schon immer da. Aber die ganz schädlichen Einflüsse, die geschehen bei Gewohnheitstrinkern. Und da ist auch wiederum ein Auffälliges, ein sehr Merkwürdiges vorhanden.

Sehen Sie, wenn zum Beispiel, sagen wir, der Mann säuft, so kann es sich herausstellen, daß die Kinder irgendwo in ihrem Nervensystem schwach werden und, sagen wir zum Beispiel, Anlage haben zu Lungenschwindsucht. Es braucht gar nicht das, was auf die Kinder vererbt wird, zusammenhängen mit dem Alkoholgenuß des Mannes. Sie brauchen zum Beispiel nicht Anlage zu haben zur Kopfverwirrung, sondern zu Lungenschwindsucht oder zu Magenverstimmung und dergleichen. Also das ist eben das Heimtückische, daß dasjenige, was durch den Alkohol verbrochen wird, einfach auf ganz andere Körperteile beim Menschen übergeht.

Nun muß man bei diesen Dingen wirklich immer berücksichtigen, wie großen Einfluß kleine Mengen von Stoffen auf die menschliche Entwickelung überhaupt haben. Und nicht nur das, sondern man muß überall berücksichtigen, wie diese Stoffe an den Menschen herangebracht werden. Bedenken Sie zum Beispiel das Folgende: Wir haben in unseren Knochen eine ziemliche Menge phosphorsauren Kalk. Wir haben in unserem Gehirn auch Phosphor, und Sie werden aus früheren Vorträgen wissen, daß der Phosphor nützlich ist, denn ohne Phosphor könnte man das Gehirn eigentlich gar nicht zum Denken benützen. Also wir haben Phosphor in uns.

Ich habe Ihnen sogar einmal gesagt: Der Phosphor ist dann günstig, wenn er mit den Nahrungsmitteln in der richtigen Menge aufgenommen wird, damit er überall mit derselben Schnelligkeit verdaut wird, die in dem Menschen überhaupt ist. Wenn man dem Menschen eine Menge Phosphor in den Magen hineinbringt und er schnell hineingeht, dann ist er nicht nützlich, dann ist er schädlich.

Aber es kommt noch etwas anderes in Betracht. Sie wissen, daß man früher Phosphorzündhölzchen gemacht hat; sie sind jetzt etwas seltener geworden. Aber wenn man einmal Gelegenheit hat, so etwas zu beobachten, wie es zum Beispiel bei mir als Bube schon der Fall war, so kann man folgendes erleben: Von unserer Wohnung mußte ich täglich eine Stunde zur Schule gehen, so mit dreizehn, vierzehn, fünfzehn Jahren, und in der Hälfte des Weges war eine Zündwarenfabrik. Da arbeiteten also die Arbeiter daran, die Zündhölzchen, die Phosphorhölzchen herzustellen. Ja, meine Herren, da erlebte man es, daß eine Anzahl dieser Arbeiter – das war in den siebziger Jahren des vorigen Jahrhunderts – immer mit zerfressenen Kiefern herumliefen, daß sie also zerfressene Kiefer kriegten, und vom Kiefer aus wurde ihr Körper zerstört. Am Ober- und Unterkiefer, namentlich aber am Oberkiefer fing es an, daß die Knochen zerfressen wurden.

Wer das weiß, was der Phosphor für einen schädlichen Einfluß auf den Menschen haben kann, der wird finden, daß eine solche Zündwarenfabrik tatsächlich zu dem Mörderischsten gehört, was man nur haben kann. Es ist bei den Dingen, die der menschlichen Zivilisation angehören, immer auch notwendig, daß man hinschaut auf die zahlreichen Schädigungen, die der Mensch dadurch zugleich erleiden kann. Immer ging eine Anzahl von diesen Arbeitern in diese Zündwarenfabrik hinein mit zugebundenen Kiefern. So fing die Sache an. Und dann, nicht wahr, breitete sich das aus. Nun, auch im Oberkiefer selbstverständlich ist ja der Phosphor schon drinnen gewesen. Aber was für ein Phosphor?

Sehen Sie, der Phosphor, der mit den Nahrungsmitteln zunächst in den Magen hineingekommen ist, dann den ganzen Weg von innen aus zu den Kiefern gemacht hat, der ist nicht schädlich, wenn er nicht zu viel eingetrieben wird. Dagegen werden die Zündhölzchen so fabriziert:

Zuerst werden sie zu langen Stäbchen geformt, und dann werden sie mit Schneidemaschinen zu den kleinen Stäbchen gemacht. Dann werden sie in Rahmen gespannt, da bleibt ein kleines Stückchen heraus, und da werden sie dann zuerst in ein Schwefelbad getaucht, und dann in das Phosphorbad. Das hielt ja der Arbeiter einfach in seiner Hand. Es kamen also immer Spritzer auf den Rahmen. Nun denken Sie, wie oft im Tag sich der Mensch, da er sich nicht immer waschen kann, bei der Arbeit einfach hier irgendwie ins Gesicht streicht. Es sind ganz gewiß außerordentlich geringe Mengen von Phosphor, die da an den Menschen herankommen, aber sie kommen heran, jetzt nicht von innen heraus, sondern von außen hinein. Und das ist ja das Geheimnis der menschlichen Natur: Dasjenige, was oftmals außerordentlich nützlich sein kann, wenn der Mensch es von innen aufnimmt und es erst durch den Körper verarbeitet wird, das kann das größte Gift sein, wenn es von außen an den Körper herankommt. Sehen Sie, von innen ist der menschliche Organismus so weise eingerichtet, daß er dasjenige, was zu viel Phosphor ist, mit dem Urin oder mit den Fäkalien wieder absondert. Er läßt nur die kleine Menge, die notwendig ist, in die Knochen kommen. Er rangiert dasjenige aus, was überflüssig ist.

Aber um das, was von außen kommt, wieder abzusondern, dafür hat ja der Mensch kein Interesse. Gewiß, man kann ja nachhelfen. Man könnte zum Beispiel allerdings schon dadurch eine große Wohltat hervorrufen – aber denken Sie doch, wie wenig noch in den siebziger Jahren überhaupt an Humanität gedacht worden ist! –, man könnte schon dadurch Abhilfe schaffen, daß man ein heißes Bad einrichtete, in dem jeder Arbeiter sich baden müßte, wenn er weggeht. Durch eine solche Einrichtung würde natürlich schon ungeheuer viel erzielt werden können. Aber solche Sachen werden eben einfach nicht gemacht.

Nun, ich wollte Ihnen dadurch nur zeigen, wie der menschliche Körper eingerichtet ist, daß er so eingerichtet ist, daß durch ganz kleine Schädigungen von außen, sogar durch dieselben Stoffe, die er sonst zu seinem Aufbau braucht, durch ganz kleine Schädigungen dasjenige eintreten kann, was also dazu führt, daß die ganze Gesundheit des Menschen, überhaupt die ganze Organisation des Menschen untergraben wird.

Nun kann der Mensch viel aushalten. Aber von einem gewissen Momente ab jedoch versagt dann der Organismus. Und beim Alkoholtrinken ist es so, daß der Organismus von dem Momente an versagt, wo der Alkohol irgendwie verhindert, daß die Lebenstätigkeit, die unsichtbare Lebenstätigkeit in der richtigen Weise verläuft.

Wenn man den Menschen einer Phosphorvergiftung aussetzt, so weiß man, daß da einfach die innere Tätigkeit untergraben wird, die sonst den Phosphor verarbeitet; sie wird von außen untergraben. Nun, beim Alkohol ist es eigentlich, ich möchte sagen, ganz ähnlich. Beim Alkohol ist es so: Wenn der Mensch zu viel Alkohol trinkt, und immer wieder und wiederum trinkt, so daß, wie man sagt, der Alkoholgenuß nicht akut bloß ist, sondern chronisch wird, so kommt es eben so weit, daß der Alkohol im Menschen als Alkohol wirkt.

Wie wirkt er denn aber als Alkohol? Nun, da möchte ich Sie daran erinnern, daß ich Ihnen einmal gesagt habe: die Mengen Alkohol, die der Mensch braucht, die erzeugt er sich selber. Ich sagte Ihnen: In den Stoffen, die in den Gedärmen sind, wird immer eine gewisse Menge Alkohol erzeugt durch die gewöhnlichen Nahrungsmittel, weil der Mensch diese kleinen Mengen Alkohol braucht. Wozu braucht er diese? Nun, da brauchen Sie sich nur zu erinnern, wenn Sie einmal in irgendeinem anatomischen Kabinett gewesen sind und die Präparate gesehen haben: die sind in Alkohol, weil sie sonst verfaulen würden. Der Alkohol hindert dasjenige, was lebendiger Körper ist, vor dem Verfaulen. So wirkt aber der Alkohol, der im Menschen selbst erzeugt wird, auch im menschlichen Organismus: er hindert das Faulen gewisser Stoffe, die der Mensch braucht. So daß der Mensch durch seine innere Organisation eigentlich vorgeschrieben hat, wieviel Alkohol er haben soll, denn er hat einfach in sich gewisse Stoffe, die sonst faulen würden, die aber im Körper sein müssen, und die müssen eben konserviert werden.

Aber bedenken Sie jetzt: der Mensch trinkt zu viel Alkohol. Dann wird zu viel konserviert, dann wird dasjenige, was eigentlich abgehen soll, konserviert und im Körper erhalten! Wenn der Mensch jetzt immer wieder und wieder sein Blut, das im Körper zirkuliert, dem Alkohol aussetzt, dann konserviert er sich dieses Blut im Körper darinnen. Und was ist die Folge? Die Folge davon ist, daß dieses Blut die

Kanäle in den Knochen verstopft, weil es gegenwirkt. Es wird nicht schnell genug wiederum durch die Poren und so weiter herausbefördert. Es bleibt zu lange im Körper. Dadurch wird das Mark in der Knochenhöhlung zu wenig veranlaßt, neues Blut zu bilden und wird schwach dadurch. Dasjenige, was eintritt beim sogenannten chronischen Alkoholiker, das ist, daß das Knochenmark schwach wird mit der Zeit. Und dann erzeugt es eben bei der Frau nicht mehr die richtigen roten Blutkörperchen, und beim Mann nicht mehr die richtigen weißen Blutkörperchen.

Sehen Sie, ich muß immer wieder bei solchen Gelegenheiten eines sagen: Nicht wahr, es ist ja ganz schön, wenn die Menschen soziale Reformen ausdenken, sagen wir zum Beispiel Alkoholverbote und so weiter. Gewiß, es ist sehr schön. Aber ich meine folgendes: Sehen Sie, selbst solch ein gelehrter Mann wie der Professor *Benedikt,* von dem ich Ihnen einmal erzählt habe, daß er die Schädel der Verbrecher sammelte, und daß dann die ungarischen Verbrecher gesagt haben, sie wollen ihre Schädel nicht nach Wien gesandt haben, weil sie dann nicht zusammenfinden mit ihren übrigen Knochen am Jüngsten Tag – dieser Mann hat mit Recht gesagt: Nun ja, da reden die Leute gegen den Alkohol; aber viel mehr Leute sind durch Wasser zugrunde gegangen als durch Alkohol! – Das ist natürlich im allgemeinen auch wahr, weil das Wasser, wenn es Verunreinigungen enthält, gleich in viel größeren Mengen auftritt; so daß, wenn man es einfach statistisch betrachtet, man natürlich sagen kann: Viel mehr Leute sind durch das Wasser zugrunde gegangen als durch den Alkohol.

Aber es kommt etwas anderes in Betracht. Und da möchte ich sagen: Beim Alkohol ist es so, wie bei der Geschichte, die bei «Leberecht Hühnchen» steht; ich weiß nicht, ob Sie sie kennen. Es ist die Geschichte von einem armen Schlucker, einem armen Teufel, der sich nur ein Ei kaufen kann; aber er hat eine große Phantasie zu diesem Ei dazu, und da denkt er sich, wenn dieses Ei jetzt nicht beim Krämer gewesen wäre, sondern richtig gebrütet worden wäre, so wäre daraus eine Henne entstanden. Wenn ich also nun dieses Ei esse, so esse ich eigentlich die ganze Henne. In seiner Phantasie stellt er sich das nun vor: Nun bin ich eigentlich doch ein richtiger reicher Kerl, der sein Huhn essen kann! – Aber seine

Phantasie war damit noch immer nicht befriedigt, sondern er dachte weiter. Er sagte: Ja, aber das Huhn, das ich jetzt esse, das hätte ja wiederum so und so viele Eier legen können, aus denen wiederum Hühner hätten auskriechen können; und diese Hühner alle, die esse ich! Und schließlich rechnete er sich aus, wie viel Millionen und Millionen Hühner das wären. Dann sagte er sich: Hieße das nicht schlampampen?

Sehen Sie, so ist die Geschichte nun nicht im Spaß wie in dieser Erzählung, sondern im Ernst beim Alkohol. Gewiß, wenn man statistisch, sagen wir, die Zeit von 1870 bis 1880 aufnimmt und prüft, wieviele Menschen da an Wasser zugrunde gegangen sind auf der ganzen Erde und wie viele an Alkohol, dann überwiegt die Menge von Leuten, die an Wasser zugrunde gegangen sind. Dazumal starben ja die Leute an Typhus und so weiter viel mehr als heute; also der Typhus kann ja mit der Verunreinigung des Wassers vielfach zusammenhängen. Ja, meine Herren, da kann man leicht ausrechnen, daß viel mehr an Wasser zugrundegehen.

Aber man muß anders denken. Man muß wissen, daß der Alkohol nach und nach bis ins Knochenmark hineingeht und nach und nach das Blut ruiniert. Dadurch, daß er dann die Nachkommenschaft ruiniert, ist die ganze nachkommende Familie ruiniert! Wenn ein Mensch also, sagen wir, drei Kinder hat, so sind diese drei Kinder zunächst ein bißchen ruiniert; aber diejenigen, die wieder von diesen dreien entstehen, die sind stark ruiniert. Und so ruiniert man für lange Zeiten hinaus die Menschen durch den Alkohol. Und vieles, was heute an Schwäche in der Menschheit vorhanden ist, ist einfach dadurch vorhanden, daß die Vorfahren zu viel getrunken haben. Da ist es wirklich so, daß man sich vorstellen muß: Da ist ein Mann und eine Frau. Der Mann säuft; die Nachkommenschaft wird dadurch schwach im Körper. Nun denken Sie sich einmal, was das schon nach einem Jahrhundert bedeutet oder gar nach mehreren Jahrhunderten! Also da nützt es nichts, wenn man einfach die Zeit aufnimmt, sagen wir von 1870 bis 1880, und sagt: es sind da mehr Menschen an Wasser zugrunde gegangen als an Alkohol. Da muß man über Zeiträume hinüberschauen. Und das ist dasjenige, was die Leute heute nicht gerne machen, höchstens eben im Spaße, wie der Verfasser von «Leberecht Hühnchen», der natürlich auch über große

Zeiträume hinüberschauen muß, wenn er sich denken will, wie er schlampampt.

Also solche Gedanken, die über das Allernächste hinausschauen, die muß man haben, wenn man über diese Sache sozial denkt. Und da, muß ich sagen, ist meine Meinung diese: Verbieten kann man ja den Alkohol, aber sehen Sie, dann treten merkwürdige Erscheinungen auf. Sie wissen ja zum Beispiel, daß heute die Menschen in vielen Erdgegenden dazu gekommen sind, den Alkoholverkauf einzuschränken oder ganz zu verbieten; aber ich mache Sie darauf aufmerksam, was für ein Übel in der letzten Zeit eingetreten ist: der Kokaingenuß nämlich, der auch von den Leuten gemacht wird, um sich zu betäuben. Und gegen das, was der Kokaingenuß anstellen wird, namentlich an Zerstörung der menschlichen Fortpflanzungskräfte, ist der Alkohol noch Gold! Der eine oder der andere, der das Kokain frißt, wird das nicht einmal dafür verantwortlich halten. Aber schon an den äußeren Symptomen können Sie sehen, wie viel schlimmer der Kokaingenuß ist als der Alkoholgenuß. Wenn einer durch den Alkohol das Delirium tremens kriegt, so äußert sich dies durch eine Art Verfolgungswahn. Er sieht überall Mäuse, die

Tafel 15

ihn verfolgen. Wenn aber einer Kokain genießt, dann kommen Schlangen überall aus seinem Körper heraus! Wenn ein solcher Mensch, der Kokain genießt, sich selber anschaut, dann sieht er: Erst betäubt er sich – das ist angenehm, das ist eine Art von Wollust –, aber wenn er dann längere Zeit kein Kokain gegessen hat, dann schaut er *so* aus (siehe
Tafel 15 Zeichnung S. 225): überall kommen aus seinem Körper Schlangen heraus, und er läuft nur rasch, um wiederum Kokain zu genießen, damit die Schlangen für eine Zeitlang aufhören. Denn die Furcht, die er vor den Schlangen hat, die ist noch viel größer als die Furcht, die er vor den Mäusen hat im Delirium tremens.

Und so kann man wohl allerlei verbieten, aber die Menschen kommen dann auf allerlei anderes, was in der Regel nicht gescheiter ist, sondern schlimmer ist. Und da glaube ich, daß Aufklärungen, wie der Alkohol wirkt, in der Weise, wie wir es heute zum Beispiel vor uns hingestellt haben, wirklich viel mehr wirken können, gerade Aufklärungen, die den Menschen allmählich dazu bringen, den Alkohol selber zu lassen. Sie beeinträchtigen nicht die menschliche Freiheit, aber Sie erzeugen zugleich das, daß der Mensch sich sagt: Das ist aber unheimlich! Bis in die Knochen herein werde ich ruiniert! Das wirkt dann als Gefühl, während Gesetze nur für den Verstand wirken. Die richtigen Wahrheiten, die richtigen Erkenntnisse, die sind eben solche, die bis ins Gefühl hinein wirken. Deshalb ist meine Überzeugung: Zu einer wirksamen Sozialreform – denn auf anderen Gebieten ist es ähnlich, fast geradeso wie hier – kommen wir doch nur, wenn wir in weitesten Kreisen für eine wirkliche Aufklärung sorgen.

Aber diese wirkliche Aufklärung kann man ja erst dann schaffen, wenn etwas da ist, mit dem man aufklären kann. Denn, sehen Sie, wenn Sie heute sich irgendwo einen Vortrag halten lassen über die Schädlichkeit des Alkohols – *so* werden Sie die Sache nicht dargestellt finden, wie ich sie Ihnen jetzt dargestellt habe, obwohl das nicht einmal so besonders schwer ist; denn die Tatsachen kennen die Leute. Sie wissen nur nicht in der gehörigen Weise über diese Tatsachen zu denken. Die Tatsachen kennen sie schon. Sie gehen meistens aus einem solchen Vortrag, der da gehalten wird von einem heutigen Dutzendgelehrten, heraus und wissen nicht recht etwas Besonderes damit anzufangen. Und wenn sie besonders gutmütig sind, so sagen sie: Na, Gott, man ist halt nicht vorbereitet, man hat die Geschichte nicht verstanden. Der gelehrte Herr weiß das alles. Man kann als einfacher Mensch nicht alles verstehen! – Aber der Grund ist, daß er selber es nicht versteht. Wenn man nämlich eine Wissenschaft hat, die wirklich auf die Fundamente geht, auf die Grundlagen geht, dann kann man es nämlich schon zum Verständnis bringen, auch den einfachen Menschen.

Wenn heute die Wissenschaft so wenig wirklich ist, so ist es eben das, daß sie eigentlich mit Ausschluß der wirklichen Menschlichkeit entstanden ist. Die Leute werden immer zuerst Privatdozent, dann außerordentlicher Professor, dann ordentlicher Professor. Die Studenten sagen dann: Ein ordentlicher Professor weiß nichts Außerordentliches, und ein außerordentlicher Professor, der weiß nichts Ordentliches. – Die Studenten haben das im Gefühl, meine Herren. So geht der ganze Schlendrian weiter. Und in sozialen Reformen wirkt die Wissenschaft eigentlich nichts, während sie in der allertätigsten Weise wirken könnte. Und deshalb muß jemand, der es ehrlich meint mit dem sozialen Leben, immer wieder darauf zurückkommen: Stroherne, papierene Gesetze sind viel weniger wichtig, natürlich braucht man sie auch, aber sie sind viel weniger wichtig als eine durchgreifende Aufklärung. Diese Aufklärung, die braucht man. Dann würden wir erst richtig weiterkommen.

Gerade so etwas, wie man es studieren kann beim Alkohol, das läßt sich überall begreiflich machen. Und dann kommt man zu dem, was ich immer sage zu den Leuten. Nicht wahr, die Leute kommen und fragen: Ist es besser, keinen Alkohol zu trinken, oder ist es besser, Alkohol zu trinken? Ist es besser, Vegetarier zu sein, oder besser, Fleisch zu essen? Ich sage überhaupt niemals einem Menschen, ob er den Alkohol lassen soll oder ob er ihn trinken soll, ob er Pflanzen essen soll oder Fleisch essen soll, sondern ich sage zu dem Menschen: der Alkohol wirkt so und so. Ich stelle es ihm einfach dar, wie er wirkt; dann mag er sich entschließen, zu trinken oder nicht. Und so mache ich es schließlich auch beim Pflanzen- und Fleischessen. Ich sage: so wirkt das Fleisch, so wirken die Pflanzen. Und die Folge davon ist, daß der Mensch sich selber entschließen kann.

Das ist das, was man vor allen Dingen in der Wissenschaft haben muß: Respekt vor der menschlichen Freiheit. So daß man gar nicht das Gefühl hat, man will irgendeinem Menschen etwas gebieten oder verbieten, sondern man sagt ihm die Tatsachen. Wenn er weiß, wie der Alkohol wirkt, dann kommt er von selbst darauf, was das Richtige ist. Damit kommen wir am allerweitesten. Da kommen wir dazu, daß freie Menschen sich ihre Richtung selber geben können. Und das müssen wir anstreben. Dann erst kommen wir zu richtigen sozialen Reformen.

Wenn ich am Mittwoch da bin, werden wir dann den nächsten Vortrag haben können.

DREIZEHNTER VORTRAG

Dornach, 10. Januar 1923

Sehen Sie, solch eine Frage, wie Sie sie das letzte Mal gestellt haben, ist natürlich so, daß man sehr viel braucht, wenn man sie gründlich beantworten will – wir haben ja schon das letzte Mal viel zusammengetragen –, denn man muß eigentlich dann schon alles dasjenige, was sich auf die Fortpflanzung der lebenden Wesen bezieht und was damit zusammenhängt, gründlich verstehen. Ich will die heutige Stunde dazu verwenden, um von einer ganz anderen Seite her ein bißchen über diese Frage noch zu sprechen.

Ein Eigentümliches kann einem heute gleich auffallen, wenn man solche Bemerkungen liest wie diejenige, die neulich einmal ein Amerikaner gemacht hat. Ein Amerikaner hat nämlich bemerkt, rein durch die Statistik – die Statistik ist ja heute das Lieblingskind, und sie wird in Amerika immer mehr betrieben –, daß diejenigen Menschen, welche am leichtesten Verstand erwerben, immer in den Wintermonaten geboren sind. Statistisch muß man natürlich die Sache nicht so nehmen, als wenn nun derjenige, der in den Sommermonaten geboren ist, sehr dumm sein müßte, sondern die Statistik bezieht sich immer nur auf die Mehrheit. Aber jedenfalls hat dieser Amerikaner die Bemerkung gemacht, daß nach der Statistik von dem Monat Dezember an bis in den März hinein die gescheitesten Leute geboren werden, also diejenigen Leute, die nachher gescheit werden.

Jedenfalls ist damit auf etwas hingewiesen, was man beim Menschen schwer studieren kann, weil beim Menschen alles mögliche dazwischenkommt, was aber zeigt, daß die Lebewesen überhaupt – und der Mensch ist ja zunächst ein Lebewesen – in einer gewissen Beziehung abhängen vom Jahreslauf, von dem sie beeinflußt werden.

Nun, solche Dinge, wie die Mitteilung dieses Amerikaners, überraschen heute die Leute nur deshalb, weil eben die Leute viel zu wenig von den wirklichen Naturvorgängen wissen. Ich möchte sagen, es könnte vielleicht solch einem Amerikaner, der diese Bemerkung macht, so ähnlich ergehen, wie es einmal einem Professor ergangen ist, der die

Gehirne gemessen hat. Diesem Professor ist es so ergangen, daß er also die Gehirne gemessen und eine Statistik aufgestellt hat, und er hat überall gefunden, daß die Gehirne der Frauen kleiner sind als die Gehirne der Männer. Er hat daraus geschlossen, daß also, weil nach seiner Ansicht ein kleineres Gehirn weniger Verstand hat, alle Frauen weniger Verstand haben als die Männer. Nun war das ein berühmter Mann. Berühmt ist er dadurch geworden, daß er gefunden hat, die Gehirne der Frauen sind kleiner als die der Männer. Nun, bei berühmten Männern macht man das manchmal, daß man sie aus dem Grunde, weil sie berühmt sind, seziert, gerade ihr Gehirn seziert. Und so ist auch das Gehirn dieses Mannes studiert worden. Und siehe da, es hat sich viel kleiner gefunden als alle die Frauengehirne, die er untersucht hat!

Nun, so könnte unter Umständen, wenn er sich dann nicht geniert, solch eine Sache bekanntzugeben, sich herausstellen, daß der Amerikaner selbst im Sommer geboren ist. Wenn er im Sommer geboren wäre, dann müßte man sagen: er ist ja nicht besonders gescheit nach seiner eigenen Theorie, also kann seine Theorie nicht besonders wertvoll sein. Aber sehen Sie, hinter all diesen Sachen steckt doch etwas. Und dieses Etwas, wenn man es richtig überschaut, führt einen manchmal zu den allerwichtigsten Sachen.

Da will ich Ihnen heute etwas erzählen, was noch durchaus dazugehört zu der Frage von Herrn R. Sehen Sie, die Verhältnisse, die in bezug auf die Fortpflanzung bestehen, kann man eigentlich nur bei Tieren und Pflanzen studieren, denn beim Menschen hängen sie noch von so vielen anderen Faktoren ab, daß man sie nicht ordentlich studieren kann. Wenn Sie nur das nehmen, was ich Ihnen vorgestern gesagt habe, daß die Menschen, sowohl die Frauen wie die Männer, ihren Samen oder die Eizelle beeinflussen durch das Trinken, so werden Sie sehen, daß davon so viel abhängt, daß man nicht richtig die Fortpflanzung studieren kann. Nun, Tiere haben sehr selten die Eigenschaft, daß sie sich betrinken. Also da bleiben die Verhältnisse viel reiner, da kann man viel reiner die Sache studieren. Und die wichtigsten Sachen liegen eigentlich so, daß man die Tiere durchaus nicht zu sezieren braucht, wenn man das studieren will. Denn durch das Sezieren kommt man eigentlich auf das allerwenigste drauf. Ich will Ihnen zunächst etwas sagen, was auf keinem Sezieren beruht, sondern auf sicheren Ergebnissen von Männern, die nicht nach den Theorien gearbeitet haben, sondern nach ihren praktischen Erfahrungen, und das, was ich **Ihnen** vortrage, bezieht sich auf namentlich in Kanada vorkommende Biber.

Tafel 16

Die Bibertiere, die man ja bei uns eigentlich nur kennenlernt in Menagerien oder ausgestopft in Kabinetten, diese Bibertiere sind eigentlich ziemlich plump. Nicht wahr, so ein Biber schaut eigentlich so aus, daß er nach vorne ziemlich plump einen Kopf hat, der Körper ist auch ziemlich plump, die vordern Beine nach hinten ziemlich dick (Zeichnung), die Hinterbeine dann sind mit Schwimmhäuten versehen, so daß er schwimmen kann. Das Merkwürdigste, was er hat, das ist ein geradezu wie ein Instrument aussehender Schwanz da hinten, der ziemlich flach ist, und der also sehr künstlich ausgearbeitet ist. Das ist eigentlich sein künstlichstes Werkzeug, was er da hinten hat. Und die Leute, die sich mit dem Biber beschäftigt haben, wissen zunächst nicht, wozu der Biber just diesen Schwanz braucht. Daher haben sie allerlei Sachen ausgedacht, die aber nicht wahr sind.

Dieser Biber ist ein sehr merkwürdiges Tier. Man möchte sagen, wenn man diesen Biber so kennenlernt im Leben – das zeigt sich ja auch, wenn wir ihn in unseren Menagerien haben –, so ist er eigentlich ein außerordentlich phlegmatisches Tier. Er ist wirklich so phlegmatisch, daß man nichts Rechtes mit ihm anfangen kann. Sie können einen solchen Biber attackieren, angreifen, er verteidigt sich nicht. Er selber greift nie an, was man auch tut. Er ist ein ganz phlegmatisches Wesen.

Nun, diese Biber leben namentlich in solchen Gegenden, in denen entweder große Sümpfe sind oder nicht allzulange Flüsse, kurze Flüsse. Da leben sie, und sie leben auf eine sehr merkwürdige Weise. Die Biber leben so: Wenn der Frühling kommt, dann sucht der Biber sich irgendwo einen Ort aus in der Nähe eines Sees oder eines Flusses, am Ufer, gräbt sich eine Erdhöhle aus und wohnt den ganzen Sommer als ein richtiger Einsiedler allein in dieser Erdhöhle, so daß also dieser Biber den ganzen Sommer, ich möchte sagen, in dieser seiner einsiedlerischen Sommerwohnung wie ein phlegmatischer Mönch sitzt, um da in seiner Sommervilla den Sommer zu verbringen. Es ist eine Höhle, die er sich in die Erde hineingräbt. Aber das tut er in vollständiger Einsiedelei.

Wenn nun der Winter kommt – schon wenn der Herbst kommt –, aber wenn der Winter kommt, kommen diese Biber aus ihrer Erdhöhle heraus, versammeln sich in einer Anzahl von zwei- bis dreihundert, sie kommen in ihrer ganzen «Phlegmatischheit» zusammen, sind dann eine Gemeinde von zwei- bis dreihundert. Sie können sich denken, daß in einer solchen Gemeinde auch diejenigen sind, die zusammengehören. Nicht wahr, eine solche Biberfrau, die hat sich ihre Einsiedlerwohnung so gemacht, daß sie auch Kinder hat kriegen können; in der Nähe ist der Mann, der sich seine Höhle selber macht. Und sie kommen mit ihren ganzen Familien da zusammen.

Jetzt gehen sie zuerst in aller Phlegmatischheit und suchen sich einen Ort auf. Dem einen Trupp paßt es besser – bei dem phlegmatischen Temperament dieser Biber kann man das manchmal schwer unterscheiden –, sich einen See auszusuchen; dem andern Trupp paßt es besser, sich einen kurzen Fluß auszusuchen, den sie verfolgen bis zu einer Stelle, die ihnen besonders für ihre Zwecke geeignet erscheint. Und nachdem sie da untersucht haben, gehen sie im ganzen Trupp wiederum darauf los. In der Nähe des Sees oder des Flusses sind dann meist Bäume. Und nun ist es sehr merkwürdig: dieser plumpe Biber, der wird nun außerordentlich geschickt. Er benützt nämlich die Vorderfüße – nicht die Hinterfüße, die haben Schwimmhäute zwischen den Zehen, mit denen kann er schwimmen –, er benutzt die Vorderfüße, aber wirklich viel geschickter, als der Mensch irgendwelche Instrumente benutzt. Und dazu nimmt er seine spitzen Schneidezähne. Und mit den Zähnen, unterstützt von den Vorderfüßen, beißt er Zweige und sogar ganze Stämme von den Bäumen. Dann, wenn ein Trupp genügend Zweige und Baumstämme hat, dann schleppen diese Biber alles entweder in den See, den sie sich ausgewählt haben, oder in den Fluß hinein.

Diejenigen nun, welche ihre Baumstämme in den See hineingeschmissen haben, die schieben die Baumstämme bis zu der Stelle, die sie ausgewählt haben. Diejenigen, die ihre Baumstämme in den Fluß hineingeworfen haben, die wissen auch ganz gut, der Fluß trägt sie von selber, und sie steuern die Baumstämme nur, damit sie nicht auf die Seite gehen. Und so wird überall, entweder bis zum Seeufer oder der Stelle des Flusses, die sie ausgewählt haben, auf diese Weise die ganze Menge von Baumstämmen weiterbefördert.

Wenn sie dort angekommen sind, fangen diejenigen, die einen See sich ausgesucht haben – sie haben die Baumstämme bis zum Ufer hinauf befördert –, gleich an, Hütten zu bauen. Aber die anderen, die sich einen Fluß ausgesucht haben, die fangen gar nicht an, gleich Hütten zu bauen, sondern die bauen zuerst ein Netzwerk auf. Da

Tafel 16

werden einige Baumstämme *so* gelegt (siehe Zeichnung), die andern *so* gelegt; aber das geht dann hinten durch, daß sie ein richtiges Netzwerk bilden. Also sie verschlingen sie so ineinander, bilden ein Netzwerk. Wenn sie eine solche Wand aufgebaut haben, machen sie eine zweite daran. Sie holen immer neue Baumstämme, alle miteinander eben, und machen eine zweite Wand daran. Und so machen sie eine Wand, die manchmal zwei Meter, manchmal noch dicker ist. Und dann, sehen Sie, wenn der Fluß so fließt, halten sie den Fluß da auf;

er muß dann da drüber fließen, und sie haben da unten einen freien Raum. Und im Flusse drinnen, da bauen sie sich dann erst, wenn sie dieses Wehr aufgebaut haben, diese Wand, da bauen sie sich erst die Hütte an, so daß der Fluß über die Hütte drüber fließt.

Wenn sie genügend Baumstämme zusammengetragen haben und ihnen ihre Wand dick genug zu sein scheint, dann schleppen sie anderes Material herein, gewöhnliche Tonmassen aus der Erde, und da machen sie eine Art Lehm daraus, und mit dem verkitten sie hinten und vorne und nach der Seite hier, und nach der Seite hier diese Wand; sie bauen als richtige Baukünstler zuerst eine Wand auf. Aber diejenigen, die sich den See ausersehen haben, brauchen das nicht und unterlassen das.

Wenn nun diese Wand aufgerichtet ist – bei denen, die sich den See ausgesucht haben, geschieht es gleich –, fangen sie an, aus demselben Material kleine Häuser zu bauen. Die schauen ja nun allerdings so aus

Tafel 16

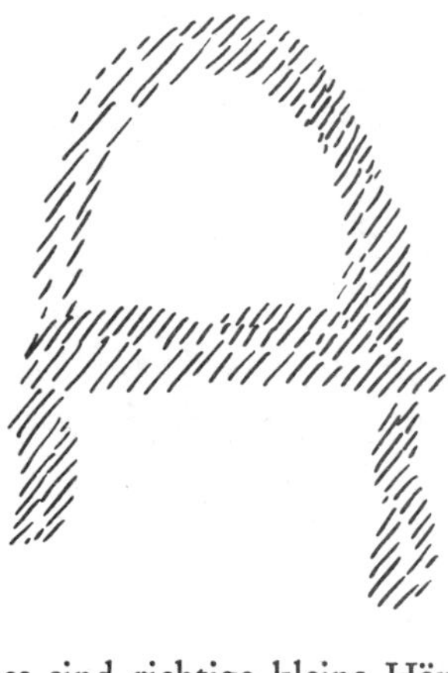

wie Tonfässer, aber es sind richtige kleine Häuser. Diese bauen sie sich so auf, daß sie Flechtwerk machen. Die sind nun wiederum so verkittet, daß auch das wenige Wasser, das da hereinkommt, ihnen nichts anhaben kann. Nun, eine solche Biberhütte – denken Sie nur, wie gescheit das ist! –, die wird niemals an einen Ort des Flusses gebaut, wo noch das Wasser gefriert. Sie wissen, das Wasser gefriert immer nur oben; wenn man tief genug hineinkommt, ist weder beim stehenden noch beim fließenden Wasser das Wasser gefroren, nur oben. Und just da legen sich diese Biber ihre Wohnung an, wo das Wasser nicht gefriert im ganzen Winter.

Jede solche Hütte hat zwei Stockwerke; da ist ein Boden eingebaut (siehe Zeichnung), da unten ist der Eingang. Da können sie laufen, und da oben halten sie sich auf, und da unten haben sie ihre Wintervorräte drinnen. Dasjenige, was sie brauchen, um es als Wintervorräte zu verzehren, schleppen sie sich herein. Und wenn die ganze Sache so weit ist, daß sie ihre Wintervorräte hereingebracht haben, dann bezieht eine Biberfamilie diese Hütte, bleibt aber immer in der Nähe von den andern.

Da oben wohnt nun, bis es wieder Frühling wird und sie ihre einsamen Wohnungen beziehen, die Biberfamilie. Die Eßvorräte werden vom unteren Stockwerk geholt. Und auf diese Weise bringt sich die Biberfamilie fort. Wie gesagt, wenn der Sommer kommt, suchen sie sich ihre einsamen Höhlen. Im Winter sind sie aber beieinander. Da führen sie ihr soziales Leben in Biberdörfern auf dem Grund von Seen oder auf dem Grund von Flüssen, bei einem solchen Wehr, das sie sich zuerst selber außerordentlich kunstvoll angelegt haben.

Nun sehen Sie, meine Herren, nach allem, was man wissen kann, auch von den Bibern, die zu uns gebracht worden sind in Menagerien, macht der Biber die Arbeit lediglich mit den Zähnen und Vorderfüßen, niemals mit dem Schwanz. Den benützt er gar nicht dazu. Trotzdem ist er außerordentlich kunstvoll ausgebildet. Sie werden in vielen Beschreibungen finden, daß der Biber mit dem Schwanz die Sachen bearbeite; aber das ist eben immer eine Täuschung gewesen, das ist immer nicht wahr. So daß also der Biber die Vorderfüße und die Zähne besonders fein ausgebildet hat und sie auch viel gescheiter gebrauchen kann, als irgendein Mensch Instrumente gebrauchen kann.

Nun, Sie wissen ja, meine Herren, die Naturgeschichte unterscheidet die verschiedensten Tierklassen, und unter den Säugetieren Raubtiere, Fledermäuse, Wiederkäuer und so weiter. Unter den Säugetieren sind auch die sogenannten Nagetiere. Zu den Nagetieren gehört zum Beispiel unser Kaninchen. Eigentlich gehört nach seinem ganzen Aufbau, so wie er ist, auch der Biber zu den Nagetieren.

Nun werden Sie in jeder Naturgeschichte, zum Beispiel auch in Brehms Naturgeschichte, beschrieben finden, daß die Nagetiere die dümmsten Säugetiere sind, so daß also der Biber als einzelnes Tier zu den dümmsten Säugetieren gerechnet wird. Eigentlich kann man sagen, er zeigt auch, vor allen Dingen, wenn er als einzelnes Tier sich betätigt, daß er ein furchtbar phlegmatischer Bursche ist. Sein Phlegma, sein phlegmatisches Temperament ist eben so groß, daß er ebenso gescheit sein kann, wie überhaupt phlegmatische Menschen einen gescheiten Eindruck machen: sie gehen an allem vorbei. Also der Biber ist schon furchtbar dumm. Aber er macht das alles, was außerordentlich gescheit ist! So daß man sagen kann: Es ist bei den Bibern wirklich nicht so, wie zum Beispiel der *Rosegger* einmal gesagt hat. Rosegger hat das nicht vom Biber, sondern vom Menschen gesagt:

Oaner is a Mensch,
mehrer seins Leut
und viel seins scha Vieher!

Er meint, wenn viele beisammen sind in einer Versammlung, dann werden sie schon dumm. Das sagt der österreichische Dichter Rosegger. Es ist schon etwas sehr Wahres daran: Wenn viele beisammen sind, so verwirren sie sich, machen durchaus einen dummen Eindruck, und es sind doch einzelne sehr gescheite Leute darunter!

Bei den Bibern, könnte man sagen, ist das Gegenteil der Fall: Oaner is dumm, und mehrer seins a bissel gscheiter. Und wenn zwei- oder dreihundert beisammen sind, wenn sie sich im Herbst zusammensammeln, da werden sie ganz gescheit, da werden sie zu wirklichen Architekten. Wenn auch wir Menschen nicht gerade geneigt sind, eine besondere Schönheit zu empfinden bei dem Biberbau, dann ist das eben unser menschlicher Geschmack. Die Biberwohnung sieht aber wirklich so nett aus, wie der Biber selber außerordentlich plump ist.

Nun kann man viel nachstudieren, warum die Biber, wenn sie beieinander sind, so besonders gescheit sind. Und eine wichtige Spur ergibt sich doch daraus: Wenn der Herbst kommt, fangen diese Biber an, diese ganze Geschichte zu machen. Aber bei Tag sieht man eigentlich nicht viel von dieser Tätigkeit. Der Aufbau eines solchen Wehres und des Biberdorfes – denn es ist wirklich ein ganzes Dorf, das sie da anlegen –

geschieht sehr schnell, der ist manchmal in wenigen Tagen fertig. Man sieht sie, wenn man sie bei Tag anschaut, außerordentlich wenig arbeiten. Sie arbeiten also fieberhaft während der Nacht. Also bestätigt ist die Gescheitheit des Bibers erstens durch den Winter, und zweitens durch die Nacht. So daß also da tatsächlich Spuren liegen, wie man eigentlich die ganze Geschichte studieren soll.

Aber wissen Sie, beim menschlichen Studieren ist der allererste Grundsatz der, daß man eigentlich nicht viel nachdenken soll. Es wird Ihnen sonderbar vorkommen, aber Sie werden gleich verstehen, was ich meine. Durch das Nachdenken nämlich wird der Mensch nicht besonders gescheit. Wenn er so brütet über etwas, was er beobachtet hat, da kommt in der Regel nicht viel Gescheites heraus. Also wenn man die Dinge der Welt erkennen will, so soll man eigentlich auf das Nachdenken nicht allzuviel geben. Das Nachdenken ist gar nicht das besonders Wichtige. Man soll denken dann, wenn einen die Tatsachen auffordern, aber man soll ja nicht sein Hauptaugenmerk darauf verwenden, wenn man irgend etwas beobachtet hat, nachher darüber zu brüten, um herauszubekommen, wie sich die Geschichte eigentlich verhält, sondern man soll andere Tatsachen anschauen und soll sie damit vergleichen, soll einen Zusammenhang suchen. Je mehr Zusammenhang man in verschiedene Tatsachen hineinbringt, desto mehr lernt man über die Natur zum Beispiel erkennen. Also diejenigen Leute, die über die Natur nachgebrütet haben, die haben eigentlich im Grunde genommen gar nicht irgend etwas Erhebliches herausgekriegt, als was sie schon gewußt haben.

Wenn einer Materialist wird, so redet er über die Natur materialistisch, weil er es eigentlich schon vorher ist. Er kriegt nichts Neues heraus. Wenn einer über die Natur idealistisch redet, so tut er es deshalb, weil er schon vorher Idealist ist. Immer kann man eigentlich nachweisen, daß die Menschen durch Nachdenken nur dasjenige finden irgendwo, wozu sie schon vorher gekommen sind. Richtiges Denken kommt nur heraus, wenn man sich einfach von den Tatsachen dazu führen läßt.

Nun will ich Ihnen eine andere Gruppe von Tatsachen zu dieser Bibergeschichte vorführen, die Sie gleich auf die richtigen Spuren bringen wird, nicht durch Nachdenken, sondern einfach durch Vergleichen der Tatsachen. Sehen Sie, ich habe ja schon das letzte Mal, vorgestern, auf die Wespen hingewiesen, habe Ihnen eine Beobachtung, die Darwin an den Wespen gemacht hat, vorgeführt, und möchte Sie heute noch einmal darauf hinweisen.

Die Wespen machen sich ja sehr kunstvolle Nester. Und diese Nester, die sie sich machen, die sind zwar entfernt ähnlich den Bienenwaben, aber erstens bestehen ihre Wände nicht aus Bienenwachs, sondern aus richtigem Papier, und zweitens ist die Geschichte doch anders bei den Bienen. Es gibt zum Beispiel Wespennester, da wird zuerst der Erdboden aufgegraben; dann wird so etwas gemacht, was wie etwas Beutelförmiges ist. Und das wird auch so ähnlich wie die Biberwohnung gemacht, aus allerlei, aber viel kleineren, dünneren Stämmchen und so weiter zusammengesetzt, oder aus dem, was sie da finden, aus Holz, das sie verarbeiten, das sie in der richtigen Weise so verarbeiten, daß sie da zunächst eine Umhüllung kriegen, eine beutelförmige Umhüllung, die aber dick ist. Und da hinein erst bauen sie ihre kleinen Wespennester. Da werden ihre Etagen aufgebaut. Die Waben sind sechseckig, wie die Bienenwaben, haben ihre Papierumhüllung. Solche Etagen sind da. Es sind manchmal viele Etagen übereinander.

Nun, sehen Sie, da drinnen wird alles aus Papier aufgebaut. Diese Umhüllung, dieser Beutel, der ist nicht aus Papier, sondern aus Stoffen: allerlei, was sie finden, dünnere Stämmchen oder feines Holz, das sie sich auch wieder erst spalten, ist solch ein Netzwerk. Das verkitten sie dann. Das ist das, was so herum ist; in der Erdhöhle drinnen oder auch an der Luft irgendwo angebracht, wo sie es dann an etwas ankitten. Da drinnen sind die einzelnen Zellen, und jede dieser Zellen ist dazu bestimmt, daß ein Ei hineingelegt wird.

Nun ist die Geschichte so bei den Wespen. Die sind ja, wie Sie sich denken können, wirklich außerordentlich der Witterung ausgesetzt. Daher bleiben im Frühling von den Wespen, die im vorigen Jahre waren, ziemlich wenig übrig, und es hat auch nicht eine Bedeutung, wenn etwas anderes übrigbleibt, als von irgendeinem solchen Wespennest ein oder zwei Weibchen. Die suchen sich im Winter irgendeinen Schlupfwinkel auf, wo sie als Weibchen notdürftig leben können, und überwintern dort. Solch ein Weibchen, das kommt nun im Frühling aus seinem Versteck hervor und ist im Frühling gerade geeignet dazu, Eier zu legen. Das Wespenweibchen legt nun im Frühling Eier. Es ist merkwürdig: aus allen diesen Eiern schlüpfen nun ganz besondere Wespen im Frühling heraus. Diese Wespen, die da im Frühling herausschlüpfen, die machen sich, indem sie sehr rasch wachsen und eigentlich noch nicht solche Zellen haben – sie müssen aus den Eiern ohne Zellen herausschlüpfen –, sie machen sich jetzt gleich daran, solche Zellen aufzubauen, fangen an, in ganzen Trupps umherzufliegen und überall dasjenige zu suchen, wodurch eben ein solches Wespennest richtig aufgebaut werden kann. Und so geht eigentlich diese Arbeit den Sommer lang. Da bauen diese Wespen die Zellen auf.

Diese Wespen, die da aus den Eiern, die im Frühling provisorisch gelegt werden, herauskommen, die haben eine ganz bestimmte Eigenschaft: die sind nämlich alle geschlechtslos, die können sich nicht fortpflanzen. Bei diesen Wespen gibt es keine Fortpflanzung; die haben gar keine Geschlechtsorgane – die sind so verkümmert, daß gar nicht gedacht werden kann, daß sie sich fortpflanzen. Also das erste, was die Wespe im Frühling macht, ist, daß sie sich ein Heer von Arbeitern erzeugt, die geschlechtslos sind und die furchtbar schuften; den ganzen Sommer lang schuften sie.

Ich habe schon Naturforscher gekannt, die haben das als ein Ideal betrachtet, daß man auch an den Menschen so etwas machen soll, daß man eigentlich auch unter Menschen Geschlechtslose hervorbringen könnte, die keine Familien gründen und die nur schuften würden, daß die Fortpflanzung nur so einigen übertragen würde, wie es bei den Wespen zum Beispiel ist.

Nun also, das ist so der Fall: den ganzen Sommer wird geschuftet von geschlechtslosen Wespen. Und wenn der Sommer zu Ende ist, dann fängt das Weibchen an, nun Eier zu legen, aus denen Männchen und Weibchen wiederum kommen. Es ist in der Regel sogar das gleiche Weibchen, das früher die geschlechtslosen Eier gelegt hat. Es legt jetzt Eier, aus denen im Herbst Männchen und Weibchen kommen.

Die Männchen, die entwickeln sich so, daß sie eigentlich ziemlich verkümmerte Wesen sind. Die geschlechtslosen Wespen sind dagegen ziemlich robuste Arbeiter. Aber die Männchen, die kommen so verkümmert heraus, haben nichts Rechtes an sich, haben eigentlich gerade noch Zeit, daß sie befruchten, haben eigentlich sonst gar nichts zu tun. Eine Zeitlang nähren sie sich, dann befruchten sie, und dann sterben sie ab. Also die Männchen spielen bei diesen Wespen schon eine klägliche Rolle, werden schnell geboren gegen den Herbst zu, dürfen einiges fressen, und nachher dürfen sie befruchten, und nachher gehen sie durch ihre eigene Lebensart zugrunde und sterben ab. Das ist das letzte, was sie tun.

Und bei manchen Wespen, wo die Männchen ein bißchen ein zäheres Leben haben, bei denen geht es ganz kurios zu. Da kommt es sogar vor, daß eine ähnliche Sitte herrscht wie bei gewissen Spinnen, aber das ist nur eine Ausnahme. Bei gewissen Spinnen aber ist etwas der Fall, was sogar sehr merkwürdig ist. Sehen Sie, bei diesen Spinnen ist das Männchen vom Weibchen nur so angesehen, daß es eigentlich nur zur Befruchtung da ist. Und da dürfen sich die Männchen auch erst dann, wenn sie zur Befruchtung reif sind, dem Weibchen nähern. Vorher lassen die Weibchen überhaupt diese Männchen nicht an sich herankommen, erst wenn sie reif sind zur Befruchtung. Und dann ist es manchmal bei den Spinnen so – wie gesagt, das ist nicht bei den Wespen, aber bei den Spinnen; aber als Ausnahme kommt es manchmal bei den Wespen vor –, bei den Spinnen also – es sind ja auch niedere Tiere, wir können also schon darauf aufmerksam machen –, da ist es manchmal ganz merkwürdig: Wenn das Weibchen gewahr wird, da kommt so ein gieriges Männchen, dann setzt es sich an einen Ort, wo das Männchen irgendwie schwer hinkommt, aber noch schwerer zurückkommt. Und nun wartet es, läßt die Befruchtung geschehen, und dann darf das Männchen so ein bißchen weiter gehen. Und findet es dabei ein Hindernis, flugs ist das Weibchen hinterdrein und beißt das Männchen tot. Da besorgt also das Weibchen selber dieses Geschäft, daß das Spinnenmännchen getötet wird. Bei manchen Spinnen ist es so. Denken Sie sich, wenn nun das Männchen seine Tätigkeit getan hat, dann muß es totgebissen werden, dann hat es keinen Zweck mehr.

Bei den Wespen ist es in der Regel so, daß die Männchen von selber sterben, weil sie sich so anstrengen bei ihrer Tätigkeit, daß sie keine Kraft mehr haben; sie gehen zugrunde. In derselben Zeit sterben auch die geschlechtslosen Wespen. Nachdem sie den ganzen Sommer geschuftet haben, sterben alle im Herbst. Da sterben die Geschlechtslosen und sterben die Männchen, und die Weibchen bleiben übrig. Nun gehen viele von ihnen durch die Winterkälte zugrunde, und es bleiben nur einzelne von ihnen übrig, die sichere Schlupfwinkel gefunden haben; die bleiben bis zum Frühling, legen Eier, und die Sache geht wieder los. Also die Sache ist so, daß im Sommer und gegen den Sommer zu nur Geschlechtslose geboren werden, und daß erst im Herbst, gegen den Winter, die geschlechtsfähigen Wespen geboren werden können.

Nun, sehen Sie, das sind Tatsachen, die beobachtet werden müssen. Es ist sehr wichtig, daß man das mit anderen Tatsachen zusammenbringt, denn das zeigt uns, wie gerade das Geschlechtsleben der Tiere mit der Jahreszeit zusammenhängt; furchtbar stark hängt gerade das Geschlechtsleben der Tiere mit der Jahreszeit zusammen.

Nehmen wir an, es ist Sommer. Da ist die Erde außerordentlich stark der Wirkung der Sonne ausgesetzt. Die Sonne schickt ihr Licht und ihre Wärme auf die Erde herunter. Und wenn man sich direkt dem Sonnenlicht aussetzt, dann schwitzt man eben einfach, dann merkt man das allein an der Art und Weise, wie man sich befindet. Aber weder der Biber noch die Wespe, das Wespenweibchen, setzen sich direkt dem Sonnenlicht aus; sie sind ja immer in irgendwelchen Höhlungen drinnen. Also sie genießen das Sonnenlicht und die Sonnenwärme erst so, wie sie ihnen die Erde dann gibt, wenn sie in den Löchern drinnen sind. Davon bekommen sie dann ganz bestimmte Eigenschaften für den Winter. Denken Sie einmal, die Wespen bekommen für den Winter die Eigenschaften, daß sie dann Anlage haben, geschlechtsfähige Wespen zu erzeugen.

Aber was bedeutet denn das, meine Herren? Das Wespenweibchen ist den ganzen Sommer der Sonnenwärme und dem Sonnenlicht ausgesetzt und erzeugt geschlechtslose Wespen. Sie können sich also sagen: dann wirkt die Sonne so, daß sie eigentlich das Geschlechtliche im Grunde genommen zerstört. Da ist ja ganz offenkundig an dieser Tatsache: die Sonne mit ihrer Wärme und mit ihrem Licht, die von der Erde zurückgestrahlt werden, die wirken so, daß sie das Geschlechtliche zerstören, und deshalb erzeugen die Wespen, wenn der Frühling kommt und die Sonnenwärme und das Sonnenlicht über sie kommen, geschlechtslose Wespen. Nur erst wiederum, wenn der Winter kommt, wenn also Sonnenwärme und Sonnenlicht nicht mehr dieselbe Kraft haben, dann kommt den Wespen die Kraft, Geschlechtstiere zu erzeugen, Fortpflanzungsorgane bei ihren Nachkommen zu erzeugen. Also da sieht man ja ganz klar, der Jahreslauf hat einen bestimmten Einfluß.

Und wenn wir jetzt von der Wespe zum Biber gehen, dann müssen wir uns sagen: Donnerwetter, dieser Biber ist ein furchtbar dummes, phlegmatisches Tier! Dumm und phlegmatisch ist er im höchsten Grade. Schön; aber wo hält er sich denn im ganzen Sommer auf? Er hält sich einsam in einer Erdhöhle auf, läßt den ganzen Sommer das, was an Sonnenlicht und Sonnenwärme zu dieser Erdhöhle kommt, in seinen Körper hineindringen, so daß er tatsächlich den ganzen Sommer Sonnenlicht und Sonnenwärme aufsaugt. Und ist er im Herbst mit diesem Aufsaugen fertig, dann fängt er an, seinesgleichen zu suchen und mit denen gescheit zu werden. Er wendet eine Gescheitheit an, die er als einzelnes Tier gar nicht hat. Nun werden die Biber auf einmal gescheit, sammeln sich zusammen. Sie könnten natürlich nicht als einzelne diese ganzen Biberdörfer bauen. Die erste Tat schon, wo sie sich den Platz aussuchen, ist gescheit.

Ja, daran sehen Sie doch ganz anschaulich, was ich Ihnen vorgestern gesagt habe: Gescheitheit, wenn sie in einem Wesen ist, muß geradeso erst zusammengesammelt werden wie das Wasser, wenn man es in Kannen sammelt. Was tut denn der Biber, während er als einzelnes Tier in seiner Sommervilla ist, als solcher Einsiedler? Der Biber sammelt sich Sonnenlicht und Sonnenwärme – so sagen wir, weil wir nur Sonnenlicht und Sonnenwärme wahrnehmen. In Wahrheit sammelt er sich da seinen Verstand zusammen. Mit Sonnenlicht und Sonnenwärme kommt aus der Welt der Verstand auf die Erde herein. Und der Biber sammelt ihn sich; nun hat er ihn eben und baut dann. Also am Biber können wir das, was ich Ihnen neulich wie ein Bild nur hingestellt habe, in der Wirklichkeit sehen.

Jetzt wird uns auch etwas erklärlich, nämlich der Biberschwanz. Vergleichen Sie das, was ich Ihnen vom Hundeschwanz gesagt habe, daß der eigentlich das Organ der Freude, also das seelische Organ beim

Hunde ist. Daher wedelt er, wenn er Freude an einem hat. Ja, beim Biber ist es so: In diesem Schwanz da drinnen, den er nicht als Werkzeug gebraucht, sondern der sehr kunstvoll ausgebildet ist, da hat er den zusammengesammelten Verstand drinnen. Mit dem dirigiert er sich. Das heißt, er wird eigentlich durch Sonnenwärme und Sonnenlicht dirigiert. Die stecken da drinnen und sind Verstand geworden. Das ist eigentlich das gemeinschaftliche Gehirn, das diese Biberkolonie hat.

Alle diese Schwänze sind also dasjenige, durch was Sonnenlicht und Sonnenwärme gescheit wirkt. Er gebraucht das also nicht als physisches Instrument. Als physisches Instrument nimmt er die Vorderfüße und die Zähne. Aber das ist dasjenige, was wirkt, geradeso wirkt, wie wenn Sie irgendeinen Trupp haben, und da hinten treibt einer den gesamten Gruppenverband an. Der treibt die andern. So ist es die Sonne, welche durch die Biberschwänze im Winter noch nachwirkt und die Biberdörfer baut. Es ist der Verstand, der mit dem Licht und mit der Wärme von der Sonne auf die Erde kommt und da baut.

Natürlich wirkt dasjenige, was da als Seele und Geist des Weltenalls herunterkommt, auf alle übrigen Tiere, wirkt also auch auf die Wespen. Nun, was bewirkt es bei den Wespen? Bei den Wespen bewirkt es, daß, wenn nun das Wespenweibchen der Sonne ausgesetzt ist – das heißt also, der Erdenwirkung der Sonne, denn es genießt das gerade in einer Höhle drinnen –, dann in der Nachkommenschaft die Kraft zerstört wird, die selber wieder Nachkommenschaft hervorbringen kann. Die Wespe erzeugt geschlechtslose Tiere, muß sie erzeugen unter dem Einfluß der Sonne. Und nur, wenn sie nicht so stark der Sonnenwärme ausgesetzt ist, im Herbst, und dennoch so lebendig ist, nicht erstarrt, wie im Winter, dann bildet sich in ihr die Kraft aus, Geschlechtstiere hervorzubringen.

Daraus sehen wir doch wiederum handgreiflich: Das, was also von der Erde kommt, das erzeugt die Geschlechtskräfte; dasjenige, was vom Weltenall kommt, das erzeugt den Verstand und tötet die Geschlechtskräfte ab. Und so wird ein Gleichgewicht hervorgerufen. Wenn die Wespe mehr der Erde ausgesetzt ist, dann entwickelt sie die Geschlechtskräfte. Wenn die Wespe mehr dem Himmel ausgesetzt ist – wenn ich jetzt diesen Ausdruck gebrauchen darf –, dann entwickelt sie nicht die

Geschlechtskräfte, sondern erzeugt geschlechtslose Tiere. Und die geschlechtslosen Tiere haben jetzt die Gescheitheit in sich, das ganze Wespennest aufzubauen. Wer baut also das Wespennest? Die Sonne baut es durch die geschlechtslosen Tiere!

Das ist etwas sehr Wichtiges, meine Herren: In Wahrheit baut auf der Erde sowohl das Wespennest, als auch den ganzen Biberbau eigentlich die Gescheitheit, die der Erde von der Sonne zufließt. Das kann man handgreiflich sehen, wenn man die Tatsachen zusammenbringt. Deshalb sagte ich Ihnen: Alles Nachdenken, das der Mensch, wenn er irgend etwas beobachtet, nachher tut, das hilft einem nichts. Nur wenn man die Tatsachen miteinander vergleicht und zusammenhält, dann bekommt man eine Ansicht, die dann überhaupt Hand und Fuß hat.

Daher hat so vieles nicht Hand und Fuß, weil die Leute einfach nur die einzelnen Tatsachen betrachten. Sie denken sich: Nun, wenn man die Biber betrachtet, dann betrachtet man eben den Biber, und nachher denkt man nach, wie es beim Biber ist. Was geht uns die Wespe an, wenn man den Biber betrachtet? – Aber nichts findet man daraus, wenn man nicht etwas betrachtet, was so weit weg ist wie die Wespe vom Biber; denn man sieht, daß die Wespennester von jener Gescheitheit aufgebaut werden, die mit der Sonne zu uns kommt. Man kann das beim Biber noch bemerken, wenn er gezähmt ist – das heißt, man braucht ihn nicht zu zähmen, weil er phlegmatisch ist –, aber wenn er in Käfigen ist: Wenn die Sonne irgendwie nicht mehr so stark wirkt, die Erde auf ihn wirkt, dann fängt er seine Wintertätigkeit an. Da zerbeißt er die Drähte von den Käfigen. Er hat das, wie man sagt, als einen Instinkt in sich. «Instinkt» kann jeder sagen; das ist ein Wort. Solche Worte sind Säcke, in die man alles dasjenige hereinfügt, worüber man nichts weiß. Will man irgend etwas erklären wie den Instinkt, dann kommt man eben dazu, daß man sagen muß: Nun ja, da ist die Sonne. Das ist so, meine Herren! So daß man wirklich schon auf diese Weise durch die reinen Tatsachen dazu kommt, anzuerkennen, wie die ganze Weltumgebung der Erde auf die Lebewesen wirkt.

Und jetzt werden Sie sich nicht mehr verwundern, daß so ein Amerikaner darauf kommt, zu sagen: Ja, beim Menschen kommt es so, daß in den Monaten vom Dezember bis zum März diejenigen geboren werden, die am leichtesten zum Verstande kommen. – Das ist beim Menschen schon sehr kompliziert geworden. Beim Menschen ist es so, daß bei ihm alles darauf veranlagt ist, daß er unabhängig wird von dem, wovon die Tiere noch abhängig sind. Und daher müssen Sie sich folgendes denken: Diejenigen Menschen, die vom Dezember bis zum März hin geboren werden, die sind aus einer Befruchtung entstanden zwischen dem März und dem Mai. Das geht also in den Frühling zurück. Diese Menschen werden also empfangen, gehen zurück auf eine Befruchtung, die neun Monate zurückliegt, die also in den März bis Mai fällt, also gerade in den kommenden Sommer hinein. Nach all dem, was ich Ihnen heute erklärt habe, wirkt da die Sonne immer stärker. Was tut sie also? Sie tut das, daß sie im Menschen die Geschlechtskräfte ein wenig untergräbt – nicht ganz, der Mensch ist unabhängiger als die Tiere –, und aus diesen untergrabenen Geschlechtskräften werden Verstandeskräfte. Daher hat es ein solcher Mensch damit leichter. Und diejenigen, die im Sommer geboren sind, müssen sich dann natürlich ihre Gescheitheit etwas mehr erwerben. Das kann natürlich geschehen. Aber es ist so, daß der Mensch durchaus verschieden veranlagt ist; diejenigen, die im Frühling erzeugt und im Winter geboren sind, haben leichtere Anlage für die Verstandeskräfte als diejenigen, die zu anderen Zeiten geboren sind.

Das alles muß man wissen, um durch die Erziehung die Sache wiederum auszugleichen. Beim Menschen kann es ausgeglichen werden. Die Wespen können Sie nicht dazu erziehen, daß sie im Winter geschlechtslose Tiere erzeugen und Wespennester bauen. Die Biber können Sie nicht dazu erziehen, daß sie ihre Dörfer im Sommer anlegen. Aber den Menschen können Sie dazu erziehen, daß er – wie man so sagt – die Natur bis zu einem gewissen Grade überwindet. Und daraus sehen Sie schon, daß das Überwinden beim Menschen doch anders ist als bei den Tieren. Bei den Tieren ist das Seelisch-Geistige ganz abhängig von der Weltentwickelung. Es hängt einfach von der Sonne ab, daß Wespennester, Biberdörfer gebaut werden.

Und beim Biber sehen Sie noch etwas anderes. Im Herbst kommen ja diese Bibereinsiedler, die den ganzen Sommer einsiedlerisch leben, zu Zwei- bis Dreihunderten zusammen und können nur da jetzt den von der Sonne gegebenen Verstand anwenden; sie können ihn durch Gruppen anwenden, nicht einzeln. Sie könnten das ja gar nicht zusammenbringen als einzelne; das muß die Arbeit der Gruppe sein.

Beim Menschen ist es tatsächlich so, daß er viel als einzelner zusammenbringen kann, was bei den Tieren nur Gruppen zusammenbringen. Deshalb sagen wir in der Anthroposophie: Bei den Tieren gibt es seelisches Leben nur in Gruppen – Gruppenseelen, und der Mensch hat seine einzelne Seele. Und dies ist nun sehr interessant.

Ich habe Ihnen zum Beispiel einmal gesagt, wie ein Oberschenkel beim Menschen aussieht. Während er beim Biber wirklich noch nicht so ist, sieht ein Oberschenkel beim Menschen wie ein außerordentlich feines, schönes Kunstwerk aus. Da sind Balken (siehe Zeichnung); die sind

Tafel 16

ganz kunstgemäß gebaut. Und der ganze Mensch ist eigentlich so aufgebaut, daß man, wenn man ihn richtig betrachtet, sagt: der baut alles in sich selber hinein, was der Biber nach außen baut. Von der Natur baut er alles in sich selber hinein, was der Biber nach außen baut. So daß man darauf kommt, die Frage aufzuwerfen: Woher stammt denn eigentlich dasjenige, was im Menschen so geistreich, so kunstvoll aufgebaut ist in seinem Innern? Nun, wenn der Biberbau von der ganzen Sonne und ihrer Umgebung abstammt, so stammt eben der Menschenbau auch von der Sonne ab. Wir sind eben nicht Erdenwesen, wir sind Sonnenwesen, und sind nur auf die Erde hereingestellt. Wozu? Nun, das können Sie sehen, wenn Sie diese Sache betrachten.

Von der Erde haben die Wespen die Kraft, Geschlechtstiere hervorzubringen. Der Mensch muß auf der Erde sein, gerade um seine Fortpflanzungskraft zu haben. Dagegen hat er das andere, was mehr verstandesmäßig ist, von der Weltenumgebung. Und da können wir sehr gut sehen: Der Mensch hat von der Weltenumgebung seinen Verstand, und er hat die Fortpflanzungskräfte von der Erde. Da könnte man noch weiter ausführen, wie nun der Mond mit der Erde zusammenhängt. Dazu ist aber heute keine Zeit, darauf können wir dann ein anderes Mal eingehen. Aber Sie sehen, so kommt man durch die Tatsachen, wenn man sie richtig betrachtet, darauf, zu sehen, wie wirklich die Welt eine Einheit ist, und wie man abhängig ist auch von der Erdenumgebung, die dann nicht bloß leuchtende und wärmende Sonne ist, sondern gescheite Sonne, verständige Sonne. Und das ist eben außerordentlich wichtig, weil Sie dann auch einzelne Fragen, die auf diese Weise gestellt werden, besser beantworten können. Sie sehen, daß die Fortpflanzungskraft, wie ich Ihnen das letzte Mal gesagt habe, mit dem Saufen zusammenhängt. Ja, warum hängt sie denn so zusammen, daß eigentlich ein wenig Saufen nicht viel ausmacht, dagegen erst viel Saufen etwas ausmacht? Nun, das können Sie aus folgendem entnehmen.

Was ist denn eigentlich der Alkohol? Sie können es am Wein sehen, was der Alkohol ist, denn der Wein, den sich ja allerdings nur die reichen Leute gut verschaffen können, ist ja doch noch immer dasjenige, was am meisten schädlich ist; Bier wirkt weniger schädlich auf die Fortpflanzungsorgane als der Wein. Bier wirkt mehr auf die anderen Organe, Herz, Nieren und so weiter, aber auf die Fortpflanzungsorgane wirkt der Alkohol, der im Wein drinnen ist, natürlich auch der Alkohol im Schnaps, da sogar ganz besonders.

Nun, meine Herren, wodurch entsteht denn der Stoff, der im Wein und im Schnaps drinnen ist? Der entsteht ja gerade erst recht durch den Einfluß der Sonnenkräfte! Den ganzen Sommer hindurch braucht der Stoff Zeit zum Heranreifen. Und jetzt können Sie sehen, warum er den Fortpflanzungsorganen schädlich wird. Sehen Sie, die Sache ist diese, daß eigentlich die Fortpflanzungsorgane, wenn man säuft, dem ausgesetzt sind, was ihnen im Grunde genommen von außen zugeführt wird auf dem Weg der Nahrungsmittel, und was aufgenommen werden soll lediglich auf dem Wege der Sonne selber, der Sonnenbescheinung. Da rächt es sich. Der Mensch säuft das, was die Sonne außer ihm macht. Das wird dadurch zum Gift; während er, wenn er es richtig aufnimmt, zunächst, wie ich gesagt habe, sein kleines Quantum Alkohol, das er braucht, selber erzeugt, aber die Sonnenwärme in der richtigen Weise aufnimmt. Der Mensch nimmt also geradezu einen Feind auf, weil das, was in den Menschen richtig hineinkommt, zum Gift wird, wenn es von außen kommt. Ich habe es Ihnen am Phosphor gezeigt. Und so wirkt im Alkohol, was in ihm von der Sonne erzeugt ist – denn die Sonne reift den Alkohol aus. Wenn die Sonne zu uns kommt, da ist es gerade umgekehrt: da müssen wir äußerlich Licht und Wärme aufnehmen. Und wenn wir innerlich den Alkohol aufnehmen, ist es so, daß wir uns innerlich heizen. Dieselbe Kraft, die, wenn wir sie äußerlich anwenden, unser Freund ist, wird, wenn wir sie innerlich anwenden, im Alkohol unser Feind.

So ist es auch in der Natur. In der Natur gibt es Kräfte, die, wenn sie von der einen Seite her wirken, wohltätig wirken; wirken sie aber von der anderen Seite her, so wirken sie als Gift. So daß wir eigentlich nur zum Begreifen kommen, wenn wir das in der richtigen Weise einsehen.

Das wollte ich Ihnen noch sagen, damit Sie gerade diejenigen Dinge noch besser verstehen, die mit der Frage des Herrn Erbsmehl zusammenhängen. Verarbeiten Sie das jetzt einmal. Wenn Sie am nächsten Samstag weiter fragen wollen, hoffe ich, da zu sein.

VIERZEHNTER VORTRAG

Dornach, 13. Januar 1923

Fragen: 1. Es wird gefragt, wie das wirke, wenn ein Mensch Pflanzennahrung oder Fleischnahrung zu sich nimmt, und wenn er Nikotin genießt.

2. In bezug auf Befruchtung: Woher es komme, daß Frauen Söhne bekommen, wenn von den Vorfahren niemand Söhne bekommen habe, und wie es zu erklären sei, daß jemand zweimal hintereinander Zwillinge bekommen habe.

Ferner welchen Einfluß zum Beispiel Absinth, Schnaps auf den Samen habe.

3. In bezug auf das Alter von Wespen und Bienen; es bestehe ein Unterschied.

Dr. Steiner: Diese Sachen, die ich besprochen habe, gelten natürlich nur, wenn ich von Bienen gesprochen habe, für die Bienen, nicht für die Wespen. Bei den Bienen ist es etwas anders als bei den Wespen. Das gilt für die Bienen, nicht für die Wespen.

Nun wollen wir einmal versuchen, auf diese Fragen einzugehen. Die erste Anregung war diese, etwas zu sprechen über den Einfluß des Nikotins, also des Giftes, das durch das Rauchen, den Tabak überhaupt, in den menschlichen Körper eingeführt wird. Sehen Sie, da muß man erstens sich klar sein darüber, worin sich die Wirkung dieses Nikotins zeigt. Die Wirkung des Nikotins zeigt sich vor allen Dingen in der Herztätigkeit, so daß durch das Nikotin eine größere, eine stärkere Herztätigkeit hervorgerufen wird. Das heißt aber, da das Herz nicht selber eine Pumpe ist, sondern nur anzeigt, was im Körper vorgeht – das Herz schlägt schneller, wenn das Blut schneller zirkuliert –, daß das Nikotin eigentlich auf die Blutzirkulation wirkt und die Blutzirkulation lebhafter macht. Man muß sich also darüber klar sein, daß durch die Einführung von Nikotin in den menschlichen Körper die Blutzirkulation zu einer lebhafteren gemacht wird. Dadurch wird eine stärkere Herztätigkeit hervorgerufen.

Nun muß man diese ganzen Vorgänge im menschlichen Organismus verfolgen. Sie müssen durchaus sich darüber klar sein, daß alles das, was im menschlichen Organismus vor sich geht, eigentlich streng geregelt ist. Man kann sich zum Beispiel nichts Wichtigeres vorstellen für den menschlichen Organismus, als daß man, wenn man an den Puls greift, bei einem ziemlich erwachsenen Menschen, auch später noch im menschlichen Alter, in der Minute durchschnittlich etwa so um 72 Pulsschläge herausbekommt.

Dagegen hat der Mensch – ich habe Ihnen das schon einmal gesagt – Tafel 17 etwa 18 Atemzüge. Das ist also in der Minute der Fall. Wenn Sie 18 mit 4 multiplizieren, bekommen Sie 72. Das heißt, im Durchschnitt geht der Blutstoß viermal so schnell durch den Körper als der Atmungsstoß. Natürlich ist das nur eine Durchschnittszahl, denn für jeden Menschen ist das verschieden. Und darauf beruht gerade der Unterschied der Menschen untereinander, daß sie dieses Verhältnis verschieden haben. Aber im Durchschnitt ist es wie 1 zu 4, also viermal so starke Blutzirkulation wie Atmungsrhythmus.

Wenn ich nun Nikotin in den menschlichen Organismus hineinbringe, so kann ich es aus zwei Gründen hineinbringen: Erstens aus der Leidenschaft für den Tabak; zweitens aber kann ich es auch hineinbringen als Heilmittel. Alles dasjenige, was auf der einen Seite Gift ist, ist nämlich auf der anderen Seite ein Heilmittel. Alles, könnte man sagen, ist Gift und Heilmittel. Denn natürlich, wenn Sie zum Beispiel ein paar Eimer Wasser auf einmal austrinken, so ist es ein Gift, während es in der entsprechenden Menge ein Nahrungsmittel ist, und wenn man es gar in merkwürdig kleinen Mengen einführt, kann es sogar ein Heilmittel sein. Wasser ist überhaupt ein starkes Heilmittel durch allerlei Methoden, die man dabei anwendet. Also selbst von den gewöhnlichsten Stoffen kann man sagen: Dasjenige, was Gift ist, kann zugleich Heilmittel sein. Und deshalb muß man die Wirkung kennen, die ein solcher Stoff, eine solche Substanz auch auf den menschlichen Organismus hat.

Bringe ich also Tabak in den menschlichen Organismus, so regt er zunächst die Blutzirkulation an. Das Blut wird lebhafter, zirkuliert lebhafter. Jetzt regt er aber nicht in demselben Maße die Atmung an. Die Atmungsstöße, die bleiben dieselben. Aber nun paßt der Blutkreislauf nicht mehr mit der Atmung zusammen. Wenn der Mensch Nikotin in seinen Körper hineinbringt, müßte er eine andere Blutzirkulation haben als er hat.

Sagen wir also zum Beispiel, es wäre ein Mensch gerade auf den Durchschnitt abgestimmt – das gibt es zwar nicht, aber nehmen wir an, er wäre es: er sollte 18 Atemzüge und 72 Pulsschläge haben. Nun hat er dadurch, daß er Nikotin genießt, sagen wir, 76 Pulsschläge. Dadurch hat er kein richtiges Verhältnis zwischen den Pulsschlägen und den Atemzügen. Die Folge davon ist, daß, während sich mit jedem Pulsschlag eine bestimmte Menge Sauerstoff mit dem Blut verbinden sollte, das Blut nicht genügend Sauerstoff erhält. Die Folge der Nikotinvergiftung ist also, daß das Blut zu große Mengen Sauerstoff aufnehmen will, das heißt, daß das Blut zu viel Sauerstoff beansprucht. Die Atmung gibt nicht so viel Sauerstoff her. Daher kommt es, daß eine ganz geringe Atemnot eintritt. Natürlich ist die Atemnot so gering, daß sie im einzelnen nicht bemerkt wird, denn ich habe Ihnen schon gesagt, der menschliche Körper kann im ganzen viel aushalten. Aber dasjenige, was durch den Nikotingenuß hervorgerufen wird, das ist immer eine bestimmte, ganz kleine Atemnot. Diese ganz kleine Atemnot verursacht nämlich bei jedem Atemzug ein Angstgefühl. Jede Atemnot verursacht Angstgefühl. Wenn man nun Angst hat und man trägt diese Angst mit sich herum, dann beherrscht man sie eher, als diese furchtbar kleine Angst, die man da bekommt, die ganz unbewußt bleibt. Das sind ja gerade die Krankheitsursachen, daß so etwas wie Angst oder Furcht oder Schreck unbemerkt bleibt.

Nun bleibt bei dem, der fortwährend raucht, fortwährend die Ursache da, daß er immer, ohne daß er es merkt, ganz ausgefüllt ist von einer gewissen Angst. Nun wissen Sie aber, wenn Sie Angst kriegen, daß dann Ihr Herz pumpert. Nun, das wird Sie zu der Erkenntnis führen, daß bei einem, der sich durch Nikotin fortwährend vergiftet, das Herz eigentlich fortwährend etwas zu schnell geht. Aber wenn es etwas zu schnell geht, dann wird es auch verdickt, geradeso wie mein Bizeps, mein Oberarmmuskel dick wird, wenn ich ihn fortwährend anstrenge. Das ist unter Umständen nicht so schlimm, wenn es nicht zu einem Reißen der inneren Gewebe kommt. Aber wenn einmal der Herzmuskel – das ist auch ein Muskel – durch seine Tätigkeit zu dick wird, dann drückt er überall auf die anderen Organe. Und die Folge davon ist in der Regel, daß dann vom Herzen aus wiederum die Blutzirkulation gestört wird. Die Blutzirkulation kann nicht vom Herzen eingeleitet werden, aber gestört werden kann sie, wenn das Blut ein verdicktes Herz findet.

Wenn nun das Herz verdickt wird, dann ist die nächste Folge davon, daß nämlich die Nieren krank werden, weil durch das Zusammenstimmen wiederum von Herz- und Nierentätigkeit die ganze menschliche Leibesorganisation in Ordnung gehalten ist. Das Herz und die Nieren müssen immer zusammenstimmen. Es muß natürlich alles im Menschen zusammenstimmen, aber Herz und Niere sind in unmittelbarer Verbindung. Man merkt gleich, wenn im Herzen etwas nicht richtig ist, kommt die Niere auch nicht mehr in der richtigen Weise in Ordnung, und dann wird nicht mehr in der richtigen Weise abgesondert. Dann kommt Unrichtiges in die Urinabsonderung hinein, und die Folge davon ist, daß der Mensch ein viel zu schnelles Lebenstempo einschlägt und sich deshalb furchtbar rasch abnutzt. Und so wird derjenige, der eben für seine Leibesverhältnisse zu viel Nikotin in seinen Leib hineinkriegt, daran langsam zugrundegehen. Er geht eigentlich langsam zugrunde an allerlei inneren, das Herz beeinflussenden Angstzuständen.

Nun kann man ja eigentlich gerade Angstzustände in ihrer Wirkung auf die seelischen Tätigkeiten sehr leicht beurteilen. Man wird bei denjenigen Leuten, die zu viel Nikotin in ihren Körper hineinbringen, eben merken, daß allmählich auch ihre Gedankenkraft beeinträchtigt wird. Die Gedankenkraft wird dadurch beeinträchtigt, daß der Mensch, wenn er durch irgend etwas in Angst herumgeht, ja nicht mehr ordentlich denken kann. So daß also bei solchen Menschen gewöhnlich die Nikotinvergiftung auch dadurch erkannt werden kann, daß man findet, ihre Gedanken kommen nicht mehr ganz in Ordnung. Sie urteilen gewöhnlich viel zu rasch. Sie steigern dann dieses viel zu rasche Urteilen manchmal bis zu Verfolgungswahngedanken. So also kann man sagen, daß tatsächlich der Nikotingenuß, wenn er als Genuß figuriert, die menschliche Gesundheit untergräbt.

Aber, meine Herren, Sie müssen überall, bei allen diesen Sachen die andere Seite betrachten. Nicht wahr, daß die Menschen rauchen, das ist ja erst in der Entwickelung der Menschheit aufgekommen. Ursprünglich haben die Menschen nicht geraucht. Der Tabakgenuß ist etwas, was erst im Laufe der Zeit heraufgekommen ist. Nun, man muß die andere Seite betrachten.

Nehmen Sie an, das, was ich früher als ein Manko hingeschrieben habe, ist eingetreten beim Menschen. Er hat statt 72 Pulsschlägen nur 68. Nehmen Sie also an, der Mensch, der einen zu wenig lebhaften Blutkreislauf hat, fängt jetzt an zu rauchen. Ja, sehen Sie, da muß man zunächst sich klar darüber sein, daß da jetzt auch der Blutkreislauf angeregt wird – aber von 68 auf 72, auf das Richtige wird er angeregt, so daß dann Atmung und Blutkreislauf zusammenstimmen. Wenn also einer zu einem Arzt kommt und sich krank fühlt nach irgendeiner Richtung, und der Arzt bemerkt, die Krankheit kommt von einem zu schwachen Blutkreislauf, so kann er ihm sogar das Rauchen anraten.

Sehen Sie, ich habe Ihnen gesagt: Wenn der Blutkreislauf zu schnell ist im Verhältnis zum Atmen, hat man es mit furchtbaren Angstzuständen zu tun, die aber nicht bewußt werden. Wenn aber einer einen zu schwachen Blutkreislauf von irgend etwas anderem hat, dann drückt sich das dadurch aus, daß er herumgeht und irgend etwas will, aber er weiß nicht, was er will. Das ist geradeso eine charakteristische Krankheitserscheinung, daß es Menschen gibt, die herumgehen und etwas wollen, die aber nicht wissen, was sie wollen. Bedenken Sie doch nur, wie viele Menschen es gibt, die so herumgehen und nicht wissen, was sie wollen! Die sind dann, wie man sagt, unbefriedigt im Leben. Nicht wahr, es sind solche Leute, die in irgendeinen Beruf hineinkommen, aber er ist ihnen nicht recht und so weiter. Das rührt von einer zu schwachen Blutzirkulation her. Und wenn man also solch einen Menschen hat, dann kann man sagen: Es ist sogar gut, ihm etwas Nikotin beizubringen, ihn durch Nikotin zu heilen. Und da ihm das Rauchen angenehm ist, so braucht man ihm nicht Nikotin als Medizin zu geben, sondern man kann ihm sogar anraten, er solle rauchen, wenn er früher kein Raucher war.

Es ist tatsächlich so, daß in der neueren Zeit die Menschen immer zahlreicher geworden sind, die eigentlich nicht wissen, was sie wollen. Und das ist auch sehr leicht in der neueren Zeit, daß die Menschen nicht wissen, was sie wollen, denn die Mehrzahl der Menschen so seit drei, vier Jahrhunderten hat sich eigentlich abgewöhnt, irgendwie sich geistig mit etwas zu beschäftigen. Sie gehen in ihr Büro, beschäftigen sich mit dem, was sie eigentlich nicht gerne mögen, aber was ihnen Geld bringt, und sitzen ihre Bürostunden ab, sind meinetwillen auch ganz fleißig, aber sie haben gar kein richtiges Interesse außer demjenigen, daß sie ins Theater gehen, Zeitungen lesen. So weit ist es ja allmählich gekommen. Das Bücherlesen ist ja heute zum Beispiel schon eine Seltenheit.

Das alles kommt aber davon, weil die Leute eigentlich gar nicht wissen, was sie wollen. Es muß ihnen erst vorgeschrieben werden, was sie wollen. Und wenn man Zeitungen liest, ins Theater geht, so regt das zwar die Sinne und den Verstand an, aber nicht das Blut. Das ist eben gerade das: Wenn man sich hinsetzen muß und irgendwie ein schweres Buch liest, da wird das Blut angeregt. Sobald man sich anstrengen muß, um etwas zu verstehen, wird das Blut angeregt. Aber das wollen ja die Leute heute nicht mehr. Die wollen nicht sich anstrengen, um etwas zu verstehen. Das ist etwas, was den Leuten ganz zuwider ist. Sie wollen nichts verstehen! Und dadurch, wenn sie nichts verstehen wollen, wird ihr Blut dick gemacht. Das dicke Blut geht dann langsamer, und die Folge davon ist, daß sie fortwährend ein Mittel brauchen, um dieses tatsächlich immer dicker werdende Blut in Gang zu bringen. In Gang wird es gebracht, wenn sie den Glimmstengel, den Nikotinstengel in den Mund stecken; aber dünner wird es nicht, nur die Blutzirkulation wird immer schwerer. Und die Folge kann dann sein, daß sie in einem Alter, wo das noch nicht der Fall zu sein brauchte, allerlei Alterserscheinungen kriegen.

Man sieht daraus, wie der menschliche Körper außerordentlich fein in seiner Tätigkeit ist. Nicht nur, wenn man das Blut untersucht, bekommt man etwas heraus, sondern man bekommt auch etwas heraus, wenn man die Art und Weise, wie sich ein Mensch verhält, ob er langsam oder schnell denkt, untersucht.

Also Sie sehen, meine Herren: Derjenige, der etwas wissen will über die Wirkung des Nikotins, der muß eben den ganzen Blutkreislauf und die Atmung genau kennen.

Nun erinnern Sie sich, was ich Ihnen neulich ausführlich gesagt habe: Das Blut selber wird aber erzeugt in dem Knochenmark; da kommt es eigentlich heraus. Nun, wenn das Blut in dem Knochenmark erzeugt wird und man bringt das Blut in eine zu große Bewegung, dann muß das Knochenmark auch schneller arbeiten als es sollte. Die Folge davon ist, daß die Knochen nicht mehr nachkommen in ihrer Arbeit, und dann bilden sich innerhalb der Knochen diejenigen Tiere aus, diejenigen kleinen Tiere, die uns eigentlich im Leben auffressen. Es hat Ärzte gegeben, wie zum Beispiel *Metschnikow,* die glaubten, daß überhaupt diese Osteophagen – so nennt man sie, diese kleinen Kerle –, die Ursache des menschlichen Todes sind. Wenn es keine Osteophagen gäbe, sagte der Metschnikow, dann würden wir ewig leben. Er meinte, daß die uns richtig auffressen. Nun, Tatsache ist, daß, je älter wir werden, desto mehr Osteophagen da sind. Also wahr ist es schon, daß unsere Knochen nach und nach aufgefressen werden von den Osteophagen. Aber auf der anderen Seite ist es geradeso, als wenn man eben einen Acker gut düngt: dann wächst mehr darauf, als wenn man ihn schlecht düngt. Und so etwas wie zum Beispiel Nikotin in den Körper hineinbringen, das bedeutet, daß man die Knochen schlecht macht für uns, aber für die Osteophagen, für diese Menschenfresser, Knochenfresser, macht man sie gerade gut. Was für uns Menschen ein Schlechtes ist, ist für diese kleinen Tiere das Allerbeste, was man machen kann.

So ist es eben in der Welt. Wenn einer bequem denken will, denkt er, die Welt ist von einem Herrgott gemacht, und da muß alles gut sein. Nun kann man sagen: Ja, warum hat denn der Herrgott neben den Knochen gleich die Osteophagen wachsen lassen? Wenn er die Osteophagen nicht hätte wachsen lassen, würden wir nicht aufgefressen werden während des Lebens; da könnten wir unsere Knochen so schlecht behandeln, daß sie zuletzt nur an irgend etwas anderem zugrundegehen; sie würden aber jedenfalls jahrhundertelang halten können, wenn diese kleinen Viecher da nicht drinnen wären.

Aber das nützt einem nichts, wenn man nur so bequem denkt. Es nützt einem bloß, wenn man wirklich auf die Tatsachen eingeht, und wenn man weiß, daß eben diejenigen feinen Kräfte, die an der Knochenentstehung beteiligt sind, ihre Feinde haben, daß eben auch ihre Schöpfung da ist, denn das sind eben diese Osteophagen, die wir zu Millionen in uns haben. Je älter Sie werden, desto mehr haben Sie diese Osteophagen in sich. Sie haben immer Menschenfresser in sich, wenn sie auch klein sind. Die großen Menschenfresser sind nicht die allergescheitesten; die allergescheitesten sind diejenigen, die wir auf diese Weise da in uns tragen, und die also tatsächlich einen wiederum günstigen Boden gewinnen, wenn man eben Nikotin in den Körper hineinbringt.

Sehen Sie, daraus können Sie aber erkennen, daß es eben außerordentlich wichtig ist, den ganzen Menschen gründlich zu verstehen, wenn man überhaupt sagen will, wie irgendein Stoff im menschlichen Körper wirkt.

Nun ißt ja der Mensch fortwährend. Er ißt Tierisches, und er ißt Pflanzliches. Ich habe Ihnen schon einmal gesagt: Es fällt mir gar nicht ein, irgendwie zu agitieren für diese oder jene Nahrungsweise, sondern ich sage nur, wie sie wirkt. Und es ist oftmals vorgekommen, daß Vegetarier zu mir gekommen sind und gesagt haben, sie fühlen sich manchmal so zu einer leisen Ohnmacht geneigt und so weiter, und da sagte ich ihnen: Ja, das rührt eben davon her, daß Sie kein Fleisch essen. – Nicht wahr, man muß die Dinge ganz objektiv betrachten. Man muß nicht irgend etwas erzwingen wollen. Aber «objektiv betrachten» – was heißt das mit Bezug auf Pflanzenessen und Fleischessen? Sehen Sie, meine Herren, betrachten Sie eine Pflanze. Eine Pflanze bringt es dazu, daß sie ihren Keim, der in die Erde gesenkt wird, bis zu den grünen Blättern und farbigen Blumenblättern entwickelt. Und nun vergleichen Sie so etwas, was Sie von der Pflanze bekommen – also entweder, sagen wir, Sie pflücken direkt Ähren ab oder Sie pflücken Kraut ab und machen das zu irgendeinem Kohlgemüse oder dergleichen, indem Sie es kochen –, vergleichen Sie das mit dem Fleisch, mit dem Muskelfleisch der Tiere, es ist ein ganz anderer Stoff, nicht wahr. Aber in welchem Verhältnis stehen diese zwei Stoffe?

Sie wissen ja, es gibt Tiere, die sind einfach gute vegetarische Wesen. Es gibt doch Tiere, die kein Fleisch essen. Sagen wir also zum Beispiel unsere Kühe, die essen kein Fleisch. Pferde sind auch nicht auf Fleisch erpicht; die fressen ja auch nur Pflanzen. Nun müssen Sie sich klar sein: Das Tier, das schoppt nicht bloß immer die Nahrung in sich hinein, sondern es stößt auch fortwährend das, was in seinem Körper ist, heraus. Bei den Vögeln wissen Sie, daß es so etwas gibt wie die Mauserung. Da verlieren die Vögel ihre Federn und müssen sie durch neue ersetzen. Sie wissen, daß die Hirsche ihre Geweihe abwerfen. Und Sie schneiden sich die Nägel ab; die wachsen wieder nach. Aber dasjenige, was da so sichtbar äußerlich auftritt, das ist ja fortwährend da! Wir stoßen fortwährend Haut ab. Ich habe Ihnen das schon einmal auseinandergesetzt. Und in einem Zeitraum von etwa sieben bis acht Jahren haben wir den ganzen Körper abgestoßen und durch einen neuen ersetzt. Das ist aber bei den Tieren auch der Fall.

Also betrachten Sie eine Kuh oder einen Ochsen: Ja, wenn Sie ihn nach Jahren betrachten, so ist ja das Fleisch, das in ihm drinnen ist, ein ganz anderes. Beim Ochsen ist es etwas anders als beim Menschen; es geht das Auswechseln sogar schneller. Es ist also ein anderes Fleisch da. Woraus ist aber das Fleisch geworden? Das müssen Sie sich fragen. Das ist ja aus lauter Pflanzenstoffen geworden! Der Ochse hat selber aus Pflanzenstoffen Fleisch in seinem Körper erzeugt. Das ist ja das Allerwichtigste, was man dabei bedenken muß. Also der tierische Körper ist imstande, aus dem Pflanzlichen Fleisch zu machen.

Nun, meine Herren, Sie können Kohl noch solange kochen, dann kriegen Sie noch immer kein Fleisch daraus! Das gibt es nicht, daß Sie Fleisch kriegen in Ihrer Pfanne oder in Ihrem Haferl! Ebensowenig hat schon jemals einer einen Kuchen gebacken so, daß daraus Fleisch geworden ist. Also das kann man nicht durch äußere Kunst machen. Aber, im Grunde genommen, im tierischen Körper wird das gemacht, was man äußerlich nicht machen kann. Es wird eben einfach Fleisch erzeugt im tierischen Körper. Ja, dazu müssen die Kräfte eben erst im Körper sein. Unter unseren technischen Kräften haben wir keine solchen, durch die wir einfach aus Pflanzen Fleisch machen können. Das haben wir nicht. Also in unserem Körper und im tierischen Körper sind Kräfte, welche aus Pflanzensubstanz, Pflanzenstoffen Fleischstoffe machen können.

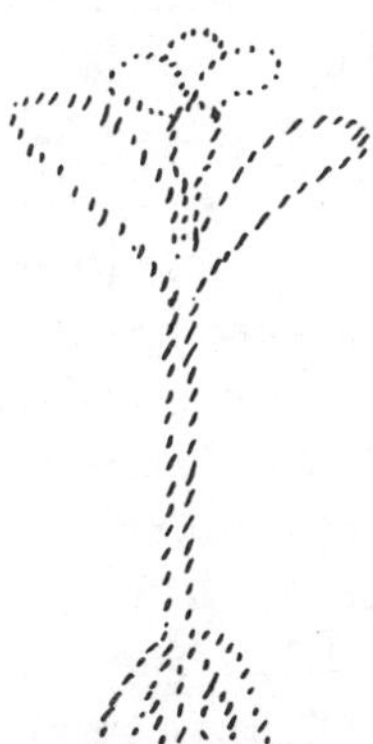

Jetzt betrachten Sie eine Pflanze. Das soll die Pflanze sein (siehe Zeichnung). Da ist sie Tafel 17
noch auf der Wiese oder auf dem Feld. Bis daher haben die Kräfte gewirkt, haben grüne Blätter, Blüten hervorgebracht und so weiter. Nun denken Sie sich, eine Kuh frißt nun diese Pflanze.

Wenn die Kuh oder der Ochse diese Pflanze frißt, dann wird sie in ihm zu Fleisch. Das heißt, er hat die Kräfte, durch die er aus dieser Pflanze Fleisch machen kann, in sich.

Nun denken Sie sich, diesem Ochsen fiele es auf einmal ein, zu sagen: Das ist mir zu langweilig, daß ich da herumgehen und mir erst diese Pflanzen abbeißen soll. Das kann für mich ein anderes Vieh machen. Ich fresse gleich dieses Vieh! Nun schön, der Ochse würde anfangen Fleisch zu fressen. Aber er kann doch das Fleisch selber erzeugen! Er hat die Kräfte dazu in sich. Was geschieht also, wenn er statt Pflanzen Fleisch direkt frißt? Er läßt die ganzen Kräfte ungenützt, die in ihm Fleisch erzeugen können! Wenn Sie irgendwo eine Fabrik sich denken, durch die irgend etwas erzeugt werden soll, und Sie erzeugen nichts, aber bringen die ganze Fabrik in Tätigkeit – denken Sie sich einmal, was da für Kraft verlorengeht! Es geht ja ungeheure Kraft verloren. Aber, meine Herren, die Kraft, die im tierischen Körper verlorengeht, die kann ja nicht einfach verlorengehen. Der Ochse ist endlich ganz angestopft von dieser Kraft; die tut etwas anderes in ihm, als aus Pflanzenstoffen Fleischstoffe zu machen. Diese Kraft, die bleibt bei ihm, die ist ja da. Die tut etwas anderes in ihm. Und das, was sie tut, das erzeugt in ihm allerlei Unrat. Statt daß Fleisch erzeugt wird, werden schädliche Stoffe erzeugt. Der Ochse würde also, wenn er anfangen würde, plötzlich ein Fleischfresser zu werden, sich mit allen möglichen schädlichen Stoffen ausfüllen. Namentlich mit Harnsäure und mit Harnsäuresalzen würde er sich ausfüllen.

Nun haben solche Harnsäuresalze nämlich auch ihre besonderen Gewohnheiten. Die besonderen Gewohnheiten der Harnsäuresalze sind, daß sie eine Schwäche haben gerade für das Nervensystem und für das Gehirn. Und die Folge davon würde sein, wenn der Ochse direkt Fleisch fressen würde, daß sich in ihm riesige Mengen von Harnsäuresalzen absondern würden; die würden nach dem Gehirn gehen und der Ochse würde verrückt werden. Wenn wir das Experiment machen könnten, eine Ochsenherde plötzlich mit Tauben zu füttern, so würden wir eine ganz verrückte Ochsenherde kriegen. Das ist so der Fall. Trotzdem die Tauben so sanft sind, würden die Ochsen verrückt werden.

Sehen Sie, eine solche Sache spricht natürlich gegen den Materialismus, denn wenn die Ochsen bloß Tauben fressen würden, so müßten die Ochsen sanft werden wie die Tauben, wenn bloß das Materielle wirksam wäre – sie werden das ganz gewiß nicht, sondern sie werden furchtbar leidenschaftliche und wütende Kerle werden. Nun denken Sie einmal, das wird ja schon dadurch bestätigt, wie leidenschaftlich die Rosse werden, wenn man ihnen nur ein bißchen Fleisch gibt; gleich fangen sie an, wild zu werden, weil sie eben auch nicht Fleischnahrung gewohnt sind.

Nun, meine Herren, das geht natürlich auf den Menschen über. Es ist sehr interessant in der Geschichte: Ein Teil der Bevölkerung von Asien ißt streng vegetarisch. Das sind nämlich sanfte Leute, die wenig Krieg führen. Erst in Vorderasien hat man angefangen Fleisch zu essen, und da begann auch die Kriegswut. Und die Sache ist diese, daß einfach diejenigen asiatischen Völker, die also kein Fleisch essen, die Kräfte, die sonst unverbraucht, unbenutzt gelassen werden, zum Umwandeln von Pflanzenstoffen in Fleischstoff verwenden. Und die Folge davon ist, daß sie sanft bleiben, währenddem die anderen Völker, welche Fleisch essen, eben nicht so sanft bleiben.

Nun, nicht wahr, muß man aber sich darüber klar sein, daß ja die Menschen zu solchen Überlegungen, wie wir sie jetzt machen, erst nach und nach reif geworden sind. Als die Menschen angefangen haben, Fleisch zu essen, konnte man sich das ja nicht so überlegen, wie wir es jetzt gerade gemacht haben. Das ist alles aus dem Gefühl und aus dem Instinkt hervorgegangen.

Sehen Sie, der Löwe frißt fortwährend Fleisch; er ist kein Pflanzenfresser. Der Löwe hat ein sehr kurzes Gedärm. Und diejenigen Tiere, die Pflanzenfresser sind, die haben ein sehr langes Gedärm. Da ist der Darm sehr lang. Aber so ist es auch beim Menschen. Wenn der Mensch einfach in irgendeiner Rasse oder irgendeinem Volk geboren ist und alle seine Vorfahren Fleisch gegessen haben, dann ist ja der Darm schon kürzer geworden, schon zu kurz geworden für den bloßen Vegetarismus. Und dann muß der Mensch erst all das durchmachen, was ihn befähigt, trotzdem seine Gesundheit aufrecht zu erhalten, wenn er bloß Pflanzen ißt.

Gewiß, es ist heute schon durchaus möglich, Vegetarier zu sein. Und es hat sehr viel für sich. Namentlich hat man einen gewissen Nutzen vom bloßen Pflanzenessen, nicht Fleischessen: man wird nicht so schnell müde. Von innen heraus wird man nicht so schnell müde, weil eben nicht solche Harnsalze und Harnsäuren abgesondert werden. Man wird nicht so schnell müde und behält einen freieren Kopf, kann daher auch leichter denken, wenn man überhaupt denkt. Derjenige, der nicht denken kann, dem nützt es natürlich auch nichts, wenn er seinen Kopf frei bekommt von Harnsäuresalzen, denn, nicht wahr, es ist notwendig, daß die ganze menschliche Organisation zusammenstimmt. Nun also, es kann sich der Mensch heute durch eine Überwindung zum Pflanzenesser machen. Dann verwendet er die Kräfte, die bei den meisten Menschen, die heute Fleisch essen, eben einfach nicht verwendet werden.

Sehen Sie, ich will Sie auf eine eigentümliche Erscheinung aufmerksam machen. Das ist folgendes. Wenn Sie heute in der Welt Umschau halten, so werden Sie finden: Es gibt eine Krankheit, die die menschliche Gesundheit rasch untergräbt; das ist die sogenannte Diabetes, Zuckerkrankheit. Da wird zuerst im Urin Zucker gefunden, und der Mensch unterliegt dann sehr bald der Zerstörung des Körpers durch zu viel Zuckererzeugung. Die Krankheit ist eigentlich recht fatal. Der Zucker ist zugleich dasjenige, was den Menschen innerlich stark hält, wenn der Zucker in der richtigen Weise in den Organismus übergeführt wird.

Das können Sie sogar äußerlich statistisch nachweisen. In Rußland wird viel weniger Zucker gegessen als in England, und das macht den ganzen Unterschied zwischen dem russischen Volk und dem englischen Volke. Die Engländer sind selbstbewußt und egoistisch; die Russen sind schwächlich, zwar unegoistisch, aber schwächlich. Das hängt damit zusammen, daß in Rußland wenig Zucker, in England sehr viel Zucker gegessen wird zum Beispiel in den Nahrungsmitteln. Aber der menschliche Leib braucht eine Menge Zucker, die er verarbeiten muß. Wie einen dauernd die Knochen stützen, so stützen einen fortwährend die Zuckermengen, die man im Körper herumschlenkert. Wenn aber zu viel Zucker in den Urin hineingeht, so geht zu wenig in den Körper hinein, und die Gesundheit wird untergraben. Das ist die Zuckerkrankheit.

Nun ist es so, daß die Zuckerkrankheit heute häufiger bei Juden auftritt als bei Nichtjuden. Gewiß, es haben ja auch andere die Zuckerkrankheit, aber heute haben sie besonders die Juden häufig. Dieses Volk neigt nämlich zur Zuckerkrankheit. Der Jude nimmt etwas schwer Zucker auf, braucht ihn aber auf der anderen Seite. Also müßte eigentlich die jüdische Diät dahingehen, dem menschlichen Körper möglichst zu erleichtern, den Zucker in ihm zu verwenden, nicht gleich abzuführen.

Wenn Sie das Alte Testament lesen, da werden Sie allerlei Speisevorschriften finden, Speisevorschriften, die heute noch beachtet werden in denjenigen Restaurants in den Städten, wo «koscher» daraufsteht. Sie werden solche Restaurants kennen; da steht mit jüdischen Buchstaben «koscher» drauf. Da wird also koscher gekocht. Das wird nach den alten mosaischen Speisevorschriften gemacht. Und wenn Sie prüfen, was da eigentlich zugrunde liegt, dann werden Sie finden, daß dem zugrunde liegt, daß der Jude möglichst so essen soll, daß er den Zucker verarbeiten kann, weil dieses Volk schwer den Zucker verarbeiten kann. Namentlich das Verbot von Schweinefleisch – das Schweinefleisch erschwert außerordentlich die Zuckerverarbeitung im Menschen – war darauf berechnet, die Zuckerkrankheit, Diabetes, zu verhindern. Man muß das Alte Testament sogar medizinisch lesen können; dann wird es furchtbar interessant. Es ist außerordentlich interessant, dem nachzugehen, worauf die einzelnen Verbote und die koschere Zubereitung von dem oder jenem berechnet sind. Sogar das sogenannte Schächten, die besondere Art, zum Beispiel Geflügel zu töten, Schächten überhaupt, ist darauf berechnet, daß so viel Blut noch in dem Fleisch bleibt, das der Jude genießt, daß er die richtige Zuckerbereitung für sich haben kann.

Nun werden Sie wissen, daß gerade in der letzten Zeit allmählich die Juden ihre Speisegebote nicht mehr beachten, aber sie bleiben ja doch in ihrem Volkszusammenhang drinnen; und das bekommt ihnen schlecht, denn es sind eigentlich Volksgebote. Und dadurch kriegen sie leichter die Zuckerkrankheit als andere Menschen. Das ist die Geschichte.

Also wir können schon sagen, man sieht, daß die Fleischnahrung im

Menschen unverbrauchte Kräfte erzeugt, die sich dann dazu anschicken, in unrichtiger Weise im menschlichen Körper zu wirken und Unrat in ihm zu erzeugen. Nun ist es natürlich so, daß dieser Unrat ja auch wiederum fortgeschafft werden kann. Aber es ist manchmal eine sehr komplizierte Geschichte. Man kann schon sagen: Manche Dinge, richtig ausgesprochen, die nehmen sich ganz sonderbar aus. Man lernt Leute kennen, die arbeiten in ihrer Art den Winter hindurch, essen aber auch in ihrer Art den Winter hindurch, indem sie gerade soweit mit Lust essen, daß sie noch eine kleine Magenverstimmung jeden Tag haben, die sie dann durch die nötigen Schnäpse, die sie trinken, im Zaum halten. Aber kaum kommt der April oder Mai heran, dann sind sie für Karlsbad reif oder für irgendein anderes Bad. Dann haben sie nämlich in ihrem Organismus, in ihrem Körper, eine ganze Menge von Unrat angesammelt, und jetzt handelt es sich darum, daß sie eigentlich einen Ausmister brauchen. Es muß ausgemistet werden. Nun gehen sie nach Karlsbad. Und Sie wissen ja, wie das Karlsbader Wasser wirkt; das bewirkt eine ganz lebhafte Diarrhöe. Da wird auch entsprechend ausgemistet. Nun misten sie aus, und dann können sie, wenn sie zurückkommen, wieder anfangen. Aber sie erreichen in der Regel nichts anderes, als daß sie dann jedes Jahr nach Karlsbad gehen müssen. Denn wenn sie einmal verhindert werden, nach Karlsbad zu gehen, kriegen sie gleich so etwas wie Diabetes, Zuckerkrankheit, und dergleichen.

Nicht wahr, wenn man so gesellschaftlich sich ausdrückt, dann sieht es leidlich aus, wenn man sagt: der geht nach Karlsbad. Aber in Wirklichkeit bedeutet das eigentlich, einen anstellen, der mit Misteimern den Körper wieder in Ordnung bringt. Und das tun die Schlucke von Karlsbader Wasser und die Einwirkung des Bades. Die bewirken also, daß da gründlich ausgemistet wird. Dann geht es wiederum eine Zeitlang.

Ja, meine Herren, auf diese Weise kann man natürlich die Volksgesundheit nicht gerade heben. Schließlich ist es ja eigentlich so, daß nach der Art und Weise, wie so jemand ißt, der nach Karlsbad oder einem ähnlichen Bad gehen kann, die Sachen schon alle auf den Markt gebracht werden. Der andere, der nicht nach Karlsbad geht, muß auch essen. Bei dem wird dann nicht ausgemistet, wenn er nicht das Geld hat, nach Karlsbad zu gehen. Er kriegt ja nichts anderes zu essen. Daher muß schon bei der Medizin angefangen werden, das soziale Leben in die richtigen Bahnen zu bringen.

Nun, darüber könnte man natürlich noch lange reden! Was ich heute noch vergessen haben sollte, das will ich Ihnen noch im Laufe der Zeit sagen.

Mit dem Absinth – das will ich nur noch hinzufügen – ist es so, daß er eigentlich ganz ähnlich wirkt wie der Alkohol im Wein zum Beispiel, und zwar liegt der Unterschied nur darinnen, daß beim Alkohol direkt das Stoffliche ruiniert wird – der Schlaf gleicht wieder etwas aus –, während beim Absinth auch noch der Schlaf ruiniert wird. Beim Absinth ist es so, daß der Mensch gerade, während er schläft, den eigentlichen Katzenjammer kriegt und am Schlaf verhindert wird. Und man muß schlafen, wenn man den Alkohol trinkt. Gewöhnlich muß ja – das bezeugt schon die Redensart – ein Räuschchen ausgeschlafen werden. Also auf den Alkoholgenuß wirkt eigentlich das Schlafen günstig; das gleicht aus. Und dadurch ist der Absinth schädlicher als der gewöhnliche Alkohol, daß das beim Absinth nicht der Fall ist; da wird auch der Schlaf noch ruiniert.

Nun brauchten Sie nur einmal zu beobachten, wie im Schlafe zum Beispiel unsere Haare schneller wachsen. Derjenige, der sich rasiert zum Beispiel, der weiß, daß, wenn er einmal einen Tag sehr lange geschlafen hat, er sich schnellstens rasieren muß. Haben Sie das nicht auch schon bemerkt? (– Doch! –) Wenn die seelische Tätigkeit nicht da ist im Körper, dann geht das sehr rasch. Der Schlaf ist ja dazu da, daß er gerade die Wachstumskräfte im physischen Körper anregt. Nun, der Absinth, der wirkt aber noch in den Schlaf hinein. Und bei den Absinthsäufern ist es so, daß nicht einmal im Schlaf ein Ausgleich geschaffen wird. So daß selbst im Schlaf für die Frauen, wenn sie Absinth trinken, das Blut ruiniert wird, die roten Blutkörperchen, und für die Männer die weißen Blutkörperchen ruiniert werden.

Aber nun kommt gerade noch etwas anderes dazu. Beim Absinthtrinken wird dadurch, daß es bis in den Schlaf hinein wirkt, die monatliche Periode außerordentlich stark beeinflußt. Und es kommen dann die Unregelmäßigkeiten beim Absinthtrinken, aber noch mehr bei der Nachkommenschaft. Und die Folge davon ist, daß die Absonderung, die jederzeit regelmäßig alle vier Wochen stattfinden sollte, unregelmäßig vor sich geht.

Also das Wesentliche, was man über den Absinth sagen kann, ist, daß er ja ähnlich wirkt wie der gewöhnliche Alkohol in Wein, Bier oder Schnaps, daß er aber auch noch den Schlaf ruiniert.

Nun möchte ich Ihnen geschwind noch – man kann ja solche Sachen weiter ausführen – über die andere Frage mit den Zwillingen etwas sagen. Die Befruchtung geschieht geradeso bei den späteren Zwillingsgeburten wie bei den Geburten, wo nur ein Mensch geboren wird. Also die Befruchtung geschieht immer so, daß in die weibliche Eizelle ein männliches Samenkörperchen eindringt, nachher gleich sich die Bahn schließt, und da drinnen gehen dann die weiteren Vorgänge vor sich.

Aber sehen Sie, die Zahl der Nachkommen ist eigentlich durch etwas ganz anderes bestimmt, als etwa durch die Zahl der männlichen Samenkerne. Es kommt nur ein Samenkern hinein in die weibliche Eizelle, während auf die Nachkommenschaft die ganze Welt Einfluß hat. Es wird von den Kräften der ganzen Welt heraus die Nachkommenschaft bewirkt. Und da kann es namentlich zum Beispiel vorkommen, daß kurz nach der Befruchtung die Frau denselben Einflüssen ausgesetzt ist – es wird etwas kurios sein, was ich Ihnen jetzt sage, aber es ist das trotzdem eine Wahrheit –, denselben Einflüssen aus dem Weltenall ausgesetzt ist. (Tafel 17) Nehmen Sie an – natürlich muß da alles zusammenstimmen –, aber nehmen Sie an, die Befruchtung geschieht gerade beim abnehmenden Mond. Dann ist beim abnehmenden Mond die Frau gewissen Kräften im Weltenall ausgesetzt, die von einem Stückchen Mond herrühren. Jetzt aber ist es bei der Befruchtung so, daß die ersten Vorgänge, in den ersten drei Wochen, eigentlich ganz unbestimmt sind. Da kann man gar nichts sagen, nicht wahr. Nach drei Wochen ist der Mensch erst ein kleines Fischchen. Vorher ist alles ganz unbestimmt. Wenn nun drei Wochen verlaufen, also immer so, daß aus dem Menschenkeim alles Mögliche werden kann, wenn das nun gerade paßt, daß die Frau auch noch hineinkommt in den zunehmenden Mond, dann sind dieselben Einflüsse da von außen her, und dann hat schon ein bißchen gewirkt der abnehmende Mond, ein bißchen wirkt der zunehmende Mond, und die Zwillingsgeburt kann entstehen.

Aber es kann auch so sein, daß zum Beispiel die Frau, sagen wir, etwas Antipathie überhaupt hat gegen das Kinderkriegen, vielleicht eine ganz unbewußte Antipathie; vielleicht ist sie in ihrem Bewußtsein ganz begierig aufs Kinderkriegen, aber unbewußt hat sie eine gewisse Antipathie. Sie braucht nur eine gewisse Antipathie zu haben gerade gegen den Mann, den sie geheiratet hat. Solche Antipathien gibt es nämlich doch auch. Ja, meine Herren, dann hält sie selbst zurück die rasche Entwickelung des sogenannten Embryos, des Menschenkeimes, und dann wirkt dasjenige, was *einmal* wirken sollte, das wirkt dann mehrmals aus dem Weltenall heraus, und dann können Drillinge entstehen. Es ist sogar schon vorgekommen, daß Vierlinge entstanden sind. Aber das alles wird niemals durch die Befruchtung bewirkt, sondern durch die anderen Einflüsse, die stattfinden, durch die äußeren Einflüsse. Würde nämlich durch die Befruchtung bewirkt werden, daß Zwillinge entstehen, dann wären sie ganz gewiß sehr verschieden voneinander, weil sie dann von verschiedenen männlichen Samenkörperchen herrühren würden. Sie könnten ja auch aus zwei Eiern kommen und so weiter, nicht aus einem Ei. Aber bei Zwillingen ist ja das Auffallende, daß sie bis auf merkwürdige Dinge gleich sind; also zum Beispiel noch das, was in späterem Alter auftritt, entwickelt sich bei Zwillingen gleich. Das ist aus dem Grunde, weil sie aus einem einzigen Ei hervorgehen. Also das müssen Sie festhalten: Bei Zwillingsgeburten ist die Befruchtung nicht anders, sondern es wirken die äußeren Einflüsse da mit.

FÜNFZEHNTER VORTRAG

Dornach, 20. Januar 1923

Es sind Fragen darüber gestellt, wie es kommen könne, daß in einer Familie vier stumme Kinder neben sprechenden, normalen Kindern geboren werden konnten. Der Vater der Kinder habe in seiner Jugend Vögeln die Zunge ausgerissen; ob das die Strafe dafür sein könne, daß er nun die vier stummen Kinder habe.

Ferner: daß so viel jetzt die Gehirngrippe auftrete, wobei die Leute doppelt sehen; woher das komme.

Dr. Steiner: Sind die Kinder, die nicht reden können, in dieser Familie hintereinander geboren, oder die andern dazwischen?

Fragesteller: Ja, die Kinder, die nicht reden können, sind hintereinander geboren.

Dr. Steiner: Es ist eben schwer, über einen solchen Fall zu reden, wenn man ihn nicht ganz genau kennt. Über den Fall mit der Gehirngrippe werden wir gleich nachher reden. Aber dieser andere Fall ist sehr schwer zu beurteilen, wenn man ihn nicht ganz genau kennt. Es hängt sehr viel davon ab, ob zum Beispiel ein redendes Kind zwischen stummen Kindern geboren worden ist, oder ob von einem bestimmten Zeitpunkt ab zuerst die redenden da waren und nachher die stummen oder zuerst die stummen und nachher die redenden, oder ob sie durcheinander gemischt sind. Denn die Stummheit der Kinder kann natürlich von allem möglichen kommen. Und wenn das stimmt, daß die Kinder wirklich hören, also nur stumm sind, nicht taubstumm – worüber man sich manchmal auch täuscht natürlich –, wenn sie wirklich hören, wenn es also im Sprachapparat liegt, dann handelt es sich darum, darauf zu kommen, in welcher Weise Vater oder Mutter darauf einen Einfluß haben könnten.

Aber ohne genau einen solchen Fall zu kennen, ist es eigentlich leichtsinnig, darüber zu reden. Was man dabei wissen müßte, ist: Wie alt ist die Mutter und wie alt ist der Vater? Denn es kommt sehr viel darauf an, ob die beiden Eltern schon älter sind, wenn sie Kinder kriegen, oder ob sie noch junge Leute sind. Dann kommt es etwas darauf an, ob die Mutter älter ist oder der Vater. Davon hängt sehr viel ab.

Dann, nicht wahr, kommt es darauf an, was die beiden für einen

Charakter haben. Und vor allen Dingen, ob in einem solchen Fall, wo, wie Sie sagen, der Betreffende in seiner Jugend Vögeln die Zunge ausgerissen hat, ob das irgendwie in Betracht kommt, das kann man erst beurteilen, wenn alle anderen Fragen entschieden sind, denn das kann nur soweit in Betracht kommen, als der Betreffende vielleicht in seiner Jugend grausam war. Die Grausamkeit als solche, die Eigenschaft als solche, die kommt in Betracht. Von einer Strafe zu reden, ist in dem Falle nicht nur ausgeschlossen, weil es solche Strafen erstens nicht gibt, und zweitens, es wäre ja keine Strafe für den Vater! Wenn man sagen würde, daß der Vater dadurch für seine Grausamkeit bestraft würde, käme mir das so vor, wie es wäre, wenn ein Junge sich seine Hände erfriert und sagt: Es geschieht meinem Vater schon recht, warum hat er mir keine Handschuhe gekauft! – Also, wenn jemand so furchtbar schwer betroffen wird wie die vier Kinder, so ist das ja nicht eine Strafe für den Vater; der ist ja viel weniger betroffen als die vier Kinder, obwohl bei ihm mehr die Grausamkeit in Betracht kommt.

Da muß man wiederum ganz bestimmte Dinge berücksichtigen. Mit dem Alter der Kinder, sehen Sie, da ist es so: Wenn man irgendwie als Junge eine Eigenschaft entwickelt, sagen wir zum Beispiel einfach, man entwickelt als Junge eine Eigenschaft mit elf Jahren, Grausamkeit oder so etwas ähnliches, so kommt immer ein Anfang davon wiederum ungefähr nach dreieinhalb Jahren; so daß also der Betreffende diese Grausamkeit, die Neigung zur Grausamkeit mit vierzehneinhalb, fünfzehn Jahren wieder bekommt, dann mit achtzehn Jahren wiederum, mit einundzwanzigeinhalb Jahren und so weiter.

Und denken Sie sich, wenn in einem solchen Zeitraum, der da einen neuen Anfang zeigt, die Befruchtung eintritt, so kann die Befruchtung geradezu selber so eine Art Grausamkeit sein, und dann kann sie natürlich schädlich wirken. Alle solche Sachen können natürlich auf diesem Umwege durchaus in Betracht kommen. Aber das kann man erst dann behaupten, wenn alle anderen Dinge ausgeschlossen sind. Nicht wahr, ich habe Ihnen ja gesagt, was für ein Unterschied ist zwischen Wintergeburten und Sommergeburten. Nun müßte man also im Alter der Kinder richtig herausbekommen, ob die früheren Geburten vielleicht Sommergeburten gewesen sind oder Wintergeburten und so weiter.

Deshalb sagte ich: Derjenige, der gewissenhaft an die Dinge herangeht, der muß den Fall ganz genau kennen. Also wenn Sie einmal den Fall ganz genau kennen, können wir darüber reden. Ich würde es sehr gern tun. Zum Beispiel wissen Sie ja nicht, ob die vier Kinder die älteren oder die jüngeren sind. Das muß man ganz genau wissen, ob also gewissermaßen diese Neigung, stumme Kinder hervorzubringen, später geheilt worden ist, oder erst eingetreten ist, nachdem die vier redenden Kinder geboren waren. Dann müßte der Grund nach dem vierten Kind liegen. Also man müßte das alles erst ganz genau kennen.

Was nun die andere Frage betrifft, so hängt das mit allen Erkrankungen zusammen, die den menschlichen Kopf oder die oberen Brustorgane befallen, zum Beispiel die Bronchitis, aber auch namentlich solche Krankheiten meine ich, wie Diphtherie, und dann die Grippe, die jetzt so furchtbar ist. Diese Krankheiten betreffen den oberen Teil des Menschen. Und die haben eine ganz bestimmte Eigentümlichkeit, diese Krankheiten. Sie sind am besten zu studieren, wenn man auf die Diphtherie eingeht, denn an der kann man eigentlich am meisten lernen.

Sie wissen ja selber, über die Grippe wissen die Menschen, die heute im gewöhnlichen Sinne Medizin studieren, nicht viel, und daher sind die Beschreibungen der Ärzte über die Symptome, die bei der Grippe auftreten, sehr ungenau. Wenn ich solche Grippekranke selber sah, mußte ich immer auf anderes achten als auf diejenigen Symptome, auf die die Ärzte geachtet haben, weil die Grippe eigentlich eine ganz bestimmte Gehirnerkrankung ist. Die Grippe ist eigentlich eine Gehirnerkrankung! Ich werde gleich nachher darüber reden.

Bei der Diphtherie nun muß man auf die folgenden Dinge besonders Rücksicht nehmen. Erstens, wenn Sie hinschauen bei einem diphtheriekranken Kind – aber Sie wissen ja, daß auch die Erwachsenen die Diphtherie kriegen –, sehen Sie solche Häute im Schlund drinnen. Diese Häute, Hautbildungen, die sind es, an denen man gewöhnlich in der Diphtherie erstickt. So ist also das erste Wichtige diese Hautbildung. Das zweite Wichtige aber bei der Diphtherie ist, daß man bemerkt, daß das Herz bei einem Diphtheriekranken immer etwas angegriffen ist. Das Herz will nicht recht funktionieren. Das dritte aber bei einem Diphtheriekranken ist das, daß wenn er auch noch nicht von den

Häuten zu stark geplagt ist, er schlecht schlingen kann. Er hat eine Art Schlundlähmung. Er ist gelähmt, der Schlund. Das ist außer den Häuten, extra, daß der Schlund gelähmt ist. Und dann tritt bei den Diphtheriekranken das ganz Ähnliche auf, was Sie jetzt auch bei den Grippekranken haben: er fängt an zu schielen und doppelt zu sehen. Das tritt bei der Diphtherie auf. Das sind die wichtigsten Erscheinungen bei der Diphtherie, die man bemerkt im oberen Teil des Körpers.

Dann tritt gerade bei solchen Diphtheriekranken, die gesund werden – denn wenn er gleich erstickt, kann man die Sache nicht beobachten –, eine Art Nierenerkrankung auf. Das ist dasjenige, was noch nachkommt.

Worinnen besteht die eigentliche Diphtherie-Erkrankung? Man versteht Diphtherie-Erkrankungen nur, wenn man weiß, daß der Mensch eigentlich von zwei Seiten her lebt. Der Mensch lebt erstens von seiten seiner Haut. Die Haut ist ein ungeheuer wichtiges Organ. Und von der Haut, von seiner Umgebung, lebt er eigentlich nach innen. Das ist so

Tafel 18

(siehe Zeichnung): Sie haben hier die Haut, ich habe ja schon darüber geredet. Die Haut ist fortwährend mit der äußeren Luft, mit der Außenwelt in Berührung. Dadurch wird die Haut immerfort hornartig. Bei den Menschen wird sie nur wenig hornartig und schuppt sich dann ab. Der Mensch schuppt ja am ganzen Leibe fortwährend ab. Er wechselt fortwährend seinen physischen Körper aus. Das ist Einmischung von außen. Sie können sich denken, was das, was in der Luft ist, für einen Rieseneinfluß auf den lebendigen Körper hat, wenn Sie folgendes betrachten. Denken Sie sich einmal, da sei Wasser, und ein Wesen lebe nun ganz im Wasser drinnen. Wenn ein Wesen ganz im Wasser drinnen lebt, dann bildet sich die Haut sehr weich aus. Das Wasser selber bewirkt, daß sich die Haut ganz weich ausbildet. Und namentlich durch den Einfluß des Sonnenlichtes zieht sich alles dasjenige, was weiche Haut ist, nach vorne, und das Wesen im Wasser wird ein Fisch. Sie können beim Fisch die Kiefer kaum sehen, denn die sind von Haut fest bedeckt (siehe Zeichnung, links).

Tafel 18

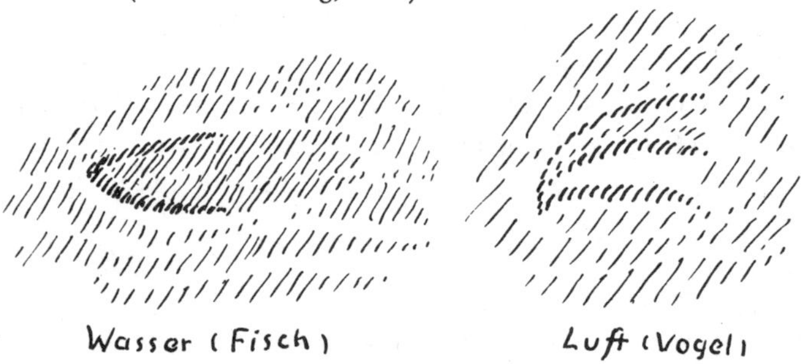

Denken Sie sich jetzt, das Wesen lebe nicht im Wasser, sondern in der Luft. Wenn das Wesen in der Luft lebt, wenn das da hier die Luft wäre (Zeichnung rechts), so kann das Wesen, das in der Luft lebt, die weiche Haut nicht so ausbilden. Nun denken Sie sich, wenn bei dem Wesen, das im Wasser lebt, die weiche Haut sich nicht ausbilden könnte, so würde innen kein Kiefer da sein; der ganze innere Kiefer würde nach außen liegen, und es wäre ein Vogel. Der Fisch ist einfach im Wasser so, daß er mit der weichen Haut seinen Kiefer bedeckt. Der Vogel ist dadurch, daß er in der Luft lebt, mit verhorntem Kiefer, mit ganz nach außen gelegenem Kiefer gebildet. Daran sehen Sie, was für ein Einfluß von außen auf das Lebewesen ausgeübt wird. Und beim Menschen ist es ja so, daß er durch wiederum andere Organe weiche Haut ausbilden kann, daß aber diese weiche Haut immer abgeschuppt wird, abgearbeitet wird.

Nun denken Sie sich, außer dem, außer diesem Leben von außen nach innen, geht ein Leben von innen nach außen; das geht namentlich von den Nieren aus, von innen nach außen. Beides muß tätig sein im Menschen. Fortwährend muß von der Haut von außen nach innen gearbeitet werden, und von den Nieren muß von innen nach außen gearbeitet werden. Und das Herz, das steht zwischendrinnen. Das spürt ganz genau, ob zu viel Tätigkeit von außen oder innen ist. Wenn die Nieren anfangen, zu stark tätig zu sein, spürt das das Herz. Wenn die Haut anfängt, zu stark oder zu schwach tätig zu sein, spürt das das Herz auch.

Und was geschieht bei der Diphtherie? Bei der Diphtherie fängt plötzlich die Haut an, zu schwach tätig zu sein. Es ist einfach zu schwache Tätigkeit, der Mensch entwickelt zu wenig Auswechslung der Luft durch die Haut. Das ist sogar die Hauptsache dabei. Er entwickelt zu wenig Auswechslung der Luft durch die Haut, durch die Haut der Nase auch, was auch an der Außenwelt ist. Also die Hauttätigkeit wird eine zu geringe. Dadurch gehen diese Strahlungen, die ich da aufgezeichnet habe, nicht ordentlich. Das Herz spürt das. Das Herz spürt, daß die Nieren herauf arbeiten. Aber was tun diese Nieren? Das Herz kann nun diese Nierentätigkeit nicht mehr aufhalten; die Nierentätigkeit schießt nach oben. Lange bevor die Nierenentzündung entsteht, die Nieren sich entzünden, schießt schon die Nierentätigkeit nach oben. Und weil die Hauttätigkeit nicht richtig von außen wirkt, bildet sich im Innern eine überflüssige Haut. Das ist die Haut (siehe Zeichnung S. 269), die sich im Innern bildet. Also weil die Hauttätigkeit Tafel 18
von außen nicht in Ordnung ist, bildet sich von innen eine überflüssige Haut. Und die füllt alles aus, weil die Nierentätigkeit zu stark ist.

Nun, sehen Sie, wenn ein Mensch eine Nierenschrumpfung bekommt – das gibt es ja, daß der Mensch zu wenig Nierentätigkeit entwickelt und dann die Nieren zusammenschrumpfen –, dann können Sie ihn immer da (am Kopfe) angreifen, und Sie werden sehen, daß hier der Kopf einsinkt. Zwischen den Nieren und dieser Partie des Kopfes ist nämlich ein Zusammenhang. Sobald die Nierentätigkeit nicht ordentlich ist, sinkt da der Kopf ein. Sie können bei jedem Menschen, der nierenkrank wird, sehen, daß der Kopf einsinkt. Da drunter aber liegt der Sehnerv. Wenn der Kopf einsinkt, wird der Sehnerv untätig. Bei der gewöhnlichen Nierenschrumpfung fängt der Mensch an, undeutlich zu sehen. Wenn aber nicht Nierenschrumpfung eintritt, sondern Nierenentzündung im Anzug ist, dann schießt die Nierentätigkeit in den Kopf herauf und übt einen Einfluß aus auf die Sehnerven.

Nun, sehen Sie, die Sehnerven sind so: Denken Sie sich, ich schaue die ganze Geschichte von oben an, gucke also auf den Kopf drauf (siehe

Tafel 19

Zeichnung), so habe ich hier den Kopf, da ist dann das Gesicht, da sind die Augen. Der Sehnerv, der geht nach rückwärts. Aber sie kreuzen sich da, die zwei Sehnerven. Dann gehen sie in das Hinterhirn. Und hier ist die Sehnervenkreuzung; also die zwei Sehnerven, die kreuzen sich da drinnen. Und es muß der Sehnerv ganz in Ordnung sein, wenn wir, weil wir mit zwei Augen sehen, einfach sehen sollen. In dem Augenblicke, wo die Sehnerven, die sich kreuzen, nicht ganz in Ordnung sind, sehen wir doppelt. Also die Sehnerven brauchen nur ein bißchen gelähmt zu sein und nicht ordentlich eine Kreuzung auszuüben, so sehen wir doppelt. – Sie wissen ja, wie einer, der gerne etwas trinkt, unterscheiden kann, wenn er nach Hause kommt, ob er noch imstande ist oder nicht: er legt sich ins Bett, legt seinen Hut auf die Bettdecke; wenn er den Hut einfach sieht, ist er noch in Ordnung, wenn er ihn doppelt sieht, ist er nicht mehr in Ordnung! Das ist ja sehr leicht zu machen. – Also schon der gewöhnliche Alkoholrausch lähmt die Sehnerven ab, weil das Blut zu rege durchgeht, und die Folge davon ist, daß der Betreffende dann doppelt sieht, wenn er genügend Alkohol in sich hat.

So wirkt auch diese Nierentätigkeit belebend auf die beiden Sehnerven, und wirken sie bei der Sehnervkreuzung nicht ordentlich ineinander, so sieht der Mensch doppelt. Das ist zum Beispiel bei der Diphtherie der Fall. Sie sehen also daraus, daß die Diphtherie davon herrührt, daß die Hauttätigkeit nicht in Ordnung ist. Daher wird die zukünftige bessere Heilung der Diphtherie darinnen bestehen, daß man vor allen Dingen den Diphtheriekranken in der richtigen Weise wird mit Bädern behandeln müssen, ihn sogleich in solche Bäder wird bringen müssen, die stark die Hauttätigkeit anregen. Und dann wird die Membranbildung, diese Hautbildung, aufhören und der Mensch wird wiederum in eine geregelte Hauttätigkeit hineinkommen.

Die Serumbehandlung ist zwar wirksam bei der Diphtherie, weil man dem Körper einen starken Anstoß gibt, daß er tätig ist, aber sie hat ungünstige Folgeerscheinungen. Namentlich, wenn man ein Kind mit Serum behandelt, so wird es später hart in seiner Organisation werden. So daß man eigentlich nach und nach wird anstreben müssen, die Serumbehandlung durch Bäderbehandlung, namentlich bei der Diphtherie, zu ersetzen. Diphtherie beruht eben durchaus auf einer nicht richtigen Hauttätigkeit. Und man kann dann sehen, wie die Hauttätigkeit eigentlich besonders berücksichtigt werden muß.

Daß heute die Diphtherie häufiger ist, als sie früher war, das kann man schon sagen. Man muß natürlich nicht auf Jahrzehnte sehen, sondern auf Jahrhunderte. Aber nach allem, was man wissen kann von früheren Zeiten – es hat ja natürlich viel schlimmere Krankheiten gegeben, die Menschen sind von der Pest und Cholera heimgesucht worden –, war die Diphtherie seltener. Das hängt damit zusammen, daß überhaupt die europäische Lebensweise nach und nach darauf hingeht, die Hauttätigkeit gar nicht mehr zu unterstützen. Gewiß, die Leute, die das Geld dazu haben, die baden viel und so weiter, aber es kommt darauf an, in *was* man badet. Und daß die Zivilisation nach dieser Richtung nicht gut wirkt, das können Sie daraus sehen, daß heute wirklich viel mehr Glatzköpfe herumgehen als früher. Der Haarwuchs ist auch eine Tätigkeit von außen. So wie Pflanzen auf dem Boden wachsen, so ist der Haarwuchs von außen. Und es ist schon so, daß heute auf die Hauttätigkeit viel zu wenig geachtet wird. Glauben Sie nicht, daß das Kaltbaden, das die Engländer heute üben, gar zu gut wirkt. Es kommt darauf an, in was man badet. Und wenn der Mensch gar zu sehr eine starke Hauttätigkeit herbeiführt durch überflüssiges Baden, so ist das auch nicht richtig. Also man muß vor allen Dingen bei der Diphtherie danach trachten, eine richtige Hauttätigkeit hervorzurufen.

Das hängt auch wiederum mit dem zusammen, was auf die Nachkommenschaft wirkt. Denken Sie sich einmal, gerade Vater oder Mutter haben eine Haut, die zu träge ist, daher nicht stark genug abschuppt. Also sagen wir zum Beispiel, der Vater hat eine Haut, die nicht stark genug abschuppt. Das ist sehr schwer zu konstatieren, denn da muß man schon einen sehr feinen Blick haben für die menschlichen Eigentümlichkeiten. Der gewöhnliche Laie kann das gar nicht so gut beurteilen, ob einer ein Hornhäuter ist oder nicht. Es gibt eben Menschen, die haben eine viel härtere Haut als andere. Daß man das schwer beurteilen kann, das sehen Sie schon daraus, daß eigentlich die Haut durchsichtig ist. Die sich abschuppende Haut ist in verschiedenen Farben zu sehen. Das rührt davon her, daß wir das Darunterliegende sehen. Unsere Haut ist eigentlich durchsichtig. Nehmen wir an, der Vater wäre ein Hornhäuter, so eine Art Nilpferd, nicht wahr, aber das ist natürlich nur ganz radikal gesprochen, und dadurch, daß die Haut härter ist, als sie sein soll, dadurch wird nach der anderen Seite stark die Knochentätigkeit beeinflußt. Aber Sie wissen aus dem, was ich neulich gesagt habe, daß von der Knochentätigkeit die Erzeugung des Blutes abhängt, daß also die weißen Blutkörperchen dadurch, daß der Mensch ein Hornhäuter ist, zu schwach erzeugt werden. Das beeinflußt den männlichen Samen, und die Kinder werden von vornherein schwach. So daß man sagen kann: ist der Vater ein «Nilpferd», dann wird unter Umständen das Kind mit einer Rachitis, mit einer Englischen Krankheit geboren, dann wird das Kind schwach und ist namentlich auch der Tuberkulose ausgesetzt. So hängen die Dinge zusammen.

Hat der Vater eine zu weiche Haut, was man namentlich dadurch bemerken kann, daß sie bei Angst und so weiter sehr leicht sich rötet, hat also der Vater eine weiche Haut, dann werden wiederum seine Knochen zu hart. Das schadet aber wenig.

Hat aber die Mutter eine zu weiche Haut, hat die Mutter eine Haut, die zwischen Erröten und Erblassen sehr hin- und herschwankt, dann werden bei der Mutter die Knochen zu hart, und dann werden die roten Blutkörperchen nicht richtig erzeugt, und das Kind wird dadurch die Neigung bekommen zu allen möglichen Erkrankungen wie Rheumatismus schon in früher Zeit, und namentlich auch zu solchen Stoffwechselkrankheiten wie Masern und Scharlach und so weiter. Also so hängen schon einmal die Sachen zusammen.

Nun die Grippe. Sehen Sie, die Grippe, die geht eigentlich aus von einer richtigen Gehirnkrankheit. Und zwar wird schwach bei der Grippe gerade dasjenige Organ – wenn ich hier jetzt das von der Seite zeichne,

Tafel 19

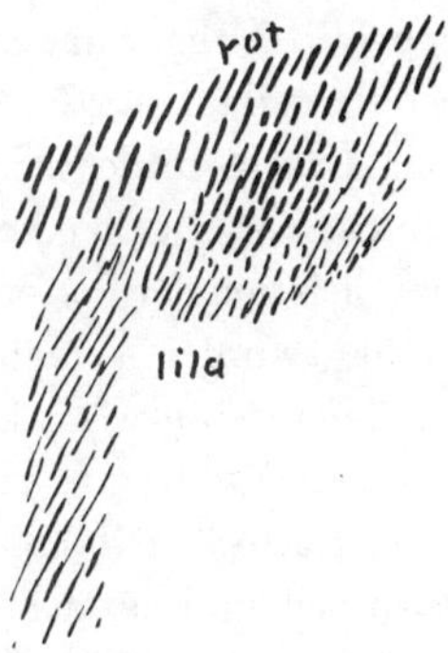

die Sehnerven so andeute (siehe Zeichnung) –, das unter dem Sehnerv liegt; das wird so krank, daß es eine Art von Lähmung hat. Davon geht eigentlich die Grippe aus. Die Grippe besteht in einer Lähmung desjenigen Gehirnteiles, der ganz in der Nähe des Sehnervs liegt. Das erste, was dadurch bewirkt wird, ist, daß, weil diese Stelle im Gehirn eine sehr wichtige ist, eigentlich ein Einfluß ausgeübt wird auf den ganzen Körper. Sehen Sie, die gewöhnliche Grippe, die verläuft so, daß ausgehend von diesen Gelähmtheiten im Gehirn irgend etwas im Menschen krank wird. Vor allen Dingen – es geht ja gleich hier ins Rückenmark – fängt das Rückenmark an, angesteckt zu werden. Die Nerven gehen von da aus nach allen Gliedern. Der Mensch bekommt Gliederschmerzen und so weiter.

Neulich ist einmal ein interessanter Fall von Grippe vorgekommen, der sehr lehrreich war. Ich habe Ihnen ja gesagt, daß das Gehirn nicht nur aus festen Bestandteilen besteht, sondern überall Gehirnwasser ist. Besonders nun in der Nähe von diesem Organ hier, das bei der Grippe gelähmt ist, gerade da ist viel Gehirnwasser. Der Grippefall von neulich, der war deshalb außerordentlich interessant, weil die betreffende Person nacheinander bekommen hat Lungenentzündung, Rippenfellentzündung, Bauchfellentzündung; alle möglichen Krankheiten sind aufgetreten, und immer, sagen wir, Lungenentzündung mit hohem Fieber, Fieberheruntergang, Rippenfellentzündung mit hohem Fieber, Fieberheruntergang, Bauchfellentzündung mit hohem Fieber, Fieberheruntergang nachher, also eine Art von allgemeiner Ablähmung und so weiter. Es war ein Grippefall, der ganz anders verlaufen ist, als sonst die gewöhnlichen Grippefälle verlaufen. Was war da der Fall? Sehen Sie, da konnte man überhaupt außerordentlich schwer studieren, wie der Fall eigentlich lag, wenn man die gewöhnlichen medizinischen Mittel anwendet. Nun hat man sich von der Person – sie ist vielleicht siebzehn Jahre alt, sie ist gesund geworden – erzählen lassen, wie ihre seelischen Funktionen während der Zeit gewirkt haben. Und als sie besser dran war, konnte man ganz merkwürdig folgendes konstatieren.

In dem Zimmer, in dem sie gelegen hat, haben die Leute, die Eltern und der Arzt, allerlei gesprochen, und sie dachten, sie können das sprechen, weil diese siebzehnjährige Person fortwährend in Fieberphantasien war. Sie hat auch während der Fieberphantasien gar nichts aufgefaßt. Aber als sie gesünder geworden war, konnte sie alles das erzählen, was im Zimmer gesprochen worden war. Sie hat es gewußt, sie konnte das erzählen. Man konnte das konstatieren. Die Auffassung war also nicht da, während sie diese starke Grippe hatte, die zu allen möglichen Krankheiten führte; aber im Gedächtnis ist es geblieben. Es bleibt eben vieles im Gedächtnis, was man im Momente gar nicht auffaßt. Das aber zeigt, daß bei ihr nicht dieser feste Bestandteil des Gehirnes gelähmt war, sondern die umschwimmende Flüssigkeit. Dadurch ist noch mehr der ganze Körper beeinflußt worden. Denn wenn das Feste gelähmt ist, dann müssen durch die Wirkungen des Festen auf das Rückenmark die weiteren Erscheinungen hervorgerufen werden. Aber das Wasser hier, das fließt fortwährend auf und ab durch den Kanal hier (siehe Zeichnung S. 275), so daß, wenn das Wasser hier krank ist, Tafel 19 hier auch krankes Wasser entsteht. Aber das geht von dem Rückenmarkskanal in alle Glieder herein. Dadurch bringt es allmählich überall Entzündungen hervor. Aber wiederum dadurch, daß das Wasser, das Gehirnwasser entzündet war und nicht die festen Bestandteile, war auch mehr Kraft zur Gegenwirkung, zu der Heilung vorhanden, und – was eigentlich in diesem Falle fast wie ein Wunder war – die Person konnte gesund werden, trotzdem sie hintereinander alle möglichen Krankheiten gehabt hat.

Sehen Sie, bei einer solchen Erkrankung ist es das Wesentliche – man muß ja auch durch diese oder jene Mittel nachhelfen –, aber es ist das Wesentliche dabei, daß man vor allen Dingen den Körper in richtiger Ruhe läßt, also den Körper ins Bett legt und dafür sorgt, daß das Zimmer in der richtigen Weise immer eine gleichmäßige Wärme hat, gleichmäßiges Licht hat und so weiter, denn die Ruhe ist nicht nur dadurch herbeigeführt, daß ich mich ausstrecke, sondern ich bin auch unruhig, wenn ich jetzt Hitze habe und nachher gleich friere. Aber wenn man den Körper ganz sich selber überläßt, mit gleichmäßiger Wärme, gleichmäßigem Licht, dann kann er selbst die schlimmsten Anfälle, wie Lungenentzündung, Rippenfell-, Bauchfellentzündung, hintereinander aushalten. Der Mensch kann das. So daß es gerade bei den schlimmsten Krankheiten, die so etwas haben, wie ich es eben beschrieben habe, eigentlich mehr auf das richtige Pflegen ankommt als auf das Heilen. Das richtige Pflegen hat überhaupt einen ganz großen Wert.

Was das richtige Pflegen für einen Wert hat, das können Sie aus folgendem erkennen: Wenn irgendwo eine Entzündung oder Verletzung sitzt, so ist es das allerbeste, wenn man einfach über dem Glied irgendwo abbindet; aber man muß es richtig machen. Man muß irgendwo abbinden. Dadurch, daß man abbindet, wird sogleich die feinere Körpertätigkeit, die Äthertätigkeit in Bewegung gesetzt, und die Heilung tritt ein. Wenn also einer vorne an der Hand oder am Finger ein Geschwür hat, dann binde ich es ihm hinten meinetwillen ab, dann heilt das sehr schnell. Man muß überall im Körper selber die Heilkräfte aufrufen. Wenn man zum Beispiel, sagen wir, einen Diphtheriekranken hat – es ist natürlich verschieden, man muß immer den Menschen berücksichtigen, man muß den Menschen genau kennen, wenn man ihn heilen will, muß also einen Blick haben für die Art, wie der Mensch ist –, aber wenn man einen Diphtheriekranken hat, ist es am besten unter Umständen, man steckt ihn, sagen wir, in ein Rosmarinbad, so daß er den Rosmarin riechen kann. Wenn er nun richtig lang drinnen war in dem Rosmarinbad, immer wiederum, dann wird seine Hauttätigkeit gestärkt. Aber es muß so viel Rosmarin im Wasser sein, daß er während des Badens den Rosmarin immerfort riecht; dann wird die Hauttätigkeit angeregt, und der Betreffende kann ohne alle Serumbehandlung gebessert werden. Es handelt sich also darum, daß man die eigenen Körperkräfte durch die Heilmittel in der richtigen Weise aufrufen kann. Natürlich kommt da immer das, daß wenn irgend etwas nicht wirken kann, die Leute das dann gleich für ein schlechtes Heilmittel halten. Aber Sie müssen nur bedenken, bei manchen Menschen ist eben nichts zu machen, denn oftmals kommt das Heilmittel in einem Stadium zur Anwendung, wo eben nichts mehr zu machen ist, oder man müßte das Heilmittel so stark anwenden, daß eine Roßkur daraus wird; dann verträgt es der Mensch wieder nicht! Dann stirbt er infolge des Heilmittels.

Man muß eben bei der Grippe durchaus an der Tatsache festhalten, daß die Grippe eigentlich in ihrem Ursprunge eine Gehirnkrankheit ist. Es wird Ihnen auch wahrnehmbar gewesen sein bei der Grippe, daß beim Grippekranken immer eine Art Dusel vorhanden ist. Er kommt zum Dösen, weil eben das Gehirn gerade in seinen wichtigsten Teilen, in der Gegend unter dem Sehnerv, abgelähmt ist; da kommt er zum Duseln. Und nun können Sie auch begreifen, daß wenn gerade in den oberen Partien die Lähmung sitzt, dann wiederum die Sehnervkreuzung gelähmt wird, und der Mensch kann doppelt sehen. Also das ist dasjenige, was Ihnen zeigt, daß bei der Grippekrankheit es ganz natürlich ist, daß der Mensch auch zum Doppeltsehen kommt.

Man darf diese Sache überhaupt nicht unterschätzen. Ich hatte einmal einen Freund, der war dazumal dreißig Jahre alt, er war zehn Jahre jünger als ich. Der Betreffende schielte. Also da haben Sie den umgekehrten Fall. Bei der Grippe oder bei der Diphtherie fängt der Mensch deshalb, weil im Innern etwas nicht in Ordnung ist, vorübergehend zu schielen an. Dieser Mensch schielte also; er hat nicht gern gehabt, daß er schielte. Nicht wahr, es ist ja nicht jeder Mensch ganz ohne Eitelkeit. Er hatte also nicht gern, daß er schielte. Er hatte überhaupt so etwas in seinem Körper, daß die linke und die rechte Seite nicht recht zusammenwirkten. Darauf beruhte auch sein Schielen; deshalb schielte er und stotterte er. Das war ein und dieselbe Tatsache eigentlich, daß er schielte und stotterte. Manchmal ist er über das Schielen und Stottern ganz gut hinweggekommen. Aber es gibt ja auch Menschen, die nicht viel Mitgefühl haben mit solchen Menschen, die schielen und stottern, und die es ihnen immer vorhalten. Zum Beispiel sagte einmal jemand, der nicht viel Takt hatte, wie man sagt: «Herr Doktor, wie ist es mit Ihrem Stottern, stottern Sie immer oder nur manchmal?» Da, da konnte er kaum herausbringen: «N-n-nicht immer, n-n-n-ur w-wenn ich v-vor einem M-Menschen stehe, der m-mir t-t-total unsympathisch ist!»

Nun, sehen Sie, derselbe Mann konnte lange Gedichte vorlesen, ohne zu stottern. Wenn er also in innerlicher seelischer Begeisterung war, brauchte er nicht zu stottern. Aber ich will jetzt weniger von seinem Stottern reden, ich habe es nur erwähnt, weil es mit dem Schielen zusammenhängt. Er schielte, war also ein klein bißchen eitel und wollte das Schielen wegbringen. Nun wissen Sie ja, daß da Operationen ausgeführt werden, und daß also einfach, wenn die Augen so stehen (schielend), da ein Muskel durchschnitten wird. Dann ist das Schielen durch die Operation ja beseitigt.

Nun muß ich sagen: Da bei ihm dieses Schielen so tief im Körper saß, daß er auch zugleich stotterte, so hatte ich eine heillose Angst, als der Mann sich vornahm, er wolle sich das Schielen aboperieren lassen. Denn ich sagte mir: Wenn irgendeine Gehirnkrankheit auftritt, so schielt der Mensch vorübergehend; wenn einer, wie er, dauernd schielt, dann ist sein Gehirn zu diesem Schielen passend. Durchschneidet man ihm aber einmal äußerlich einen Muskel, und sitzt die Geschichte so tief, daß er außerdem stottert, dann wird ja der umgekehrte Weg eintreten: dann wird dadurch, daß man ihm das Schielen durch eine

Operation wegbringen will, die Gehirnkrankheit erzeugt. Wenn die Gehirnkrankheit auf der einen Seite das Schielen vorübergehend erzeugt, so muß, wenn ich das Schielen von außen behebe und das so tief sitzt, daß er stottert, dann muß nur dadurch, daß ich das Schielen aufhebe, die Gehirnkrankheit erzeugt werden, das heißt, es wird einfach diese Partie, wo die Sehnerven sich kreuzen, ruiniert.

Nun, der Betreffende hat sich nicht abhalten lassen. Er hat sich das Schielen operieren lassen. Hätte man das damals ausgesprochen, daß man eine Angst hat vor einer Schieloperation, so wären sofort alle, die sich einbildeten, richtige Mediziner zu sein, bereit gewesen, zu sagen: man ist ein Idiot. Denn wenn man irgendwie da mitredet über etwas, was nicht in ihren Büchern steht, dann sagen die Leute, man sei ein Idiot. Ich habe natürlich auch, wie Sie sich denken können, so ein bißchen versucht, ihn davon abzubringen; aber ich konnte ihm nicht direkt sagen: Wenn du dich operieren läßt, dann könntest du eine Gehirnkrankheit kriegen. Das hätte er nicht geglaubt; denn alle Ärzte haben gesagt, das ist eine ganz leichte Operation. Und weil er wußte, daß ich eigentlich ein bißchen wenig erfreut war über seine Absicht, die Schieloperation vorzunehmen, sagte er mir nichts davon. Da kam er eines Tages mit der schwarzen Binde zu mir und sagte: «Sieh einmal, sehe ich jetzt nicht ganz gerade?» Ich hatte aber eine heillose Angst. Und siehe da, es vergingen nicht einmal zwei Wochen, da bekam der Mensch seine Gehirnkrankheit. Die Gehirnkrankheit wurde natürlich von dem Arzt nicht als Gehirnkrankheit erkannt, denn was weiß der gewöhnliche Arzt von diesen Zusammenhängen! Denn wie trat die Gehirnkrankheit auf? In den Fäkalien, in den Ausscheidungen war etwas Blut, das heißt, die Gehirnkrankheit trat in der Maske einer Darmkrankheit auf. Der Betreffende bekam eine Darmkrankheit. Das aber war nichts anderes als die Gehirnkrankheit, weil der Darm und das Gehirn, wie ich ausgeführt habe, zusammenhängen.

Als diese Geschichte auftrat und ich wußte, daß das von der Operation des Schielens herkam, hatte ich gar keine Hoffnung mehr. Der berühmteste Arzt dieser Stadt wurde geholt; der konstatierte Typhus. Was sollte er, wenn der Darminhalt Blut zeigt und diese eigentümliche, erbsensuppenartige Konsistenz, anderes sagen als: dann ist Typhus da, dann hat er einen Typhus. Wenn er also in den Fäkalien Blut hat, erbsensuppenartige Konsistenz und Blut – das ist gleich Typhus. Aber es war kein Typhus, sondern es war die Folgekrankheit, die Gehirnkrankheit, die eingetreten ist infolge des unrichtigen Operierens seines Schielens.

Da ist also der umgekehrte Fall gewesen. Der Betreffende starb bald darauf. Der Arzt, der ihn auf Typhus behandelt hatte, hatte ihn zu sich ins Spital genommen. Der Betreffende starb. Als ich dann hinkam, traf ich seinen Wärter. Und wie die Wärter so sind im Krankenhaus, begrüßten sie mich gleich damit, daß sie sagten: «Der Herr Professor hat Typhus aufgeschrieben. Der soll einen Typhus gehabt haben! So machen's unsere Herren!» Ja, das Wärterpersonal glaubt nämlich am allerwenigsten an das, was die Herren da verkündigen!

Es ist zuweilen wirklich so, daß man sich schon aufregen kann über die Art und Weise, wie einseitig der menschliche Organismus behandelt wird. Denn das, was ich Ihnen jetzt erzähle, daß bei dem Betreffenden eine typhusähnliche Krankheit auftrat als maskierte Gehirnkrankheit infolge der Operation mit dem Schielen, das betrachtet jeder heutige Arzt, wenn ich es ihm erzähle, als eine idiotenhafte Sache. Er glaubt es nicht, weil er nicht den Zusammenhang im Körper wirklich kennt. Er kennt nur einen theoretischen Zusammenhang. Und dann entstehen ja solche Sachen wie die, die in der Anekdote ausgeführt sind – es ist eine Anekdote, aber es ist etwas Wahres daran –, daß also einer ins Spital gebracht wird, der Professor schaut ihn an, legt ihn in eine gewisse Abteilung und gibt dem Assistenten Aufträge, wie er ihn zu behandeln hat, und sagt: Morgen, wenn ich wieder komme, ist ja der Mensch tot. – Um den fragte er gar nicht mehr. Nach einigen Tagen sagte der Professor: Da ist ja noch einer in Nummer 15, der ist ja tot. – Nein, hieß es, dem geht es besser, der ist ja ganz gesund! – Dann haben Sie ihn falsch behandelt! – antwortete der Professor.

Nun, es ist natürlich eine Anekdote. Aber so ist es, wenn man an die Stelle der wirklichen Praxis die Theorie setzt. Praxis heißt: jeden einzelnen Fall beurteilen lernen. Und in dem Augenblick, wo man gefragt wird, was für ein Zusammenhang sei zwischen dem Doppeltsehen, das immer auf einer Art von Schielen beruht, und der Grippe, so muß man aufmerksam machen, wie auf der einen Seite bei der Grippe, die eine Art Gehirnkrankheit ist, eine Art Doppeltsehen bewirkt wird, und wie wiederum, wenn ein Mensch schielt, das seine Gründe hat, und wie, wenn das so tief sitzt, daß überhaupt links und rechts nicht zusammenpaßt, dann umgekehrt die Gehirnkrankheit erzeugt wird.

Alle Vorgänge im Menschen gehen nämlich von innen nach außen und von außen nach innen. Das ist so beim Menschen. Wird der Mensch schielend von innen, so kann er umgekehrt, wenn man das Schielen von außen vertreibt, im Innern krank werden, weil man es niemals mit einer einzigen Tätigkeit im Menschen zu tun hat, sondern mit zwei Tätigkeiten, die im Herzen einander begegnen. Das Herz ist dazwischen. Daher wird das Herz beeinträchtigt, wenn man von außen das Schielen vertreiben will; aber auch, wenn von innen etwas nicht in Ordnung ist, wird das Herz beeinträchtigt. Das Herz ist nicht eine Pumpe, sondern ein sehr feiner Apparat, der alles, was unrichtig ist, eigentlich wahrnimmt.

Nehmen Sie an, ich bekomme im Knie durch eine äußere Verletzung Wasser, oder durch irgendwelche Umstände, meinetwillen dadurch, daß ich trinke, bekomme ich Rheumatismus. Ja, dann ist die innere Tätigkeit nicht in Ordnung, dann entstehen an der Stelle Entzündungen. Dann ist das, was von innen kommt, nicht in Ordnung. Und Sie werden daher bemerken, daß in einem solchen Falle immer das Herz beeinflußt wird, daß das Herz nicht in Ordnung ist. So kann sowohl von innen nach außen, wie von außen nach innen die Herztätigkeit beeinflußt werden. Und bei allen Krankheiten, bei denen das der Fall ist, daß von innen nach außen, oder von außen nach innen etwas nicht richtig ist, bei all diesen Krankheiten wird man das immer im Herzen zum Ausdruck kommen sehen.

Aber man muß wirklich richtig den Zusammenhang wissen zwischen dem, was äußerer Vorgang ist und innerer Vorgang ist, wenn ein Mensch schielt oder stottert, wenn man bedenkt, was das bewirkt, wenn man es einfach vertreibt. Daher sind Schieloperationen immer daraufhin zu beurteilen, ob man sie ausführen darf oder nicht. Das ist das Wichtige. – Am nächsten Mittwoch wollen wir dann weiter sprechen.

SECHZEHNTER VORTRAG

Dornach, 27. Januar 1923

Guten Morgen, meine Herren! Ist Ihnen vielleicht noch etwas eingefallen, das Sie fragen wollen?

Fragestellung: Es wird gefragt, wie es sich verhalte mit dem Zusammenhang der menschlichen Atmung mit den Pulsschlägen; das müsse doch in früherer Zeit ganz anders gewesen sein.

Dr. Steiner: Sie meinen beim Menschen selber?

Nun, wollen wir uns noch einmal kurz ins Bewußtsein rufen, wie die Sache heute ist. Nicht wahr, wir haben auf der einen Seite die Atmung. Durch die Atmung hängt der Mensch mit der Außenwelt zusammen, denn er nimmt fortwährend die Luft auf und atmet sie wieder aus. So daß man also sagen kann: Der Mensch ist heute so, daß er die gesunde Atemluft aufnimmt und die krankmachende Atemluft ausstößt. In der ausgestoßenen Atemluft ist Kohlensäure enthalten. Die Blutzirkulation, die ist ein innerlicher Vorgang. Das Blut läuft im Körper selber herum. Ich will heute nicht davon sprechen, ob der Ausdruck ganz richtig ist: das Blut läuft im Körper herum – aber die Kraft des Blutes läuft im Körper herum. Und wenn man nun die Anzahl der Atemzüge nimmt, die der Mensch in einer Minute macht, so sind das ungefähr – es ist ja bei jedem Menschen anders – achtzehn Atemzüge. Und wenn man den Blutumlauf nimmt, so kann man den ja am Pulsschlag beobachten; der ergibt in der Minute zweiundsiebzig Stöße. So daß man sagen kann: Die Atmung verhält sich zu der Blutzirkulation so, daß die Blutbewegung beim heutigen erwachsenen Menschen viermal schneller vor sich geht als die Atmung.

Nun müssen wir uns einmal klarmachen, wie es heute beim Menschen eigentlich ist, wenn die Atmung mit der Blutzirkulation in Verbindung tritt. Sehen Sie, da müssen wir uns darüber klar sein, daß der Mensch hauptsächlich durch die Lunge atmet: Nase, Mund, Lunge. Das ist aber nur hauptsächlich so. Das ist überhaupt beim Menschen so, daß der Mensch mit irgendeinem Teil seines Körpers hauptsächlich etwas ausübt, daß er aber dasjenige, was er hauptsächlich ausübt mit einem

Teil seines Körpers, eigentlich wiederum mit dem ganzen Körper in geringerem Maße ausübt. So daß man durch die ganze Haut fortwährend auch die Luft beziehungsweise den Sauerstoff der Luft aufnimmt. Man atmet also auch durch die Haut, und man kann ganz gut neben der gewöhnlichen Lungenatmung von einer Hautatmung sprechen. Wenn also zum Beispiel die Löcher der Haut, die man Poren nennt, zu stark verstopft sind beim Menschen, so nimmt er durch die Haut zu wenig Luft auf. Es ist also die Hautatmung dadurch nicht in Ordnung. Überhaupt muß die Haut immer so weit in Ordnung sein, daß der Mensch durch die Haut auch atmen kann.

Nun ist es beim Menschen so, daß er alles dasjenige, was er äußerlich hat – ich habe das schon einmal erwähnt –, gewissermaßen auch innerlich hat. Also wenn ich Ihnen einen Menschen aufzeichne – ich will ihn nur graphisch aufzeichnen –, so können wir sagen: Da durch die ganze Haut durch geht eine Atmung, und hauptsächlich geht aber diese Atmung durch die Lunge und bewirkt die achtzehn Atemzüge in der Minute. Dieses alles, was da geschieht, das braucht aber beim Menschen ein Gegengewicht. Und da kommt etwas sehr Interessantes zum Vorschein. Der Mensch kann nicht ordentlich atmen, weder durch die Lunge, noch durch die Haut, namentlich aber durch die Haut nicht, wenn nicht ein Gegengewicht da ist.

Sie wissen, wenn man einen Magneten hat, dann hat man nicht nur einen Nordpol, einen positiven Magnetismus, sondern auch einen Südpol, einen negativen Magnetismus. Und der Mensch braucht, wenn er Lunge und Haut zum Atmen hat, auch das Gegenteil, und das Gegenteil liegt in der Leber. Wir haben die Leber schon von verschiedenen Seiten kennengelernt. Jetzt müssen wir sie auch kennenlernen als das Gegenteil von der Haut-Lungen-Tätigkeit. So daß sich die Leber- und die Haut-Lungen-Tätigkeit ausgleichen. Man möchte sagen: Die Leber ist dazu da, immerfort zu bewirken, dasjenige, was der Mensch in seiner Beziehung zur Außenwelt hat durch die Atmung, auch innerlich in Ordnung zu bringen. Dazu ist die Leber da.

Nun denken Sie sich, die Leber ist in irgendeiner Zeit des menschlichen Lebens – es kommt auch bei älteren Menschen vor – nicht ganz in Ordnung. Das ist sehr schwer zu konstatieren, wenn die Leber nicht ganz in Ordnung ist. Das weiß man nämlich meistens nicht, weil die Leber dasjenige Organ ist, das einzige Organ, das einem nicht weh tut, wenn es nicht in Ordnung ist. Darauf beruht das, daß der Mensch lange an einer Leberkrankheit leiden kann, und er weiß nichts davon. Niemand konstatiert es, weil einem die Leber gerade nicht weh tut. Sehen Sie, das kommt eben davon her, daß die Leber ein solches Organ ist, das mit dem Alleräußersten des Menschen, mit der Haut und mit der Lungentätigkeit zusammenhängt. Die Leber ist innerlich eigentlich eine Art Außenwelt. Der Mensch spürt nicht, wenn ein Stuhl zerstört wird, und der Mensch spürt nicht, wenn die Leber zerstört wird. Es ist gerade so, wie wenn sie ein Stück Außenwelt wäre. Und trotzdem ist sie furchtbar wichtig für den Menschen.

Nun denken Sie sich, es kommt die Leber in Unordnung. Wenn die Leber in Unordnung kommt, dann kommt die ganze Lungen- und Hauttätigkeit auch in Unordnung, und dann geschieht etwas ganz Besonderes. Sehen Sie, überall in die Lunge und Haut gehen die Adern vom Herzen hinein. Also in ganz feinen Adern geht die Blutzirkulation überall in die Haut hinein, in die Lungen auch, aber auch in die Leber. Nun kann folgendes geschehen. Es kann die Leber nicht in Ordnung sein. Die Folge davon ist, daß das Blut in der Leber nicht in der richtigen Weise aus- und einlaufen kann. Wenn das Blut dadurch, daß die Leber nicht in Ordnung ist, zu stark in die Leber einläuft und die Lebertätigkeit dadurch eine zu große wird, dann wird zu viel Galle erzeugt, und der Mensch bekommt die Gelbsucht. Die Gelbsucht bekommt der Mensch, wenn zu viel Galle erzeugt wird, wenn also die Lebertätigkeit eine zu große, eine zu starke wird. Die Gelbsucht also bekommt der Mensch, wenn zu viel Lebertätigkeit sich in den ganzen Körper hineinergießt.

Nun denken Sie sich aber, die Lebertätigkeit wird zu schwach, die Leber will nicht recht – was geschieht dann? Dann ist das Blut nicht an der Haut und an der Außenfläche schadlos gehalten. Das Blut, das überall hineinfließt, will sich schadlos halten, und es probiert gewissermaßen das Blut in der Leber, ob die Leber richtig verfährt. Wenn die Leber nicht richtig verfährt, geht das Blut flugs in die Außenseite des Körpers und will sich dort versorgen. Und was entsteht? Es entstehen die Pocken, die Blattern. Da haben Sie den Zusammenhang zwischen den Pocken und zwischen der Blutzirkulation, die durch eine mangelnde Lebertätigkeit nicht in Ordnung ist.

Tafel 20

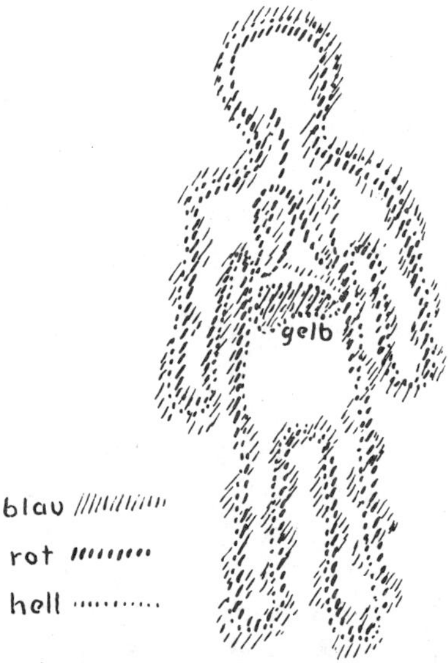

Aber da überall, wo das Blut hinkommt (siehe Zeichnung), da, wo ich die bläuliche Linie gezeichnet habe, da ist auch die rötliche Linie, und die bezeugt, daß dort überall mit dem Sauerstoff die Luft hinkommt. Da berührt sich in einer richtigen Weise die Blutzirkulation mit der Atmung. Ob das nun in der Lunge ist oder in der Haut, das ist ziemlich gleichgültig, denn es gleicht sich aus. Aber wenn die Luft, die durch die Atmung einläuft, sich mit dem Blut nicht in der richtigen Weise berührt, dann kommen dadurch die Blattern zustande, die Pocken. Was sind also eigentlich die Pocken? Die Pocken bestehen eigentlich darinnen, daß an der Außenfläche des Körpers oder in der Lunge zu viel geatmet wird, daß dort zu viel Tätigkeit entwickelt wird. Der Mensch wird ganz tätig an der Oberfläche. Dadurch entzündet sich alles, durch diese Tätigkeit.

Und was kann man da unter Umständen machen? Nun ja, die Leute machen ja schon dasjenige, was sie allein machen können. Das ist nämlich, daß sie nun Kuhpockenlymphe einimpfen. Ja, was wird durch die Kuhpockenlymphe eigentlich bewirkt? Wenn ich sie ins Blut einimpfe, so bringe ich sie in das Innere des Körpers hinein, weil das Blut überall herumgeht. Und während sich sonst das Blut an der Außenseite schadlos hält, hat es dann etwas zu tun mit der eingeimpften Lymphe, und dadurch wird dieses Tätigsein an der Oberfläche verhindert. Also die Kuhpockenimpfung hat schon eine gewisse Bedeutung. Es wird das Blut, das an der Leber nicht richtig beschäftigt wird, durch die Lymphe selber beschäftigt. Überhaupt ist das so, daß alle Impfungsmethoden eine ganz gute Bedeutung haben, und Sie haben ja vielleicht gehört, daß ein großer Teil unserer Heilmittel auch auf Einimpfung beruhen, weil man dadurch die Tätigkeit, die an einer falschen Stelle ist, an eine andere Stelle im menschlichen Körper hindirigieren kann.

Da ist ja ganz besonders interessant die sogenannte Hundswutimpfung. Die Hundswut beruht zwar auf etwas ganz anderem, aber im Grunde genommen ist sie doch dasselbe, was ich Ihnen gerade erklärt habe. Nicht wahr, denken Sie sich, der Mensch wird von einem tollen Hund oder von einem tollen Wolf gebissen. Ja, solch ein tolles Tier hat in seinem Speichel schon wirkliches Gift drinnen. Dieses Gift wird nun in den Menschen hineinfließen beim Biß, und der Mensch ist damit beschäftigt, dieses Gift zu entgiften. Da kann er zu schwach sein dazu, und er kann daran zugrundegehen. Aber diesem Zugrundegehen liegt eigentlich noch etwas anderes zugrunde. Sie wissen, der Mensch bekommt ja zuerst selber die Hundswut. Er geht nicht nur an dem Wutgift zugrunde, sondern bekommt selber die Hundswut. Worauf beruht das?

Nehmen Sie an, ich werde von einem tollen Hund hier gebissen. Jetzt muß ich meine innere Tätigkeit an die Stelle dahier herlenken, muß sie da herströmen lassen, damit das Gift verbraucht wird. Diese Tätigkeit, die wird empfunden von meinem Rückenmark, und es ist gerade so, wie wenn ich durch irgend etwas einen Schreck kriege. So ist es für mein Rückenmark. Weil ich plötzlich eine so starke Tätigkeit durch den Hundebiß entwickeln muß, erschrickt mein Rückenmark, kriegt, wie man sagt, einen Schock, und durch dieses Erschrecken werde ich selber krank.

Was muß man eigentlich jetzt tun, damit dieser Schreck aufhört? Sie wissen ja, wenn einer starr vor Schreck wird, so kommt er wieder zu sich, wenn man ihm ordentlich Püffe gibt. Also man muß dem Rückenmark ordentliche Püffe geben. Aber man muß erst ans Rückenmark herankommen. Und man kann ans Rückenmark herankommen, wenn man rasch ein Kaninchen tötet, das Rückenmark vom Kaninchen herausnimmt und bei etwa zwanzig Grad Celsius trocknet. Das Kaninchen muß man aber zuerst selber wütend gemacht haben; man muß ihm Wutgift gegeben haben. Dann nimmt man sein Rückenmark heraus, trocknet es so durch zwanzig Minuten bei zwanzig Grad Celsius. Und dieses getrocknete Rückenmark, das man hat, das impft man nun dem wutkranken Menschen ein.

Nun haben die Stoffe die merkwürdige Art, daß jeder Stoff im Körper an eine bestimmte Stelle hingeht. Und dieses getrocknete Kaninchenrückenmark, das das Wutgift in sich enthält kurze Zeit – es enthält nur etwa fünfzehn Minuten, eine Viertelstunde, das Wutgift in sich, dann ist es verraucht, aber in diesen fünfzehn Minuten, da ist es gut, da impft man es dem Menschen ein. Dann geht es in sein eigenes Rückenmark, und das kriegt einen Gegenschock. Es ist gerade so, wie wenn man den Menschen im Schreck ganz durchrüttelt, und der Mensch fängt nun wiederum an, nicht wütend zu sein, beziehungsweise er kann auch behütet werden dadurch, daß man sein Rückenmark vom Schreck heilt durch das eingeimpfte, vergiftete und ausgetrocknete Kaninchenrückenmark.

Also Sie sehen, man muß den Menschen, wenn er an einer falschen Stelle eine Tätigkeit entwickelt und dadurch krank ist, dadurch heilen, daß man an einer anderen Stelle fast dieselbe Tätigkeit entwickelt. Das sind so die komplizierten Zusammenhänge im menschlichen Organismus.

Nun aber, wenn Sie jetzt die Luftatmung und die Bluttätigkeit betrachten, so klingen gewissermaßen im heutigen erwachsenen Menschen fortwährend durcheinander im Tempo eins zu vier Atmungsströmung, Blutströmung. Der Blutstrom fließt schneller, und nachdem drei vergangen ist, stößt der Atem ein, nachdem wieder drei vergangen ist, stößt wieder der Atem ein, und so geht es in unserem Körper zu. Das Blut rollt durch den Körper: eins, zwei, drei – bei vier stößt der Atem ein; eins, zwei, drei – bei vier stößt wieder der Atem ein. So geht es durch unseren Körper durch.

Nun, dadurch aber wird Kohlensäure erzeugt. Ja, meine Herren, diese Kohlensäure, die geht zum größten Teile heraus. Aber wenn alle Kohlensäure aus uns herausgehen würde, dann wären wir Menschen wirklich die größten Dummköpfe. Denn ein Teil der Kohlensäure muß fortwährend gerade in unser Nervensystem hereingehen. Das braucht die Kohlensäure, denn das muß fortwährend gerade abgetötet werden. Das Nervensystem braucht diese totmachende Kohlensäure. Also ein Teil steigt als Kohlensäure einfach durch meine Innenluft fortwährend in mir auf und versorgt mein Nervensystem.

Ja, was heißt denn das aber, meine Herren? Das heißt nichts anderes, als: Ich muß, weil Kohlensäure ein Gift ist, zu meinem Denken fortwährend Gift in mir haben. Das ist eine sehr interessante Sache. Ich könnte, ohne daß fortwährend eine Vergiftung in mir stattfindet, die ich nur fortwährend bekämpfen muß, gar nicht mein Nervensystem gebrauchen. Ich könnte nicht denken. Der Mensch ist wirklich in der Lage, daß er durch die Atemluft fortwährend sich vergiften muß, und durch das Atemgift denkt er. Fortwährend strömt ja in meinen Kopf die Kohlensäure ein, das Atemgift, und mit diesem Atemgift denke ich.

Heute ist das so, daß der Mensch einfach durch die Luft atmet. Die Luft enthält Sauerstoff und Stickstoff. Der Mensch nimmt den Sauerstoff auf, den Stickstoff läßt er weg.

Meine Herren, wenn man jetzt den Menschen studiert, so kommt man nämlich auf folgendes. Der heutige Menschenkopf, der braucht die Kohlensäure. Die Kohlensäure ist eine Verbindung von Kohlenstoff, der ja im menschlichen Körper erzeugt wird, und Sauerstoff. Den Stickstoff aus der Luft läßt der Mensch weg. Studiert man nun den menschlichen Kopf heute, so kommt man darauf, daß dieser menschliche Kopf so veranlagt ist, daß er durch die Aufnahme von Kohlensäure, also Kohlenstoff und Sauerstoff, ganz gut denken kann. Aber wissen Sie, fortwährend wird dieser menschliche Kopf auch durch die Kohlensäure, weil die ja ein Gift ist und der menschliche Kopf schließlich auch aus Organen besteht, wieder ruiniert. Es ist gerade so, wie wenn Sie doch immer ein bißchen Kohlensäure statt Sauerstoff atmen würden. In den Kopf hinein atmen Sie wirklich immer ein bißchen Kohlensäure. Das ist von ungeheurer Bedeutung, denn wir atmen in unseren Kopf fortwährend dasjenige ein, was eigentlich unser Leben zerstört. Und das ist auch ein Grund, warum wir schlafen müssen, warum wir eine Zeit brauchen, wo der Kopf eben nicht dieses bißchen Kohlensäure so stark aufnimmt und seine Organe wieder herstellt.

Wenn man nun aber diesen Menschenkopf studiert, so sagt man sich: So wie er heute einmal ist, so kann er dieses Gift, die Kohlensäure, dazu verwenden, daß er immer ein bißchen zerstört wird, durch den Schlaf wieder aufgebaut wird, wieder ein bißchen zerstört wird, durch den Schlaf wieder aufgebaut wird und so weiter. Aber in sehr alten Zeiten hatte ja der Mensch noch keinen Kopf. Das ist ja alles in der Entwickelung begriffen gewesen. Wenn der Mensch nun immer nur Kohlensäure geatmet hätte, so hätte er nie einen Kopf gekriegt. Der fertige Kopf, der verträgt die Kohlensäure. Aber wenn der Mensch immer Kohlensäure geatmet hätte, so hätte er niemals einen Kopf gekriegt. Er muß also früher etwas anderes geatmet haben. Nun müssen wir uns fragen, was der Mensch früher eben geatmet haben kann. Und wenn man nun wirklich die ganze menschliche Entwickelung eingehend studiert, so kommt man darauf, daß der Mensch zum Beispiel schon während des Keimlebens im Leibe der Mutter noch etwas anderes braucht als bloß Kohlensäure. Und das Interessante ist: im Leibe der Mutter ist der Mensch fast ganz Kopf. Es ist ja so, daß der Menschenkeim, wenn Sie ihn in einem sehr frühen Stadium betrachten – ich habe Ihnen das schon vor längerer Zeit einmal aufgezeichnet –, fast ganz
Tafel 20 Kopf ist. Das andere ist ja furchtbar klein (siehe Zeichnung S. 291). Und das, was da hier noch dran ist, das ist auch fast Kopf, das ist umgeben dann von den Mutterhäuten.

Ja, sehen Sie, da ist der Mensch fast ganz Kopf. Aber er muß erst werden. Da braucht er auch den Stickstoff. Da braucht er den Stickstoff, der ihm aus dem Leibe der Mutter geliefert wird. Wenn der Mensch nicht im Mutterleibe den Stickstoff hätte, den er später in der Luft verschmäht, nicht an sich herankommen läßt, dann könnte er sich

Tafel 20

unmöglich entwickeln. Wir kriegten einfach keinen ordentlichen Kopf, wenn wir nicht durch den Stickstoff einen kriegten. Der Mensch muß also in einem früheren Erdenentwickelungszustande, wo sein Kopf sich erst entwickelt hat, nicht den Sauerstoff aufgenommen haben, sondern den Stickstoff. Es müssen also, statt daß Kohlenstoff und Sauerstoff für ihn das Wesentliche sind, wie heute, Kohlenstoff und Stickstoff das Wesentliche gewesen sein.

Also muß der Mensch einmal, so wie er heute atmet, Kohlenstoff mit dem Stickstoff verbunden geatmet haben, also den Stickstoff aufgenommen haben. Aber Kohlenstoff und Stickstoff, was ist denn das? Das ist nämlich Zyan. Und wenn es als Säure auftritt, so ist es die Blausäure, Zyansäure. Das heißt mit anderen Worten: Einmal muß es so gewesen sein, daß der Mensch aus der Luft nicht den Sauerstoff, sondern den Stickstoff aufgenommen hat, in sich Zyan entwickelt hat, ein noch stärkeres Gift. Und dieses noch stärkere Gift hat ihn befähigt, heute mit Kohlensäure zu denken. Dazumal hat er sich durch das noch stärkere Gift die Organe erst gemacht.

Wir kommen also jetzt zu einer alten Entwickelung, wo der Mensch, statt wie heute Kohlensäure zu entwickeln, Zyan entwickelt hat. Und wie er heute Kohlensäure ausatmet, so hat er dazumal Blausäure ausgeatmet, ein noch stärkeres Gift. Und da kommen wir von dem Menschen und seiner heutigen Atmung zu einem alten Zustande, wo die

Luft ebenso, wie sie heute Kohlensäure enthält durch das Leben, dazumal voller Blausäure, voller Zyan war.

Sehen Sie, meine Herren, es war 1906, da habe ich in Paris Vorträge gehalten, und da bin ich durch verschiedene Andeutungen, die von den Zuhörern gekommen sind, dazu gekommen, den Leuten zu sagen, daß es auch heute noch solche Weltkörper gibt, die statt der Erdenluftatmosphäre die alte Zyanatmosphäre haben, die alte Zyanluft haben. Nämlich, wenn man heute die Erde anschauen würde vom Mond oder namentlich vom Mars, so würde man in der Erdenluft überall drinnen die Kohlensäurespuren wahrnehmen können durch das sogenannte Spektroskop. Nun aber, wenn man die alte Erde, wo der Mensch seinen Kopf erst gekriegt hat, von ferne ansehen würde, würde man Zyan, Blausäurespuren statt Kohlensäurespuren wahrnehmen. Nun gibt es heute noch Körper, die in dem Zustande sind, wie die Erde dazumal war. Das sind nämlich die Kometen. Die Kometen sind so, wie die Erde damals war, als der Mensch seinen Kopf gekriegt hat. Also müssen die Kometen Zyan enthalten. Und ich sagte dazumal 1906: Das Wesentlichste an den Kometen ist dasjenige, daß sie Zyan enthalten; wenn man also das Spektroskop auf sie richtet, muß man die Zyanlinie sehen. Und gleich darauf ist ein Komet erschienen. Die erscheinen ja selten. Und das Kuriose war, als ich dann nach einiger Zeit nach Norwegen kam und dort von dem erscheinenden Kometen viel die Rede war, haben die Leute tatsächlich die Zyanlinie bemerkt.

Sehen Sie, immer sagen die Leute, wenn Anthroposophie etwas weiß aus dem Geiste heraus, so müßte man es nachher bestätigen können. Solche Dinge sind nämlich viele da, die nachher bestätigt worden sind. Nur wenn die Bestätigung kommt, dann gehen die Leute darüber hinweg, dann unterschlagen sie sie. Aber tatsächlich ist das so, daß ich auf Grundlage dieser Umänderung der Atmung eben, bevor es mit dem Spektroskop gesehen worden ist, gesagt habe, daß die Kometen Zyan enthalten, dasselbe Zyan, das einstmals, als die Erde selber noch in einem Kometenzustand war, der Mensch gebraucht hat, damit er seinen Kopf kriegte.

Nun denken Sie sich einmal, wenn ich Stickstoff atme statt Sauerstoff, dann entsteht natürlich etwas anderes als das menschliche Blut.

Denn Sie wissen, in der Lunge verbindet sich gerade das Blut, das blau geworden ist, mit dem Sauerstoff und wird zu dem roten Blut. Nun ist das so, daß wenn der Mensch Sauerstoff atmet, dann nimmt er ins Blut den Sauerstoff auf. Wenn er aber Stickstoff einatmet, dann nimmt er ins Blut den Stickstoff auf. So wie unser Blut, das richtige Blut, wirkt, in dem beim gesunden Menschen niemals Harnsäure ist, so kriegt man durch Aufnahme von Stickstoff ins Blut, wenn das nur ein bißchen nicht recht stimmt beim Menschen, Harnsäure ins Blut hinein.

Damals, als der Mensch seinen Kopf gekriegt hat, war sein Blut eigentlich nur Harnsäure, weil der Stickstoff also da fortwährend sich damit verbunden hat statt Sauerstoff. Sein Blut war nur Harnsäure. Und der Mensch, der heute noch als Menschenkeim da in dem schwimmt, was die Mutter um ihn herum bildet, schwimmt da gewissermaßen in dem, wo die Harnsäure leicht hinein kann. Da ist überall Harnsäure in seiner Umgebung. Die braucht er in seinem Keimzustande. Ja, früher, wo er seinen Kopf gekriegt hatte und Blausäure ausatmete, also die Blausäure für sich verwendete, und Stickstoff und Kohlenstoff verband, also innerlich Harnsäure hatte, da schwamm er ja in Harnsäure. Da war Harnsäure überall außer ihm. Die Welt war einmal so, daß Harnsäure und Blausäure eigentlich eine ebenso große Rolle gespielt haben wie heute etwa Wasser und Luft.

Daß Lebewesen nicht bloß von Sauerstoff leben können, das zeigt sich noch heute. Es gibt zum Beispiel Lebewesen – sie sind allerdings winzig klein, weil alles das, was früher im Großen war, heute klein geworden ist, und die kleinsten, winzigsten Lebewesen von heute waren einstmals Riesen, heute sind es also winzige, kleine Lebewesen –, die können den Sauerstoff überhaupt nicht mehr vertragen, gar nicht vertragen, und die verkriechen sich überall vor dem Sauerstoff, und die nehmen in sich statt den Sauerstoff Schwefel auf. Das sind die Schwefelbakterien; die leben vom Schwefel. Also man braucht zum Leben nicht unbedingt Sauerstoff. So hat man zum Leben früher nicht Sauerstoff gebraucht, sondern eben gerade Stickstoff, und dadurch ist der Mensch erst gebildet worden. Der Mensch ist also in einer kometenartigen Erdbildung gebildet worden. So daß also die Beziehung zwischen Atem und Blut in früheren Zeiten eine ganz andere war.

Und nun wollen wir einmal das, was man auf diese Weise kennenlernt, im Zusammenhang mit der Welt selbst betrachten. Wenn wir dieses ins Auge fassen, daß wir *einen* Atemzug haben auf *vier* Pulsschläge – also eins, zwei, drei, Atemzug; eins, zwei, drei, Atemzug; eins, zwei, drei, Atemzug –, ja, sehen Sie, diesen selben Rhythmus, den kann ich auch für die Natur Ihnen sagen: Frühling, Sommer, Herbst, *Winter.* Eins: Frühling, zwei: Sommer, drei: Herbst, vier: *Winter.* Da haben Sie draußen im Weltenall dieses Verhältnis, das Sie innerlich im Menschen haben. So daß wir sagen können: Wenn wir die ganze Erde anschauen, so haben wir unseren inneren Rhythmus auch draußen auf der Erde. Und was es eigentlich in dieser Beziehung mit der Erde für eine Bewandtnis hat, das beobachten die Leute gar nicht.

Sehen Sie, jetzt liegt Schnee draußen. Im Sommer liegt kein Schnee draußen. Was heißt denn das? Ja, sehen Sie, das, was jetzt als Schnee draußen ist, das treffen Sie sonst auch als Wasser. Das Wasser ist ganz und gar von der Erde abhängig. Das muß ja der Mensch spüren. Nicht wahr, wenn man hier im Jura lebt, so haben wir im Jura kalkhaltiges Wasser. Alles, was in der Erde drinnen ist, ist im Wasser drinnen. Und Menschen, die dafür besonders empfindlich sind, bekommen von dem, was in der Juragegend im Wasser drinnen ist, ihre Kröpfe. Also das Wasser ist von der Erde abhängig. Im Frühling fängt es an, abhängig zu werden. Im Sommer ist es am abhängigsten. Im Herbst hört es ein bißchen auf. Und im Winter – ja, meine Herren, die Erde bildet nicht den Schnee; der Schnee, der aus lauter ganz feinen Kristallen besteht, der wird vom Weltenall, vom Kosmos herein gebildet. Da ist die Erde nicht wie im Sommer der Wärme der Welt hingegeben, sondern den Bildungskräften. Das Wasser entzieht sich der Erde im Winter, bekommt die Kälte vom Weltenraum. So daß wir sagen können: Da haben wir einen interessanten Rhythmus im Weltenall: eins: Frühling, zwei: Sommer, drei: Herbst, vier: *Winter;* das Wasser richtet sich nach dem Weltenall, nicht mehr nach der Erde. Wiederum eins, zwei, drei – Frühling, Sommer, Herbst; *vier:* das Wasser richtet sich nach dem Weltenall, nicht mehr nach der Erde.

Jetzt probieren wir das beim Blut und bei der Atmung. Eins, zwei, drei: Blut, das Blut richtet sich nach dem Inneren des Körpers; *vier:*

Atmung, das Blut richtet sich nach dem, was draußen ist. Eins, zwei, drei Blut-Pulsschläge: das Blut richtet sich nach dem Inneren des Körpers; *vier:* Atemzug, das Blut richtet sich nach außen. Da haben Sie bei der Erde dieselbe Tätigkeit wie beim Menschen. Wenn Sie das Blut nehmen, und das Wasser der Erde, so richtet sich das Blut darnach. Nehmen wir jetzt eins, zwei, drei Pulsschläge: innerlich ein bißchen Frühling, Sommer, Herbst; *vier:* jetzt kommt der Winter, aha, da atmen wir. Jetzt kommt der Atemzug, so wie bei der Erde selber. Der Mensch ist also innerlich ganz nach der Erdenatmung abgestimmt. Und die Sache ist so, daß wir sagen können: Beim Menschen geht das natürlich riesig schnell vor sich, achtzehnmal in einer Minute, was bei der Erde in einem Jahr vor sich geht. In einer Minute geht bei dem Menschen achtzehnmal das vor sich, was bei der Erde in einem Jahr vor sich geht.

Nun ist der Mensch eigentlich immer voll von diesem Rhythmus, den die Erde auch vollzieht. Aber recht schnell macht er diesen Rhythmus. Wenn wir heute aber die Erde betrachten und durch das, was wir heute besprochen haben, darauf kommen, daß sie früher in einem ganz anderen Zustande war, dann bekommt die Erde für uns eine gewisse Ähnlichkeit mit den Kometen. Das haben Sie ja gerade gesehen. Die Kometen aber – das zeigt sich dann, wenn ein Komet zerfällt – fallen als Meteorsteine, als Eisen herunter. So ein ganzer Komet, der fällt als Eisenstücke herunter, wenn er zersplittert, enthält also Eisen.

Das ist etwas, was wir auch noch in uns haben. Wenn wir als Leichen zerfallen, so sind die Eisenteilchen unseres Blutes auch da und bleiben. Da haben wir noch etwas bewahrt von unserer alten Kometennatur. Wir machen es eigentlich da geradeso wie der Komet. Das Eisen haben wir dadurch im Blut, daß wir die alte Zyantätigkeit entfalten. Das ist der äußere Körper, der darf nur nicht ins Blut herein, hat aber einstmals ins Blut hereindürfen. Das heißt aber nichts anderes als: Wir entziehen heute unserem inneren Frühling, Sommer, Herbst, Winter den äußeren Frühling, Sommer, Herbst, Winter. Und nur wenig sind wir heute abhängig von dem äußeren Frühling, Sommer, Herbst, Winter.

Aber Sie brauchen gar nicht furchtbar weit zurückzugehen. Jetzt nehmen ja diese Dinge ganz anderen Charakter an, aber wenn man auf dem Dorfe aufgewachsen ist wie ich, dann weiß man, daß es da Leute gegeben hat früher – jetzt werden sie immer seltener, weil sich alles uniformiert in der Erdenwelt –, die sehr abhängig waren von Frühling, Sommer, Herbst und Winter. Das hat man sogar an ihrem ganzen Seelenleben bemerkt. Sie waren im Sommer ganz anders gestimmt als im Winter. Im Winter kamen sie einem entgegen und waren eigentlich immer so ein bißchen außerhalb ihres Menschen; viel mehr Gespenster als Menschen waren sie da. Und im Sommer, da kamen sie erst so recht zu sich. Das heißt, sie waren so, daß sie abhängig waren von dem äußeren Frühling, Sommer, Herbst und Winter.

Das aber weist uns darauf hin, wie der Mensch früher war. Der Mensch war früher, als er noch Stickstoff geatmet hat statt Sauerstoff, ganz abhängig von der äußeren Umgebung; er machte den Pulsschlag und die Atmung seines Kometenkörpers mit, den ich in meinem Buche «Geheimwissenschaft im Umriß» Mond genannt habe. Das war eine Art Kometenkörper. Das machte er mit. Er war ein Teil eines ganzen großen Organismus gewesen, der da auch atmete. Es ist so, wie wenn der Mensch ganz plötzlich heute anfangen würde, richtig im Frühling einen Pulsschlag, im Sommer einen Pulsschlag, im Herbst einen Pulsschlag zu haben, dann im Winter einen Atemzug und so weiter. So war aber der Mensch einmal, als er Stickstoff atmete: er war ein Glied des ganzen Erdenorganismus.

Sie sehen, wir kommen jetzt auf einem ganz anderen Weg auf dasselbe, worauf wir früher gekommen sind, als wir Megatherien und Saurier und so weiter betrachtet haben. Wir kommen auf ganz dasselbe auf einem ganz anderen Wege.

Das ist gerade das Merkwürdige bei der Geisteswissenschaft. Nicht wahr, die heutige andere Wissenschaftstätigkeit, die fängt irgendwo an, geht Schritt vor Schritt, Trott, Trott, Trott, weiß nicht wohin zwar, geht aber in der geraden Linie weiter. Das ist bei der anthroposophischen Wissenschaft nicht der Fall. Die kann von verschiedenen Ausgangspunkten gehen, bald da gehen, bald da gehen und so weiter, und sie kommt immer wieder, so wie ein Wanderer, der von verschiedenen Punkten unten am Berge ausgehen kann, immer zum Gipfel kommt, so kommt sie immer zu demselben. Das ist gerade das Merkwürdige. Je mehr man die Welt ehrlich betrachtet, desto mehr schließen sich alle die einzelnen Betrachtungen zusammen zu einem Einzigen.

So haben Sie heute ein Beispiel durch Ihre Frage herausgefordert. Wir sind ausgegangen von ganz anderen Dingen, als wir einstmals ausgegangen sind, und wir kommen ebenso dazu, daß der Mensch im ganzen Erdenorganismus drinnen, wie der selber noch kometartig war, seinen Rhythmus gehabt hat, ihn nur herausgenommen hat. In der Erde war der Mensch einstmals, wie er heute als Keim in der Mutter ist. Da macht er auch Puls- und Atemtätigkeit mit.

Nun ist das zu beweisen, daß der Mensch eben heute in der Mutter die Mutter-Puls- und Atmungstätigkeit mitmacht. Das ist dadurch zu beweisen, daß ich Ihnen vorhin gesagt habe: von der Atemtätigkeit, die in Verbindung mit der Bluttätigkeit kommt, entwickeln sich die Pokken. Nun ist das Interessante: Wenn der Mensch im Mutterleibe wirklich die Blut- und Atemtätigkeit der Mutter mitmacht, so muß ein Kind schon im Mutterleibe, wenn die Mutter Pocken hat, auch die Pocken kriegen als Menschenkeim. Und die kriegt es auch. Wenn eine Mutter schwanger ist und pockenkrank ist, Blattern hat, so bekommt das Kind schon im Mutterleibe die Blattern, weil das Kind das alles mitmacht.

Und so hat der Mensch einstmals, als die Erde noch seine Mutter war – allerdings war die Erde dazumal eine Art Komet –, alles mitgemacht, was die Erde gemacht hat. Da war sein Puls- und Atemschlag der Puls- und Atemschlag der Erde. Und deshalb kann man sagen: Es ist wiederum höchst merkwürdig, daß, wenn wir in alte Zeiten zurückgehen, wo die Menschen instinktiv gewußt haben, nicht so gescheit wie heute, sondern instinktiv gewußt haben, die Menschen die Erde ja immer die Mutter genannt haben, die Mutter Erde und so weiter. Sie

Tafel 20

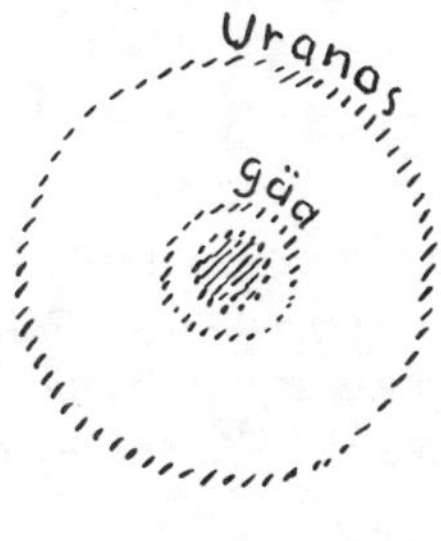

haben von dem Uranos, das heißt vom Weltenall, und von der Gäa gesprochen, der Erde, und haben den Uranos als den Vater im Weltenall draußen betrachtet und die Erde als die Mutter.

So daß man sagen kann: Der Teil des menschlichen Organismus, wo das Kind gedeiht, der Uterus, der ist eigentlich eine kleine Erde, nur noch zurückgeblieben in dem alten Kometenstadium.

Und in diesem alten Kometenstadium, da war die Atmung sowohl beim Menschen wie auch bei der Erde selber, sie war eine Atmung im Weltenall draußen. Nicht nur der Mensch hat den Stickstoff aufgenommen, sondern die ganze Kometenerde hat aus dem Weltenall den Stickstoff aufgenommen. Und damals war die Atmung zugleich eine Art Befruchtung. Und von dieser Befruchtung ist die heutige Menschenbefruchtung und Tierbefruchtung übriggeblieben. So daß wir sagen können: Beim Befruchten, da geschieht immer noch etwas vom Stickstoffatmen, denn das Wichtigste im menschlichen Samen ist der Stickstoff. Der wird da hineingetragen in den weiblichen Organismus und bewirkt als Stickstoffanregung eben dasjenige, was der Sauerstoff nie bewirken könnte: die Bildung der Organe. Denn später müssen sie da sein, wenn der Sauerstoff kommt. So sehen Sie, daß wir eigentlich unsere Atmung richtig aus dem Weltenall haben.

Nun, meine Herren, jetzt wollen wir einmal etwas probieren. Sehen Sie, der Jahreslauf wird ja im Tageslauf schon ein bißchen nachgeahmt:
Tafel 21 18 Atemzüge haben wir in der Minute, also in der Stunde sechzigmal so viel = 1080; und in 24 Stunden, im Tag, haben wir vierundzwanzigmal so viel = 25 920; also 25 920 Atemzüge haben wir in einem Tage.

Jetzt will ich Ihnen etwas anderes ausrechnen. Ich will Ihnen ausrechnen, wieviele Tage wir im durchschnittlichen Menschenalter leben. Nicht wahr, das Jahr hat etwa 360 Tage. Das durchschnittliche Menschenalter rechne ich auf 71 oder 72 Jahre. Also sagen wir, 72 mal 360 = 25 920.

Wir machen im Tag so viel Atemzüge als wir Tage im Menschenleben haben. Aber ein Tag ist auch in einem gewissen Sinne eine Atmung. Ein Tag ist auch eine Atmung. Nämlich ich atme meine Seele aus, wenn ich einschlafe, und ziehe sie wiederum herein, wenn ich aufwache: Ausatmung, Einatmung. Das Geistige atme ich aus und atme ich ein. Also dieser Rhythmus, den ich im Atem habe, den habe ich mein ganzes Erdenleben hindurch im Schlafen und im Wachen. Das ist furchtbar interessant: 25 920 Atemzüge im Tag, 25 920 Lebenstage durchschnittlich in einem Menschenleben.

Und jetzt sehen wir auf die Sonne. Wenn Sie die Sonne im Frühling heute beobachten, so geht sie im Frühling in den Fischen auf. Aber sie geht nicht jedes Jahr im Frühling an derselben Stelle auf. Am 21. März im Frühling nächstes Jahr ist sie wieder ein Stückchen verschoben. Wenn heute die Sonne im Sternbilde der Fische aufgeht, so geht sie nächstes Jahr ein Stückchen verschoben auf, das nächste Jahr wieder ein Stückchen verschoben, und dann wieder. Da verschiebt sich ja die Sonne in ihrem Aufgehen fortwährend. Und nach einer gewissen Zeit muß sie ja doch wieder da herum sein. Wenn also heute die Sonne im Sternbild der Fische aufgeht – die Astronomen denken: im Widder, weil sie heute noch nicht nachgekommen sind in ihren Bezeichnungen, früher ist sie im Widder aufgegangen –, dann muß sie in uralten Zeiten auch da aufgegangen sein. Und diese Stückchen Jahr, wenn man sie ausrechnet, so kriegt man heraus: 25 920 Jahre. Es ist dieselbe Sache. So daß also auch der Weltenrhythmus zusammenstimmt mit dem schnellen Rhythmus von Atmung und Blutzirkulation. Denken Sie, wie der Mensch da im Weltenall drinnensteht! Der Mensch ist ganz herausgeboren aus dem Weltenall. Im Weltenall ist ursprünglich Vater und Mutter.

Da kommt man natürlich darauf, den Menschen auf eine ganz andere Art im Zusammenhang mit dem Weltenall zu sehen, als wenn einem einer einfach sagt: Gott hat die Welt geschaffen, hat den Menschen geschaffen – alles Begriffe, bei denen man sich nichts denken kann. Aber Anthroposophie will damit anfangen, bei allem sich etwas zu denken. Das verübelt man ihr. Warum? Ja, um Worte zu sagen, bei denen man nichts zu denken braucht, braucht man sich nicht anzustrengen. Aber bei der Anthroposophie muß man sich anstrengen. Das macht die Leute fuchsteufelswild. Bei der heutigen Wissenschaft braucht man sich nicht anzustrengen. Nun, auf einmal kommt dieser Balg Anthroposophie, und man kann sich nicht ins Kino setzen und einfach gedankenlos den Film ablaufen lassen! Sie möchten selbst in die Schulen, damit die Kinder sich nicht anzustrengen brauchen, den Film hineinbringen. Ich wundere mich, daß sie noch nicht das Rechnen mit dem Film hineingebracht haben! Und nun kommt die Anthroposophie und verlangt: Ihr sollt überhaupt nicht so untätig dasitzen, sondern mit euren verflixten Schädeln mitmachen! – Und das will man nicht.

SIEBZEHNTER VORTRAG

Dornach, 3. Februar 1923

Guten Morgen, meine Herren! Haben Sie sich seit dem letzten Mal etwas zu fragen überlegt?

Frage: Es wird noch weiter über die Wirkung von Absinth gefragt, und über Bienen und Wespen.

Dr. Steiner: Nicht wahr, die Frage nach der Einwirkung des Absinth haben wir soweit besprochen, daß ich Ihnen sagte: sie ist ja ähnlich dem Alkoholeinfluß. Nun möchte ich, wenn wir auf diese Frage noch näher eingehen wollen, einiges überhaupt über weitere Einflüsse auf den menschlichen Körper sagen. Wir müssen uns nämlich darüber klar sein, daß wir nicht bloß von den festen Bestandteilen des menschlichen Organismus, des menschlichen Körpers sprechen können. Die festen Bestandteile, sagte ich Ihnen, sind ja eigentlich nur höchstens zehn bis zwölf Prozent. Wenn wir also den menschlichen Körper in irgendeinem Buch gezeichnet finden, so kann man ja nur so zeichnen, daß man die festen Bestandteile zeichnet. Da hat man so den Glauben, daß der Mensch nun aus seinem Gehirn, seiner Lunge, dem Herzen und so weiter bestehe, und daß er eigentlich aus lauter solchen festen Bestandteilen zusammengesetzt sei. Aber ich habe Ihnen gesagt, daß der menschliche Körper schon zu ungefähr achtundachtzig Prozent, könnte man sagen, eigentlich aus Flüssigkeit, aus wässeriger Flüssigkeit besteht.

Daraus werden Sie aber auch sehen, daß das nur zum Teil richtig ist, wenn wir sagen: Wir trinken zum Beispiel Wasser, und das Wasser enthält allerlei Dinge aufgelöst, und dann kommt das Wasser in den Magen, von da aus in die Gedärme und so weiter. Das ist nur zum Teil richtig. Wenn wir ein kleines Glas Wasser trinken, so können wir, wie ich Ihnen schon sagte, uns vorstellen, daß das wirklich so vor sich geht. Aber beim zweiten Glas Wasser, da ist das schon so, daß dasjenige, was im Wasser ist, von dem Flüssigen des Körpers aufgenommen wird und nicht durch alle Organe erst in der, ich möchte sagen, vorgeschriebenen Weise durchgeht.

Nun ist es aber so, daß dasjenige, was in uns feste Bestandteile sind, am wenigsten der ganzen Umgebung ausgesetzt ist. Natürlich, wenn wir zum Beispiel unser festes Herz ansehen, so wird es, indem der Puls geht, größer, kleiner und so weiter; aber im ganzen behält es denselben Umfang und bleibt, wie es ist. Wenn wir dagegen bedenken, daß wir ausgefüllt sind mit Flüssigkeit – ja, meine Herren, auf Flüssigkeit hat alles mögliche in der Welt Einfluß! Sie wissen, wenn wir eine ganz kleine Menge Flüssigkeit nehmen, so bekommt sie Tropfenform, wird ein Tropfen, weil die ganze Welt rund ist und auf jeden einzelnen Tropfen wirkt. Dadurch, daß wir flüssig sind, wirkt eigentlich die ganze Welt auf uns. Und nur dadurch, daß die neuere Wissenschaft gar nicht mehr richtig berücksichtigt hat, daß der Mensch eigentlich eine Flüssigkeitssäule ist, hat sie vergessen, daß die ganze Welt, mit allen Sternen und mit allem, einen Einfluß hat auf den Menschen. Man hat einfach diesen Einfluß auf den Menschen vergessen.

Wenn man weiß, daß der Mensch eben eine Flüssigkeitsmasse ist, so wird man auch nicht weit davon sein, sich zu sagen: Ja, aber ich bin ja auch Luft. Ich sauge fortwährend die Luft ein und atme sie wiederum aus. Ich bin also auch Luft. Und dadurch, daß die Luft in mir in fortwährender Bewegung ist, dadurch bin ich eigentlich Mensch. Nur dadurch, daß der Mensch in dieser Weise zusammengesetzt ist, ist es möglich, daß er eigentlich ein geistig-seelisches Wesen ist. Wenn wir nur fest wären, könnten wir ein geistig-seelisches Wesen eigentlich gar nicht sein.

Nun hat aber alles auf den Menschen einen ganz bestimmten Einfluß. Sehen Sie, Sie werden schon von der sogenannten Bleivergiftung gehört haben. Ich habe Ihnen ja von den verschiedensten Vergiftungen schon gesprochen. Ja, meine Herren, wenn jemand zuviel – und dieses Zuviel braucht nur ganz wenig zu sein, aber zuviel muß es eben für seine Verhältnisse sein –, wenn jemand zuviel Blei in seinen Körper hineinbringt, dann wird er eben zu fest. Dann werden diese festen Bestandteile, ich möchte sagen, kalkartig. So daß der Mensch, wenn er eine ganz geringe Menge Blei – denn bei Bleivergiftungen braucht nur eine ganz geringe Menge vorhanden zu sein – in seinen Körper hineinbringt, zu fest wird. Wenn man also sieht, der Mensch fängt an, zu fest zu werden, er altert sogar unter der Bleivergiftung, man sieht Alterserscheinungen, dann muß man ihm in irgendeiner Form als Heilmittel Silber geben. Das macht ihn wiederum flüssig, das macht wiederum, daß er von den äußeren Einflüssen Wirkungen empfängt. Man kann also in irgendeiner Verbindung von Silber – die muß man dann entsprechend wählen – dem entgegenwirken. So hat auf den Menschen alles mögliche Einfluß.

Nun denken Sie einmal, daß ja die weibliche und die männliche Natur sehr verschieden voneinander sind. Die weibliche Natur hat sozusagen mehr das flüssige Element in sich. Man könnte also sagen, die weibliche Natur ist mehr zugänglich für alle äußeren Einflüsse, weil sie flüssiger ist. Die männliche Natur ist weniger zugänglich für die äußeren Einflüsse, weil sie mehr Gewicht legt auf das Feste im Menschen. So daß man sagen kann: Man kommt der weiblichen Natur bei gewissen Krankheiten – sagen wir, bei Bleivergiftungen – mehr bei, wenn man weniger Silber gibt; und der männlichen Natur muß man mehr Silber geben, weil sie schwer flüssig zu machen ist. Also Sie sehen, auf alles das im Menschen muß man ein großes Gewicht legen, und man kommt dadurch erst zu einem wirklichen Verständnis des Menschen. Sie sehen also, jede Substanz hat auf den Menschen einen ungeheuer starken Einfluß.

Das alles hängt aber wiederum zusammen mit derjenigen Beziehung des Männlichen und Weiblichen, die sich in den Vererbungsverhältnissen ausdrückt. Und diese Vererbungsverhältnisse sind ja außerordentlich kompliziert. Wie kompliziert diese Vererbungsverhältnisse sind, das können Sie daran sehen, daß es eine gewisse Krankheit gibt – man heißt sie die Bluterkrankheit –, die darinnen besteht, daß bei solchen Menschen das Blut nicht sofort gerinnt. Beim gewöhnlichen Menschen, der normal ist, gerinnt das Blut sofort, wenn es irgendwo an die Oberfläche kommt. Da wird gleich geronnenes Blut daraus. Das Blut ist leichtflüssig im Innern des Körpers; gerät es an die Oberfläche, wird es kompakt, fest, es gerinnt. Bei solchen Menschen, die die Bluterkrankheit haben, gerinnt das Blut nicht sofort. Es fließt flüssig aus einer kleinen Wunde heraus. Ja, es kommt sogar vor bei solchen Blutern, daß das Blut durch die Haut dringt. Mit solchen Blutern ist es nun schwer,

Operationen auszuführen. Sofort, wenn man schneidet, dringt das Blut bei Blutern heraus. Während es bei anderen sofort etwas hart wird, bleibt es bei solchen bluterkranken Menschen flüssig, gerinnt nicht, und das bewirkt, daß sie sehr leicht verbluten können, wenn man irgend etwas operiert an ihnen. Also bei denen, die die Bluterkrankheit haben, ist es außerordentlich schwer, eine Operation durchzuführen, ohne daß sie dabei verbluten. Alle Augenblicke sieht man, daß da oder dort bei solchen Leuten, die die Bluterkrankheit haben, Blut herausfließt.

Nun gibt es etwas sehr Eigentümliches. Denken Sie sich, ein Mann hat die Bluterkrankheit. Er heiratet, bekommt also eine Frau, die keine Bluterkrankheit hat. Er kann ganz gesunde Kinder bekommen, die gar keine Bluterkrankheit haben. Nun, wenn er nämlich nur Knaben bekommt, so ist das nicht weiter schlimm, dann werden die Vererbungsverhältnisse irgend etwas Schlimmes nicht aufweisen. Denken wir aber, er bekommt ein Mädchen. Das Mädchen wächst heran, hat gar keine Bluterkrankheit. Es heiratet einen ganz gesunden Mann. Es entstehen Kinder. Die können nun die Bluterkrankheit haben! Sehen Sie, da liegt das Eigentümliche vor, daß die Bluterkrankheit sich nicht auf das weibliche Geschlecht überträgt, das heißt, die Töchter bekommen keine Bluterkrankheit, aber die Kinder von diesen Töchtern, auch wenn sie ganz gesunde Männer, keine Bluter, heiraten, bekommen die Bluterkrankheit. Also da geht die Bluterkrankheit durch die Frau einfach durch und überträgt sich auf die Nachkommen, ohne daß die Frau sie bekommt.

Also wir sehen, in was für einer komplizierten Weise sich die Verhältnisse im menschlichen Körper mit den Vererbungsverhältnissen vermischen. Es ist daher höchst gefährlich, wenn eine Tochter, die die Tochter eines Bluterkranken ist, heiratet; denn die Bluterkrankheit überträgt sich dann auf die Kinder, wenn sie auch von der Bluterkrankheit ganz gesund ist. Das zeigt Ihnen, wie stark man auf solche Verhältnisse Rücksicht nehmen muß.

Nun aber wird man ja allen diesen Dingen beikommen können, wenn man nur einmal die Medizin auf einen gesunden Boden stellt. Denken Sie einmal, man hat eine solche Tochter eines bluterkranken Menschen, und man greift da gleich, indem man der Sache richtig die

Aufmerksamkeit zuwendet, richtig ein. Wie kann man eingreifen? Nun, bevor eine solche Frau Kinder bekommt, kann man ihr prophylaktisch, wie man das in der Medizin nennt, zur Vorsorge irgendein Bleiheilmittel beibringen. Und man kann auch dafür sorgen, daß der Mann dieses Bleiheilmittel bekommt, und man wird die Kinder davor schützen, die Bluterkrankheit zu bekommen.

Aber natürlich, wenn man die Medizin nur so verfahrend denkt, daß man immer sich sagt: Man wartet, bis einer die Krankheit zeigt, und dann fängt man an zu heilen – dann nützt das nichts. Die Medizin muß sozial werden. Die Medizin muß so werden, daß man auch Vorsorge trifft gegen das Entstehen von Krankheiten, die erst im Anzuge sind. Das kann man natürlich nicht machen, wenn die heutigen Vorstellungen herrschen. Denn natürlich suchen die Menschen gar nicht nach der Heilung einer Krankheit, die sie noch nicht haben, die sie aber durch die Vererbungsverhältnisse bekommen können. Und insbesondere ist es wichtig, daß bei einer Schwangerschaft, wenn nur irgendwie die Aussicht auf die Bluterkrankheit auftritt, irgendein Bleiheilmittel während der Schwangerschaft gegeben wird.

Das alles kann man aber nicht verstehen, wenn man nicht weiß, daß eigentlich physisch-materiell nur der feste Körper des Menschen ist – nur der ist materiell. Sobald man an das Flüssige herankommt, da wirkt drinnen eine viel feinere Substanz. Und diese feinere Substanz hat man von altersher den Äther genannt. Der Äther, der ist überall. Er ist feiner als alle übrigen Substanzen, feiner als Wasser, feiner als Luft, feiner sogar als die Wärme. Aber so wenig er in die festen Bestandteile des Menschen hineinkann, so wirksam ist er im Flüssigen des Menschen. Und wie nun der Mensch im Flüssigen den Äther hat, so hat er ebenso im Luftförmigen das eigentlich Seelische; in dem, was wir als Luft in uns tragen, haben wir das eigentlich Seelische.

Wenn man das versteht, daß man in der Luft das eigentlich Seelische hat, dann ist man sich ja auch klar darüber, daß man durch jeden Atemzug das Seelische eigentlich ausatmet, und in jeder Einatmung das Seelische wiederum in sich aufnimmt. So daß man also durch das Seelische eigentlich mit der ganzen Welt zusammenlebt. Nur dadurch, daß in der neueren Wissenschaft keine Rücksicht darauf genommen wird, daß der Mensch auch einen luftförmigen Organismus hat, dadurch fällt den Leuten das Seelische ganz weg aus der wissenschaftlichen Betrachtung und sie glauben, das wäre gar nicht da.

Das Seelische muß ganz für sich betrachtet werden. Und dann kommt man auch darauf, wie solche flüssige Körper, wie zum Beispiel der Absinth es ist, wirken. Sehen Sie, wenn ich irgendein Quantum Absinth in meinen Leib bekomme, dann ist der Absinth natürlich zunächst flüssig. Er vereinigt sich mit unserem Flüssigen, das wir ja in so großer Menge in uns haben. Aber was macht er mit diesem Flüssigen? Er macht dieses Flüssige rebellisch dagegen, daß es in richtiger Weise das Luftförmige aufnimmt. So daß ich, wenn ich Absinth in den Leib bekomme, dann das Luftförmige nicht mehr in alle meine Teile in der richtigen Weise hineinkriegen kann. Aber zu gleicher Zeit geschieht etwas anderes. Wenn ich das Luftförmige nicht in alle meine Teile hineinkriegen kann, dann wirkt dieses Luftförmige in einer sehr eigentümlichen Weise. Ich will Ihnen durch einen Vergleich klarmachen, wie dann dieses Luftförmige wirkt.

Denken Sie sich zum Beispiel, es wäre irgendwo ein Mensch, der wäre in einem Büro angestellt und hätte da vom Morgen bis zum Abend richtig zu arbeiten. Er geht hinein am Morgen, geht am Abend wieder heraus. Die Leute, die mit ihm zusammen im Büro sind, die werden finden: Nun ja, das ist halt auch einer, der mit uns ins Büro geht und wieder herausgeht. Aber denken Sie sich einen anderen Menschen. Der geht auch ins Büro, aber der Kerl ist ein Spaßmacher. Er arbeitet nicht viel, aber er macht den andern allerlei Späße vor vom Morgen bis zum Abend. Den haben sie ganz verflixt gern. Und sie sagen dann: Das ist einer von uns. Sie freuen sich, wenn er kommt. Diejenigen, für die er arbeiten soll, werden sich zwar nicht so freuen, weil die Arbeit dadurch leidet, aber diejenigen, die mit ihm zusammen sind, denen machen die Späße aber einen Spaß.

Ja, meine Herren, so ist es aber, wenn wir die Luft durch den Absinth absperren! Dann kollert sie so in den Organen überall herum. Statt daß sie ordentlich in die Organe hereingeht und den Körper überall ausfüllt, bleibt sie separat da und dort, stockt überall. Das ist geradeso wie ein Spaßmacher in einem Büro. Sie macht überall Wohlgefühl, weil sie keine Arbeit zu leisten braucht. Wenn die Luft ordentlich in die Flüssigkeit überall hineingeht, da muß sie ihre Arbeit verrichten, weil sie sonst den Körper nicht ordentlich versorgt. Wenn aber der Absinth die Luft absperrt, da kollert sie überall herum. Der Mensch fühlt sich nach und nach so wohl wie ein Schwein. Beim Schwein ist das das Eigentümliche, daß es sich fortwährend mit Luft anfüllt, die nicht recht aufgenommen wird. Das Schwein ist am allerleichtesten kurzatmig.

Und geradeso wie der Äther überall im Flüssigen ist, so ist in der Luft überall das Seelische – wir nennen es auch das Astralische, weil es von den Sterneneinflüssen herrührt. Der Mensch nimmt überall das Seelische auf; er fühlt da oder dort eine angenehme Wärme oder Abkühlung. Wenn der Mensch nun die Luft so in sich kollern hat, fühlt er sich so durch und durch wohl. Ja, aber das Seelische ist im menschlichen Körper nicht dazu da, daß es überall bloß den Menschen zum Wohlgefallen dienen soll, sondern es soll an den Organen arbeiten, soll arbeiten in der richtigen Weise, daß das Herz, daß alle Organe richtig versorgt werden. Wenn aber der Mensch das Seelische absperrt, so daß es ihn im Körper amüsiert, dann tritt eben das ein, daß er sich zwar, man möchte sagen, «sauwohl» fühlt, aber seine Organe werden nicht in ordentlicher Weise versorgt. Und vor allen Dingen werden diejenigen Organe nicht in der richtigen Weise versorgt, die am meisten dazu beitragen, daß der Mensch eine gesunde Nachkommenschaft erhält. So daß wir diese eigentümliche Erscheinung haben: Die Leute, die sich mit Absinth versorgen können, die streben eigentlich danach, im Innern «sauwohl» zu sein, dieses Wohlgefühl, diese Wollust im Innern zu haben, aber sie sorgen nicht dafür, daß sie der Menschheit eine ordentliche Nachkommenschaft geben. Das ist es, was gegen den Absinth einzuwenden ist.

Nun können Sie fragen: Wie entsteht denn eigentlich bei den Menschen die Sehnsucht, Absinth zu saufen? Sie werden nämlich bemerken, wenn Sie die Geschichte der Menschheit verfolgen, daß solche Untugenden, wie Absinth zu saufen, eigentlich bei denjenigen Leuten am meisten auftreten, die, wie man sagt, schon in absteigender Entwickelung sind, die nicht mehr richtig auf ihrer vollen Menschenhöhe sind, die also schon innerlich den Körper etwas zerfallend haben. Dann kommen die Leute darauf, sich durch das Seelische innerlich amüsieren zu lassen. Das ist also bei Völkern namentlich dann der Fall, wenn sie im Niedergang begriffen sind. Die Orientalen, die Asiaten haben in früheren Zeiten, wo diese Völker noch im Aufstieg waren, alle diese Getränke gehaßt. Sie haben erst angefangen, solche Dinge wie absinthähnliche Sachen zu saufen, als sie schon im Niedergange waren.

Und das ist auch der Fall, wenn man heute auf dasjenige hinsieht, was vor sich geht, wenn diese Untugenden überhandnehmen, alle möglichen Substanzen in den Körper hineinzukriegen. Ich habe Ihnen ja neulich schon gesagt: sogar Kokain suchen die Menschen in den Körper hineinzukriegen! Da wirkt das Seelische so, daß es den Körper sogar auspreßt, und da merken sie überall so etwas wie Schlangen. Ich habe Ihnen das einmal beschrieben. Alles dasjenige, was sich der Mensch in dieser Weise an Giften beibringt, das bringt er sich eigentlich deshalb bei, weil er schon mit seinem ganzen Menschen nicht mehr in Ordnung ist und das Seelische möglichst genießen möchte. Bei untergehenden Völkern werden diejenigen Menschen, die am wenigsten zu tun haben, diese Wollust des Leibes am allermeisten suchen. Das hängt zusammen mit den ganzen geschichtlichen Vorgängen im Menschengeschlecht.

Wir können sagen, daß es etwas Merkwürdiges ist, wie sich jetzt, wenn wir nach Westen gehen, die Menschen auf der einen Seite, ich möchte sagen, knechten lassen, indem sie allerlei Gesetze gegen Alkohol und Absinth und so weiter aufstellen, auf der anderen Seite aber wiederum auf alle mögliche Weise zu diesen Dingen kommen wollen. Das bezeugt eben, daß wir im heutigen Menschenleben in einer ungeheuren Unklarheit drinnenstehen. Die Menschen wollen auf der einen Seite wohlleben, und auf der anderen Seite wollen sie doch wiederum, daß sie nicht ganz zugrunde gehen als Völker. Und das macht das ja wirklich unsinnige Durcheinandertreiben von der Lust, alle möglichen Dinge in den Körper hineinzubringen, dann wiederum das Gesetz, sie zu verbieten und so weiter, weil die Menschen nicht zur Einsicht kommen wollen. Es handelt sich durchaus darum, daß die Menschen zur Einsicht kommen sollten.

Nun, ich habe Ihnen ja gesagt, daß das Weibliche mehr mit den Einflüssen der ganzen Welt zusammenhängt, das Männliche sich eben mehr abschließt gegen diese Einflüsse der ganzen Welt. Wenn also insbesondere die Männerwelt sich dem Absinth ergibt, so ruiniert sie diejenigen Organe, die für die Nachkommenschaft dadurch sorgen sollen, daß die Menschen in sich fest sind, daß sie einen gewissen starken Charakter haben. Das Absinthtrinken wird bewirken, daß die Menschen weichlich werden. So daß wir, wenn die Untugend des Absinthtrinkens immer mehr und mehr verbreitet wird bei den Männern, ein weichliches Geschlecht kriegen, eine weichliche Nachkommenschaft kriegen. Die Männer werden weichlich.

Wenn die Frauen gar noch sich dem Absinth ergeben, so wird es dahin kommen, daß die Menschen ungeheuer leicht in der Nachkommenschaft Krankheiten ausgesetzt sind, weil sie diesem Einflusse hingegeben, ausgesetzt sind. Wenn also Frauen Absinth trinken, wird es dahin kommen, daß Kinder erzeugt werden, die ungeheuer leicht allen möglichen Krankheiten zugänglich sind.

Sehen Sie, solche Dinge muß man wiederum im Zusammenhange mit der ganzen Welt betrachten. Da will ich Ihnen etwas außerordentlich Interessantes sagen. Sie können heute fragen: Woher haben wir vieles, was wir eigentlich wissen? Gewöhnlich beachtet man gar nicht, wieviel Weisheit die Menschheit im alleralltäglichsten Leben hat. Sie wissen, wir benennen die Wochentage: Sonntag nach der Sonne, Montag nach dem Mond, Dienstag, das ist nach dem Mars, französisch mardi, Dienstag ist durchaus nach dem Mars genannt. Mittwoch, das ist zwar im Deutschen «Mitte der Woche»; Sie brauchen aber nur das Französische zu nehmen, mercredi, da haben Sie Merkurtag, nach dem Planeten Merkur. Donnerstag, das ist von Jupiter, Donnerer, aber Donar ist nichts anderes als Jupiter. Sie haben noch im Französischen jeudi, Jupitertag. Freitag, nach der deutschen Freia. Aber Freia ist dasselbe wie Venus, vendredi. Die Wochentage sind nach den Planeten benannt. Warum? Weil diese Benennung in einer Zeit entstanden ist, wo man noch gewußt hat: Der Mensch ist von der ganzen Welt abhängig. Dadurch, daß der Mensch lebt, haben alle Planeten auf ihn einen Einfluß. Da hat man die Wochentage danach benannt. Heute nennt man das Aberglaube. Aber daß man das für Aberglauben hält, ist nichts anderes als Nichtwissen. So daß eine ungeheure Weisheit in der Benennung der Wochentage drinnenliegt. Ja, meine Herren, in all den Sachen liegt eine ungeheure Weisheit drinnen!

Und wenn wir uns fragen: Woher ist zum Beispiel diese Benennung der Wochentage gekommen? – dann kommen wir herüber bis nach Asien, finden dort, daß es schon zwei- bis dreitausend Jahre vor unserer jetzigen Zeitrechnung, also vor Christi Geburt, dort außerordentlich gescheite Menschen gegeben hat. Da waren Völker, die Babylonier und Assyrer, unter denen waren sehr gescheite Menschen, die den Einfluß der Sterne beobachten konnten, und die haben zuerst diese Wochentage benannt. Die anderen haben das dann in ihre Sprachen übersetzt. Wir haben die Benennung der Wochentage von Asien herüber, von den Babyloniern und Assyrern, wo die Leute gescheit schon waren, ungeheuer gescheit, in einer Zeit, in der es in Europa noch ganz besonders ausgesehen hat.

Fragen wir uns, wie es in Europa ausgesehen hat, als in Assyrien und in Babylonien, drüben in Asien, also vor ungefähr viertausend Jahren, schon außerordentlich gescheite Leute gewesen sind, Leute, die wirklich viel gescheiter gewesen sind als wir. Sie waren gescheiter, denn sie haben ungeheuer viel mehr gewußt. Es ist nicht wahr, daß die Menschheit immer nur glatt fortschreitet. Die Menschheit geht von Zeit zu Zeit auch immer wieder zurück. Also die haben ungeheuer viel gewußt. – Aber das Wissen, das bekommt den Leuten seelisch ebensowenig immer gut, wenn sie sich einfach ihm überlassen, wie ihnen das Geld gut bekommt. So komisch der Vergleich ist, es ist wahr: Zuviel Geld ist den Leuten nicht gut; zuviel Wissen ist den Leuten nicht gut, wenn sie nicht ein Gegengewicht haben, wenn sie dieses Wissen nicht im Menschheits- und Weltendienst richtig anwenden. Die Asiaten hatten allmählich ein ungeheures Wissen aufgestapelt, aber sie wußten nichts mehr damit zu machen.

Wie Europa damals war, als die Asiaten noch ein ungeheures Wissen hatten, das sagen Ihnen die Gegenden zum Beispiel hier in der Schweiz am allerbesten. Wenn Sie in der Schweiz unten im Tal die Steine ansehen, die herunterkommen von oben durch die Gletscher, da können Sie diesen Steinen ansehen, wie die Gletscher sie bearbeitet haben. Diese

Steine haben die Gletscherschliffe. So wie die Steine moduliert sind, kann man ihnen ansehen, wie sie von oben heruntergekommen sind, wie sie durch das fließende Eis der Gletscher bearbeitet worden sind. Nun aber kann man eigentlich allen Steinen, die hier sind, ansehen, daß einmal die ganze Gegend hier vereist war, eisig war. Ja, meine Herren, auf dem Boden, auf dem wir heute herumgehen, wo wir uns außerordentlich wohl befinden, da war einstmals alles vergletschert.

Und wiederum, wenn wir weiter nach Norden gehen, da finden wir heute noch an gewissen Gesteinsmodulierungen, in Preußen, durch große Teile Deutschlands hindurch, daß das einmal alles von Gletschereis bedeckt war, das vom hohen Norden herunterfloß. So wie heute meinetwillen die Gletscher herunterfließen bis zu einer gewissen Tiefe, so flossen vom hohen Norden die Gletscher bis nach Deutschland herein, und alles war vergletschert.

Vor nicht allzulanger Zeit haben die Leute eine gewisse Vorliebe für recht große Zahlen gehabt, und da haben sie gesagt: Nun ja, gewiß, Europa war einmal vergletschert, aber das ist lange her, das ist zwanzig bis dreißig Millionen Jahre her. – Das ist aber ein Unsinn. Das ist durch eine Berechnung entstanden, die ich Ihnen durch folgendes klarmachen will.

Denken Sie sich, ich beobachte heute das menschliche Herz. Dieses menschliche Herz, das macht fortwährend ganz kleine Veränderungen durch. Wenn ich es in einem Jahr wieder beobachte bei einem Menschen, so ist es ein bißchen spröder geworden, nach zwei Jahren wieder spröder, und ich kann das jetzt ausrechnen, wie viel das Herz spröder geworden ist. Nun rechne ich aus, indem ich das alles zusammenzähle, wieviel spröder das Herz in einem Jahrhundert geworden ist und wie das Herz vor einem Jahrhundert gewesen ist. Das kann ich ausrechnen. Ich kann sagen: Da habe ich einen Menschen von sieben Jahren; vor dreihundert Jahren, da war sein Herz so und so. Ja, aber da ist bloß die Kleinigkeit, daß er da noch nicht gelebt hat. Und wenn ich ausrechne, wie sich sein Herz in dreihundert Jahren verändert haben wird, so ist wieder bloß die Kleinigkeit, daß er da nicht mehr leben wird.

Solche Berechnungen hat man gemacht, um auszurechnen, wie es zum Beispiel hier in Europa vor zwanzig-, dreißigtausend Jahren ausgesehen hat. Da hat man dann die Gletscherperiode in diese Zeit verlegt. Aber so kann man nicht rechnen. Man muß schon eine solche Wissenschaft haben, die einem auch das auf der Erde zeigt, was man beim Menschen dadurch weiß, daß er in dreihundert Jahren ja nicht mehr als physisches Erdenwesen lebt.

Nun, in letzter Zeit sind tatsächlich auch die Gelehrten – das muß man auf diesem Gebiete sagen – vernünftiger geworden, und diejenigen, die Vernunft haben, sie sind sich eigentlich heute klar darüber, daß es nicht so lange her ist, seitdem hier alles mit Gletschern bedeckt war, sondern daß in der Zeit, in der drüben in Asien die Menschen schon so gescheit waren, wie ich es beschrieben habe, als dort die babylonische und assyrische Kultur war, in Europa noch alles vereist war. Also wir brauchen nur ein paar tausend Jahre, vier- bis fünftausend Jahre zurückzugehen, da war in Europa noch alles vereist. Und erst allmählich, als das Eis zurückgegangen ist, da sind hier Menschen eingezogen.

Ja, meine Herren, diese Menschen haben es nicht so gut gehabt wie die heutigen. Und sie haben es um so weniger gut gehabt, weil sie von Gegenden gekommen sind, in denen sie eben nicht, ich möchte sagen, fortwährend so stark abgekühlt wurden, sondern in denen es ihnen wohler war. Dennoch sind diese Menschen in die erst vor kurzem noch vereisten Gegenden eingezogen. Dadurch aber sind diese Menschen bewahrt geblieben vor der Wollust der Weisheit, die in Asien allmählich an sie herangekommen wäre. Und in Europa hat sich dadurch, daß im Weltenall etwas geschehen ist, daß also in der Zeit, als in Asien schon warme Kultur war, es hier noch eisig war – dadurch, daß also ein Einfluß vom Weltenall auf Europa ausgeübt worden ist, hat sich in Europa eine bessere, tatkräftigere Kultur entwickelt, als sich in Asien hätte entwickeln können. Sehen Sie, so hängen ganze Kulturen ab von den Einflüssen des Weltenalls.

Und weiter. Ja, wenn einer ans Meer denkt, da denkt er sich das Meer ungefähr so, daß er sich sagt: Wenn ich in ein Trinkglas ein bißchen Wasser gieße, dann brauche ich nur ein bißchen Salz zuzusetzen, und dann habe ich eigentlich Meerwasser. Das ist salzig, das Meerwasser, und wenn ich einem Trinkglas Wasser Salz zusetze, dann habe ich das Meerwasser. Ja, so einfach ist es aber nicht. Wenn Sie nämlich das Meer anschauen – nehmen wir an, den Atlantischen Ozean –, wenn Sie ihn von innen aus betrachten könnten, da wäre die Oberfläche (es wird gezeichnet), da ist das Wasser, so ist das nicht bloß Salzwasser, Tafel 22 sondern das Kuriose ist: Wenn der Sommer kommt, beginnt in diesem Meer etwas, ja, wie wenn es anfangen würde, zu schneien da drinnen. Fortwährend kommen da also richtige Schneefälle, die durch das Meer durchgehen. Ja, meine Herren, was ist denn das eigentlich? Da in dem Meer drinnen, da könnte man nicht gucken und sagen: Nun ja, da ist der riesige Raum, der ist überall mit Salzwasser angefüllt. Nein, da drinnen schneit es. Woher kommt das? Sehen Sie, das kommt davon, daß ganz kleine Tiere in diesem Meer drinnen sind, ganz kleinwinzige Tiere, aber unendlich viele kleinwinzige Tiere. Diese kleinwinzigen Tiere haben alle kleine, winzige Kalkschalen. Man nennt diese Tiere Foraminiferen. Solange diese Tiere leben, schwimmen sie ziemlich weit oben im Wasser herum. Wenn nun die Jahreszeit kommt, wo sie nicht mehr leben können, sterben die Tiere ab, und die Kalkschalen, die fangen an, nach unten zu sinken. Und da schneit es drinnen fortwährend solche Kalkschalen herunter. Das ist wirklich so, wie hier der Schnee in der Luft. Das ganze Meer schneit von solchen Foraminiferenschalen. Und wenn dann diese Foraminiferenschalen sich da herunten ablagern (es wird gezeichnet), dann verändern sie ihre Substanz und werden ein roter Ton. Und das ist der Meeresboden. Diese kleinen Tiere, die haben vom ganzen Weltenall ihr Leben, und sie bauen den Meeresboden auf.

Das ist bei uns in der Luft geradeso. Wir leben nur nicht im Meere, wir leben in der Luft. Und wenn es im Winter schneit, so ist schon in dem, was da herunterschneit, dasjenige, was dann unseren Boden wiederum macht, so wie er ist. Denn wenn der richtige Schneefall nicht wäre, so könnten ja nicht Pflanzen wachsen. Der Boden wird gemacht von dem, was da ist.

Meine Herren, nicht die festen Bestandteile, nicht einmal die flüssigen Bestandteile in unserem Körper nehmen die richtigen Einflüsse auf, sondern ganz allein die luftförmigen Bestandteile. Mit unserer Atmung kriegen wir das Richtige herein, während es im Winter schneit.

Wir nehmen dasjenige auf, was uns die Sternenwelt zuschickt, wenn es im Winter schneit, und bilden es in der richtigen Weise aus. Dazu brauchen wir aber, daß unsere Seele in der richtigen Weise an unseren Organen arbeitet, sonst verkümmern auf Erden unsere Organe. Wenn wir nun unsere Körper mit Absinth beladen, dann schließen wir uns von der Sternenwelt aus. Dann nehmen wir keine Einflüsse mehr aus der Sternenwelt auf. Und die Folge davon ist, daß wir unsere Körper dadurch ruinieren, weil wir sie ganz und gar nur dem Einfluß der Erde aussetzen.

Sie sehen also, was das für eine ungeheure Bedeutung hat für die richtige Art der Entwickelung der Menschen, daß sie nicht erst durch Absinth den Körper ruinieren. Aber einsehen muß man das!

Und nun können Sie sich leicht vorstellen, wie die Kultur fortgeschritten ist. In Asien waren ungeheuer gescheite Leute. Die haben viel Seelisches gehabt. Aber nach und nach sind sie dazu gekommen, dieses Seelische nur wie einen innerlichen Spaßmacher haben zu wollen, nur innerliche Wollust empfinden zu wollen. Da sind einige von ihnen herübergezogen in die Gegenden, die früher noch vereist waren. Da haben sie sich diese innerliche Wollust abgewöhnt und haben ihre Körper wiederum gefestigt. Dadurch ist es gekommen, daß zu der morgenländischen Kultur eine abendländische hinzugekommen ist.

Dem, was Sie heute noch sehen, wenn es ganz oben vergletschert, dem können Sie ansehen, daß einmal hier die Erde gründlich abgekühlt worden ist, damit die Menschen, die dann hergezogen sind, ihre Körper haben verstärken können.

Sehen Sie, darauf beruht es auch, wenn Sie den Untergang des Römerreiches studieren; Sie kommen dann in die Zeit der ersten Ausbreitung des Christentums zurück. Ja, meine Herren, wenn sich dieses Christentum bloß bei den Römern ausgebreitet hätte, dann wäre etwas Schönes daraus geworden! Aber dazumal waren die Römer so verweichlicht, weil sie nur die Reste der orientalischen, der asiatischen Kultur hatten, daß sie nichts hätten machen können. Da kamen die Menschen von den nördlichen Gegenden, die vereist waren – diese Menschen hatten die festeren Körper –, und die Folge davon war, daß die Römer zugrunde gegangen sind. Und diese nördlichen Menschen mit den festeren Körpern, die haben dann das Geistesleben übernommen.

Die Geschichte schildert uns dieses, was sie die Völkerwanderung nennt, schildert uns, wie die Römer zugrunde gegangen und die Germanen gekommen sind, die Deutschen, Franzosen, Engländer und so weiter, wie also die heutigen Menschen daraus geworden sind, denn das sind alles im Grunde genommen Germanen. Die Franzosen haben nur mehr Römertum zugemischt gekriegt als die Deutschen zum Beispiel. Nicht wahr, das Ganze beruht eben darauf, daß diese Menschen, ich möchte sagen, aus der Gegend kamen, in der sie den Einfluß der ganzen Welt haben aufnehmen können, während die anderen Menschen mit ihrer Weisheit nur auf der Erde gelebt haben, und daß diese Menschen gekommen sind und die ganze Zivilisation erneuert haben. So, sehen Sie, hängt die Natur zusammen mit alledem, was geschieht in der Geschichte.

Und nun wissen Sie aber, wie starken Einfluß das Römertum noch immer behalten hat. Denken Sie doch, bis ins 16., 17. Jahrhundert haben Sie ja zum Beispiel in Mitteleuropa an den Universitäten kein deutsches Wort reden können. Da haben die Professoren lateinisch vorgetragen. Es ist zwar allmählich ein sonderbares Lateinisch geworden. Da haben sie alle Lateinisch gekonnt. Erst allmählich hat man sich dazu entschlossen, in den Landessprachen vorzutragen. Aber dieses, daß man eigentlich das Untergehende noch immer hat haben wollen, weil man sich wohler dabei befindet, sogar in der Sprache wohler befindet, das hat sich noch lange fortgepflanzt.

Denken Sie nur einmal, wie lange es sich fortgepflanzt hat, daß die Leute, wenn sie ein bißchen vornehm haben ausschauen wollen, durchaus Französisch plapperten in ganz deutschen Gegenden. Das war aus keinem andern Grunde, als daß sie haben fortsetzen wollen das alte lateinische Römertum, wenigstens noch in der Sprache. Und es ist schon so, daß in der Tat dasjenige, was sich da in der Sprache fortgesetzt hat, sich auch in den übrigen Untugenden fortsetzt. Die Römer haben angefangen mit dieser Sehnsucht, Wollust im inneren Körper zu fühlen, also das Seelische zu genießen, es nicht zu verwenden den Körper aufzubauen. Und eigentlich ist noch die Erbschaft davon in der Sehnsucht,

Absinth zu trinken, ja sogar Kokain und so weiter zu genießen, vorhanden. Das ist dasjenige, was eben ein schwaches Geschlecht erzeugen wird, eine schwache Nachkommenschaft erzeugen wird, und was allmählich alles dasjenige, was sich solchen Untugenden hingibt, dem Untergang entgegenführen kann. Da können Sie noch so viele soziale Reformen schaffen – aus diesen sozialen Reformen kommt gar nichts heraus, wenn nicht eine richtige Einsicht kommt. Und diese richtige Einsicht kann auf keine andere Weise kommen, als daß man den bloßen Materialismus in Wissenschaft und in Religion ersetzt dadurch, daß man auch anfängt, etwas Geistiges zu begreifen. Und wenn man anfangen wird, dieses Geistige zu begreifen, dann wird man vieles von dem einsehen, was einem ja heute äußerlich ganz klar ist, aber das man nur wird durchschauen können, wenn man das Geistige wiederum richtig wird betrachten können.

Der Herr [einer der Zuhörenden] hat durch seine Frage, weil er ein Bienenkenner ist, auf den Unterschied hingewiesen, der da besteht zwischen dem Leben der Bienen und dem Leben der Wespen. Vieles Ähnliche ist da. Ich habe Ihnen das Leben der Wespen neulich beschrieben. Im Bienenleben ist viel Ähnliches. Aber wiederum lebt der Bienenstock ein ganz merkwürdiges, eigentümliches Leben. Worauf beruht denn das?

Sehen Sie, das können Sie überhaupt nicht erklären, wenn Sie nicht die Möglichkeit haben, ins Geistige hineinzuschauen. Das Leben im Bienenstock ist außerordentlich weise eingerichtet. Das wird jeder sagen, der das Bienenleben betrachtet hat. Daß die Bienen eine solche Wissenschaft haben, wie die Menschen sie haben, das wird man ja natürlich nicht sagen können, denn sie haben ja wirklich einen Gehirnapparat wie der Mensch und das alles nicht. Also den allgemeinen Weltenverstand können sie in dieser Weise nicht hereinschöpfen in ihren Körper. Aber die Einflüsse aus der ganzen Weltumgebung, die wirken ungeheuer stark auf den Bienenstock. Und man würde richtig darauf kommen können, wie eigentlich das Bienenleben ist, wenn man berücksichtigen würde, daß alles das, was in der Umgebung der Erde liegt, gerade auf so etwas, wie es im Bienenstock ist, einen ungeheuer starken

Einfluß hat. Das Leben des Bienenstocks beruht ja darauf, daß die Bienen so ganz richtig, viel mehr als die Ameisen und die Wespen, zusammenwirken, daß sie alle Arbeit so verrichten, daß das alles zusammenstimmt. Und wenn man dann darauf kommen will, wovon das herrührt, dann sagt man sich: Die Bienen haben ein Leben, worin unterdrückt wird, außerordentlich stark unterdrückt wird dasjenige, was bei den übrigen Tieren im Geschlechtsleben sich äußert. Das wird bei den Bienen außerordentlich stark zurückgedrängt.

Denn sehen Sie, bei den Bienen ist es eigentlich immer so, daß die Fortpflanzung nur besorgt wird durch ganz wenige auserlesene weibliche Individuen, die Bienenköniginnen. Die anderen sind eigentlich so, daß bei ihnen das Geschlechtsleben mehr oder weniger zurückgedrängt wird. Im Geschlechtsleben aber ist dasjenige vorhanden, was eben Liebesleben ist. Das Liebesleben ist ja zunächst etwas Seelisches. Nur dadurch, daß gewisse Organe des Körpers bearbeitet werden von diesem Seelischen, dadurch werden diese Organe zur Offenbarung, zum Ausdrucke des Liebeslebens. Und indem bei den Bienen das Liebesleben zurückgedrängt wird, eigentlich nur auf die einzige Bienenkönigin, wird das Geschlechtsleben sonst im Bienenstock verwandelt zu all diesem Treiben, das die Bienen untereinander entwickeln. Daher haben schon jene älteren, weiseren Menschen, die eben auf ganz andere Art die Sache gewußt haben, als man sie heute weiß, diese weiseren Menschen haben das ganze wunderbare Treiben des Bienenstocks auf das Liebesleben zurückgewiesen, auf das Leben, das sie mit dem Planeten Venus in Zusammenhang gebracht haben.

Und so können wir sagen: Wenn man auf der einen Seite die Wespen oder die Ameisen beschreibt, dann sind das Tiere, die sich mehr dem Einfluß des Planeten Venus entziehen. Die Bienen hingegen sind ganz hingegeben dem Einfluß des Planeten Venus, entwickeln das Liebesleben in ihrem ganzen Bienenstock. Das wird ein weises Leben, denn Sie können sich ja denken, wie weise das sein muß. Ich habe Ihnen verschiedenes von der Erzeugung der Nachkommenschaft beschrieben. Da ist unbewußte Weisheit drinnen. Diese unbewußte Weisheit entwickeln die Bienen in ihrem äußeren Tun. Und so kann man gerade dasjenige, was eigentlich nur dann in uns dargelebt wird, wenn unser Herz Liebe entwickelt, eigentlich im ganzen Bienenstock drinnen wie eine Substanz haben. Der ganze Bienenstock ist eigentlich von Liebesleben durchzogen. Die einzelnen Bienen verzichten so vielfach auf die Liebe und entwickeln die Liebe im ganzen Bienenstock. So daß man anfängt, das Bienenleben zu verstehen, wenn man sich klar darüber ist, daß die Biene wie in einer Luft lebt, die ganz von Liebe durchschwängert ist.

Nun aber, das kommt ja gerade der Biene am allermeisten zugute, daß sie eigentlich von denjenigen Bestandteilen in den Pflanzen lebt, die wiederum bei der Pflanze ganz vom Liebesleben durchzogen sind. Die Biene saugt ihre Nahrung, die sie dann zu Honig macht, ja ganz aus denjenigen Bestandteilen der Pflanzen, die im Liebesleben drinnenstehen, bringt also gewissermaßen das Liebesleben von den Blumen in den Bienenstock hinein.

So muß man sagen, daß man das Bienenleben auf seelische Art studieren muß.

Das braucht man viel weniger bei den Ameisen und Wespen. Wenn man da das Leben verfolgt, wird man sehen, daß sie sich eigentlich dem Geschilderten entziehen, daß sie sich schon wiederum mehr dem Geschlechtsleben hingeben. Die Biene ist tatsächlich, mit Ausnahme der Bienenkönigin, eigentlich dasjenige Wesen, das, ich möchte sagen, sich sagt: Wir wollen auf das einzelne Geschlechtsleben verzichten und uns selber zu einem Träger des Liebeslebens machen. – So daß sie in der Tat in den Bienenstock dasjenige hineingetragen haben, was auf den Blumen lebt. Und wenn Sie anfangen, das so richtig durchzudenken, so haben Sie das ganze Geheimnis des Bienenstockes. Das Leben dieser sprossenden, sprießenden Liebe, das in den Blumen ausgebreitet ist, das ist dann auch im Honig drinnen.

Und weiter können Sie studieren, wenn Sie nun den Honig selber essen. Was tut der Honig? – Nun, meine Herren, der Absinth vereinigt sich mit dem flüssigen Menschen so, daß er die Luft und damit das Seelische heraustreibt, daß der Mensch Wollust empfindet. Der Honig macht Wollust nur höchstens auf der Zunge. In dem Augenblick, wo Honig gegessen wird, fördert er gerade den richtigen Zusammenhang zwischen dem Luftförmigen und dem Flüssigen im Menschen. Und es ist nichts besser für den Menschen, als seinen Speisen im richtigen Maße etwas Honig zuzusetzen. Die Bienen sorgen eigentlich wunderbar dafür, daß der Mensch durch sein Seelisches an seinen Organen arbeiten lernt. Der Bienenstock gibt dem Menschen durch den Honig wiederum dasjenige zurück, was er braucht an Arbeitsamkeit seiner Seele in seinem Leibe. Wenn der Mensch also Absinth säuft, so will er die Seele genießen. Wenn der Mensch seinen Speisen Honig zusetzt, so will er gerade sein Seelisches so zubereiten, daß es richtig am Körper arbeitet, atmet. Daher ist die Bienenzucht etwas, was eigentlich die Kultur ungeheuer fördert, weil es den Menschen stark macht. Das Saufen von Absinth ist etwas, was das Menschengeschlecht allmählich so weit treiben wird, daß es ausstirbt.

Sehen Sie, wenn man sich denkt, daß die Bienen den größten Einfluß aus der Sternenwelt haben, dann sieht man aber auch, daß die Bienen der Umweg sind, damit in den Menschen das Richtige hineinkommt. Alles, was lebt, arbeitet, wenn es in der richtigen Weise kombiniert wird, wieder in der richtigen Weise zusammen. Wer einen Bienenstock sieht, sollte sich fast in einer gehobenen Stimmung sagen: Auf dem Umwege durch den Bienenstock zieht das ganze Weltenall herein in den Menschen und macht tüchtige Menschen. Sonst, wenn man Absinth säuft, macht man untüchtige Menschen. – Und so kommt man dazu, die Menschenkunde zu einer Weltenkunde zu machen.

ACHTZEHNTER VORTRAG

Dornach, 10. Februar 1923

Hat heute jemand eine Frage, meine Herren, die er besprochen haben möchte?

Fragestellung: Ich möchte fragen, wie die Welt in uralten Zeiten war. Hatten die Planeten, Venus, Merkur und so weiter, verschiedene Metallsubstanzen abgelagert?

Dr. Steiner: Wenn man dieses, so wie es häufig in alten Büchern steht – in neuen steht ja darüber nichts, außer in unsern anthroposophischen Büchern –, einfach so erzählt, daß, sagen wir zum Beispiel, der Planet Venus irgend etwas zu tun hat mit Kupfer, wie es in der Erde abgelagert ist, so ist ja das eine Sache, die man eigentlich bloß glauben muß, denn die Menschen bekommen nicht anders eine Vorstellung davon, als daß man ihnen eben sagt: Das haben einmal ältere Menschen gewußt, und heute weiß man nichts Rechtes mehr darüber. Es handelt sich also darum, daß man dann, wenn man schon so etwas bespricht, wirklich auf die Sache eingeht. Und da möchte ich Sie darauf aufmerksam machen, daß ja in bezug auf diese Dinge auch von der heutigen Medizin nicht mehr sehr viel gewußt wird. In einer Zeit, die eigentlich nur ein paar Jahrhunderte zurückliegt, hat man noch sehr viel mit solchen alten Mitteln geheilt, indem man gewußt hat: Wenn das oder jenes als Störung, als Krankheitserscheinung im Menschen auftritt, so muß man dies oder jenes Metall, oder das oder jenes aus der Pflanze anwenden.

Heute ist von alledem eigentlich nichts mehr übrig geblieben, als daß man weiß: Bei gewissen Erscheinungen, die namentlich bei sogenannten syphilitischen Erkrankungen auftreten, muß man Quecksilberkuren machen. Also da wendet man das Metall Quecksilber an. Ich mache Sie darauf aufmerksam, daß eigentlich über die Art und Weise, wie das Quecksilber wirkt, kein Mensch in der Medizin heute einen Aufschluß gibt, sondern man wendet es an, weil man gesehen hat, daß es eben wirksam ist. Und in bezug auf diese Wirkung des Quecksilbers bei syphilitischen Erkrankungen muß man ja auch erwähnen, daß in der neueren Zeit vieles an die Stelle von Quecksilber gesetzt worden ist. Die berühmten neueren Mittel, die an die Stelle gesetzt worden sind, sind aber durchaus erkannt, auch heute schon, in ihrer nicht ganz einwandfreien Wirksamkeit, und sehr bald wird die Medizin auch auf diesem Gebiete wiederum zu den Quecksilberkuren zurückgegangen sein.

In einer merkwürdigen Weise können Sie sich davon überzeugen, daß bei dem Quecksilber eigentlich der Heilinstinkt – nicht die heutige Wissenschaft, sondern der Heilinstinkt – etwas sehr, sehr Großes wirkt. Es gibt gewisse Gegenden, wenn da irgendwo eine Erkrankung nach syphilitischer Art auftritt – ich setze solche Gegenden voraus, heute gibt es ja fast keine mehr, aber vor drei bis vier Jahrzehnten hat es das noch gegeben –, da machen die Menschen, die dann nicht Ärzte sind, aus ihrem Heilinstinkt heraus das folgende: sie nehmen solche Tiere, Salamander oder Kröten gar, die teilweise unter der Erde leben und mit ihrer Nahrung etwas von der Erde aufnehmen. Diese Tiere, Salamander oder Kröten oder ähnliche Tiere, die nehmen die Menschen, trocknen sie, pulverisieren sie und geben sie dem syphilitisch Kranken ein. Und da entsteht auch eine Art von Heilmittel.

Nun, das ist zunächst ganz unverständlich, wird nur verständlich, wenn man weiß: Die Kröten helfen den syphilitisch Kranken in manchen Gegenden nicht, und wieder in anderen Gegenden helfen sie großartig. Und wenn man dann nachschaut, was das für Gegenden sind, so sind das solche Gegenden, in denen Quecksilberbergwerke sind. Also sehen Sie, das Kuriose ist dabei: In Gegenden, wo Quecksilber ist, da nehmen diese Tiere das auf, und das Quecksilber hilft dann. Nicht die Kröte hilft, sondern das Quecksilber, das die Kröte gefressen und in ihrem Körper verarbeitet hat. Das hilft.

Sie sehen also aus diesen Dingen zweierlei: erstens, daß ein merkwürdiger Heilinstinkt vorhanden ist bei den Menschen, die noch nicht sehr angesteckt sind von gewöhnlicher Wissenschaft, und auf der anderen Seite, daß dasjenige, was man als Lebewesen aufnimmt – und eine Kröte ist auch ein Lebewesen –, in den ganzen Körper übergeht, sich im ganzen Körper verbreitet. Und so ist es ja auch beim Menschen in einem noch höheren Maße. Wenn dies zum Beispiel gerade für die

Quecksilberkur angeführt werden sollte, so möchte ich Ihnen folgendes sagen.

Es ist ja wirklich auch in der Medizin erst in den allerletzten Jahrzehnten so furchtbar schlecht geworden, wie es heute ist. Als ich noch ein kleiner Bub war, war es sogar besser. Da gab es zum Beispiel in Wien noch einen ausgezeichneten Anatomen, *Hyrtl*, der wußte noch etwas, gar nicht mehr sehr viel, aber etwas noch von der älteren Medizin. Und der hat bei solchen Menschen, die Quecksilberkuren durchgemacht haben, wenn man sie in der Klinik haben konnte, einfach nach dem Tode den zuhörenden Studenten die Knochen gezeigt, hat die Knochen auseinandergebrochen, und in den Knochen saßen die kleinen Quecksilberkügelchen! So verbreitet sich dasjenige, was der Mensch in sich aufnimmt, in den ganzen Körper. Ebenso ist es bei den anderen Lebewesen. Daher konnte man eben einfach auch Kröten, die in ihrem ganzen Körper das Quecksilber aufnehmen, dazu verwenden, um sie in pulverisiertem Zustande als Heilmittel gegen die syphilitischen Erkrankungen zur Wirkung zu bringen.

Jetzt möchte ich Ihnen sagen, wie die Menschen in früheren Zeiten, als die Wissenschaft noch in ganz anderer Art war, darauf gekommen sind, gerade bei solchen Erkrankungen das Quecksilber anzuwenden.

Sehen Sie, wenn Sie sich das ganze Planetensystem anschauen, wie wir es heute aus der Schule kennen, so ist es ja so, daß man also sagt: Hier ist in der Mitte die Sonne. Mehr in der Nähe der Sonne läuft um die Sonne herum der Merkur – ein kleiner Planet. Etwas weiter läuft um die Sonne herum die Venus. Der Merkur also ist ein kleiner Planet, der in sehr kurzer Zeit, etwa in neunzig Tagen um die Sonne herumläuft. Dann kommt die Venus, die schon langsamer um die Sonne herumläuft; und der nächste Planet, der um die Sonne herumläuft, ist die Erde. Dann kommt außerhalb der Erde schon der Mars. Nach dem Mars, da laufen eine ganze Menge kleinwinziger Planeten herum. Die sind zu Hunderten und Hunderten, ganz kleine, winzige Planeten; die laufen herum. Also jetzt müßte ich eine ganze Planetenschar zeichnen. Aber die braucht man nicht so viel zu berücksichtigen. Sie haben keine so große Bedeutung wie die Planeten. Und nach dieser Planetenschar kommt der Jupiter, der um die Sonne herumläuft, und ganz weit drau-

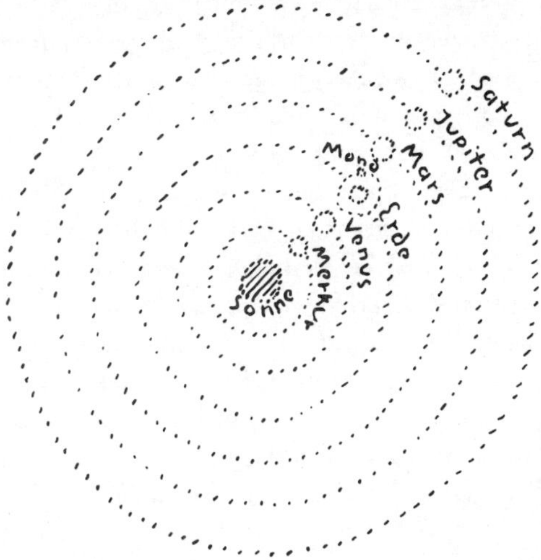

ßen der Saturn. Und dann kommt noch – aber die zwei letzten Planeten sind ja erst in allerneuester Zeit entdeckt worden – der Uranus und der Neptun. Ich brauche die nicht zu zeichnen. Die laufen weiter draußen herum, und die zeigen solche Unregelmäßigkeiten, daß man sie in Wirklichkeit auch heute noch nicht recht zu den Planeten rechnen kann. So also laufen diese Planeten um die Sonne herum. Um die Erde herum läuft dann noch der Mond. Der läuft um die Erde herum, geradeso wie die anderen Planeten um die Sonne herumlaufen.

Nun, heute betrachtet die Astronomie solch ein Planetensystem und kümmert sich nicht sehr viel um die Einwirkungen, welche diese Planeten auf die Wesen haben, welche auf der Erde leben. Man rechnet aus, wo ein Planet zu einer bestimmten Zeit steht, so daß, wenn man das Fernrohr hinrichtet, man ihn dort finden kann. Das kann man ausrechnen. Man kann ausrechnen, wie man das Fernrohr stellen muß, damit, wenn man durchguckt, man einen Planeten zu einer bestimmten Zeit sieht. Man kann auch ausrechnen, wie schnell sich ein Planet bewegt. Man kann all dies ausrechnen. Um diese Rechnungen kümmert man sich heute.

Aber sehen Sie, es ist gar nicht einmal so lange her – für die Entwickelung des ganzen Weltsystems sind ja ein paar Jahrtausende nicht viel –, es ist noch gar nicht so lange her, zweieinhalb bis dreieinhalb Jahrtausende, da hat man über die Planeten eine ganz andere Wissenschaft angestrebt. Da hat man folgendes gemacht. Da sind zum Beispiel solche Erkrankungen aufgetreten, bei denen, sagen wir, die Menschen schlechte Verdauung bekommen haben durch dickliches Blut – ich werde Ihnen gleich nachher erzählen, warum. Ich kann jetzt nicht weiter diese kritischen Erkrankungen betrachten, weil die in alten Zeiten nicht in demselben Maße da waren wie in neueren Zeiten; ich werde also jetzt absehen davon, weil sie in älteren Zeiten, in denen man diese Beobachtung gemacht hat, noch nicht in demselben Maße vorhanden waren wie heute. Aber eine Krankheit, die dort vorhanden war, wo man solche Beobachtungen gemacht hat, nämlich in Babylonien, Assyrien, Ninive und so weiter, auch in Ägypten, das ist die, daß die Leute eine schlechte Verdauung bekommen haben durch ein dickliches Blut, durch eine nicht richtig vor sich gehende Blutbereitung. Namentlich ist dadurch in die Fäkalien, in den Speiseabgang Blut hineingekommen, so daß die Entleerungen etwas von Blut durchsetzt waren; typhusähnliche Erkrankungen sind ja in älteren Zeiten noch viel häufiger gewesen als heute. Also nehmen wir an, diese alten Ärzte, die zu gleicher Zeit Philosophen waren, haben diese Erkrankung zu studieren gehabt. Sie sind gar nicht hergegangen und haben gewartet, bis der betreffende Mensch gestorben war, denn sie haben sich gedacht: Wenn einer einmal gestorben ist, so ist das Heilen schwer, und deshalb haben sie gar nicht weiter untersucht, wie sich der Tote verhält, wenn er den Typhus gehabt hat, sondern sie sind anders vorgegangen. Sie haben sich gesagt: Wir sehen, daß solche Kranke, die Brechdurchfall oder Typhus, Dysenterie oder so etwas haben, sich zu bestimmten Zeiten wohler befinden; zu anderen Zeiten wird das Allgemeinbefinden furchtbar schlecht.

Also sie haben sich gesagt: Der Typhus verläuft manchmal gut, manchmal verläuft er schlecht. Es gibt zum Beispiel solche Kranke, die, wenn sie typhuskrank oder dysenteriekrank werden, also krankhaften Durchfall bekommen mit Koliken, manchmal furchtbare Schwindelanfälle bekommen. Das Bewußtsein wird ganz abgedämmert. Da wird die Geschichte sehr übel. Aber manche Kranke behalten ihr Bewußtsein. Der Kopf bleibt in Ordnung. Man kann bei diesen Kranken etwas machen.

Nun haben sie sich gesagt: Der Mensch lebt nicht bloß auf der Erde, er ist nicht bloß von der Erde abhängig, sondern der Mensch ist auch vom ganzen Weltenall abhängig. Deshalb haben sie nun beobachtet. Und nun denken Sie sich: die Erde steht da. Wir können durchaus das heutige Planetensystem, wie man es in der Schule heute lernt, dabei zugrunde legen. Jetzt wird doch die Erde beschienen von der Sonne. Die Sonnenstrahlen fallen dann auf die Erde. Und daß von dem Sonnenlicht beim Menschen viel abhängt, das wissen Sie ja selbst, und das haben wir auch immer in diesen Betrachtungen hier zugrunde gelegt. Nun, auf die Sonne als solche haben diese alten Ärzte daher nicht gerade so furchtbar viel Rücksicht genommen, denn das ist alles ganz offenbar, haben sie gesagt. Aber nun haben sie solche Leute beobachtet, die zum Beispiel einen sehr starken Durchfall hatten, und haben sich gesagt: die bekommen Schwindelanfälle zu bestimmten Zeiten, der Kopf wird trübe. Andere haben starken Durchfall und der Kopf bleibt klar; sie bekommen keine Schwindelanfälle. Das geschieht aber immer – haben sie sich gesagt – zu verschiedenen Zeiten. Zu einer bestimmten Zeit ist mit den Durchfallkranken eigentlich gar nichts anzufangen; da kann man nichts anfangen: die kriegen unbedingt Schwindelanfälle, und dann geht es zum Tod. Zu anderen Zeiten werden die Durchfälle besonders leicht.

Nun haben sie angefangen, die Sterne zu beobachten und haben gefunden, daß in denjenigen Zeiten, in denen die Durchfälle oder die Typhuskrankheiten gut verlaufen, die Venus, der Planet Venus immer so steht, daß er von der Erde zugedeckt wird. Sehen Sie, wenn *da* die Erde steht (siehe Zeichnung S. 326, links), so kann die Venus *da* stehen. Wenn dann der Mensch dort steht, kriegt er kein Venuslicht. Die Erde deckt ihm die Venus zu. Das Venuslicht kann nicht durch die Erde zum Menschen durch. Sie haben das natürlich daraus erkannt, daß man die Venus nicht sehen konnte, daß sie durch die Erde bedeckt war. Jetzt haben sie sich gesagt: Betrachten wir einmal einen typhuskranken Menschen in der Zeit, in der die Venus von der Erde zugedeckt wird: Donnerwetter, da geht es mit dem Typhus gut. Wenn aber die Venus so steht, daß sie nicht zugedeckt ist zum Beispiel, da bekommt der typhuskranke Mensch das Venuslicht zum Sonnenlicht dazu (siehe Zeichnung, rechts). Da geht es mit dem Typhus schlecht. Da wird der Kopf schwindelig, schlecht, und der Typhus kann nicht geheilt werden.

Tafel 23

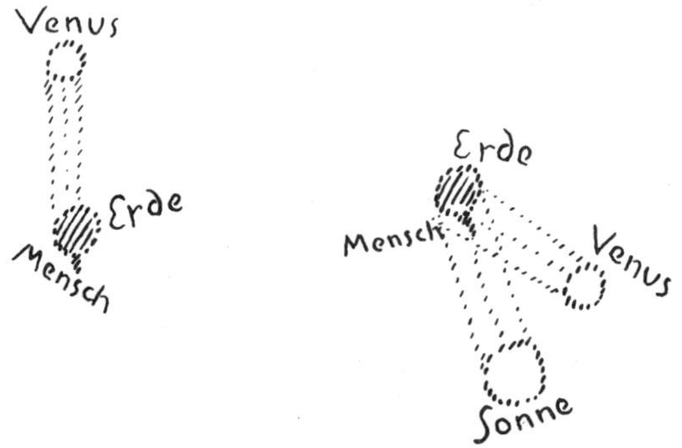

Das haben sie nun gewußt. Jetzt haben sie gesagt: Die Venus leuchtet doch, und die Strahlen gehen durch die Erde durch. Da muß doch irgend etwas in der Erde sein, was die Venusstrahlen verändert. Jetzt haben sie probiert. Nicht beim Toten, sondern beim Lebendigen haben sie probiert: Gebe ich nun diesem Typhuskranken Blei ein, dann geschieht nichts. Gebe ich einem Typhuskranken, ganz gleichgültig, wo die Venus steht, Eisen ein, geschieht auch nichts. Gebe ich ihm aber Kupfer ein, so wirkt dieses Kupfer ganz merkwürdig. Dann vertreibt es ihm den Schwindel und der Typhuskranke neigt zur Besserung. Aha, sagten sich diese alten Menschen, Kupfer ist in der Erde drinnen. Das Kupfer, das wirkt in der Erde drinnen so, daß es den Typhus so beeinflußt, wie umgekehrt die Venusstrahlen ihn ungünstig beeinflussen. Wenn die Venusstrahlen direkt zufließen, dann befördern sie den Typhus. Wenn man den Typhuskranken Kupfer eingibt, dann hindert das den Typhus.

Nun haben sie gesagt: Die Venus hängt mit dem Kupfer zusammen in einer gewissen Weise. Also nicht etwa, daß die Leute spiritistische

Sitzungen angestellt hätten und ihnen ein Medium gesagt hätte: Wenn einer typhuskrank wird, müßt ihr Kupfer verwenden –, sondern sie haben solche Beobachtungen gemacht, die man heute nur nicht mehr macht. Sie sind geradeso wissenschaftlich vorgegangen aus einem alten Instinkt heraus. Und sie haben sich gesagt: In der Erde ist Kupfer. Dieses Kupfer in der Erde hängt mit der Kraft, die von der Venus ausgeht, zusammen. Das sieht man aus der besonderen Wirkung auf die Krankheit.

Dann haben sie andere Beobachtungen angestellt. Denken wir zum Beispiel, es lag ein solcher Krankheitsfall vor, daß der Kranke, sagen wir, Sehstörungen bekam, Störungen in den Augen, daß er nicht ordentlich sehen konnte. Sie wissen ja, man kann in den Augen allerlei Krankheiten bekommen, so daß man Nebel vor den Augen hat, daß die Pupillen klein werden. Man kann allerlei solche Augenkrankheiten bekommen. Da haben sie nun wiederum solche Versuche angestellt und haben gefunden, wenn die Erde hier steht und der Jupiter zum Beispiel so, daß die Erde den Jupiter zudeckt, dann geht es solch einem Augenkranken besser, als wenn der Jupiter direkt auf die Erde scheint. Nun haben sie wieder probiert: Was ist in der Erde, was entgegen dem Jupiter wirkt? – und haben gefunden, daß das das Zinn ist, namentlich wenn man das Zinn aus den Pflanzen heraus gewinnt.

Und so haben sie nach und nach aus der Wirkung auf den Menschen die Planeten und die Metalle, die in der Erde sind, zusammengestellt und haben gefunden: Venus hängt mit Kupfer zusammen, Jupiter mit Zinn, Saturn mit Blei. Da haben sie gefunden, daß namentlich dann, wenn der Mensch Knochenerkrankungen bekommt, wie sie auch bei Bleivergiftungen auftreten, das etwas zu tun hat mit der Bestrahlung durch den Saturn und haben für Saturn die Bleiwirkung gefunden.

Für den Mars, der insbesondere etwas mit Blutkrankheiten zu tun hat, ist das leichter zu finden gewesen. Da hat man das Eisen gefunden. Also Mars = Eisen. Für den Mond, der in ganz anderem Verhältnisse steht, weil er die Erde umkreist, hat man aber doch etwas Ähnliches gefunden, nämlich das Silber: Mond = Silber.

Nun, diese Art und Weise, die Sache zu betrachten, die ist ja später vollständig verlassen worden. Aber Sie brauchen nicht zu glauben, daß das zu lang schon her ist, daß man die Sache verlassen hat. Das ist erst drei bis vier Jahrhunderte her, daß man solche Beobachtungen nicht mehr angestellt hat. Im 13., 14. Jahrhundert hat man durchaus noch solche Beobachtungen angestellt. Was hat man sich nun gesagt? Man hat sich gesagt: Das alles, was da als Planeten verteilt ist, das war einmal in einem Urbrei drinnen – die Geschichte vom Urbrei ist ja richtig –, in einem Weltennebel drinnen. Man muß sich nur nicht vorstellen, daß aus dem Weltennebel alles ohne geistige Wirkung herauskommen kann, sonst kommt das eben in Betracht, was ich Ihnen schon gesagt habe vom Weltenschulmeister, der dreht! Nein, man hat einmal gewußt: Es war alles in einer Art von Urbrei aufgelöst. Da gab es nicht Sonne, Mond und Erde, sondern alles war in einem Urbrei aufgelöst. Das hat sich später abgesondert.

Durch das Kupfer, das die Erde in sich hat, das Metall Kupfer hat heute noch der Planet Venus Einfluß. Als die Venus noch aufgelöst war in dem Urbrei, hat sie eine besondere Verwandtschaft gehabt zum Kupfer. Damals ist das entstanden, daß das Kupfer verwandt ist mit der Venus. Und als der Mond noch aufgelöst war in allem, war das Silber in einem besonderen Verhältnisse zum Mond.

Dieses Wissen war also nicht eine göttliche Offenbarung, auch nicht ein willkürlich-autoritatives Diktat, sondern es beruhte das auf den alten Beobachtungen. Und durch besondere Verhältnisse, namentlich dadurch, daß in den neueren Jahrhunderten die sogenannten zivilisierten Völker mehr mit den wilden Völkern zusammengekommen sind, hat sich zuerst durch eine Vermischung, durch eine geschlechtliche Vermischung der zivilisierten mit den wilden Völkern das herausgebildet, was die syphilitischen Erkrankungen sind.

Die syphilitischen Erkrankungen waren weniger da, als die Völker noch mehr in Rassen abgeschieden waren. Nicht wahr, bei Krankheiten, die so auftreten wie die syphilitischen, ist ja der Gang der, daß sie zunächst durch irgend etwas bewirkt werden, aber dann durch sich selbst sich fortpflanzen. Sie werden ansteckend. Ursprünglich müssen sie aber durch irgend etwas entstehen. Die syphilitischen Krankheiten sind dadurch entstanden, daß sich Menschen entferntstehender Rassen geschlechtlich miteinander vermischt haben. Und es kann überhaupt zum Beispiel keine syphilitische Ansteckung zustandekommen, wenn nicht eine wenn auch noch so verborgene kleine Wunde oder selbst nur eine kleine Schleißigkeit im Gewebe vorhanden ist. Der syphilitische Ansteckungsstoff muß ins Blut desjenigen Menschen hineinkommen, der zunächst nicht angesteckt ist. Also wenn Sie den syphilitischen Ansteckungsstoff einfach auf die Haut aufstreichen, und die Haut ist ganz dicht, so kann keine Ansteckung entstehen. Eine Ansteckung kann nur dann entstehen, wenn die Haut irgendwo so dünn ist, daß der Ansteckungsstoff durchkommen kann. Daraus können Sie ersehen, daß der syphilitische Ansteckungsstoff zunächst irgendwo entstehen muß, wo fremde Blutgegensätze zusammenkommen. Und dann natürlich pflanzt sich das Gift weiter fort. Aber ursprünglich ist das entstanden, als unter den Völkern eine größere Vermischung entstand. Und es wäre ja wahrscheinlich interessant, die Statistiken zu prüfen auch in bezug auf diese Krankheitsfälle jetzt, wo ja von gewisser Seite in Europa allerlei exotische Menschen verwendet werden, wobei man ja nicht immer verhindern kann, daß nun auch da, nicht wahr, im Sexuellen allerlei Ausschreitungen stattfinden.

Sehen Sie, das Auftauchen der Syphilis ist ja in einzelnen Fällen schon früher vorgekommen, aber das stärkere Auftreten der Syphilis ist erst in der neueren Zeit da, aber doch in der neueren Zeit, wo man noch etwas von dieser alten Wissenschaft wußte, so daß schon Beobachtungen darüber angestellt worden sind, daß sich Syphiliskranke leichter fühlen, wenn der Merkur von der Erde zugedeckt wird. Und dadurch hat man gefunden, daß das Quecksilber dem Merkur zugeteilt ist. Und auf diese Weise hat man allmählich so die Metalle den betreffenden Planeten zugeteilt:

Merkur – Quecksilber Tafel 23

Venus – Kupfer

Jupiter – Zinn

Saturn – Blei

Mars – Eisen

Mond – Silber

Man sagte sich: Als das alles in einem Urbrei aufgelöst war, da war einfach der Venusstoff dasjenige, was gemacht hat, daß sich in der Erde Kupfer ablagerte, der Mond dasjenige, was gemacht hat, daß sich auf der Erde Silber ablagerte.

Sehen Sie, diese Beobachtungen können ja auch noch fortgesetzt werden. Es ist sehr merkwürdig, wie in einer bestimmten Zeit gerade in bestimmten Kreisen das aufgetreten ist, daß man gewissermaßen diese alte Wissenschaft verheimlichen wollte. Da gibt es heute noch gewisse Bücher, die derjenige, der nicht wiederum Anthroposophie kennt, eigentlich gar nicht lesen kann, weil er ja nichts damit machen kann. Da stehen alle möglichen Sachen drinnen, aber die Leute können sie heute nicht mehr lesen. Es hat zum Beispiel ein schwedischer Forscher ein solches Buch von Basilius Valentinus, das ziemlich alt ist, bekommen und er hat vom heutigen Standpunkt der Chemie darüber geschrieben und hat gesagt: Das ist ja der reinste Unsinn, was der da sagt. – Er hat auch recht im Grunde genommen, wenn er sagt: Das ist ja der reinste Unsinn! – denn so, wie der heutige Chemiker die Ausdrücke Quecksilber, Eisen und so weiter gebraucht, haben sie ja gar keinen Bezug zum Menschen. Also derjenige, der heute ein glänzendes Genie in der Chemie ist, kann sich gar nichts denken bei dem, was da in solchen Büchern steht wie denjenigen von Basilius Valentinus. Er kann sich gar nichts dabei denken, hat auch recht, wenn er sagt: Das ist ein kompletter Unsinn.

Aber so ist es nicht, sondern der Basilius Valentinus schrieb noch zu einer Zeit, in der man zum Beispiel wußte: Die weibliche Periode kommt ungefähr nach achtundzwanzig Tagen. Der Mond wird auch voll nach achtundzwanzig Tagen. So gescheit waren nämlich die Alten auch, daß sie nicht dem Mondeneinfluß das zugeschrieben haben, daß das Weib Blut läßt. Aber sie haben sich gesagt: das kommt nach demselben Zeitrhythmus, also hat es früher einmal irgendwie zusammengehangen. Jetzt hat sich der Mensch frei gemacht von dem Zusammenhang. Nun, das war das eine, was man gewußt hat, daß also die Frau einen ähnlichen Rhythmus in sich hat, wie ihn das Weltenall in sich hat in dem Mondenbescheinen. Das war das eine, was man gewußt hat.

Das andere, was man wußte, war das Folgende. Man sagte sich:

Wenn man eine Frau hat, die schwer gebiert, bei der die Geburtswehen furchtbar lange dauern, und man gibt ihr Silber, dann werden die Geburtswehen leichter. Das hat man wiederum gewußt. Man hat aber auch gewußt, daß unter gewissen Umständen bei Frauen, die so ausschauen, daß sie lange Geburtswehen haben könnten, die Geburtswehen nicht so schwer werden, wenn kein auf der Erde sichtbarer Mond da ist, wenn der Mond gewissermaßen zugedeckt ist. Und so hat man die Silberwirkung im Zusammenhange mit dem Mond gesehen.

Und bei Basilius Valentinus, da steht oftmals statt Silber Mond, und statt Mond Silber. Wenn also das der nordische Gelehrte liest, so kann er sich natürlich, auch wenn er noch so gut unterrichtet ist über das Silber, wie es in einem chemischen Prozeß wirkt, wenn er da bei Basilius Valentinus über das Silber liest, wenn er an bestimmten Stellen gar nicht Silber schreibt, sondern Mond schreibt –, ja da kann sich der nordische Gelehrte nichts mehr denken. Das ist sehr kompliziert. Aber sehen Sie, derjenige, der die Werke des Basilius Valentinus geschrieben hat, war ein Benediktinermönch. In den Benediktinerklöstern namentlich sind in alten Zeiten solche Dinge wie diese Wissenschaft wirklich in einem hohen Maße gepflegt worden. Und die Benediktinermönche waren außerordentlich gescheit in solchen Dingen.

Heute reist überall in deutschen Städten ein Pater *Mager* herum, der ist auch ein Benediktinermönch, aber der hält überall denselben Vortrag gegen die Anthroposophie. Überall in deutschen Städten wird von Pater Mager – vor ganz kurzer Zeit war er in Köln – gegen die Anthroposophie aufgetreten. Die Gegner sind ja immer sehr verschieden. Wenn die Jesuiten gegen die Anthroposophie reden, so ist es ja etwas anders, als wenn die Benediktiner gegen die Anthroposophie reden.

Ja, heute ist es so, heute unterdrückt die Kirche eine Wissenschaft, die über die Erde hinausgeht. Meine Herren, was hat in einer bestimmten Zeit angefangen? In einer bestimmten Zeit hat nämlich die Obrigkeit der Kirche angefangen, diese Wissenschaft nach und nach zu unterdrücken, die überall in den Klöstern geblüht hatte. Denn man braucht schließlich Zeit zu einer solchen Wissenschaft, und die Mönche haben diese Zeit gehabt, haben die alte Wissenschaft ausgebildet, sind dadurch in alten Zeiten ganz nützlich für die Menschheit gewesen.

Aber man hat sie nach und nach unterdrückt. Und diese Unterdrückung der geistigen Wissenschaft ist nämlich vielfach auf solche Weise zustande gekommen.

Das wissen die heutigen weltlichen Gelehrten, die nun ebenso wettern gegen diese Wissenschaft, gar nicht, daß sie in richtiger Beziehung die Schüler von solchen Mönchen der Kirche sind. Also ein solcher Monistenbund, wenn er gegen Anthroposophie auftritt, wettert natürlich auch gegen die Kirche, aber er weiß nicht, daß er ein ganz regelrechter Schüler der Kirche ist. Die heutigen Wissenschafter sind eigentlich in einem gewissen Sinne Benediktiner- oder Jesuitenschüler. Nur waren sie niemals in einem Seminar bei denen, sondern man kann heute ganz draußen in der Welt wirklich solche Gesinnung aufnehmen. Das ist natürlich dasjenige, was man bei einer solchen Sache berücksichtigen muß.

Und aus dem vorher Gesagten können Sie sehen, daß die Erde, auf der wir leben, die uns die verschiedenen Metalle gibt, eben einmal sich herauskristallisiert hat aus dem Urbrei. Aber dasjenige, was wir draußen sehen, das ist noch in der Erde zurückgeblieben in den Metallen. Was die Erde einmal zusammen mit der Venus gemacht hat, das ist im Metall Kupfer zurückgeblieben. Daher ist dasjenige, was durch die Venus besonders bewirkt wird, durch das Kupfer zu heilen.

Insbesondere treten die Heilungen dann ein, wenn heute noch diese Metalle aus den Pflanzen gewonnen werden. Nicht wahr, wenn das Metall schon in der Erde abgelagert ist, da ist es hart geworden. Da verliert es etwas von seiner Kraft, obwohl es bei Kopfkrankheiten noch immer wirksam ist. Aber es ist besonders wirksam, wenn man weiß: Da ist eine Pflanze, die hat zum Beispiel in ihren Blättern ziemlich viel Kupfer aufgelöst – es sind zwar immer kleine Mengen, aber man kann doch sagen: ziemlich viel. Es gibt solche Pflanzen, die in ihren Blättern Kupfer aufgelöst haben. Macht man dann aus solchen Pflanzen Heilmittel, so ist ein solches Heilmittel besonders brauchbar, wenn durch die Verdicklichung des Blutes Verdauungsstörungen von der Art eintreten, wie sie zu Typhus, Dysenterie und so weiter führen.

Und so hängt das, was man über die Pflanzen richtig wissen kann, zusammen mit dem Heilen. Und schon daraus können Sie sehen, daß heute die Dinge nicht mehr richtig stehen, denn wenn Sie heute ein noch so dickes Buch zum Beispiel über Botanik oder Pflanzenkunde aufschlagen, da lesen Sie alles mögliche darinnen, aber was besonders wichtig wäre, was namentlich die Mediziner lernen müßten: was für Metalle in der Blüte oder in der Wurzel aufgelöst sind, das finden Sie nämlich gar nicht in diesen Büchern. Es wird nur manchmal nebenbei erwähnt. Das ist aber gerade das ungemein Wichtige, weil uns das zeigt, daß eine Pflanze, die heute noch Kupfer zum Beispiel enthält, in ihrem ganzen Wachstum mit dem Planeten Venus zu tun hat, nämlich: sie wehrt sich gegen die Venuskraft eigentlich. Sie entwickelt die eigene Venuskraft dadurch, daß sie das Kupfer in sich aufnimmt.

Und so können wir sagen: Es gab einmal einen Zusammenhang der Erde mit allen Planeten, die heute um die Sonne herumkreisen, und dieser Einfluß ist in den Metallen zurückgeblieben. Das ist dasjenige, was mit Bezug auf diese Frage zunächst zu sagen ist.

Sie werden gerade daraus ersehen, wie ungemein wichtig es ist, daß man wiederum zurückgeht zu Beobachtungen von dieser Art, wie sie einmal da waren. Aber wir sind heute nicht mehr in derselben Lage, weil die Heilinstinkte, die einmal da waren, heute eigentlich nur die Ochsen und die Kühe und die Schafe haben, nicht mehr die Menschen. Die Tiere, die haben nämlich noch wunderbare Heilinstinkte und fressen das nicht, was ihnen schadet. Sie gehen vorbei an dem, was ihnen schadet. Beim Menschen geht das nicht mehr. Der hat nicht mehr diesen Heilinstinkt; und heute müssen wir schon auf dem Umweg einer geistigen Wissenschaft wiederum erkennen lernen, wie die Dinge alle hier im ganzen Planetensystem, überhaupt in der ganzen Welt mit dem Irdischen zusammenhängen. Und da muß man beim Anfang anfangen, da muß man wirklich richtig beim Anfang anfangen.

Da muß man zum Beispiel das Folgende sich sagen. Da muß man ausgehen von solchen Erkrankungen, die den menschlichen Unterleib ergreifen. Wenn man solche Erkrankungen hat, die den menschlichen Unterleib ergreifen, dann bekommt man eine Erkenntnis heraus, die uns sagt: Besonders hilfreich für den menschlichen Unterleib ist dasjenige, was sich in den Blüten, oder höchstens noch in den Blättern der Pflanze findet. Wenn wir da gewisse Stoffe aus den Blüten und aus den

Blättern der Pflanze gewinnen, so können wir daraus gute Heilmittel machen für dasjenige, was mit dem menschlichen Unterleib zusammenhängt.

Nehmen wir aber unsere Stoffe aus den Wurzeln der Pflanzen zum Beispiel, dann bekommen wir besonders gute Heilmittel für alles dasjenige, was mit dem Kopf des Menschen zusammenhängt. Die Sache ist nämlich umgekehrt bei der Pflanze und beim Menschen. Bei der Pflanze ist es so, daß die Wurzel unten ist, die Blüte oben. Der Mensch ist nämlich eine umgekehrte Pflanze. Dasjenige, was bei der Pflanze das Wurzelhafte ist, das ist eigentlich im Kopf des Menschen, und was das Blütenhafte ist, das ist mehr gegen den Unterleib zu. Das können Sie ja schon an der äußeren Gestalt sehen. Der Mensch hat den Kopf oben,

Tafel 23

und die Befruchtungsorgane unten. Die Pflanze hat die Wurzel unten, wächst heraus, und die Blüte hat die Befruchtungsorgane. Die sind oben. Das können Sie zum Beispiel daraus ersehen: Wenn Sie also einen Menschen nehmen, und Sie stecken hier (beim Kopf) die Wurzel einer entsprechend großen Pflanze herein, da den Stengel, die Blätter, so kommen Sie mit der Blüte gerade just bis zu den Unterleibsorganen. Da steckt nämlich eine ganze Pflanze drinnen in dem Menschen, nur wächst sie von oben nach unten. Der Mensch ist auch in einer gewissen Weise Pflanze. Ist das nicht ersichtlich? Nicht wahr, der Mensch ist in einer gewissen Weise Pflanze! Ja, meine Herren, das ist so ersichtlich, daß es jedem gleich auffallen muß. Das Tier steht nämlich mitten drinnen. Da ist die Pflanze horizontal gelegt.

Das ist aber so, daß es nicht nur bildlich so ausschaut, sondern diese Pflanze ist auch wirklich im Menschen drinnen. Natürlich bildet sie sich aus in Gemäßheit der menschlichen Gestalt. Aber nehmen Sie an, ich zeichne da ordentlich diese Pflanze, gebe ihr eine ordentliche Wurzelknolle und nachher die verschiedenen Stengel, also ich mache einen richtigen Baum, der nur von oben nach unten geht, dann sich wieder ein bißchen gipfelt, und jetzt lasse ich das ein bißchen abdörren, ein bißchen immer sterben – da haben Sie das Nervensystem! Das ist nämlich das Nervensystem. Das Nervensystem ist nämlich eine umgekehrte Pflanze, die im Menschen drinnensteckt, und die nur immer ein bißchen abstirbt.

Nun sehen Sie, jetzt weiß man: Die Pflanzen, die wachsen aus der Erde heraus. Zuerst muß der Winter da sein, nachher kommt der Frühling und der Sommer. Die locken die Pflanzen aus der Erde heraus, der Frühling und der Sommer. Da drinnen in der Erde ist die Winterkraft.

Tafel 24

Dadurch knollt sich die Pflanze, hat ihre Wurzelkraft. Dann kommt die Sommerkraft; die Pflanze wird herausgelockt. Ja, das kommt alles von der Erdenumgebung, daß die Pflanzen da herausgelockt werden.

Da sitzen die Metalle drin, sagen wir, da sitzt Kupfer drin. Die Sonne konnte nichts anderes tun, als eine Pflanze, die in der Erde sitzt, herauslocken. Dann wehrt sich die Pflanze gegen die Venuskräfte, wenn sie einmal herausgelockt ist. Von der Winterkraft der Erde und der Sommerkraft der ganzen Welt wächst zusammen diese Pflanze.

Ja, meine Herren, aber der Mensch muß ja diese Winterkraft im Kopfe drinnen haben, denn bei ihm wächst ja immerfort das ganze Jahr – zum Beispiel das kleine Kind kann das ganze Jahr durch geboren werden –, bei ihm wächst immerfort diese Wurzel der Nerven nach

Tafel 24

unten, und der Mensch muß also diese Winterkraft im Winter und im Sommer im Kopf haben. Heute kann er im Sommer nicht von außen die Winterkraft im Kopfe haben. Das heißt also, der Mensch muß einmal in früheren Zeiten, als er noch so war, wie ich es Ihnen erzählt habe, in dem Urbrei, in dem die Erde noch mit den anderen Planeten war, diese Winterkraft aufgenommen haben und hat sie eben bis heute vererbt. Also er hat die Winterkraft in seinem Kopfe aus sehr alten Zeiten. Der Kopf des Menschen ist eigentlich in alten Zeiten schon gemacht worden und bis heute so geblieben, wie er ist. Da kommen wir wieder darauf, daß der Kopf des Menschen verwandt sein muß mit demjenigen, was in alten Zeiten auf der Erde entstanden ist und heute auf der Erde schon ganz verhärtet ist.

Nun, gehen Sie hinaus ins Urgebirge, in die Mittelschweiz, so finden Sie da ganz besonders Granit und Gneis. In diesem Granit und Gneis ist der wirksamste Stoff die Kieselsäure, die dann im Quarz für sich ist, Kieselsäure, Kiesel. Das ist also der älteste Stoff der Erde auch. Das muß verwandt sein mit den menschlichen Kopfkräften. Daher kann man Kopfkrankheiten am leichtesten heilen, wenn man Heilmittel macht aus Kiesel, weil man da dem Kopf des Menschen beikommt. Denn in der Zeit, als der Kiesel noch eine besondere Rolle auf Erden gespielt hat, noch im Urbrei drinnen war, nicht so hart war – heute ist er hart in Granit und Gneis drinnen –, damals aber, als der Kiesel noch wie Flüssigkeit dahinfloß, da sind die Kräfte, die heute im menschlichen Kopfe sind, gebildet worden – die Winterkräfte – und haben sich erhalten.

Und so muß man wirklich aus der Naturgeschichte der ganzen Erde Aufschlüsse über den Menschen geben. Das hängt noch mit der Frage zusammen, die Sie gestellt haben. Das ist dasjenige, was ich Ihnen in bezug auf diese Frage sagen wollte, meine Herren. Auf Wiedersehen!

HINWEISE

Angaben zu bestimmten Auflagen (GA) beziehen sich auf Bände der Rudolf Steiner Gesamtausgabe

Textgrundlage: Die Vorträge wurden von der Berufsstenographin Helene Finckh (1883–1960) mitstenographiert und in Klartext übertragen. Der 2. Auflage von 1976 lag eine vollständige Neuübertragung des ursprünglichen Stenogramms zugrunde. Textabweichungen gegenüber früheren Auflagen sind hierauf zurückzuführen.

Die Zeichnungen im Text sind, mit Ausnahme der unten angeführten, nach Tafelzeichnungen Rudolf Steiners von Leonore Uhlig ausgeführt worden. Die Originaltafeln zu der Zeichnung «Das Viergetier» im Vortrag vom 29. November 1922 wurde wassergeschädigt, vermutlich beim Brand des 1. Goetheanums. Dadurch ist die Zeichnung des Viergetiers kaum mehr erkennbar. Sie ist hier wiedergegeben nach dem im Vortragstext in Rede stehenden Kopfe der Zeitschrift «Anthroposophie. Österreichischer Bote von Menschengeist zu Menschengeist» (seitenverkehrt).

Zu den Tafelzeichnungen: Die Original-Wandtafelzeichnungen und -anschriften Rudolf Steiners bei diesen Vorträgen sind erhalten geblieben, da die Tafeln damals mit schwarzem Papier bespannt waren. Sie sind als Ergänzung zu den Vorträgen in einem separaten Band der Reihe «Rudolf Steiner, Wandtafelzeichnungen zum Vortragswerk» verkleinert wiedergegeben. Die in den früheren Auflagen in den Text eingefügten zeichnerischen Übertragungen sind auch für diese Auflage beibehalten worden. Auf die entsprechenden Originaltafeln wird jeweils an den betreffenden Textstellen durch Randvermerke aufmerksam gemacht.

Hinweise zum Text

Werke Rudolf Steiners innerhalb der Gesamtausgabe (GA) werden in den Hinweisen mit der Bibliographie-Nummer angegeben. Siehe auch die Übersicht am Schluß des Bandes.

zu Seite

17 *David Lloyd George,* 1863–1945, englischer liberaler Staatsmann, 1916–22 Premierminister.

21 *Hugo Stinnes,* 1870–1924, deutscher Großindustrieller.

26 *William Windom,* 1827–1891, nordamerikanischer Staatsmann. War 1881–82 und 1888–91 Finanzminister. Siehe hierzu die Darstellung in W. H. Thomson, «Das Gehirn und der Mensch», deutsch von M. Kühn, Düsseldorf/Leipzig o. J., S. 211–212.

30 *Carl Ludwig Schleich,* 1859–1922, Arzt und Schriftsteller, Freund Strindbergs; das angeführte Beispiel schildert Schleich in seinem Werk «Vom Schaltwerk der Gedanken. Neue Einsichten und Betrachtungen über die Seele», Berlin 1916, S. 261. Siehe auch Rudolf Steiner, «Geisteswissenschaft und Medizin», Gesamtausgabe Dornach 1976, Bibl.-Nr. 312, 3. Vortrag, S. 59.

35 *die anderen Zellen, von denen ich Ihnen gesagt habe, daß sie sich durch das ganze Blut bewegen:* Die Leukozyten.

77 *Hormondrüsen:* Die Epithelkörperchen.

79 *Thomas Addison,* 1793–1860, englischer Arzt. Beschrieb 1855 erstmals die später nach ihm benannte Addisonsche Krankheit.

79 *Eugen Steinach,* 1861–1944, österreichischer Physiologe. Die hier angeführten Mitteilungen hat Steinach unter dem Titel «Untersuchungen über die Jugend und über das Alter» am 5. Dezember 1912 in der Sitzung der Akademie der Wissenschaften in Wien vorgelegt (abgedruckt in E. Steinach, «Verjüngung durch experimentelle Neubelebung der alternden Pubertätsdrüse», Berlin 1920, S. 61–63).

80 *Ilja Iljitsch Metschnikow,* 1845–1916, russischer Zoologe und Bakteriologe. Erhielt 1908 mit Paul Ehrlich für seine Untersuchungen über Immunität den Nobelpreis für Medizin. Seine Ansichten über die Alterserscheinungen hat er niedergelegt in den beiden Werken «Studien über die Natur des Menschen» («Etudes sur la nature humaine», 1903, deutsch 1904) und «Beiträge zu einer optimistischen Weltauffassung», München 1908.

84 *Ligatur:* Unterbindung.

Diese Versuche hat in den zehn Jahren der Steinach sehr gut fortgesetzt: Siehe darüber E. Steinach «Verjüngung ...», Berlin 1920.

86 *Ein ganz materialistischer Arzt hat den Leuten anempfohlen, sie sollen so etwas lesen, wie den Goetheschen «Faust»:* Siehe hierzu Metschnikows Essay «Goethe und Faust» in seiner Schrift «Beiträge zu einer optimistischen Weltauffassung», München 1908.

89 ff. Zum Vortrag vom 13. Dezember 1922 liegen keine Unterlagen von den Tafelzeichnungen Rudolf Steiners vor. Sie sind durch den Brand des Goetheanums vernichtet worden.

97 *auf meiner Holzfigur:* Hinweis auf die plastische Holzgruppe «Der Menschheitsrepräsentant zwischen Luzifer und Ahriman», die sich in einem eigenen Raum, dem sog. Gruppenraum im heutigen Goetheanum befindet.

105 *Und wenn Sie zum Beispiel nach Mailand kommen und dort die Löwen sehen:* Vermutlich Hinweis auf die beiden Löwen des Denkmals Viktor Emanuels II. auf dem Mailänder Domplatz.

111 *Moritz Benedikt,* 1835–1920, österreichischer Mediziner und Mitbegründer der Kriminalanthropologie.

Da war ein hartgesottener Mörder: Siehe M. Benedikt, «Aus meinem Leben. Erinnerungen und Erörterungen», Wien 1906, S. 318–319.

124 *Filipo Pacini,* 1812–1883, italienischer Anatom.

151 *Man nimmt ein Scheibchen aus Kartenpapier:* Hier schildert Rudolf Steiner den sogenannten Plateauschen Versuch. Man vergleiche hierzu die Darstellung, die Vincenz Knauer in seinen Vorlesungen über «Die Hauptprobleme der Philosophie» (Wien und Leipzig 1892) gibt: «Eines der hübschesten physikalischen Experimente ist der Plateausche Versuch. Es wird eine Mischung aus Wasser und Alkohol bereitet, die genau das spezifische Gewicht des reinen Olivenöles hat, und in diese Mischung dann ein ziemlich starker Tropfen Öl gegossen. Dieser schwimmt nicht auf der Flüssigkeit, sondern sinkt bis in die Mitte derselben, und zwar in Gestalt einer Kugel. Um diese nun in Bewegung zu setzen, wird ein Scheibchen aus Kartenpapier im Zentrum mit einer langen Nadel

durchstochen und vorsichtig in die Mitte der Ölkugel gesenkt, so daß der äußerste Rand des Scheibchens den Äquator der Kugel bildet. Dieses Scheibchen nun wird in Drehung versetzt, anfangs langsam, dann immer schneller und schneller. Natürlich teilt die Bewegung sich der Ölkugel mit, und infolge der Fliehkraft lösen von dieser sich Teile ab, welche nach ihrer Absonderung noch geraume Zeit die Drehung mitmachen, zuerst Kreise, dann Kügelchen. Auf diese Weise entsteht ein unserem Planetensystem oft überraschend ähnliches Gebilde: in der Mitte nämlich die größte, unsere Sonne vorstellende Kugel, und um sie herum sich bewegend kleinere Kugeln und Ringe, welche uns die Planeten samt ihren Monden versinnlichen können.» (Vorlesungen während des Sommersemesters, Neunte Vorlesung, S. 281 des oben angeführten Werkes.)

159 *Nun haben wir gerade heute einen sehr interessanten Brief bekommen, wo jemand über ein anderes Heufiebermittel schreibt:* Dieser Brief konnte bisher nicht aufgefunden werden.

169 *nachdem er mit dem Heilmittel geimpft ist:* «Geimpft» steht hier für «injiziert».

184 *Thomas Hobbes,* 1588–1679; *Francis Bacon,* 1561–1626; *John Locke,* 1632–1704; *David Hume,* 1711–1776; *John Stuart Mill,* 1806–1873.

186 *(so sehen wir ...):* Die eingeklammerte Stelle ist die sinngemäße Ergänzung einer Textlücke.

187 *Bosnickel:* Österreichisch mundartlich für: boshafter Mensch.

194 *nach dem Brand des Goetheanum:* In der Silvesternacht 1922/23 wurde das in Holz erbaute erste Goetheanum durch Brand vernichtet. Rudolf Steiner führte seine Vortragstätigkeit ohne Unterbrechung in den Räumen der «Schreinerei» weiter.

am 23. Januar 1921: In dem Vortrag «Weltwirtschaftsgedanken im Chaos der Gegenwart vom Aspekt der ‹Dreigliederung des sozialen Organismus›», veröffentlicht in «Impulse der Geisteswissenschaft für das praktische Leben», Basel 1952; Gesamtausgabe Bibl.-Nr. 203.

aus einer Broschüre: Aus dem Jahrbuch von Elsbeth Ebertin, «Ein Blick in die Zukunft», Freiburg i. Br. 1921, S. 63.

«Geistige Feuerfunken ...»: Dieses von E. Ebertin gebrachte Zitat war der Zeitschrift «Der Leuchtturm» Lorch/Württ. 1920 (Okt.) entnommen.

195 *Bericht der «Vereinigung von nichtanthroposophischen Kennern der Anthroposophie»:* Bericht über die Konferenz nichtanthroposophischer Kenner der Anthroposophie vom Sonntag, den 29. bis Dienstag, den 31. Oktober 1922, in Berlin, Kronenstraße 70.

197 *Totengräberkäfer:* Siehe hierzu die nachfolgende Schilderung in Wilhelm von Buttlar, «Instinkt und Verstand der Tiere», Berlin/Leipzig o. J., S. 50 f., auf die sich Dr. Rudolf Steiner offensichtlich stützt (das Büchlein befindet sich in seiner Bibliothek):

«Der Totengräber (Necrophorus) legt seine Eier in die Leiche eines Maulwurfs oder eines anderen kleinen Tieres und verscharrt dann dasselbe, indem 3 bis 6 Käfer gemeinschaftlich die Erde unter dem toten Körper zur Seite scharren.

Dadurch sinkt dieser langsam in die Erde und verschwindet nach einigen Stunden. Wenn nun die jungen Maden aus den Eiern schlüpfen, so finden sie sogleich einen hinreichenden Vorrat an Nahrung.
Die Mittel, welche diese Käfer anwenden, um Leichen zu finden, von denen sie leben und die zugleich, wie wir schon sagten, die Nahrung für ihre Brut gewähren, sind ungemein merkwürdig. Sobald einer von ihnen die Leiche eines Vogels, eines Maulwurfs, einer Maus oder eines anderen kleinen Tieres findet, ruft er noch fünf oder sechs andere herbei. Diese untersuchen nun das tote Tier sorgfältig von allen Seiten, offenbar, um sich von seiner Größe, seiner Lage und der Natur des Bodens zu überzeugen. Dann höhlen sie unter demselben den Boden aus, wobei einzelne die kleine Leiche heben, andere aber unter dem gehobenen Teile derselben die Erde hinwegscharren, was nur mit den Vorderfüßen geschieht. Im Verfolg dieser Tätigkeit gehen sie um den ganzen Körper herum und machen allmählich eine Grube unter demselben, in welche er sinkt, und zwar geschieht das so schnell, daß oft in wenigen Stunden das tote Tier 25–30 Zentimeter tief verscharrt ist. Auch die Männchen helfen bei dieser Arbeit, und wenn dieselbe vollbracht ist, so legen die Weibchen ihre Eier in die Leiche.
Clarville erzählt ein merkwürdiges, von ihm beobachtetes Beispiel von der Klugheit dieser Käfer. Ein Totengräberkäfer wollte nämlich eine tote Maus verscharren, fand aber den Boden, auf welchem sie lag, zu hart, als daß er ihn auszuhöhlen vermocht hätte, und suchte daher in der Nähe eine Stelle, wo das Erdreich hinreichend locker war. Nachdem er hier eine Grube von genügender Ausdehnung und Tiefe gemacht hatte, kehrte er zu der toten Maus zurück und versuchte dieselbe mit seinen Beinen nach der Grube zu schieben. Doch fand er seine Kraft unzureichend und seine Bemühungen fruchtlos, daher er hinwegflog. Nach einiger Zeit kehrte er in Begleitung anderer Käfer zurück, welche ihm halfen, die Maus in das bereits vorbereitete Grab zu wälzen.»

198 *ein Freund des Botanikers Gleditsch:* Siehe die entsprechende Darstellung bei v. Buttlar, a.a.O., S. 55:
«Gleditsch erzählt, daß einer seiner Freunde, welcher den Körper einer Kröte trocknen wollte, denselben an einem aufrecht in die Erde gesteckten Stock befestigte, damit er nicht von den Totengräber-Käfern verscharrt werde. Dennoch war dieses nicht zu vermeiden. Die Käfer versammelten sich um den Stock, beobachteten den Gegenstand ihrer Sehnsucht, untersuchten den Boden und begannen dann, einen Graben um den Stock zu machen, welcher natürlich umfiel, als er unterhöhlt war. Dann begruben sie nicht nur den toten Körper, sondern auch den Stock.
Dieses Verfahren läßt sich nicht anders deuten, als wenn man einräumt, daß die Käfer eine bedeutende Überlegung und selbst Berechnung besitzen. Der Einfall, den Stock zu untergraben, läßt sich nur daraus erklären, daß sie wußten, er werde durch den Widerstand der ihn umgebenden Erde in seiner aufrechten Stellung erhalten. Sie mußten also wissen, daß er und mit ihm die Kröte fallen würde, wenn sie die Erde hinwegräumten. Nachdem das erfolgt war, mochte der Instinkt sie veranlassen, die Kröte zu begraben, aber unmöglich kann man sich denken, daß es ebenfalls der Instinkt war, welcher sie antrieb, zugleich den Stock zu begraben. Der einzige Grund zu dieser seltsamen Handlung konnte der sein, den Ort, wo die Kröte begraben läge, denen unkenntlich zu machen, welche es versuchen möchten, sie vor den Angriffen der Käfer zu schützen.»

199 *Nun will ich aber eine andere Geschichte erzählen:* Siehe bei v. Buttlar, a. a. O., S. 53–55:
«Darwin erzählt, er habe einst bei einem Lustgange in seinem Garten eine Wespe (Sphex) gesehen, welche gerade eine Fliege gefangen hatte, die eben so groß war, wie sie selbst. Da sie unfähig war, das ganze Tier fortzutragen, so biß sie mit ihren Kinnladen den Kopf und den Bauch ab, so nur das Bruststück mit den Flügeln behaltend. Damit flog sie hinweg. Aber der Wind fing sich in den Flügeln, kreiselte dadurch die Wespe und hemmte ihren Flug. Deswegen setzte sich die Wespe mit ihrer Beute nieder, biß erst den einen, dann den andern Flügel ab, und flog dann mit dem bloßen Bruststück weiter.
Hier erblicken wir unzweideutige Zeichen von Verstand, die sich durchaus von jedem Instinkt unterscheiden. Der Instinkt hätte die Wespe veranlassen können, die Flügel der Fliege abzubeißen, bevor sie versuchte, dieselbe in ihr Nest mit sich hinwegzutragen, insofern diese Flügel ihr nicht als Nahrung dienen konnten, sowie auch das Abreißen des Kopfes und Bauches nur dann als instinktmäßig betrachtet werden könnte, wenn überhaupt diese Wespenart allen von ihr gefangenen Fliegen Kopf und Bauch abbisse. Wenn aber die Fliege klein genug ist, um vollständig von der Wespe hinweggetragen werden zu können, so tut diese solches und beißt nur dann, wenn die Fliege zu dick und zu schwer ist, ihre äußeren Teile ab, um sich die Last zu erleichtern. Das Abbeißen der Flügel war aber vollends ein aus der Erfahrung entspringender späterer Einfall, war eine Maßregel, an welche nicht eher gedacht wurde, bis sich die Nachteile fühlbar machten, welche aus der Gegenwart der Flügel entsprangen. Es offenbart sich also hier eine geistige Tätigkeit, welche wir jedenfalls nur Verstand nennen können. Das Fortfliegen der Wespe durch die Luft wurde durch den Widerstand gehindert, welchen die Flügel des von ihr getragenen Fliegenrumpfes leisteten: Wie ist es denkbar, daß die Wespe, als sie während des Fluges diesen Umstand bemerkte, ihre Last niederlegen und die hindernden Flügel abbeißen mochte, wenn sie nicht geurteilt hätte, daß eben diese Flügel und kein anderer Teil des Körpers es wären, welche den Widerstand entgegensetzten? wenn sie nicht Wirkung und Ursache zu beurteilen vermocht hätte? Einer solchen Beurteilungskraft vermag man aber keinen andern Namen zu geben, als den Namen Verstand, obschon man zugestehen muß, daß es schwer hält, das Vorkommen höherer geistiger Kräfte bei niedern Tieren zu begreifen.»

201 *Nun sehen Sie, es gibt Insekten, die sind, wenn sie ausgewachsen sind, Vegetarier, die fressen bloß Pflanzen:* Siehe bei v. Buttlar, a. a. O., S. 48–50:
«Figur 15 stellt ein vierflügliges Insekt [eine Schlupfwespe] dar, welches nur von Honig lebt. Die große Lebensaufgabe des Weibchens ist es, ein geeignetes Nest für seine Eier zu suchen. Zu diesem Zwecke ist es auch in beständiger Bewegung. Man sieht es auf den Pflanzen umherlaufen, auf denen es Raupen zu finden hoffen darf; es untersucht sorgsam jedes Blatt, und hat es den unglücklichen Gegenstand seines Suchens gefunden, so bohrt es seinen Legestachel in das Fleisch desselben und setzt ein Ei in das gemachte Loch ab. Vergebens windet das Opfer, als kennte es sein Los, seinen Körper, spritzt einen scharfen Saft aus, droht mit seinen Kinnladen oder benutzt die sonstigen Verteidigungsorgane, mit denen es versehen ist. Der Feind trotzt aber jeder Gefahr und steht nicht ab, bis sein Mut und seine Geschicklichkeit einem seiner Nachkommen den nötigen Lebensunterhalt verschafft hat. Vielleicht entdeckt er aber durch einen Sinn, dessen Dasein wir begreifen, obwohl wir seine Natur nicht fassen können, daß

bereits ein anderer von seiner Art zuvorgekommen ist und ein Ei in die Raupe gelegt hat, welche er untersucht. In diesem Falle verläßt er die Raupe wieder, weil sie zur Nahrung für zwei Schlupfwespenlarven nicht ausreichen würde, und sucht eine andere, noch nicht in Besitz genommene. Anders machen es jene kleineren Arten der Schlupfwespen, von denen oft bis 150 in einer einzigen Raupe leben können. Diese wiederholen ihre Operation, bis sie ihr Opfer mit einer genügenden Anzahl von Eiern erfüllt haben.
Die Larve, welche aus dem so sinnreich untergebrachten Ei ausschlüpft, hält ein köstliches Mahl in dem Körper der Raupe, welche ganz und gar ihrer Gefräßigkeit zum Opfer wird. Allein der Vorrat an Nahrung ist so genau dem Bedürfnis angemessen, daß die Raupe nicht eher vollkommen verzehrt ist, bis die jungen Schlupfwespen ihre gehörige Größe erreicht haben. Gewöhnlich behält die Raupe noch Kraft genug, um sich zu verpuppen; aber dieser Raupe entschlüpft dann nicht etwa ein Schmetterling, sondern eine vollkommen ausgewachsene Schlupfwespe (oder mehrere, wenn dieselben von einer kleineren Art sind).
Bei dieser seltsamen und offenbar grausamen Operation ist ein Umstand bemerkenswert. Die Larve der Schlupfwespe verzehrt tage-, selbst monatelang das Innere der Raupe, bis sie endlich alles, mit einziger Ausnahme der Haut und der Eingeweide verzehrt hat; aber dennoch hütet sie sich, auch nur ein einziges der zum Leben nötigen Organe zu verletzen, als wüßte sie, daß ihr eigenes Dasein von dem des Insekts, von welchem sie zehrt, abhängt. So fährt die Raupe fort, zu fressen und sich zu bewegen, dem Anscheine nach in vollkommener Gesundheit, bis endlich die parasitische Made in ihrem Innern ihrer nicht mehr bedarf.»

206 *wir haben in Stuttgart Experimente darüber gemacht, was die Milz für eine Aufgabe hat:* Zusammenfassend dargestellt in L. Kolisko, «Milzfunktion und Plättchenfrage», Stuttgart 1922.

207 *ein Münchner Professor:* Prof. Kämmerer in der «Münchener Medizinischen Wochenschrift» vom 15. Dezember 1922, S. 1734.

223 *Professor Benedikt:* Siehe den Hinweis zu S. 111.

wie bei der Geschichte, die bei «Leberecht Hühnchen» steht: Siehe Heinrich Seidel, «Leberecht Hühnchen», Klagenfurt o. J., S. 8.

224 *schlampampen:* Umgangssprachlich für: sein Gut verprassen, schlemmen.

231 *das, was ich Ihnen vortrage, bezieht sich auf namentlich in Kanada vorkommende Biber:* Siehe bei v. Buttlar, a. a. O., S. 31–33:

«Unter den Säugetieren ist der kanadische Biber der bemerkenswerteste hinsichtlich der Geselligkeit, Kunstfertigkeit und Klugheit. Während des Sommers wohnt er allein in Höhlen, welche er an den Ufern der Seen und Flüsse ausgräbt, aber bei der Annäherung des Winters verlassen die Biber diese Zufluchtsstätten und versammeln sich, um eine gemeinsame Wohnung für die Winterzeit anzulegen. Und dieser baukünstlerische Instinkt wird in den einsamsten Gegenden entfaltet.

Nachdem sich zwei- oder dreihundert Biber versammelt haben, suchen sie einen See oder Fluß, welcher zu tief ist, als daß er bis auf den Grund frieren könnte, um daselbst ihre Wohnungen anzulegen. Gewöhnlich ziehen sie einen Strom jedem stehenden Wasser vor, weil er ihnen das Fortbringen der Baumaterialien nach der zu erbauenden Wohnung erleichtert. Um dann das Wasser in der erforderlichen Tiefe zu erhalten, bauen sie zunächst einen Damm oder ein Wehr in bogenförmiger Gestalt, indem sie die konvexe Seite gegen den Strom anbringen. Dieser Damm wird von Zweigen und Ästen erbaut, welche sorgfältig unter sich verschlungen werden, so daß sie eine Art Flechtwerk bilden, dessen Zwischenräume mit Kies und Lehm ausgefüllt werden, worauf die äußere Seite einen dichten und dauerhaften Überzug von denselben Stoffen erhält. Dieser Damm, dessen Durchmesser an dem Grunde gewöhnlich 3½–4 Meter breit ist, ist sehr solid, so daß dieselbe Truppe von Bibern jährlich zurückkehrt, den Winter unter seinem Schutze zu verbringen. In den folgenden Jahren beschränken sich dann die Arbeiten der Tiere auf die nötigen Ausbesserungen, wobei sie dem alten Damm durch neue Anbaue größere Stärke geben und das, was durch Menschen oder durch die Natur zerstört sein mag, wieder herstellen. Bald entsteht auf der Oberfläche des Dammes auch eine kräftige Vegetation, wodurch derselbe noch stärker gemacht wird.

Ist ein stehendes Wasser ausgewählt, so ist diese vorbereitende Arbeit überflüssig und die Tiere gehen sogleich an den Aufbau ihres Dorfes. Allein, wie schon bemerkt wurde, macht ihnen dann die Herbeischaffung der Baustoffe mehr Mühe, so daß sie im Grunde an der Arbeit nichts erspart haben.

Sind die erwähnten Vorarbeiten beendigt, so verteilen sich die Biber in eine bestimmte Anzahl von Familien, und jede Familie erbaut, wenn die Örtlichkeit eine neue ist, ihre Hütte; kehren sie aber zu einem Dorfe zurück, das sie schon in einem frühern Jahre bewohnten, so beschränkt sich ihre Arbeit auf eine allgemeine Wiederherstellung oder Reinigung des Dorfes.

Die Hütten, aus denen ein solches Biberdorf besteht, werden gegen den Damm oder an einer Seite des Wassers errichtet und haben gewöhnlich eine ovale Form. Ihr innerer Durchmesser beträgt 1¾–2 Meter, ihre Wände sind gleich dem Damme aus Zweigen geflochten und auf beiden Seiten mit einem dicken Überzug von Lehm oder fetter Erde versehen. Eine solche Hütte, deren Grund unter dem Wasser ist, besteht aus einem untern und einem obern Geschoß, welches erstere als Speicher für Wintervorräte dient, während in dem oberen die Tiere selbst wohnen.

Der Zugang der Hütte befindet sich in dem untern Stock und unter der Oberfläche des Wassers.

Man hat angenommen, das Tier wende seinen Schwanz gleich einer Maurerkelle bei der Anfertigung seiner Bauten an. Dieses ist wohl ein Irrtum, indem sie sich wahrscheinlich bloß ihrer Zähne und Vorderfüße dazu bedienen. Sie benutzen ihre Schneidezähne, um Zweige, und, wenn es nötig ist, selbst die Stämme von Bäumen abzubeißen, sowie sie auch mit dem Maul und den Vorderfüßen die Materialien nach dem Orte bringen, wo sie ihre Wohnung zu erbauen beabsichtigen. Haben sie fließendes Wasser, so beißen sie das nötige Holzwerk an einem Punkte des Ufers ab, der sich überhalb ihres Baues befindet. Dann werfen sie ihre Materialien in das Wasser, folgen ihnen und lenken sie, während sie stromab schwimmen, indem sie dieselben endlich an dem Ort des Baues an das Land bringen. So graben sie auch mit ihren Füßen den Grund zu ihren Wohnungen aus. Alle diese Arbeiten werden mit großer Schnelligkeit ausgeführt, und zwar besonders während der Nacht.»

236 *Peter Rosegger,* 1843–1918, in seinem autobiographischen Werk «Mein Weltleben», das 1898 erstmals erschien.

255 *Metschnikow:* Siehe Hinweis zu S. 80.

257 *Blüten hervorgebracht:* Sinngemäße Änderung; früher «Beeren», jetzt «Blüten».

259 *unbenutzt* anstelle von unbe*wußt*. Sinngemäße Korrektur.

263 *Absinth:* Starker, grünlicher Wermutschnaps; heute Herstellungsverbot in den meisten Kulturländern wegen seiner gesundheitsschädlichen Wirkung.

278 *Ich hatte einmal einen Freund:* Ludwig Jacobowski, 1868–1900. Siehe über ihn Rudolf Steiner, «Mein Lebensgang», Gesamtausgabe Dornach 1983, Bibl.-Nr. 28, XXIX. Kapitel, sowie das ausführliche Lebens- und Charakterbild, das Rudolf Steiner als Einleitung zu dem von ihm aus dem Nachlaß herausgegebenen Gedichtband «Ausklang» geschrieben hat – wiederabgedruckt in Rudolf Steiner, «Biographien und biographische Skizzen 1894–1905», Gesamtausgabe Dornach 1967, Bibl.-Nr. 33, S. 179–213.

292 *es war 1906, da habe ich in Paris Vorträge gehalten:* Paris, 25. Mai bis 14. Juni 1906, «Esquisse d'une cosmogonie psychologique» (Referate von Edouard Schuré), Paris 1928; 2. Aufl. unter dem Titel «L'Esoterisme Chrêtien, Esquisse d'une cosmogonie psychologique», Paris 1957. Jetzt unter dem Titel «Kosmogonie», GA Bibl.-Nr. 94.

303 *die Bluterkrankheit:* Vergleiche hierzu die Ausführungen Rudolf Steiners im 19. Vortrage des 1. Mediziner-Kurses (Dornach, 8. April 1920); in «Geisteswissenschaft und Medizin», GA Bibl.-Nr. 312.

316 *Das Leben im Bienenstock ist außerordentlich weise eingerichtet:* Siehe den sog. Bienen-Kurs im 5. Band der Arbeitervorträge: «Mensch und Welt. Das Wirken des Geistes in der Natur. Über das Wesen der Bienen», GA Bibl.-Nr. 351.

322 *Joseph Hyrtl,* 1811–1894, Professor der Anatomie in Wien.

325 *daß die Venus ... von der Erde zugedeckt wird:* Infolge der Sonnennähe der Venusbewegung trifft dies vor allem während der Nacht oder, bei bestimmten Konstellationen, während weniger Morgen- oder Abendstunden zu.

330 *ein schwedischer Forscher:* Theodor Svedberg, geb. 1884; vgl. sein Werk «Die Materie», 1912, deutsch 1914.

331 *Pater Mager:* Alois Mager OSB, 1883–1946; siehe besonders Magers Vortrag «Anthroposophie und Wissenschaft» in seiner Schrift «Theosophie und Christentum», Berlin 1922, S. 34–58.

LITERATURHINWEIS

Zur Weiterführung und Vertiefung der Darstellungen des vorliegenden Bandes sei auf folgende Ausgaben von Rudolf Steiner verwiesen:

(GA = Rudolf Steiner Gesamtausgabe / TB = Rudolf Steiner Taschenbücher)

Schriften

Grundlegendes für eine Erweiterung der Heilkunst nach geisteswissenschaftlichen Erkenntnissen (1915). GA 27 (TB 701)

Anthroposophie. Ein Fragment aus dem Jahre 1910. GA 45

Vorträge

Geisteswissenschaftliche Menschenkunde. 19 Vorträge Berlin 1908/1909. GA 107 (TB 669)

Anthroposophie – Psychosophie – Pneumatosophie. 12 Vorträge Berlin 1909, 1910, 1911. GA 115

Eine okkulte Physiologie. 9 Vorträge Prag 1911. GA 128

Welche Bedeutung hat die okkulte Entwickelung des Menschen für seine Hüllen – physischer Leib, Ätherleib, Astralleib – und sein Selbst? 10 Vorträge Den Haag 1913. GA 145

Entsprechungen zwischen Mikrokosmos und Makrokosmos. Der Mensch – eine Hieroglyphe des Weltenalls. 16 Vorträge Dornach 1920. GA 201

Das Initiaten-Bewußtsein. Die wahren und die falschen Wege geistiger Forschung. 11 Vorträge Torquay 1924. GA 243

Die gesunde Entwickelung des Menschenwesens. Eine Einführung in die anthroposophische Pädagogik und Didaktik. 16 Vorträge Dornach 1921/22. GA 303 (TB 648)

Geisteswissenschaft und Medizin. 20 Vorträge Dornach 1920. GA 312 (TB 677)

Geisteswissenschaftliche Gesichtspunkte zur Therapie. 9 Vorträge Dornach 1921. GA 313

Physiologisch-Therapeutisches auf Grundlage der Geisteswissenschaft. Zur Therapie und Hygiene. 12 Vorträge, 1 Votum, 1 Ansprache, 2 Besprechungen Dornach und Stuttgart 1920, 1922–24. GA 314

Meditative Betrachtungen und Anleitungen zur Vertiefung der Heilkunst. 8 Vorträge Dornach 1924. GA 316

Anthroposophische Menschenerkenntnis und Medizin. 11 Vorträge in verschiedenen Städten 1923/24. GA 319 (TB 830)

Das Lebenswerk Rudolf Steiners ist überliefert in den geschriebenen Werken und in den Nachschriften seiner stets frei gehaltenen Vorträge. Hinzu kommen zahlreiche künstlerische Arbeiten, von denen die beiden Goetheanumbauten weltweite Beachtung gefunden haben. Seine Ausführungen über Pädagogik, Landwirtschaft, Medizin, Nationalökonomie usw. führten zur Begründung zahlreicher Einrichtungen, die als Bereicherung des öffentlichen Kulturlebens immer mehr Anerkennung finden.

Im Auftrag Rudolf Steiners hat Marie Steiner-von Sivers die Vortragsnachschriften durchgesehen und veröffentlicht. Nach ihrem Tod (1948) wurde gemäß ihren Richtlinien von der durch sie 1943 begründeten Rudolf Steiner-Nachlaßverwaltung mit der Herausgabe der Rudolf Steiner-Gesamtausgabe begonnen. Diese wird etwa 350 Bände umfassen. In den beiden ersten Abteilungen erscheinen die *Schriften* und das *Vortragswerk*, in der dritten Abteilung wird das *künstlerische Werk* in entsprechender Form wiedergegeben.

Einen systematischen Überblick über die Gesamtausgabe (GA) gibt der Band «Bibliographische Übersicht. Das literarische und künstlerische Werk von Rudolf Steiner». Über den jeweiligen Stand der erschienenen Bände orientieren die Bücherverzeichnisse und der Gesamtkatalog des Rudolf Steiner Verlages.

Chronologischer Lebensabriß

(zugleich Übersicht über die geschriebenen Werke)

1861	Am 27. Februar wird Rudolf Steiner in Kraljevec (damals Österreich-Ungarn, heute Jugoslawien) als Sohn eines Beamten der österreichischen Südbahn geboren. Seine Eltern stammen aus Niederösterreich. Er verlebt seine Kindheit und Jugend an verschiedenen Orten Österreichs.
1872	Besuch der Realschule in Wiener-Neustadt bis zum Abitur 1879.

1879–1882 Studium an der Wiener Technischen Hochschule: Mathematik und Naturwissenschaft, zugleich Literatur, Philosophie und Geschichte. Grundlegendes Goethe-Studium.

1882 Erste schriftstellerische Tätigkeit.

1882–1897 Herausgabe von Goethes Naturwissenschaftlichen Schriften in Kürschners «Deutsche National-Litteratur», 5 Bände (GA 1a–e). Eine selbständige Ausgabe der Einleitungen erschien 1925 unter dem Titel *Goethes Naturwissenschaftliche Schriften* (GA 1).

1884–1890 Privatlehrer bei einer Wiener Familie.

1886 Berufung zur Mitarbeit bei der Herausgabe der großen «Sophien-Ausgabe» von Goethes Werken.
Grundlinien einer Erkenntnistheorie der Goetheschen Weltanschauung mit besonderer Rücksicht auf Schiller (GA 2).

1888 Redakteur bei der «Deutschen Wochenschrift», Wien (Aufsätze daraus in GA 31). Vortrag im Wiener Goethe-Verein: *Goethe als Vater einer neuen Ästhetik* (in GA 30).

1890–1897 Weimar. Mitarbeit am Goethe- und Schiller-Archiv. Herausgeber von Goethes Naturwissenschaftlichen Schriften.

1891 Promotion zum Doktor der Philosophie an der Universität Rostock. 1892 erscheint die erweiterte Dissertation: *Wahrheit und Wissenschaft. Vorspiel einer «Philosophie der Freiheit»* (GA 3).

1894 *Die Philosophie der Freiheit. Grundzüge einer modernen Weltanschauung. Seelische Beobachtungsresultate nach naturwissenschaftlicher Methode* (GA 4).

1895 *Friedrich Nietzsche, ein Kämpfer gegen seine Zeit* (GA 5).

1897 *Goethes Weltanschauung* (GA 6).
Übersiedlung nach Berlin. Herausgabe des «Magazin für Litteratur» und der «Dramaturgischen Blätter» zusammen mit O.E. Hartleben (Aufsätze daraus in GA 29–32). Wirksamkeit in der «Freien literarischen Gesellschaft», der «Freien dramatischen Gesellschaft», im «Giordano Bruno-Bund», im Kreis der «Kommenden» u. a.

1899–1904 Lehrtätigkeit an der von W. Liebknecht gegründeten Berliner «Arbeiter-Bildungsschule».

1900/01	*Welt- und Lebensanschauungen im 19. Jahrhundert*, 1914 erweitert zu: *Die Rätsel der Philosophie* (GA 18). Beginn der anthroposophischen Vortragstätigkeit auf Einladung der Theosophischen Gesellschaft in Berlin. *Die Mystik im Aufgange des neuzeitlichen Geisteslebens* (GA 7).
1902–1912	Aufbau der Anthroposophie. Regelmäßige öffentliche Vortragstätigkeit in Berlin und ausgedehnte Vortragsreisen in ganz Europa. Marie von Sivers (ab 1914 Marie Steiner) wird seine ständige Mitarbeiterin.
1902	*Das Christentum als mystische Tatsache und die Mysterien des Altertums* (GA 8).
1903	Begründung und Herausgabe der Zeitschrift «Luzifer», später *«Lucifer-Gnosis»* (Aufsätze in GA 34).
1904	*Theosophie. Einführung in übersinnliche Welterkenntnis und Menschenbestimmung* (GA 9).
1904/05	*Wie erlangt man Erkenntnisse der höheren Welten?* (GA 10). *Aus der Akasha-Chronik* (GA 11). *Die Stufen der höheren Erkenntnis* (GA 12).
1910	*Die Geheimwissenschaft im Umriß* (GA 13)
1910–1913	In München werden die *Vier Mysteriendramen* (GA 14) uraufgeführt.
1911	*Die geistige Führung des Menschen und der Menschheit* (GA 15).
1912	*Anthroposophischer Seelenkalender. Wochensprüche* (in GA 40, und selbständige Ausgaben). *Ein Weg zur Selbsterkenntnis des Menschen* (GA 16).
1913	Trennung von der Theosophischen und Begründung der Anthroposophischen Gesellschaft. *Die Schwelle der geistigen Welt* (GA 17).
1913–1922	Errichtung des in Holz als Doppelkuppelbau gestalteten ersten Goetheanum in Dornach/Schweiz. Im gleichen Zeitraum entstanden in Dornach ebenfalls nach Entwürfen Rudolf Steiners mehrere Wohn- und Zweckbauten, so das Haus Duldeck, Haus de Jaager, drei Eurythmiehäuser, Heizhaus, Transformatorenhäuschen, Glashaus, Verlagshaus u. a.
1914–1923	Dornach und Berlin. In Vorträgen und Kursen in ganz Europa gibt Rudolf Steiner Anregungen für eine Erneuerung auf vielen Lebensgebieten: Kunst, Pädagogik, Naturwissenschaften, soziales Leben, Medizin, Theologie. Weiterbildung der 1912 inaugurierten neuen Bewegungskunst «Eurythmie».

1914 *Die Rätsel der Philosophie in ihrer Geschichte als Umriß dargestellt* (GA 18).

1916–1918 *Vom Menschenrätsel* (GA 20). *Von Seelenrätseln* (GA 21). *Goethes Geistesart in ihrer Offenbarung durch seinen «Faust» und durch das «Märchen von der Schlange und der Lilie»* (GA 22).

1919 Rudolf Steiner vertritt den Gedanken einer «Dreigliederung des sozialen Organismus» in Aufsätzen und Vorträgen, vor allem im süddeutschen Raum. *Die Kernpunkte der sozialen Frage in den Lebensnotwendigkeiten der Gegenwart und Zukunft* (GA 23). *Aufsätze über die Dreigliederung des sozialen Organismus* (GA 24). Im Herbst wird in Stuttgart die «Freie Waldorfschule» begründet, die Rudolf Steiner bis zu seinem Tode leitet.

1920 Beginnend mit dem Ersten anthroposophischen Hochschulkurs finden im noch nicht vollendeten Goetheanum fortan regelmäßig künstlerische und Vortragsveranstaltungen statt.

1921 Begründung der Wochenschrift «Das Goetheanum» mit regelmäßigen Aufsätzen und Beiträgen Rudolf Steiners (in GA 36).

1922 *Kosmologie, Religion und Philosophie* (GA 25).
In der Silversternacht 1922/23 wird der Goetheanumbau durch Brand vernichtet. Für einen neuen in Beton konzipierten Bau kann Rudolf Steiner in der Folge nur noch ein erstes Außenmodell schaffen.

1923 Unausgesetzte Vortragstätigkeit, verbunden mit Reisen. Zu Weihnachten 1923 Neubegründung der «Anthroposophischen Gesellschaft» als «Allgemeine Anthroposophische Gesellschaft» unter der Leitung Rudolf Steiners.

1923–1925 Rudolf Steiner schreibt in wöchentlichen Folgen seine unvollendet gebliebene Selbstbiographie *Mein Lebensgang* (GA 28) sowie *Anthroposophische Leitsätze* (GA 26), und arbeitet mit Dr. Ita Wegman an dem Buch *Grundlegendes für eine Erweiterung der Heilkunst nach geisteswissenschaftlichen Erkenntnissen* (GA 27).

1924 Steigerung der Vortragstätigkeit. Daneben zahlreiche Fachkurse. Letzte Vortragsreisen in Europa. Am 28. September letzte Ansprache zu den Mitgliedern. Beginn des Krankenlagers.

1925 Am 30. März stirbt Rudolf Steiner in Dornach.

RUDOLF STEINER GESAMTAUSGABE

Überblick über das literarische und künstlerische Werk

A. SCHRIFTEN

I. Werke

Goethes Naturwissenschaftliche Schriften, eingeleitet und kommentiert von Rudolf Steiner, 5 Bände (GA 1a-e); separate Ausgabe der Einleitungen (GA 1)
Grundlinien einer Erkenntnistheorie der Goetheschen Weltanschauung (GA 2)
Wahrheit und Wissenschaft. Vorspiel einer «Philosophie der Freiheit» (GA 3)
Die Philosophie der Freiheit (GA 4)
Friedrich Nietzsche, ein Kämpfer gegen seine Zeit (GA 5)
Goethes Weltanschauung (GA 6)
Die Mystik im Aufgange des neuzeitlichen Geisteslebens und ihr Verhältnis zur modernen Weltanschauung (GA 7)
Das Christentum als mystische Tatsache u. die Mysterien des Altertums (GA 8)
Theosophie. Einführung in übersinnliche Welterkenntnis und Menschenbestimmung (GA 9)
Wie erlangt man Erkenntnisse der höheren Welten? (GA 10)
Aus der Akasha-Chronik (GA 11)
Die Stufen der höheren Erkenntnis (GA 12)
Die Geheimwissenschaft im Umriß (GA 13)
Vier Mysteriendramen: Die Pforte der Einweihung – Die Prüfung der Seele – Der Hüter der Schwelle – Der Seelen Erwachen (GA 14)
Die geistige Führung des Menschen und der Menschheit (GA 15)
Anthroposophischer Seelenkalender (in GA 40)
Ein Weg zur Selbsterkenntnis des Menschen (GA 16)
Die Schwelle der geistigen Welt (GA 17)
Die Rätsel der Philosophie in ihrer Geschichte als Umriß dargestellt (GA 18)
Vom Menschenrätsel (GA 20)
Von Seelenrätseln (GA 21)
Goethes Geistesart in ihrer Offenbarung durch seinen «Faust» und durch das «Märchen von der Schlange und der Lilie» (GA 22)
Die Kernpunkte der Sozialen Frage in den Lebensnotwendigkeiten der Gegenwart und Zukunft (GA 23)
Aufsätze über die Dreigliederung des sozialen Organismus und zur Zeitlage 1915-1921 (GA 24)
Drei Schritte der Anthroposophie: Philosophie, Kosmologie, Religion (GA 25)
Anthroposophische Leitsätze (GA 26)
Grundlegendes für eine Erweiterung der Heilkunst nach geisteswissenschaftlichen Erkenntnissen. Von Dr. Rudolf Steiner und Dr. Ita Wegman (GA 27)
Mein Lebensgang (GA 28)

II. Gesammelte Aufsätze: Aufsätze zur Dramaturgie 1889–1901 *(29)* – Methodische Grundlagen der Anthroposophie 1884–1901 *(30)* – Aufsätze zur Kultur- und Zeitgeschichte 1887–1901 *(31)* – Aufsätze zur Literatur 1886–1902 *(32)* – Biographien und biographische Skizzen 1894–1905 *(33)* – Aufsätze aus «Lucifer-Gnosis» 1903–1908 *(34)* – Philosophie und Anthroposophie 1904–1918 *(35)* – Aufsätze aus «Das Goetheanum» 1921–1925 *(36)*

III. Veröffentlichungen aus dem Nachlaß: Briefe – Wahrspruchworte – Bühnenbearbeitungen – Entwürfe zu den Vier Mysteriendramen 1910–1913 – Anthroposophie. Ein Fragment aus dem Jahre 1910 – Gesammelte Skizzen und Fragmente – Aus Notizbüchern und -blättern – *(38–47)*

B. DAS VORTRAGSWERK

I. Öffentliche Vorträge

Die Berliner öffentlichen Vortragsreihen, 1903/04 bis 1917/18 *(51–67)* – Öffentliche Vorträge, Vortragsreihen und Hochschulkurse an anderen Orten Europas 1906–1924 *(68–84)*

II. Vorträge vor Mitgliedern der Anthroposophischen Gesellschaft

Vorträge und Vortragszyklen allgemein-anthroposophischen Inhalts – Christologie und Evangelien-Betrachtungen – Geisteswissenschaftliche Menschenkunde – Kosmische und menschliche Geschichte – Die geistigen Hintergründe der sozialen Frage – Der Mensch in seinem Zusammenhang mit dem Kosmos – Karma-Betrachtungen – *(91–244)*

Vorträge und Schriften zur Geschichte der anthroposophischen Bewegung und der Anthroposophischen Gesellschaft – Veröffentlichungen zur Geschichte und aus den Inhalten der Esoterischen Schule *(251–270)*

III. Vorträge und Kurse zu einzelnen Lebensgebieten

Vorträge über Kunst: Allgemein Künstlerisches – Eurythmie – Sprachgestaltung und Dramatische Kunst – Musik – Bildende Künste – Kunstgeschichte *(271–292)* – Vorträge über Erziehung *(293–311)* – Vorträge über Medizin *(312–319)* – Vorträge über Naturwissenschaft *(320–327)* – Vorträge über das soziale Leben und die Dreigliederung des sozialen Organismus *(328–341)* – Vorträge für die Arbeiter am Goetheanumbau *(347–354)*

C. DAS KÜNSTLERISCHE WERK

Originalgetreue Wiedergaben von malerischen und graphischen Arbeiten Rudolf Steiners in Kunstmappen oder als Einzelblätter: Entwürfe für die Malerei des Ersten Goetheanum – Schulungsskizzen für Maler – Programmbilder für Eurythmie-Aufführungen – Eurythmieformen – Entwürfe zu den Eurythmiefiguren, Wandtafelzeichnungen zum Vortragswerk, u.a.

Die Bände der Rudolf Steiner Gesamtausgabe sind innerhalb einzelner Gruppen einheitlich ausgestattet. Jeder Band ist einzeln erhältlich.